KB246268

자바 기초부터 앱 출시까지

안드로이드 스튜디오를 활용한 실전 앱 만들기

조상철 지음

안드로이드 스튜디오를 활용한 실전 앱 만들기

ISBN 978-89-314-5690-5

독자님의 의견을 받습니다

이 책을 구입한 독자님은 영진닷컴의 가장 중요한 비평가이자 조언가입니다. 저희 책의 장점과 문제점이 무엇인지, 어떤 책이 출판되기를 바라는지, 책을 더욱 알차게 꾸밀 수 있는 아이디어가 있으면 팩스나 이메일, 또는 우편으로 연락주시기 바랍니다. 의견을 주실 때에는 책 제목 및 독자님의 성함과 연락처(전화번호나 이메일)를 꼭 남겨 주시기 바랍니다. 독자님의 의견에 대해 바로 답변을 드리고, 또 독자님의 의견을 다음 책에 충분히 반영하도록 늘 노력하겠습니다.

이메일 : support@youngjin.com

주　소 : (우)08505 서울시 금천구 가산디지털2로 123 월드메르디앙벤처센터2차 10층 1016호 (주) 영진닷컴 기획1팀

파본이나 잘못된 도서는 구입하신 곳에서 교환해 드립니다.

STAFF

저자 조상철 | **총괄** 김태경 | **기획** 김민경 | **본문 디자인 · 편집** 박다혜, 진정희 | **제작** 황장협
영업 박준용, 임용수 | **마케팅** 이승희, 김다혜, 김근주, 조민영 | **인쇄** 예림인쇄

머리말

요즘 우리는 제 4차 산업혁명, 인공지능, 사물인터넷, SW교육 등 미래정보사회를 대변하는 핵심 용어를 많이 접하고 있다. 스마트폰이 우리 일상에 보편화 되어 있는 점을 활용한다면 우리는 메이커시대에 훌륭한 메이커가 될 수 있을 것이다. 우리가 할 일은 창의적인 앱, 사람들이 필요로 하는 앱을 제작하여 Play 스토어에 탑재를 하면 될 것이다. 우리나라 학교 현장에서도 컴퓨팅 사고력 향상을 위해 SW교육을 강조하고 있다. 그 이유는 앞으로 일상생활에서 만나는 수많은 복잡한 문제들을 효율적으로 해결하는데 SW교육이 도움이 될 수 있기 때문이다. 또한 잘 만든 프로그램 하나는 자동차를 수 만대 판매한 것보다 훨씬 많은 경제적 이익을 창출할 수 있다.

안드로이드 앱을 제작하기 위해서는 기본적인 JAVA 문법을 알아야 한다. 이 책을 통해 독자들이 JAVA 기본 문법과 앱 제작과 관련된 내용을 체계적이고 효율적으로 학습할 수 있도록 하였다. 앱 제작에 필요한 JAVA 언어를 알기 쉽게 제시하여 안드로이드 스튜디오도 같이 학습 할 수 있도록 하였다. 이 책은 앱 제작 및 JAVA언어(프로그래밍 언어)에 관심이 있는 대학생, 일반인, 교사, 학부모, 처음 프로그래밍을 접하는 사람 등 다양한 독자를 위해 쓰여 졌다. 단계별 학습을 통해 게임의 기본원리를 학습하고 교육내용(수학, 영어 등)을 게임과 접목시켜서 앱을 만드는 방법을 이해할 수 있게 될 것이다. 또한 독자들은 본 책에서 제시되는 다양한 예제들을 수정 및 추가하는 작업을 통해 자신만의 독창적인 앱을 쉽게 제작할 수 있을 것이다. 독자들이 이 책을 통해 어느 정도 자신이 원하는 완성작을 만들어 창작의 기쁨을 누릴 수 있도록 돕는 책이 되고자 하였다. 기초적인 앱 제작에서 자동차게임, 영어단어학습 앱, 나만의 일기장, 네이버 지도 API를 활용한 앱, 공공 DB를 활용한 버스노선 앱 등 다양한 작품을 학습하여 독자들 스스로 앱을 제작할 수 있는 능력을 키울 수 있도록 최대한 이해하기 쉬운 코드로 작성을 했으며 독자들이 원하는 다양한 분야로 쉽게 응용할 수 있도록 배려하였다. "노적성해" 라는 말이 있다. 이슬 방울이 모여 바다를 이룬다는 뜻으로 독자들이 조금씩 공부를 하다보면 어느 순간 당신만의 멋진 앱을 Play 스토어에서 발견할 수 있게 될 것이다.

마지막으로 이 책을 구입해준 독자들의 건승을 기원한다. 이 책이 나오기 까지 정성을 다해 도와준 영진닷컴 출판사 직원들 그리고 물심양면으로 도와준 지인 분들께 깊이 감사드린다.

2018년 1월

저자 조상열

구성

✧ 자바 문법 배우기

앱 만들기를 위한 자바의 기본적이고 필수적인 문법들을 핵심만 간략하게 설명해줍니다.

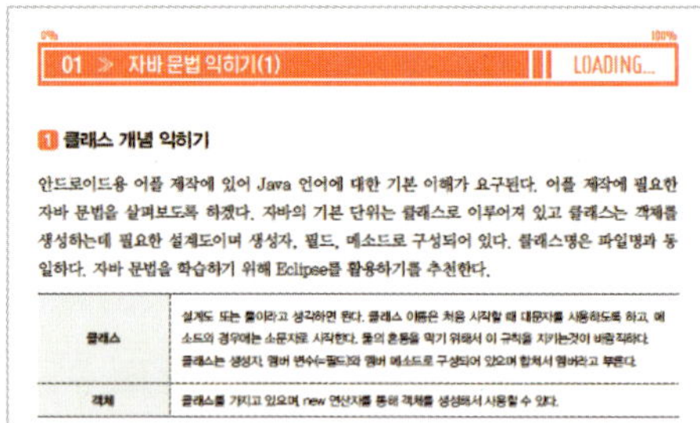

✧ 안드로이드 스튜디오 사용하기

안드로이드 스튜디오 설치부터 안드로이드 스튜디오 활용 방법에 대해 배워봅니다.

✧ 앱 만들기

수학적인 개념을 이용한 바구니 수학 게임, 2인용 우주선 게임, Air Hockey 게임을 직접 만들어보면서 앱 만들기의 재미와 소스 코드에 대한 이해할 수 있습니다.

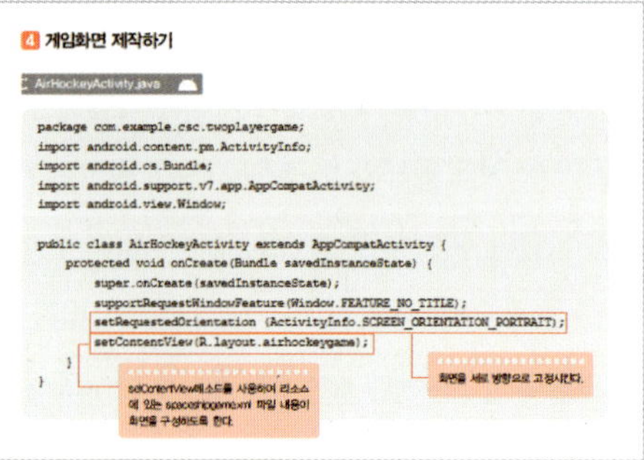

✧ 앱 출시하기

직접 만든 앱을 Play 스토어에 출시하는 방법을 자세히 배워봅니다.

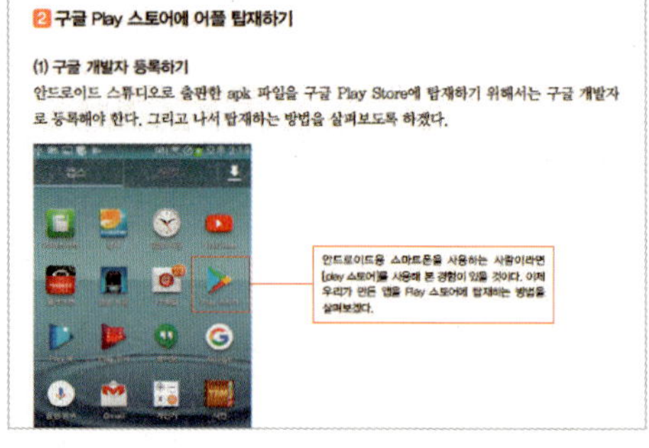

목차

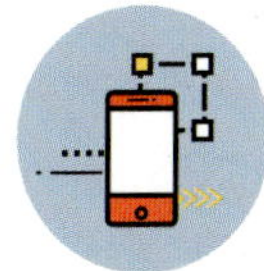

01

앱 만들기의 시작_ 자바 문법

- 제어문(조건문, 반복문)에 대해 학습한다.
- 클래스의 개념에 대해 학습한다.
- 상속 및 생성자 등에 대해 학습한다.

앱 만들기의 시작 자바 문법

앱 만들기에 필요한 자바 언어를 학습한다.

1 클래스 개념 익히기

안드로이드용 앱 제작에 있어 자바 언어에 대한 기본 이해가 요구된다. 앱 제작에 필요한 자바 문법을 살펴보도록 하겠다. 자바의 기본 단위는 클래스로 이루어져 있고 클래스는 객체를 생성하는데 필요한 설계도이며 생성자, 필드, 메소드로 구성되어 있다. 클래스명은 파일명과 동일하다. 자바 문법을 학습하기 위해 Eclipse를 활용하기를 추천한다.

클래스	설계도 또는 틀이라고 생각하면 된다. 클래스 이름은 처음 시작할 때 대문자를 사용하도록 하고, 메소드의 경우에는 소문자로 시작한다. 둘의 혼동을 막기 위해서 이 규칙을 지키는것이 바람직하다. 클래스는 생성자, 멤버 변수(=필드)와 멤버 메소드로 구성되어 있으며 합쳐서 멤버라고 부른다.
객체	클래스를 가지고 있으며 new 연산자를 통해 객체를 생성해서 사용할 수 있다.

(1) 클래스

```java
public class Robot {


}
```

클래스 이름이 Robot이며 대문자로 시작한다. 메소드와 다르게 소괄호 ( )를 쓰지 않는다. 클래스 앞에 쓰인 public은 다른 클래스에서도 사용할 수 있도록 공개되었다는 뜻이다.

(2) 메소드 만들기

```java
void moveRight(){

}
```

메소드의 이름은 소문자로 시작하며, 메소드 앞에는 메소드가 리턴하는 자료형태를 적어야한다. void는 텅 비어있다는 뜻으로 moveRight 메소드는 반환하는 값이 없다는 뜻이다. 메소드는 메소드 이름 다음에 소괄호를 사용해야하고, 클래스 안에서 사용된다.

(3) 한눈에 보는 클래스 구조

```java
public class Robot {

        int x, y;
        int power;
        int price;
        String name;


        Robot(int x, int y, int price, String name) {
                this.x = x;
                this.y = y;
                this.price = price;
                this.name = name;
        }


        void moveRight() {
                x += 5;     //x 값을 5만큼 증가시키기

        }


        void moveLeft() {
                x -= 5;     //x 값을 5만큼 감소시키기

        }

}
```

멤버 변수
· 필드라고도 한다.
· 객체의 상태를 나타내며 아래 메소드에서 사용할 수 있는 변수이나.

생성자
· 멤버 변수들을 초기화 하는데 사용된다.
· 처음에 객체 생성시 한 번 실행된다.

멤버메소드
· 객체의 동작을 나타낸다.
· 메소드 따로 사용될 수는 없으며 클래스 안에서만 사용된다.

class 키워드 다음에 대문자로 시작하는 클래스 이름을 적는다. 메소드와는 달리 클래스 이름 뒤에는 소괄호를 사용하지 않고 중괄호를 바로 사용해서 클래스를 만든다. 클래스는 생성자, 멤버 변수(=필드) 그리고 멤버 메소드로 구성된다.

클래스는 멤버 변수와 멤버 메소드로 이루어져있다. 다른 표현으로 클래스는 필드와 메소드들의 집합이라고 정의할 수 있다. 멤버 변수는 자료형과 변수 이름으로 이루어져 있으며 변수에 자료값을 담을 수 있다. 예를 들어 멤버 변수 int x = 3; 이라고 적으면 x라는 변수에 3이라는 값이 저장된다. int 는 자료형을 의미하며 모든 문장의 끝은 세미콜론(;)으로 끝난다. //은 주석으로서 코드 설명을 돕는 것으로 프로그램에 영향을 주지 않는다.

(4) 메소드 이해하기

C언어에서 사용하는 함수는 자바의 메소드와 유사하다. 메소드의 경우는 클래스 안에서 사용된다는 점에서 차이가 있다. 변수는 어떤 값(속성)을 저장하는 것이라면 메소드는 어떤 기능(동작)을 한다고 생각하면 된다. 메소드는 입력을 받아서 처리결과를 반환하는 역할을 한다(입력 값이 없을 수도 있고 반환되는 처리결과 값도 없을 수도 있다).

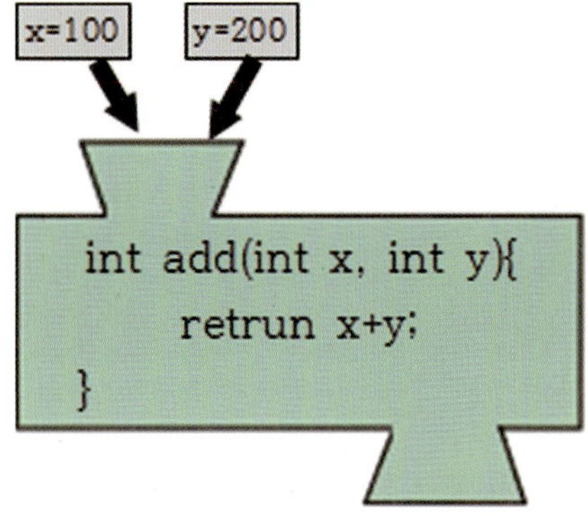

add라는 이름을 가진 메소드는 앞에 int가 존재한다. 이 메소드는 반환하는 데이터가 존재하고 그 데이터가 정수형이라는 것을 의미이며 return을 사용해서 int형 값을 반환한다. 만약 반환하는 값이 없는 경우 return이 필요가 없으며 반환 타입 int 대신에 반환하는 값이 없다는 void(비어 있는)를 메소드명 앞에 적으면 된다.

(5) 메소드 구조

```
int showMe(int x, int y){
        return x+y;
}
```


return 값이 없는 경우 반환 타입에 void를 써야 한다. 반환 타입이 void가 아닌 경우에 메소드 안에는 return이 반드시 들어가야 한다.

(1) 변수

변수는 데이터를 저장하는 그릇이라고 생각하자. 그릇 종류가 다양하듯이 변수의 종류도 다양하다. 변수 타입에 따라 변수는 다양한 데이터를 담을 수 있다. 예를 들어 정수를 담을 수 있는 변수 타입에는 byte, short, int, long이 있다. 본 책에서는 변수 타입 int를 주로 다루었다.

(2) 변수의 초기화

```
int   x=10;   //변수 x에 10을 넣는다.
              //x = 는 대입연산자로서 오른쪽에 있는 값을 왼쪽에 넣는다.
```

Tip

== 는 같다는 의미이고, = 는 오른쪽에 있는 값을 왼쪽에 대입하라는 뜻이다.

(3) 변수의 종류

구분		변수 타입
문자형	char	한 글자만 입력 가능
	String	여러 글자(문자열) 입력 가능
정수형	byte	−127에서 127까지 입력 가능
	short	−327680에서 32767까지 입력 가능
	int	약 −21억에서 약 21억까지 입력 가능
	long	-2^{63}에서 $2^{63}-1$까지 입력 가능(매우 큰 수)
실수형	float	실수를 입력
	double	float 형보다 많이 쓰이며 더 정확한 실수를 처리 가능
불리언형	boolean	true 또는 false 값을 사용

(4) 변수 사용의 예

구분	변수 타입	사용 예
문자형	char	char txt = '조';
	String	String myHobby = "soccer";
정수형	byte	byte level = 100;
	short	short num = −30000;
	int	int money = 3000000;
	long	long population = 2313213213;
실수형	float	float f = 3.14;
	double	double d = 1.234f
불리언형	boolean	boolean b = true;

 **Tip**

class, int, for, if 등을 예약어 또는 키워드라고 한다. 이러한 이름은 이미 자바에서 예약되어 사용되는 이름이기 때문에 변수명으로 사용하면 안 된다.

3 클래스 맛보기

| 프로젝트 studyclass |

처음 자바를 접하는 독자에겐 아직까지 무슨 말인지 이해하기 어려울 수 있다. 직접 예를 들어서 살펴보도록 하겠다.

이클립스 화면에서 [File]-[New]-[Java Project]를 선택한다.

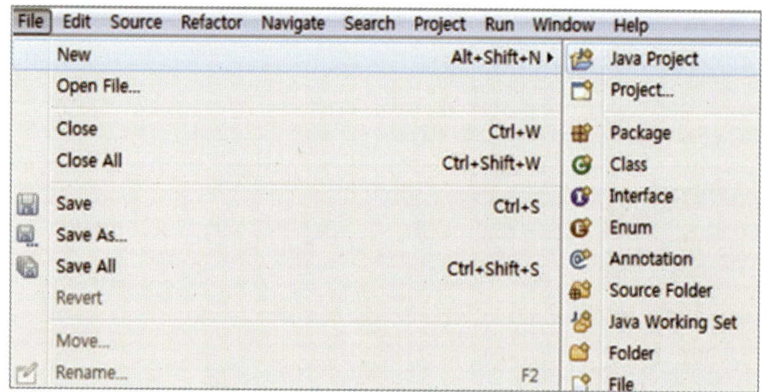

Project name에 studyclass라고 입력하고 이 프로젝트 안에 여러 개의 클래스 파일들을 만들어서 사용한다. 입력 후 [Finish] 버튼을 클릭한다.

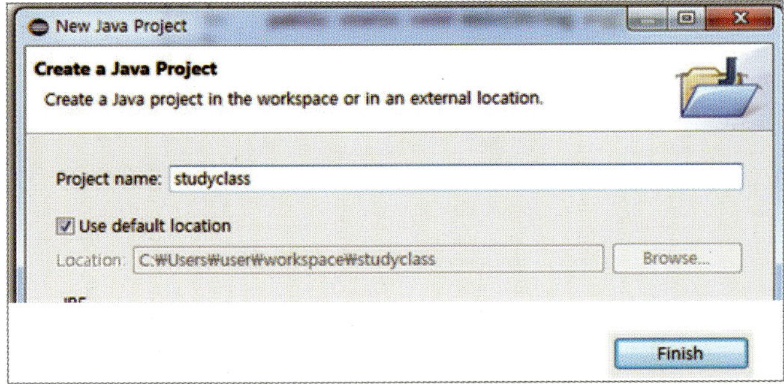

(1) 클래스 파일 만들기

이제 클래스 파일을 만들어 보겠다. 클래스 파일을 만들기 위해서 프로젝트 studyclass 위에 마우스 오른쪽을 클릭하여 [src]-[New]-[Class]을 선택한다.

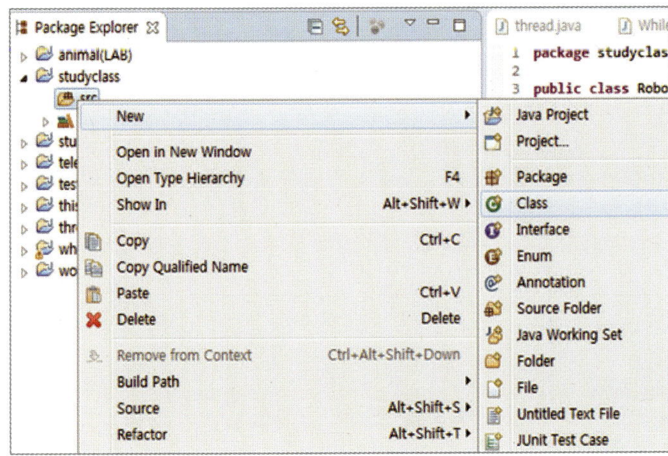

Name 칸에 클래스 파일 이름을 쓴다. 여기서는 'Robot' 이라고 한다.

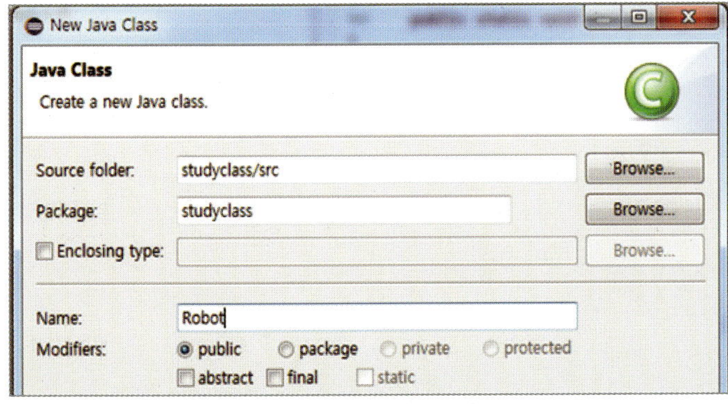

Robot.java 파일 안에 다음과 같은 코드를 넣는다. 클래스 안에 있는 필드(=멤버 변수)와 메소드에 대해서 잘 익혀두기 바란다.

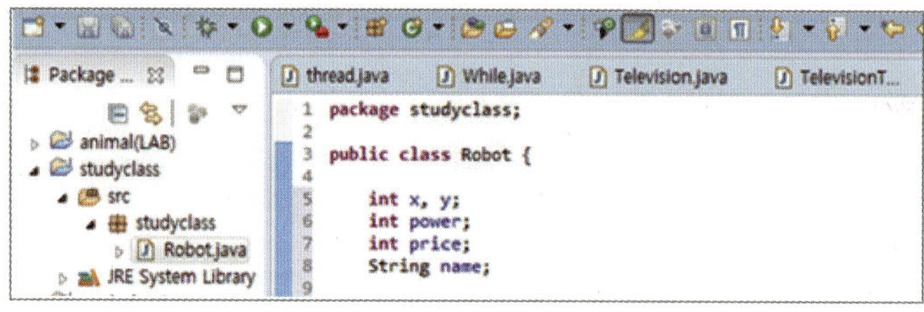

```java
public class Robot {

    int x, y;
    int power;
    int price;
    String name;
```

멤버 변수
- x, y, power, price는 정수형 int형 변수로서 정수 값을 저장할 수 있는 공간(메모리)이다.
- name 변수는 String 형태의 필드로서 문자열을 저장할 수 있는 공간(메모리)이다.

```java
    void moveRight() {
        x += 5;   //x 값을 5만큼 증가시키기. x = x+ 5 와 같다.
    }

    void moveLeft() {
        x -= 5;    //x 값을 5만큼 감소시키기
    }

    void showMe() {

        System.out.println("나의 이름은" + name + "입니다.");
        System.out.println(x);

    }

}
```

멤버 메소드
- 함수와 비슷한 용도이며 필드영역 아래 기입한다.
- 본 예제에서는 3개의 메소드를 만들었다.

이제 클래스를 하나 더 만들고 그 안에서 Robot 객체를 생성해 보도록 하겠다. Robot.java 파일을 만든 것과 같은 방법으로 RobotTest.java 파일을 생성하고 그 안에 다음과 같은 코드를 넣는다.

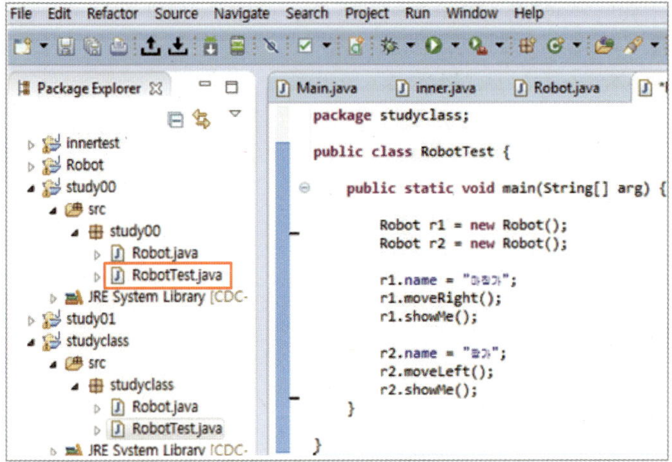

자바에서 main( )은 제일 먼저 실행되는 중요한 메소드이다. 안드로이드 스튜디오에서는 다른 방법을 사용하여 제일 먼저 실행되는 Activity 파일을 지정해준다. 추후 자세히 살펴볼 것이다.

Tip

객체를 생성하는 방법

① 선언 및 생성을 따로 한다.

    Robot robot 1; //객체 선언

    robot 1 = new Robot( ); //객체 생성

② 선언 및 생성을 한 번에 한다.

    Robot robot 1 = new Robot( );

이렇게 하면 Robot 클래스(설계도)를 통해 로봇이 만들어진다.

---

(2) RobotTest.java 코드 분석하기

```java
package studyclass;

public class RobotTest {

        public static void main(String[] arg) {

                Robot r1 = new Robot();

                Robot r2 = new Robot();

                r1.name = "마징가";
                r1.moveRight();
                r1.showMe();

                r2.name = "짱가";
                r2.moveLeft();
                r2.showMe();

        }

}
```

앞에서 제작한 Robot 클래스는 설계도에 불과하며 아직 사용할 수 있는 로봇이 아니다.
실제 로봇을 만들기 위해서는 new 연산자를 사용해서 Robot 클래스의 객체를 생성해야 한다.
생성한 객체의 멤버와 메소드는 참조변수 r1과 r2를 통해 접근한다.

Tip

생성된 객체의 멤버 변수와 멤버 메소드를 사용하기 위한 방법

dot operator(.)을 사용하여 생성된 객체의 변수와 메소드를 호출한다.
―객체명(=참조 변수).멤버 변수
―객체명.메소드

new 연산자를 통해 생성된 r2 인스턴스(=객체)의 멤버 변수 name에 짱가를 넣었다. 이제 로봇은
이름을 가지게 된 것이다. 객체명.메소드로 moveLeft 메소드와 showMe 메소드를 실행하였다.

≫ 실행 결과

```
나의 이름은 마징가입니다.
5
나의 이름은 짱가입니다.
－5
```

(3) 객체 생성 더 알아보기

객체를 생성하고 직접 코딩을 해보는 작업을 해 보았다. 여기서는 객체를 생성하는 방법을 좀 더 자세히 살펴보도록 하겠다. new 연산자를 사용하여 객체를 생성하게 되면 멤버 변수값들이 0 또는 null로 초기화 된다. 예를 들어 정수형의 경우 값이 0으로 저장되며 String의 경우 null로 초기화 된다. new 연산자를 사용하게 되면 메모리에 객체가 생성된다.

❶ Robot r1 = new Robot( );

x	0
y	0
power	0
price	0
name	마징가
moveRight( )	
moveLeft( )	
showMe( )	

❷ Robot r2 = new Robot( );

x	0
y	0
power	0
price	0
name	짱가
moveRight( )	
moveLeft( )	
showMe( )	

변수를 기초 변수(primitive variable)와 참조 변수(reference variable)로 나눌 수 있다. int(정수), float(실수) 등은 기초 변수에 해당되며 직접 변수에 값을 담을 수 있다. 반면 참조 변수는 객체를 참조할 때 사용하는 변수로서 객체의 참조값이 저장된다. 본 예제에서 사용된 r1 참조 변수에는 객체가 저장되어 있는 메모리 주소 0x100(여기서는 0x100이라고 가정함)이 저장된다. 즉, 참조 변수가 가지고 있는 값(참조값)은 데이터들이 저장되어 있는 메모리 주소이다.

❸ r1.name = "마징가";

x	0
y	0
power	0
price	0
name	마징가
moveRight( )	
moveLeft( )	
showMe( )	

❹ r2.name = "짱가";

x	0
y	0
power	0
price	0
name	짱가
moveRight( )	
moveLeft( )	
showMe( )	

❺ r1.moveRight( );

x	5
y	0
power	0
price	0
name	마징가
moveRight( )	
moveLeft( )	
showMe( )	

❻ r2.moveLeft( );

x	−5
y	0
power	0
price	0
name	짱가
moveRight( )	
moveLeft( )	
showMe( )	

4 생성자

이전 예제에서 로봇 2개의 객체를 생성해 보았다. 객체를 생성한 후에 r1.name="마징가", r2.name="짱가" 구문을 이용해서 로봇의 이름을 각각 "마징가", "짱가"라고 지정해 주었다. 하지만 생성자라는 특수한 메소드를 이용하면 객체를 생성할 때 멤버 변수를 초기화 할 수 있다.

생성자는 다음과 같은 규칙을 따른다.

① 생성자의 이름은 클래스의 이름과 같아야 한다.
② 메소드와 달리 return 값이 없다. 따라서 생성자 이름 앞에는 int, void와 같은 반환타입을 적지 않는다.

객체를 생성할 때 생성자에 인수를 넘겨주는 방법으로 생성자를 사용할 수 있다.

```
예) Robot r1 = new Robot (0, 0, 100, "마징가");
    Robot r2 = new Robot (100, 0, 100, "아산로봇");
```

다음 2개는 생성자가 없을 때와 생성자가 있을 때의 동일한 코드이다.

매개변수 없이 객체를 생성할 경우

```java
Robot r1 = new Robot();
Robot r2 = new Robot();
r1.x =0 ;
r1.y =0 ;
r1.price = 100;
r1.String = "마징가"
r2.x =100 ;
r2.y =0 ;
r2.price = 100;
r2.String = "짱가"
```

생성자에 매개변수를 넘겨주며 객체를 생성할 때

```java
Robot r1 = new Robot(0, 0, 100, "마징가");
Robot r2 = new Robot(100, 0, 100, "아산로봇");
```

객체 생성시 매개변수를 넘겨주면 코드가 간결해지는 모습을 볼 수 있다.

Robot.java

```java
package studyclass;

public class Robot {

    int x, y;
    int power;
    int price;
    String name; //문자열

    Robot(int x, int y, int price, String name) {

        this.x = x;
        this.y = y;
        this.price = price;
        this.name = name;
    }

    void moveRight() {
```

멤버 변수

📝 생성자

로봇의 좌표 x, y와 로봇의 가격 price, 로봇 이름을 매개변수로 받는 생성자이다. 여기서 참조 변수 this를 써준 것은 넘겨 받은 매개변수 x, y, price, name 값이 아니라 멤버 변수인 x, y, price, name을 의미한다.

```java
            x += 5;
    }

    void moveLeft() {
            x -= 5;
    }

    void showMe() {

            System.out.println("나의 이름은" + name + "입니다.");
            System.out.println(x);

    }

}
```



```java
package studyclass;

public class RobotTest {

    public static void main(String[] arg) {

            Robot r1 = new Robot(0, 0, 100, "마징가");
            Robot r2 = new Robot(100, 0, 100, "짱가");

            r1.moveRight();
            r1.showMe();
            r2.moveRight();
            r2.showMe();

    }
}
```

≫ 실행 결과

```
나의 이름은 마징가입니다.
5
나의 이름은 짱가입니다.
105
```

5 생성자 오버로딩

오버로딩이라는 것은 동일한 메소드명을 사용하지만 전달되는 매개변수의 개수를 다르게 하여 객체를 생성할 때 사용하는 방법이다. 즉, 이름이 같은 메소드를 여러 개 정의하는 것이며 매개변수는 달라야 한다. 이러한 방법은 메소드 오버로딩에게도 같은 방법으로 적용된다.

Robot 클래스에서 매개변수 개수가 다르게 여러 개의 생성자를 만들었다.

```java
Robot(String name) {
        this.name = name;
}
```

```java
Robot r4 = new Robot("태권브이");
```

```java
Robot(int x, int y) {
        this.x = x;
        this.y = y;
}
```

```java
Robot r3 = new Robot(200,200);
```

```java
Robot(int x, int y, int price, String name) {
        this.x = x;
        this.y = y;
        this.price = price;
        this.name = name;
}
```

```java
Robot r1 = new Robot(0, 0, 100, "마징가");
Robot r2 = new Robot(100, 0, 100, "짱가");
```

RobotTest 클래스 안에서 다음과 같이 Robot 클래스의 객체를 생성하였다. 참조 변수 r3의 경우에는 로봇의 좌표인 x =200, y=200을 넣었다. 이 경우 로봇의 가격과 로봇의 이름은 초기화하지 않고 로봇의 위치만 초기화가 필요한 경우 이 생성자를 사용하면 된다.

```java
Robot r1 = new Robot(0, 0, 100, "마징가");
Robot r2 = new Robot(100, 0, 100, "짱가");
Robot r3 = new Robot(200,200);
Robot r4 = new Robot("태권브이");
```

```java
package studyclass;

public class Robot {

    int x, y;
    int power;
    int price;
    String name;


    Robot(String name) {

        this.name = name;
    }

    Robot(int x, int y) {

        this.x = x;
        this.y = y;
    }

    Robot(int x, int y, int price, String name) {
        this.x = x;
        this.y = y;
        this.price = price;
        this.name = name;
    }

    void moveRight() {
        x += 5;
    }

    void moveLeft() {
        x -= 5;
    }

    void showMe() {

        System.out.println("나의 이름은" + name + "입니다.");
        System.out.println(x);

    }
}
```

```java
package studyclass;

public class RobotTest {

    public static void main(String[] arg) {

        Robot r1 = new Robot(0, 0, 100, "마징가");

        Robot r2 = new Robot(100, 0, 100, "짱가");
        Robot r3 = new Robot(200,200);
        Robot r4 = new Robot("태권브이");

        r1.moveRight();
        r1.showMe();

        r2.moveRight();
        r2.showMe();

        r3.showMe();
        r4.showMe();

    }

}
```

≫ 실행 결과

```
나의 이름은마징가입니다.
5
나의 이름은짱가입니다.
105
나의 이름은null입니다.
200
나의 이름은태권브이입니다.
0
```

변수의 종류에는 클래스 변수(=static 변수, 전역 변수, 공유 변수), 인스턴스 변수, 지역 변수가 있다. 어느 위치에 쓰이는지에 따라 구분이 된다. 멤버 변수를 제외한 변수들은 지역 변수이며 지역 변수는 일반적으로 메소드나 for 구문 안에서 쓰인다.

인스턴스 변수	클래스의 인스턴스(객체)를 생성할 때 만들어진다. 객체를 여러 개 생성했을 때 각각 독립된 저장 공간을 가지기 때문에 값이 다를 수 있다.
static 변수	변수 앞에 static을 붙여서 사용한다. 객체를 생성하지 않고도 사용할 수 있으며 생성된 객체들의 경우 공통된 저장 공간을 가지고 사용할 수 있다. 즉, 여러 객체들을 생성했을 때 static변수는 그 객체들이 공유하여 사용하게 된다. 한 객체에서 이 변수값을 바꾸면 다른 객체도 바뀐 값들을 사용하게 된다. static 변수를 사용하는 방법은 **클래스명.변수**이다.
지역 변수	메소드, 생성자 안에서 사용되는 변수이며, 그 안에서만 사용가능하고 메소드 실행이 끝나면 값이 자동으로 사라져서 사용할 수 없게 된다.

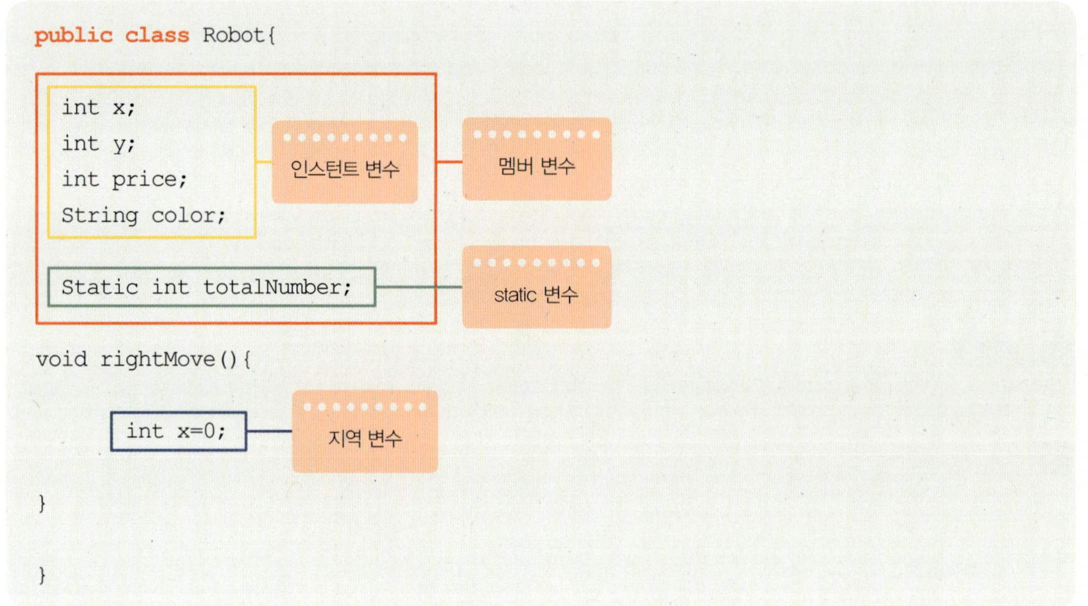

| 프로젝트 staticTest |

static 변수는 모든 객체가 공통적으로 사용할 수 있으며 클래스 변수(=정적 변수)라고 부른다. 클래스 변수는 객체를 생성하지 않고도 사용할 수 있다. 사용하는 방법은 객체를 생성하지 않기 때문에 **클래스이름.변수명**으로 사용하면 된다.

```java
public class Robot {

    int x, y;
    int power;
    int price;
    String name;
    int id;
    static int number = 0;   //클래스 변수. 공유해서 사용할 수 있는 변수

    Robot(int power, int price, String name){
        this.power = power;
        this.price = price;
        this.name = name;

        number +=1;  //Robot을 생성할 때마다 number 값이 1이 증가한다.
        id = number;
    }
}
```

```java
public class RobotStatic {
    public static void main(String args[]) {
        Robot r1 = new Robot(600, 100, "짱가");
        Robot r2 = new Robot(1000, 200, "마징가");
        Robot r3 = new Robot(1000, 200, "태권브이");
        int num = Robot.number;           // 정적 변수 = 클래스변수
        System.out.println("지금까지 생성된 로봇 수 = " + num);
    }
}
```


지금까지 생성된 로봇 수 = 3

1 상속

| 프로젝트 studyExtend |

기존 클래스가 가지고 있는 필드(멤버 변수)와 메소드를 그대로 사용할 수 있는 방법이 상속이다. 본 예제에서는 Robot 클래스를 상속받는 FishRobot과 DroneRobot 클래스를 만들었다. 이때 Robot 클래스는 조상 클래스가 되고 FishRobot과 DroneRobot 클래스는 자손 클래스가 된다. 조상 클래스는 자손 클래스들의 공통된 요소들을 가지고 있다. 자손 클래스는 extends 키워드를 사용해서 조상 클래스를 상속받을 수 있으며 조상 클래스의 필드와 메소드를 사용할 수 있다.

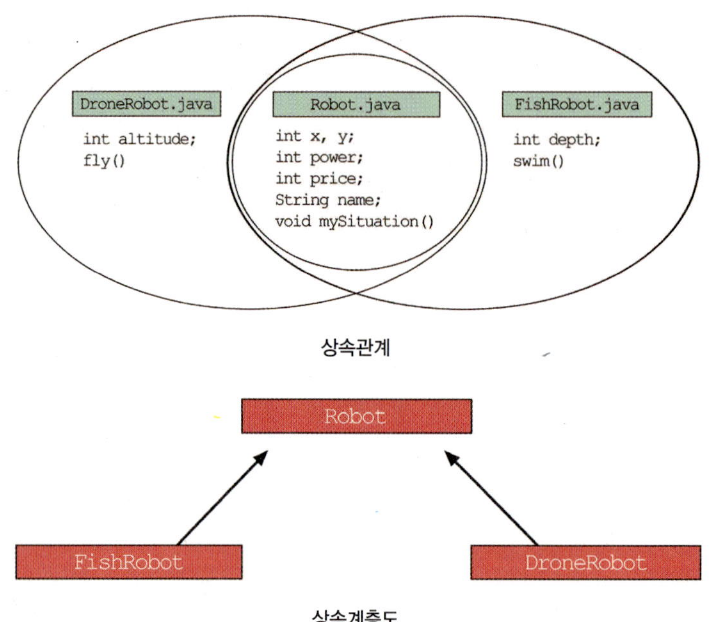

상속관계

상속계층도

더 알아보기

자손 클래스들은 또한 조상 클래스가 가지고 있지 않은 자신들만의 필드와 메소드를 만들어 사용할 수 있다. 본 예제에서 로봇(Robot 클래스)의 멤버는 위치값(x,y)와 로봇의 이름(name), 로봇의 가격(price) 및 위치를 나타내는 메소드 mySituation( )으로 구성하였다. FishRobot 클래스는 Robot 클래스를 상속하여 Robot 클래스의 변수와 메소드를 사용할 수 있다. 그리고 자신만의 메소드인 swim( ) 메소드를 만들어서 사용할 수 있다. DroneRobot 클래스도 자신만의 메소드인 fly( ) 메소드를 만들어서 사용했다.

```java
package studyclass;

public class Robot {

    int x, y;
    int power;
    int price;
    String name;

    void mySituation() {

        System.out.println("나의 위치는" + x +" , "+ y + "입니다.");
        System.out.println(x);


    }

}


class FishRobot extends Robot {

    int depth;
    void swim() {

        System.out.println("저는 지금 수심 " + depth + "m에 있습니다.");
    }
}

class DroneRobot extends Robot {
    int altitude;  //고도
    void fly() {

        System.out.println("저는 지금 높이 " + altitude + "m에 있습니다.");
    }
}
```


FishRobot 클래스와 DroneRobot 클래스는 멤버 변수(x, y, power, name)와 멤버 메소드(mySituation)가 없다. 하지만 extends 키워드를 사용해서 Robot 클래스를 상속받기 때문에 조상 클래스의 멤버 변수(x, y, power, name)와 멤버 메소드(mySituation)를 사용할 수 있다. 안드로이드 앱을 제작할 때 상속을 이용한다면 이미 만들어진 다양한 메소드들을 쉽게 사용할 수 있을 것이다.

```java
package studyclass;

public class RobotTest {

    public static void main(String[] arg) {

        Robot r1 = new Robot();
        FishRobot fish1 = new FishRobot();

        r1.mySituation();

        drone1.x=100;
        drone1.y=200;
        drone1.altitude=1500;
        drone1.mySituation();
        drone1.fly();

        fish1.x=100;
        fish1.y=300;
        fish1.depth=500;
        fish1.mySituation();
        fish1.swim();
    }

}
```

≫ 실행 결과

```
나의 위치는0 , 0입니다.
0
나의 위치는100 , 200입니다.
100
저는 지금 높이 1500m에 있습니다.
나의 위치는100 , 300입니다.
100
저는 지금 수심 500m에 있습니다.
```

조상 클래스를 상속받게 되면 조상 클래스의 멤버 변수와 멤버 메소드를 사용할 수 있다고 배웠지만, 경우에 따라서는 조상 클래스의 메소드를 재정의(변경)해서 사용할 필요가 있다. 이렇게 조상 클래스의 메소드를 자손 클래스에서 변경해서 사용하는 것을 **오버라이딩**이라고 한다.

```java
public class Robot {

    int x, y;
    int power;
    int price;
    String name;

    void mySituation() {

        System.out.println("조상클래스: 나의 위치는 " + x +" , "+ y + "입니다.");

    }
}

class FishRobot extends Robot {

    int depth;

    void mySituation() {

        System.out.println("자손클래스: 나의 위치는 " + x +" , "+ y + "입니다.");
        System.out.println("나의 수심은 " + depth + "입니다.");

    }
}
```

메소드 오버라이닝 : 소상 메소드 내용을 재징의해시 시용

```java
package studyclass;

public class RobotTest {

    public static void main(String[] arg) {

        Robot r1 = new Robot();
        DroneRobot drone1 = new DroneRobot();
        FishRobot fish1 = new FishRobot();

        r1.mySituation();

        fish1.x=100;
        fish1.y=300;
        fish1.depth=500;
        fish1.mySituation();
        fish1.swim();
    }
}
```



```
조상클래스: 나의 위치는 0 , 0입니다.
자손클래스: 나의 위치 는100 , 300입니다.
나의 수심은 500입니다.
```

3 super( )

| 프로젝트 studySuper |

super( )는 조상의 생성자를 호출하는데 사용되는 키워드이다. 이번 예제를 통해 조상의 생성자를 사용하는 방법을 살펴보겠다. 자식의 생성자를 호출하게 되면 부모의 생성자를 호출하게 된다. 자식 클래스의 객체를 생성하게 되면 부모 클래스의 생성자가 먼저 실행이 되고 자식 클래스의 생성자가 실행된다. 부모 클래스의 생성자를 통해서 부모 클래스의 멤버들의 초기화가 이루어지기 때문이다. 부모 클래스 멤버들의 초기화가 끝나면 자식 클래스의 생성자가 실행되어 자식 클래스 멤버들의 초기화가 진행된다.

```
RobotTest.java
```

```java
package studyclass;

public class RobotTest {

    public static void main(String[] arg) {

        DroneRobot drone1 = new DroneRobot(100,300);
        FishRobot fish1 = new FishRobot(200,200);

        drone1.x=100;
        drone1.y=200;
        drone1.altitude=1500;
        drone1.mySituation();
        drone1.fly();

        fish1.x=100;
        fish1.y=300;
        fish1.depth=500;
        fish1.mySituation();
        fish1.swim();
    }

}
```

```
Robot.java
```

```java
package studyclass;

public class Robot {

    int x, y;
    int power;
    int price;
    String name;

    Robot(int x,int y){
        this.x=x;
        this.y=y;


    }
```

```java
    void mySituation() {

        System.out.println("나의 위치는" + x +" , "+ y + "입니다.");
        System.out.println(x);

    }

}

class FishRobot extends Robot {

    int depth;
    FishRobot(int x,int y) {
        super(x, y);

    }
    void swim() {

        System.out.println("저는 지금 수심 " + depth + "m에 있습니다.");
    }
}

class DroneRobot extends Robot {
    int altitude;   //고도

    DroneRobot(int x, int y) {
        super(x, y);

    }

    void fly() {

        System.out.println("저는 지금 높이 " + altitude + "m에 있습니다.");
    }
}
```

조상의 생성자를 호출한다. 생성자의 호출 순서는 부모 생성자가 먼저이고, 다음에 자식 생성자가 호출된다.


```
나의 위치는100 , 200입니다.
100
저는 지금 높이 1500m에 있습니다.
나의 위치는100 , 300입니다.
100
저는 지금 수심 500m에 있습니다.
```

```java
package studyclass;

class Robot {

    int x, y;
    int power;
    int price;
    String name;

    Robot(){
        System.out.println("나는 조상로봇입니다.");

    }

}

class FishRobot extends Robot {

    int depth;
    FishRobot(){


        System.out.println("나는 자식로봇입니다.");

    }

}

public class RobotTest {

    public static void main(String[] arg) {

        FishRobot fish1 = new FishRobot();

    }

}
```

> 자식 클래스의 객체가 생성될 때 자식 생성자에서 부모 생성자를 명시적으로 호출을 하지 않는 경우, 자동으로 매개 변수가 없는 조상 생성자가 호출된다. 즉, 이 사각형 안에는 super( ); 구문이 있는 것과 동일하다.

> 사용자가 클래스 안에 생성자를 만들지 않으면 컴파일시 자동으로 매개변수가 없는 생성자가 만들어진다.

≫ 실행 결과

```
나는 조상로봇입니다.
나는 자식로봇입니다.
```

5 추상 클래스

완전하게 구현되지 않은 메소드를 가지고 있는 클래스를 추상 클래스라고 한다. 메소드가 완전하게 구현되어 있지 않기 때문에 객체를 생성할 수 없는 클래스이기도 하다. 안드로이드 앱을 제작할 때 인터페이스를 구현할 때가 많기 때문에 인터페이스를 이해하기 전 단계인 추상 클래스를 이해할 필요가 있다. 추상 클래스를 상속받는 자식 클래스에서 미완성된 메소드를 구현하면 된다. 추상 클래스를 상속받는 클래스는 반드시 미완성된 메소드를 구현해야 자식 클래스의 객체를 생성하여 활용할 수 있다.

```java
package studyclass;

abstract class Robot {          // 추상 클래스 앞에는 abstract를 붙인다.
    int x, y;
    int power;
    int price;
    String name;

    abstract void mySituation();    // 추상 메소드는 반드시 마지막에 세미콜론(;)을 써야 한다.

}


class FishRobot extends Robot {

    int depth;
    void mySituation() {
        System.out.println("나의 위치는 x좌표: " + x + "y좌표: "+ y +"입니다.");
    }

}


public class RobotTest {

    public static void main(String[] arg) {

        FishRobot fish1 = new FishRobot();
        fish1.x=100;
        fish1.y=200;
        fish1.mySituation();

    }

}
```

나의 위치는 x좌표 : 100y좌표 : 200입니다.

03 ≫ 자바 문법 익히기(3)   LOADING...

1 인터페이스 | 프로젝트 studyInterface |

인터페이스란 서로 다른 장치들을 연결해주는 규격을 의미한다. 예를 들어 컴퓨터와 모니터를 연결해주는 HDMI 규격을 생각하면 된다. 자바에서의 인터페이스는 클래스와 클래스를 연결해주는 규격이며, 추상 메소드와 상수로만 이루어진다. 또한 우리가 클래스를 만들 때 사용한 키워드 class 대신에 interface를 사용하면 된다. 자바에서는 extends 키워드를 통해서 하나의 클래스만 상속받을 수 있다. 이러한 점을 보완해주는 방법이 인터페이스이다. 왜냐하면 인터페이스는 여러 개를 상속(구현)하여 사용할 수 있다. 인터페이스의 경우 상속이라는 용어 대신에 구현이라는 용어를 사용한다. 즉, 하나의 클래스는 하나의 클래스를 상속받고 동시에 여러 개의 인터페이스를 구현하여 사용할 수 있다.

```java
package studyclass;
                                        키워드 class 대신에 interface를 사용한다.
interface Robot {

    abstract void mySituation();

}
                                        extends 대신에 implements를 사용한다.
class FishRobot implements Robot {

    int depth;
    int x, y;

    public void mySituation() {
        System.out.println("나의 위치는 x좌표: " + x + " y좌표: " + y + "입니다.");
    }
                                        반드시 추상 메소드를 구현해주어야 한다.
}
```

```java
public class RobotTest {

    public static void main(String[] arg) {

            FishRobot fish1 = new FishRobot();
            fish1.x = 100;
            fish1.y = 200;
            fish1.mySituation();

    }

}
```


나의 위치는 x좌표: 100y좌표: 200입니다.

2 다형성

| 프로젝트 studyPoly |

조상(=부모) 클래스 타입의 참조 변수로 자손(=자식) 클래스의 객체를 참조하는 것이다. 이때 조
상 클래스의 참조 변수는 조상 클래스가 가지고 있는 변수나 메소드를 참조할 수 있지만, 자손
클래스만 가지고 있는 변수나 메소드는 참조할 수 없다는 사실을 기억하자.

```java
public class Robot {

    int x, y;
    int power;
    int price;
    String name;


    void mySituation() {

        System.out.println("조상클래스: 나의 위치는 " + x +" , "+ y + "입니다.");

    }
}

class FishRobot extends Robot {
```

```java
        int depth;
        void swim() {
            System.out.println("나의 수심은 ." + depth + "입니다.");

        }

    }
```

```java
public class RobotTest {

    public static void main(String[] arg) {

            FishRobot fish1 = new FishRobot();

        Robot r1 = new FishRobot();
            r1.x=100;
            r1.y=300;
            // r1.depth=500; 에러 발생
            r1.mySituation();
            // r1.swim(); 에러 발생

        }

    }
```


조상클래스: 나의 위치는 100 . 300입니다.

r1.depth = 50; 문장을 쓰게 되면 오류가 발생한다. 참조 변수 r1은 부모 클래스의 멤버만 참조
할 수 있는데, depth는 자손 클래스의 멤버이기 때문이다.

3 매개변수의 다형성　　　　　　　　　　　　　　　　프로젝트 studyPoly2

매개변수의 다형성을 살펴보면 다형성의 필요성을 이해할 수 있다. 먼저 Robot 클래스를 상속하
는 FishRobot, DroneRobot, TankRobot 3개의 클래스를 만든 후에 Purchaser 클래스를 만든
다. Purchaser 클래스 안에는 FishRobot, DroneRobot, TankRobot 구매에 대한 처리를 하는
purchase 메소드를 각각 만들어 준다.

```java
public class Robot {

    int x, y;
    int price;

    Robot(int price){
    this.price = price;
}

    void mySituation() {
    System.out.println("조상클래스: 나의 위치는 " + x +" , "+ y + "입니다.");
    }
}


class FishRobot extends Robot {
    FishRobot(int price) {
        super(price);

    }

        int depth;
    void swim() {
        System.out.println("나의 수심은 " + depth + "입니다.");
    }


}


class DroneRobot extends Robot {
    DroneRobot(int price) {
        super(price);

    }

        int altitude;   //고도
    void fly() {
        System.out.println("저는 지금 높이 " + altitude + "m에 있습니다.");
    }


}
```

```java
class TankRobot extends Robot {
    TankRobot(int price) {
        super(price);


    }


    int speed;   //속도

    void goForward() {
        System.out.println("저는 지금 속도가 " + speed + "입니다.");
    }


}


class Purchaser {
    int money = 200000;

    void purchase(FishRobot f){
        money -= f.price;
    }

    void purchase(DroneRobot d){
        money -= d.price;
    }

    void purchase(TankRobot t){
        money -= t.price;
    }

}
```

매개변수의 다형성을 이용하지 않으면 물고기 로봇(FishRobot)을 구입할 때 purchase(FishRobot f) 메소드를 호출해야 하고, 드론 로봇((DroneRobot)을 구입할 때는 purchase(DroneRobot d) 메소드를 각각 호출해 주어야 한다.

```java
public class RobotTest {

    public static void main(String[] arg) {

        DroneRobot drone1 = new DroneRobot(50000);
        FishRobot fish1 = new FishRobot(20000);
        TankRobot tank1 = new TankRobot(30000);

        Purchaser p1 = new Purchaser();
        p1.purchase(drone1);
        p1.purchase(fish1);
        p1.purchase(tank1);

        System.out.println("남아 있는 돈: "+ p1.money);
    }
}
```


남아 있는 돈: 100000

DroneRobot, FishRobot, TankRobot 이외에 새로운 로봇이 만들어질 때마다 Purchaser 클래스 안에서 새로운 purchase 메소드를 추가로 만들어야 하는 불편함이 있다. 하지만 메소드의 매개변수에 다형성을 사용하면 아래처럼 하나의 메소드로 처리할 수 있다. DroneRobot, FishRobot, TankRobot 클래스는 Robot의 클래스를 상속받았다. 따라서 Robot의 참조 변수는 DroneRobot, FishRobot, TankRobot 클래스들의 객체들을 모두 다룰 수 있다(물론 Robot의 참조 변수는 Robot이 가지고 있는 멤버들만 사용할 수 있다).

```java
class Purchaser {

    int money = 200000;
    purchase(Robot r){

        money = money - r.price;

    }

}
```

 제어문-조건문 if

제어문은 조건문과 반복문이 있다. 조건문에는 크게 if 문과 switch 문이 있다. 코딩을 하면서 제일 많이 사용하는 제어문은 조건문(if)이다. 조건문의 여러 가지 형태에 대해서 살펴보도록 하겠다.

(1) 중괄호를 사용한 if~else 문

```java
if(x>3) {          조건식
    System.out.println("참입니다.");
    System.out.println("3보다 큽니다.");
} else {
    System.out.println("거짓입니다.");
    System.out.println("3보다 작습니다.");
}
```

조건식이 참일 때 중괄호 안에 있는 내용들이 실행된다.

조건식이 거짓일 때 중괄호 안에 있는 내용들이 실행된다. else는 "그 밖에"라는 뜻으로 조건식이 맞지 않는 경우를 의미한다.

(2) if~else if 문

```java
if(score>=90)  System.out.print("수");
else if(score>=80)  System.out.print("우");
else if(score>=70)  System.out.print("미");
else if(score>=60)  System.out.print("양");
else System.out.print("가");
```

if 문 다음에 중괄호가 없으면 한 줄만 실행을 한다. 즉, 처음에 score가 90점 보다 같거나 크면 "수"를 화면에 출력하고 더 이상 아래 else 구문들을 실행하지 않는다. score가 90점이 안된다면 두 번째 줄에 있는 else if 문을 수행하고 조건식이 80점을 넘는지를 확인한다. 80점을 넘게 되면 "우"를 출력하고 더 이상의 else 문을 실행하지 않는다. 80점이 안되면 다시 세 번째 else if 문을 수행하게 된다.

(3) 중첩 if 문

if 문 안에 다시 if 문이 들어가는 경우를 중첩 if 문이라고 한다. else는 가장 가까운 if 문과 짝을 이룬다.

```java
if(explainOk==1)  // == 같다는 의미이다.
    if(answerOk==1) System.out.println("정답입니다.");
    else System.out.println("오답입니다.");
```

혼동을 피하기 위해서 중괄호를 사용하는 방법을 권장한다. 이전 코드를 아래와 같이 써도 같은 코드가 된다.

```java
if(explainOk==1){
  if(answerOk==1) System.out.println("정답입니다.");
  else System.out.println("오답입니다.");
}
```

즉, 위에 2개의 코드는 explainOk 값이 1이 아니면 아무것도 수행을 하지 않게 된다.

❶ 논리연산자 ||
앞뒤에 있는 2개의 논리값을 평가하여 하나라도 true(참)일 경우 true 값을 반환한다. 2개 모두 false(거짓)이면 false를 반환한다. ||은 OR(또는) 연산자이다.

```java
if(explainOk==1 || menu==1){

  if(answerOk==1) System.out.println("정답입니다.");
  else System.out.println("오답입니다.");

}
```

explainOk 값이 1이거나 menu 값이 1이면, 둘 중에 하나만 조건이 맞으면 중괄호 안에 있는 코드가 실행된다.

❷ 논리 연산자 결과표

x	y	x && y	x || y
true	true	true	true
true	false	false	true
false	true	false	true
false	false	false	false

❸ 논리 연산자 !

NOT 연산자이며 "아니다"라는 부정을 의미한다.

```java
if(explainOk!=0){

  if(answerOk==1) System.out.println("정답입니다.");
  else System.out.println("오답입니다.");

}
```

explainOk 값이 0이 아니면 중괄호 안에 있는 코드가 실행된다.

5 제어문-조건문 switch

경우의 수가 많은 경우에는 switch 문을 사용하면 편리하다. 아래 예제에서 level 값이 1일 경우 case 1 줄에 있는 **System.out.println("수준 1입니다.");** break; 문장이 실행된다.

```java
switch(level){
  case 1 : System.out.println("수준 1입니다."); break;
  case 2 : System.out.println("수준 2입니다."); break;
  case 3 : System.out.println("수준 3입니다."); break;
  case 4 : System.out.println("수준 4입니다."); break;
  case 5 : System.out.println("수준 5입니다."); break;
  default :  System.out.println("레벨이 없습니다."); break;
}
```

break 문을 만나면 switch 문을 벗어난다. break를 사용하지 않으면 다음 문장도 출력이 되기 때문에 빈드시 break를 사용하도록 한다. default는 아무것도 해당 사항이 없으면 실행되는 부분으로, 예를 들어 level 값이 6이면 실행화면에는 "레벨이 없습니다." 가 출력된다.

6 제어문–반복문 for

(1) for 문 구조

```
for (❶초기값; ❷조건식; ❹증감식) {
    ❸//반복 실행되는 부분
}
```

❶ 초기값 : 보통 int i=0 또는 int i=1 로 시작한다. 처음 초기값 i 를 지정하며 처음 한번만 실행된다.

❷ 조건식 : 예를 들어 i<10 이런 식으로 조건이 주어진다. i 값이 조건에 참이면 ❸ 부분을 실행한다. 실행 후 ❹를 실행해서 i 값을 증가시키거나 감소시킨 후 ❷ 조건식은 보고 참이면 ❸을 실행하고 ❹를 실행한다. 조건이 거짓이면 for 문을 빠져나간다.

❹ 증감식 : 증감(증가 또는 감소)은 보통 i++ 또는 i--를 사용한다. i++ 은 i 값을 1씩 증가시킨다는 의미이고, i--는 i 값을 1씩 감소시킨다는 의미이다.

(2) for 문을 활용한 1부터 10까지의 합

```
int sum=0;  //합을 담을 변수
for(int i=1; i<=10 ; i++){         //i++ 은 i 값을 1씩 증가시킨다
    sum = sum + i ;
}
```

i 값	sum + i	sum
1	0 + 1	1
2	1 + 2	3
3	3 + 3	6
4	6 + 4	10
5	10 + 5	15
6	15 + 6	21
7	21+ 7	28
8	28 + 8	36
9	36 + 9	45
10	45 + 10	55

1부터 10까지 더하는 코드를 다음과 같이 바꿀 수 있다.

```
int sum=0;  //합을 담을 변수
for(int i=10; i>=1 ; i--){        // i++ 은 i 값을 1씩 증가시킨다.
        sum = sum + i ;
}
```

7 제어문-반복문 while

while 문은 for 문과 같이 일정한 부분을 반복 수행하게 만들 수 있으며 사용방법이 for 문 보다 간편하다.

(1) while 문 구조

```
while(조건식) {

        //조건식이  true(참)일 경우 반복 실행되는 부분

}
```

(2) while 문을 활용한 1부터 10까지의 합

```
int sum = 0;
int i = 1;

while (i <= 10) {
        sum = sum + i;
        i++;   // i 값을 1씩 증가시킨다.
}
```



```
55
```

(3) while 문과 for 문을 활용한 무한반복 만들기
안드로이드 앱 제작할 때 자주 사용되는 구문이므로 제대로 알고 있어야한다.

```
while (true) {                              for ( ; ; ) {
        //무한 반복할 문장           =            //무한 반복할 문장
    }                                           }
```

8 반복문 벗어나기

(1) break 문

break 문은 가장 가까운 반복문을 벗어나게 해준다. while(true) 무한반복문 안에서 10까지 합을 구하는 코드를 만들어 보겠다. break 문은 switch 문과 반복문(for, while)에서 사용된다.

```java
int sum = 0;
int i = 0;

while (true) {
        sum = sum + i;
        i++;  //i 값을 1씩 증가시킨다
        if(i==11) break;     //break 문을 만나면 반복문을 빠져 나간다
        }
```

(2) continue 문

continue 문은 반복문(for, while)에서만 사용된다. continue를 만나면 반복문을 벗어나는게 아니라 반복문의 끝으로 이동한다. 다음 예문은 1부터 10까지의 숫자 중 홀수값만 출력하도록 한 코드이다.

```java
for(int  i=1; i<=10 ; i++){
        if(i%2==0) continue;        //2로 나누어 떨어지면 for 구문의 마지막으로
                                    //이동을 해서 화면에 i 값이 출력되지 않는다.
        System.out.print(i+" ");    //한 칸을 뛰우기 위해서 " "을 사용함
    }
```

» 실행 결과

```
13579
```

1 배열

동일한 타입의 여러 변수를 하나의 묶음으로 하고 하나의 변수로 다루는 것을 배열이라고 한다. 예를 들어, 학생의 총점을 저장하는 변수를 만들 경우 학생수가 100명이라면 변수를 100개를 만들어서 다루어야 한다.

(1) 배열을 사용하지 않는 경우

각각의 학생의 총점을 저장하기 위해서 아래와 같이 100개의 정수형 변수가 필요하다. 만약 학생 수가 1000명이 넘는다면 비효율적인 코딩이 될 것이다.

```
int s1, s2, s3, s4, s5, s6, s7, s8, s9, s10;
int s11, s12, s13, s14, s15, s16, s17, s18, s19, s20;
int s21, s22, s23, s24, s25, s26, s27, s28, s29, s30;
int s31, s32, s33, s34, s35, s36, s37, s38, s39, s40;
int s41, s42, s43, s44, s45, s46, s47, s48, s49, s50;
int s51, s52, s53, s54, s55, s56, s57, s58, s59, s60;
int s61, s62, s63, s64, s65, s66, s67, s68, s69, s70;
int s71, s72, s73, s74, s75, s76, s77, s78, s79, s80;
int s81, s82, s83, s84, s85, s86, s87, s88, s89, s90;
int s91, s92, s93, s94, s95, s96, s97, s98, s99, s100;
```

(2) 배열을 사용하는 경우

배열을 사용하는 경우 학생 수와 관계없이 아래처럼 한 줄에 해결할 수 있다.

```
int[] s= new[100];  //100개의 정수형 값을 저장할 수 있는 배열 생성
```

생성된 배열에 값을 넣는 방법: [ ]안에 들어가는 인덱스는 0부터 시작하므로

s[0]=500; s[1]=550; s[2]=600 .... s[99]=670;

처럼 넣는다. 즉, s[99]는 100번째 학생의 총점이 들어간다.

(3) 배열을 선언과 동시에 초기화하기

new를 사용하지 않고도 초기값을 넣어 배열을 생성할 수 있다.

```
int [ ] s = { 100, 200, 400, 300, 500 };
```

(4) 배열 사용 예

```
int[] s = { 100, 200, 400, 300, 500 };
for(int i = 0; i < s.length; i++){    //length는 배열의 크기를 가지고 있는 변수이다.
    System.out.print(s[i]);    //여기서 length는 s 배열의 크기인 5 값을 가지고 있다.
}
```

≫ 실행 결과

```
100200400300500
```

(5) 향상된 for 문

향상된(enhanced) for 문을 이용하면 배열에 있는 내용들을 좀 더 간결하게 처리할 수 있다.

```
for ( 타입 변수명 : 배열 )  {
        // 반복 처리할 문장
}
```

위에 일반 for 문을 사용할 문장을 향상된 for 문을 이용해서 처리해 보겠다.

```
int[] s = { 100, 200, 400, 300, 500 };
for(int tmp : s){    //정수형 변수 tmp는 s 배열에서 인덱스 0부터 마지막까지
                     //하나씩 값을 가져온다.
    System.out.print(s[i]);
}
```

≫ 실행 결과

```
100200400300500
```

2 ArrayList

배열의 단점은 사용 중간에 크기를 조절할 수 없다는 점이다. 인덱스에 따른 요소 값만 바꿀 수가 있다. 하지만 ArrayList 클래스를 이용해서 배열을 만들면 중간에 요소(element)를 추가하거나 삭제할 수도 있다. ArrayList를 보면 처음에 대문자로 시작하는 것을 볼 수 있다. 우리는 이것을 통해 ArrayList가 클래스임을 알 수 있고, 클래스를 사용하기 위해서는 객체를 생성해야 함을 학습했었다. 마찬가지로 ArrayList를 사용하기 위해서 new 연산자를 이용해서 객체를 생성해야 한다.

(1) ArrayList 형식

```
ArrayList <자료형> list = new ArrayList< >(); // ArrayList 객체를 생성함
```

자료형이 정수형인 경우에는 int가 아니라 Integer를 써야 하고, 또한 문자형을 사용할 경우 String을 사용한다. 자료형에는 클래스가 사용될 수 있다.

(2) ArrayList에 자료를 추가하는 방법

```
ArrayList <자료형> list = new ArrayList< >();
 - list.add("홍길동"); //데이터 추가 list[0]에는 "홍길동" 문자열이 저장됨.
```

(3) ArrayList에 자료를 삭제하는 방법

```
ArrayList <자료형> list = new ArrayList< >();
 - list.remove(2); //인덱스 2의 요소를 삭제한다. 즉 List객체의 3번째 자료 삭제
```

(4) ArrayList 클래스가 가지고 있는 기타 메소드

```
 - size() : 현재 저장된 요소의 개수를 얻는다.
 - get(i) : 인덱스 i 번에 저장된 데이터를 얻는다.
```

(5) ArrayList 이용한 예제

```java
public class ArrayList1 {        //public 으로 선언된 클래스명은 파일명과 일치해야 한다.

    public static void main(String[] args){

        ArrayList<String> list1 = new ArrayList<String>();
        System.out.println("초기 사이즈 : "+list1.size()); //사이즈는 0이다.


        list1.add("홍길동");
        list1.add("세종대왕");
        list1.add("이순신");
        list1.add("강감찬");
        list1.add("을지문덕");


        System.out.println("지금 사이즈 : "+list1.size());

        for(String l : list1)
            System.out.print(l);

        list1.remove(0);
        list1.remove(1);

        System.out.println();   //엔터키 효과
        System.out.println("마지막 사이즈 : "+list1.size());

        for(String l : list1)
            System.out.print(l);


    }
}
```

배열은 [ ]을 사용해서 요소에 접근하지만, AwayList에서는 ( )을 사용한다.

```java
for(int i=0;i<list1.size();i++)
    System.out.println(list1.get(i));
```

≫ 실행 결과

```
초기 사이즈 : 0
지금 사이즈 : 5
홍길동세종대왕이순신강감찬을지문덕
마지막 사이즈 : 3
세종대왕강감찬을지문덕
```

❸ 프로세스(Process)와 쓰레드(Thread)

사용자가 어떤 프로그램을 실행시키면 메모리에 올라오게 되고 CPU가 이를 처리하게 된다. 이때 프로그램이 메모리에 올라와 있는 상태를 프로세스라고 부른다. Ctrl + Alt + Del 키를 동시에 누르면 메모리에 올라와 있는 프로세스를 확인 할 수 있다. 1개의 프로세스에는 최소한 1개의 쓰레드(실제 작업을 수행하는 일꾼)를 가지고 있다. 지금까지 우리가 자바에서 다룬 예제들은 main이라는 하나의 쓰레드로 구성된 프로그램이었다. 2개 이상의 쓰레드를 가진 프로세스는 CPU의 사용률을 향상 시킬 수 있다.

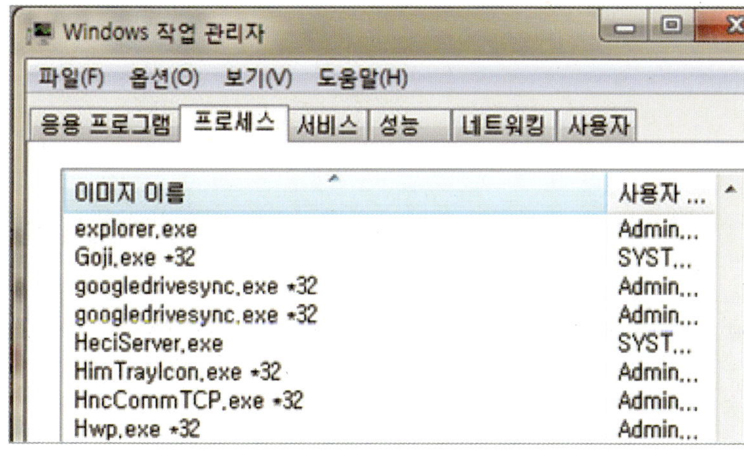

(1) 쓰레드(Thread)가 필요한 이유

지금까지 우리는 하나의 main 쓰레드를 사용하였다. 그런데 main 쓰레드에서 데이터를 송신하고 있는 도중에 사용자가 사진을 보려고 버튼을 터치할 경우에 데이터 송신 작업이 끝날 때까지 기다렸다가 사진을 보아야 될 것이다. 사용자는 버튼을 터치했는데도 반응을 하지 않아 답답함을 느끼게 될 것이다. 이런 문제를 해결하기 위해서는 데이터 전송을 전담으로 하는 별도의 쓰레드를 추가로 만들어 주면 될 것이다. CPU가 쓰레드를 번갈아 사용한다면 사용사는 답답함을 경험하지 않아도 될 것이다.

(2) 쓰레드(Thread) 사용하기

❶ Thread 클래스를 상속받는 Thread1 클래스를 만들고 run( ) 메소드를 재정의한다.

❷ main 쓰레드가 있는 MThread 클래스에서 Thread1 클래스 객체(t)를 만들고 start( ) 메소드를 이용해서 Thread1 쓰레드를 실행시킨다.

```java
package thread;

class Thread1 extends Thread {  //사용자가 만든 Thread

    public void run() {
            for (int i = 0; i < 1000; i++)
                    System.out.print("Thread1" + i+" ");


    }
}

public class MThread {

    public static void main(String[] args) {

        Thread1 t = new Thread1();

        t.start();

        for (int i = 0; i < 1000; i++)
                System.out.print("mainT"+i+" ");

    }

}
```


실행 결과의 일부를 확인해보면, main 쓰레드와 Thread1 쓰레드가 섞어가면서 실행이 되는 것을 확인할 수 있다. 쓰레드가 다 실행될 때까지 기다렸다가 메인에 있는 for 문이 실행되는 것이 아니라는 것을 확인할 수 있다.

≫ 실행 결과

```
mainT0 Thread10 mainT1 Thread11 mainT2
Thread12 mainT3 Thread13 mainT4 Thread14
mainT5 Thread15 mainT6 Thread16 mainT7
Thread17 mainT8 Thread18 mainT9 Thread19
mainT10 Thread110 mainT11 mainT12 ...
```

4 무명 클래스 | 프로젝트 studyAnonymousTest |

무명 클래스는 이름이 없는 클래스이며 하나의 객체만 생성할 경우 사용된다. 보통 부모 클래스를 상속 받거나 인터페이스를 구현해서 사용되며 특히 버튼을 처리할 때 자주 사용되는 방법이다. 표기 방법이 조금 난해하지만 무명 클래스를 사용해서 인터페이스를 구현하면 코드가 매우 간결해진다. 앞쪽에서 인터페이스를 구현했었는데 그 내용을 일부 수정해서 만들어 보겠다.

(1) 무명 클래스 형식

```
인터페이스 객체명 = new 인터페이스() {
        //인터페이스 메소드 구현
};
```

(2) 클래스를 만들고 인터페이스를 구현하는 경우

다음은 무명 클래스를 사용하지 않은 코드이다.

```java
package studyclass;

interface Robot {

    abstract void mySituation();

}

class FishRobot implements Robot {

    int depth;
    int x, y;

    public void mySituation() {
    System.out.println("나의 위치는 x좌표: 100" + " y좌표: 200 입니다.");

    }

}

public class RobotTest {

    public static void main(String[] arg) {

        FishRobot fish1 = new FishRobot();

        fish1.mySituation();
    }

}
```

(3) 무명 클래스를 이용해서 만든 경우

인터페이스를 구현해서 클래스를 만든 것과 동일한 기능을 한다. 코드가 매우 간결해진 것을 확인할 수 있다.

```java
package studyclass;

interface Robot {

    abstract void mySituation();

}


public class RobotTest {

    public static void main(String[] arg) {

        Robot r1 = new Robot() {

            public void mySituation() {

                System.out.println("나의 위치는 x좌표: 100" + " y좌표: 200 입니다.");

            }

        };

        r1.mySituation();
    }

}
```

인터페이스 Robot을 구현하는 클래스를 별도로 만들지 않고 바로 인터페이스를 구현하는 기술이다.

나의 위치는 x좌표: 100 y좌표: 200 입니다.

무명 클래스의 마지막 부분에 세미클론(;)을 해주어야 오류가 발생하지 않는다.

5 내부 클래스

클래스 안에 클래스를 넣을 수가 있는데 이때 안에 있는 클래스를 내부 클래스라고 한다. 외부 클래스에서 내부 클래스의 메소드를 이용하기 위해서는 내부 클래스의 객체를 생성해서 접근해야 한다. 또한 내부 클래스에서 외부 클래스의 멤버 변수를 변경하고자 할 때는 내부 클래스 메소드 안에서만 가능하다.

```java
package innertest;

class Robot {

    int x = 100; // 미사일 좌표, 외부 멤버 변수
    InnerClass i1;

    Robot() {

        i1 = new InnerClass();  //내부 클래스의 메소드를 접근하기 위한
                                //내부 클래스 객체 생성

    }

    class InnerClass {

        int v = x;    //외부 클래스의 멤버 변수를 참조할 수 있지만
                      //외부 클래스의 멤버 변수의 값을 수정할 수는 없다.
                      //예를 들어  x=200; 으로 하면 오류가 발생한다.
                      //외부 클래스의 멤버 변수의 값을 수정하려면
                      //내부 클래스의 메소드 안에서만 가능하다.

        void sMissile() {
            System.out.println("내부 클래스 메소드를 실행했습니다.");
            System.out.println("미사일이 발사되었습니다.");

        }

        void missileLocation() {
            x += 10;  //메소드 안에서 외부 멤버 변수 값 수정 가능
            System.out.println("미사일의 x좌표는" + x + "입니다.");
            System.out.println("외부 클래스 멤버변수를 변경했습니다.");
        }
    }
```

```java
        void shootMissile() {

            i1.sMissile(); //외부 클래스에서 내부 클래스의 멤버 메소드에
                           //접근하기 위해서는 내부 클래스의 객체명.메소드 형식으로 접근해야 한다.
        }

        void moveLeft() {
            i1.missileLocation();
        }
    }

public class inner {

        public static void main(String[] ar) {

            Robot r1 = new Robot();
            r1.shootMissile();
            r1.moveLeft();

        }
    }
```


내부클래스 메소드를 실행했습니다.
미사일이 발사되었습니다.
미사일의 x좌표는110입니다.
외부클래스 멤버변수를 변경했습니다.

더 알아보기

자바에서는 클래스명이 파일명과 동일해야 한다. 하나의 파일에 여러 개의 class를 사용할 수 있는데 1개의 클래스 파일에는 public을 사용하도록 하자. 이 경우 public이 붙은 클래스명이 파일명이 되어야 한다.

```java
public class A{
// 파일명: A.java
}
class B{
}
class C{
}
```

위에 내부 클래스 예시 소스는 inner.java 파일로 저장되어야 한다.

6 기본형 매개변수(=파라미터)와 참조형 매개변수

(1) 기본형 매개변수

| 프로젝트 parametertest |

기본형(boolean, char, byte, short, int, long, float, .double)을 매개변수로 사용하는 경우에는
값만 넘겨주게 되고 넘겨준 값이 변하지는 않는다.

```java
package parametertest;

class Robot {
     int price;
}
     public static void main(String[] ar) {

          Robot r = new Robot();
❶        System.out.println(r.price);
          r.price = 10000;
          changeName(r.price);
❸        System.out.println(r.price);
     }

     static void changeName(int price) {
          price = 20000;
❷        System.out.println(price);
     }

}
```

객체생성시 멤버 변수 값들은 숫자일 경우
0으로, 참조형일 경우 null로 초기화된다.

❶ Robot 객체 r을 생성하고 출력을 했다. 객체를 생성하면 객체멤버 price에 기본값이 0으로 자
동 초기화 되어 출력값이 0이 나오게 된다.

❷ changeName( ) 메소드에 매개변수로 price 값 0을 넘겨 주었다. 그리고 changeName( ) 안
에서 price 값에 20000을 넣고 출력을 하면 출력값은 20000이 나온다.

❸ 메소드를 수행하고 돌아와서 생성된 객체의 price 값을 출력하면 10000이 출력된다. 기본형
매개변수는 전달되는 값이 바뀌지 않는 것을 확인 할 수 있다.

≫ 실행 결과

```
0
20000
10000
```

(2) 참조형 매개변수

참조변수 r은 생성된 객체의 주소를 가지고 있다. changeName( ) 메소드의 매개변수(Robot r)가 값이 아니라 값이 저장된 주소를 넘겨 주었기 때문에 메소드 안에서 값을 변경하면 전달되는 값이 변경된다.

```java
package parametertest;

class Robot {
        int price;
}

class parameterTest {
        public static void main(String[] ar) {

                Robot r = new Robot();
                System.out.println(r.price);
                r.price = 10000;
                changeName(r);
                System.out.println(r.price);
        }

        static void changeName(Robot r) {
                r.price = 20000;
                System.out.println(r.price);
        }

}
```

≫ 실행 결과

```
0
20000
20000
```

7 this와 super

(1) this

this는 객체 자신을 의미하며 super는 상속관계에서 부모 클래스의 객체를 가리킨다. 다음 예시에서 사용된 this.x = x; 문장에서 x는 매개변수로 받은 값을 의미하고 this.x는 Robot 클래스 멤버변수 x를 의미한다. 즉, this는 객체 자신을 나타낸다.

```java
public class Robot {

    int x, y;
    int power;
    int price;
    String name;

    Robot(int x, int y, int price, String name) {

        this.x = x;
        this.y = y;
        this.price = price;
        this.name = name;

    }
```

(2) super

조상 클래스의 멤버 변수와 멤버 메소드를 사용하고 싶다면 앞에 super를 쓰면 된다. 만약 조상 클래스의 showMe( ) 메소드를 사용하려면 super.showMe( ); 라고 하면 된다. 조상의 생성자를 호출하는 super( )와 비교하여 이해해야 한다.

```java
package studyclass;

public class Robot {

    int x, y;
    int price = 1000;

    Robot(int x, int y) {
        this.x = x;
        this.y = y;


    }
void showMe() {
```

```java
        System.out.println("나는 droneRobot의 조상클래스입니다.");
    }

}

class droneRobot extends Robot {

    int price = 100;

    droneRobot(int x, int y) {
        super(x, y);
    }

    void showMe() {
        System.out.println("나는 자손 클래스입니다.");
    }

    void showPrice() {
        System.out.println("price =" + price);
        System.out.println("super.price =" + super.price);
        super.showMe();
        showMe();
    }
}

class RobotTest {

    public static void main(String[] arg) {

        droneRobot drone1 = new droneRobot(100, 300);
        drone1.showPrice();

    }

}
```


≫ 실행 결과

```
price =100
super.price =1000
나는 droneRobot의 조상클래스입니다.
나는 자손 클래스입니다.
```

8 접근 제어자 public, private, default, protected

(1) 접근 제어자

접근 보안성이 public, protected, default, private 순으로 높아진다.

접근 제어자	기능
public	public으로 선언된 변수와 메소드는 다른 클래스에서도 접근이 가능하며 어디에서나 접근할 수 있다.
protected	동일한 패키지에 속하는 클래스에서 접근할 수 있다.
default	접근 제어자를 사용하지 않으면 자동으로 default 속성이 된다. 동일한 패키지에 속하는 클래스에서 접근할 수 있지만 자식 클래스에서 상속해서 사용할 수 없다.
private	private으로 선언된 멤버를 다른 클래스에서 접근할 수 없다. 해당 멤버가 선언된 클래스 안에서만 사용이 가능하고 private으로 선언된 변수와 메소드는 상속해서 사용할 수 없다.

```java
package studyclass;

class Robot {

    int x, y;
    private int power;
    int price;
    String name;

    void mySituation() {

        System.out.println("나의 위치는" + x +" , "+ y + "입니다.");
        System.out.println(x);

    }

}

class FishRobot extends Robot {

    int depth;

    void swim() {
        price = 1000;
        power = 2000;     //오류 발생
        System.out.println("저의 가격은" + price + "있습니다.");
        System.out.println("저는 power는 " + power + "입니다."); //오류 발생

    }

}
```

```java
package innertest;

class Robot {

        private int x = 0;
        int explainOk = 1;
        int price;
        String name;
        InnerClass i1;

        Robot() {
                i1 = new InnerClass();
        }

        class InnerClass {

                void moveAll() {
                        System.out.print(explainOk);
                        System.out.print(x);
                }
        }

        void moveRight() {
                x += 10;
                System.out.print(x);
                i1.moveAll(); // 외부 클래스에서 내부 클래스의 멤버 메소드에 접근하기 위해서는
                              // 내부 클래스의 객체명.메소드 형식으로 사용
        }

}

public class inner {
        public static void main(String[] ar) {

                Robot r1 = new Robot();
                r1.moveRight();

        }
}
```

≫ 실행 결과

```
10110
```

9 문자를 숫자로, 숫자를 문자로 바꾸기

프로그램을 만들 때 많이 사용되는 기능이므로 잘 익혀두기 바란다.

(1) 문자를 숫자로 바꾸기

Integer 클래스의 parseInt( ) 메소드를 활용한다. parseInt( ) 메소드 안에 큰따옴표를 이용해서 문자열을 넣는다.

```
int score;
score = Integer.parseInt("100");
double d1;
double d1 = Double.parseDouble("3.14");
```

(2) 숫자를 문자로 바꾸기

문자로 바꾸는 방법은 간단한다. 숫자에 " " 큰따옴표 2개를 붙여서 사용하면 된다.

```
String sumText = sum + "";
```

10 try~catch

(1) 자바 오류의 종류

컴파일 에러	소스 코드(Robot.jave)를 컴파일하게 되면 클래스 파일(Robot.class)파일이 생긴다. 컴파일 하는 동안 오타나 잘못된 구문인지 체크해서 컴파일 에러를 발생시킨다.
런타임 에러	프로그램 실행 죽에 발생하는 에러이다. 런타임시(실행시) 발생할 수 있는 프로그램 오류는 에러(error)와 예외(execption)로 나눌 수 있다. 예외(execption)는 코드를 통해서 수습할 수 있는 미약한 에러이다. try ~ catch 블록을 사용해서 에러를 해결할 수 있다.

(2) 에러 발생

0으로 나누면 에러가 발생한다. 아래 코드처럼 일부러 에러를 발생시켜보겠다.

```
package trycatch;
public class TryCatch {
    public static void main(String[] ar){
        int a=10;
        int result;
```

```java
        result = 10/0;

    }

}
```

다음과 같이 에러가 발생하고 실행 도중에 비정상적으로 종료된다.


```
Exception in thread "main" java.lang.ArithmeticException: / by zero
        at trycatch.TryCatch.main(TryCatch.java:9)
```

ArithmeticException 오류는 산술연산 과정에서 오류가 발생했다는 의미이다. 어떤 수를 0으로 나누었기 때문에 생기는 오류이다.

(2) try – catch – finally 형식

이런 비정상적인 종료를 막기 위해서 다음과 같이 try – catch문을 사용한다.

```java
try {
            //예외가 발생할 수도 있는 코드
    } catch (ArithmeticException e) {
            //예외가 발생하면 실행되는 코드

        System.out.print("0으로 나누면 안됩니다.");
    } finally {
            //예외가 발생하든 안하든 무조건 실행되는 코드(선택사항)

        }
```

(3) try – catch 사용하기

```java
package trycatch;

public class TryCatch {
    public static void main(String[] ar) {
        int a = 10;
        int result = 0;
        try {
            result = 10 / 0;
        } catch (ArithmeticException e) {
```

```java
                System.out.println("오류이유: " + e.getMessage());
                System.out.print("0으로 나누면 안됩니다.");
            }
        }
}
```

실행 도중에 비정상적으로 종료되는 것 대신에 "0으로 나누면 안됩니다." 라는 메시지가 나오도록 하였다. ArithmeticException 클래스의 객체 e와 getMessage( ) 메소드를 이용해서 오류 원인을 찾을 수 있다.


```
오류이유: / by zero
0으로 나누면 안됩니다.
```

(4) try – catch – finally 사용하기

```java
        int a = 10;
        int result = 0;

        try {

            result = 10 / 0;

        } catch (ArithmeticException e) {

            System.out.println("오류이유: " + e.getMessage());
            System.out.println("0으로 나누면 안됩니다.");
        }
        finally{
            System.out.print("finish");
        }
```



```
오류이유: / by zero
0으로 나누면 안됩니다.
finish
```

02

개발 환경 구축 및 Android Studio 시작하기

- JDK 설치하기
- Android Studio 설치하기
- 첫 앱 제작하기

개발 환경 구축 및
Android Studio 시작하기
—

앱을 제작하기 위한 환경 구축을 살펴보고 Android Studio를 사용하여
간단한 앱을 제작해본다.

0%   100%

01 ≫ JDK 및 안드로이드 스튜디오 설치   ‖ LOADING...

1 JDK 설치하기

안드로이드 앱을 제작하기 위해서는 크게 JDK 및 Android Studio 프로그램을 설치해야 한다.
기존에는 이클립스를 이용해서 안드로이드 앱을 제작했는데 불편한 점이 많이 있었다. 2013년
구글에서 통합개발환경인 Android Studio 프로그램을 배포하면서 지금 대부분의 개발자들이
Android Studio 프로그램을 이용해서 안드로이드용 앱을 제작하고 있다.

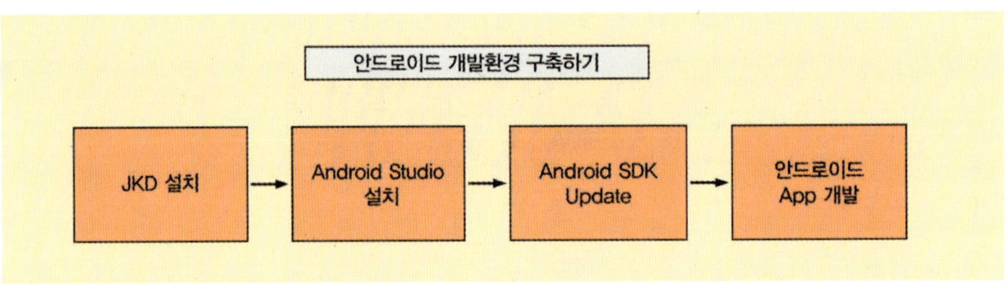

우리가 사용할 안드로이드 개발에 사용되는 언어는 JAVA이다. JAVA 프로그래밍 언어를 사용
하기 위해서는 JDK(Java Development Kit)을 설치해야 한다. http://java.oracle.com에 접속
한 후 Java SE 개발키트를 설치하면 된다.

오라클 사이트(http://java.oracle.com) 접속하여 Software Downloads 안에 있는 Java SE를 클릭한다.

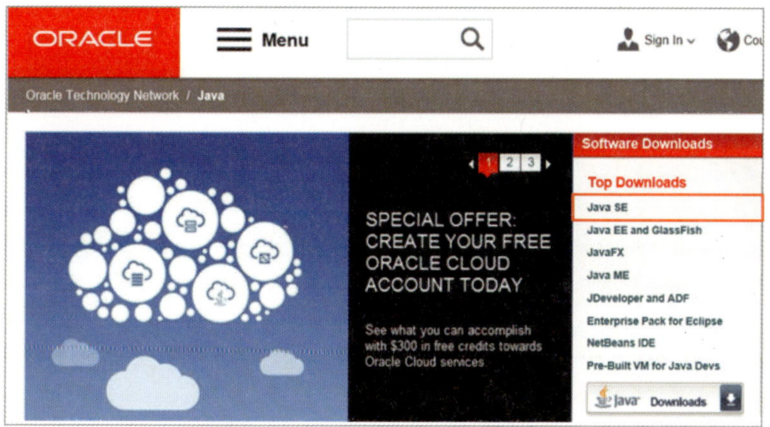

다운로드를 시작한다.

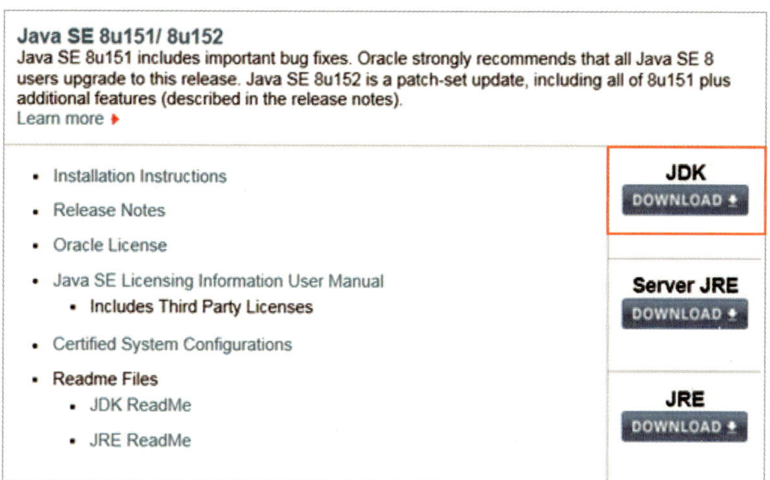

Accept License Agreement를 체크하고 운영체제에 맞는 파일을 다운로드 받는다. 윈도우의 경우 32 bit 컴퓨터의 경우 Windows−i586을 다운받아 실행하고 64 bit의 경우 Windows x64를 다운받아 실행하면 된다.

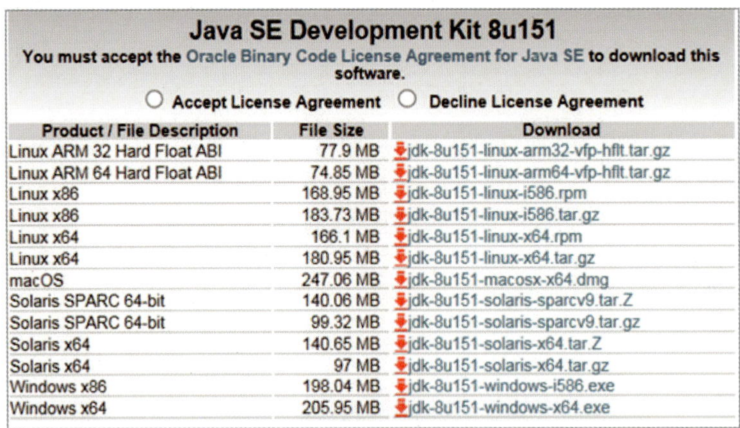

Product / File Description	File Size	Download
Linux ARM 32 Hard Float ABI	77.9 MB	jdk-8u151-linux-arm32-vfp-hflt.tar.gz
Linux ARM 64 Hard Float ABI	74.85 MB	jdk-8u151-linux-arm64-vfp-hflt.tar.gz
Linux x86	168.95 MB	jdk-8u151-linux-i586.rpm
Linux x86	183.73 MB	jdk-8u151-linux-i586.tar.gz
Linux x64	166.1 MB	jdk-8u151-linux-x64.rpm
Linux x64	180.95 MB	jdk-8u151-linux-x64.tar.gz
macOS	247.06 MB	jdk-8u151-macosx-x64.dmg
Solaris SPARC 64-bit	140.06 MB	jdk-8u151-solaris-sparcv9.tar.Z
Solaris SPARC 64-bit	99.32 MB	jdk-8u151-solaris-sparcv9.tar.gz
Solaris x64	140.65 MB	jdk-8u151-solaris-x64.tar.Z
Solaris x64	97 MB	jdk-8u151-solaris-x64.tar.gz
Windows x86	198.04 MB	jdk-8u151-windows-i586.exe
Windows x64	205.95 MB	jdk-8u151-windows-x64.exe

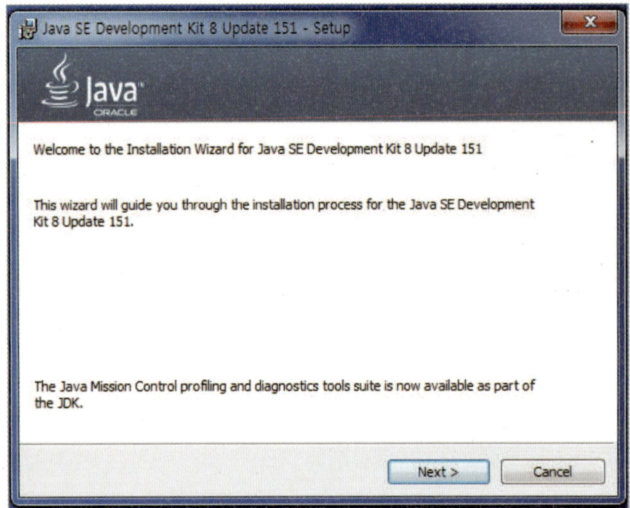

JDK가 설치될 경로를 확인하고 [Next] 버튼을 클릭해 다음 단계로 진행한다. 환경변수를 설정할 때 필요하므로 알아두기 바란다.

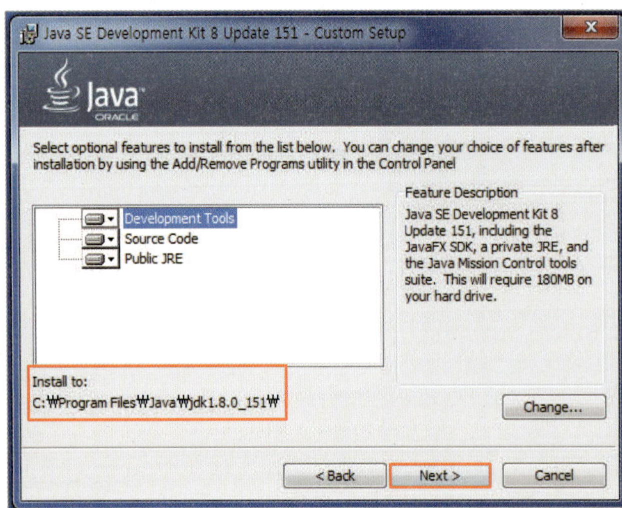

설치경로를 변경하려면 [변경] 버튼을 클릭하면 된다.

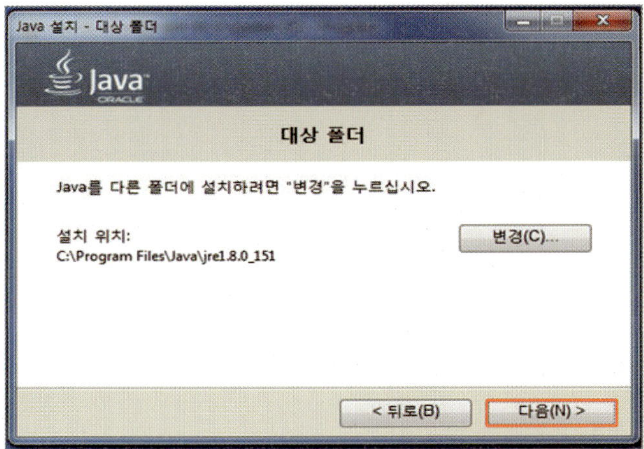

설치가 끝나면 [close] 버튼을 클릭한다.

JDK 와 JRE

- JRE (JAVA RUNTIME ENVIRONMENT) : 자바로 제작한 프로그램을 실행하는데 필요한 것.
- JDK (Java Development Kit) : 자바 언어를 가지고 프로그램을 제작할 때 필요한 것.
- JDK를 설치하게 되면 JRE도 자동으로 함께 설치된다. 따라서 다운로드 받을 때 JDK만 다운로드 하면 된다.

 Android Studio 설치하기

Android Studio 프로그램을 이용해서 우리는 앱을 만들 수 있다. 즉, 안드로이드 스튜디오는 안드로이드용 앱 제작 프로그램이다. Android Studio를 설치하면 자동으로 안드로이드 SDK도 설치된다.

https://developer.android.com/studio/index.html 에 접속한 후 [다운로드 ANDROID STUDIO 3.0.1 FOR WINDOWS(1,926MB)]를 클릭하여 Android Studio를 설치하면 된다.

자신의 컴퓨터 사양에 맞는 프로그램을 선택하여 설치한다. 사용자는 자신의 컴퓨터 시스템에서 몇 비트인지 확인한다.

플랫폼	Android Studio 패키지	크기	SHA-1 체크섬
Windows (64비트)	android-studio-bundle-162.4069837-windows.exe Android SDK 포함(권장)	1,926 MB (2,020,009,280 bytes)	dc23bc968d381a5ca7fdd12bc7799b95ec0d11f1e400
	android-studio-ide-162.4069837-windows.exe Android SDK 없음	451 MB (473,299,352 bytes)	f0b72473cb94ba4bcbc80eeb84f4b53364da097efa25
	android-studio-ide-162.4069837-windows.zip Android SDK 없음, 설치 프로그램 없음	468 MB (490,882,918 bytes)	b61d6f08758b5b2e6dad604d8a8d61acf549f746b07d
Windows (32비트)	android-studio-ide-162.4069837-windows32.zip	467 MB (490,323,833 bytes)	db7526187d492287b6e2979249d27a67f1dd62d6e095

안드로이드 설치를 시작한다.

다음 항목이 모두 체크된 상태에서 [NEXT] 버튼을 클릭한다.

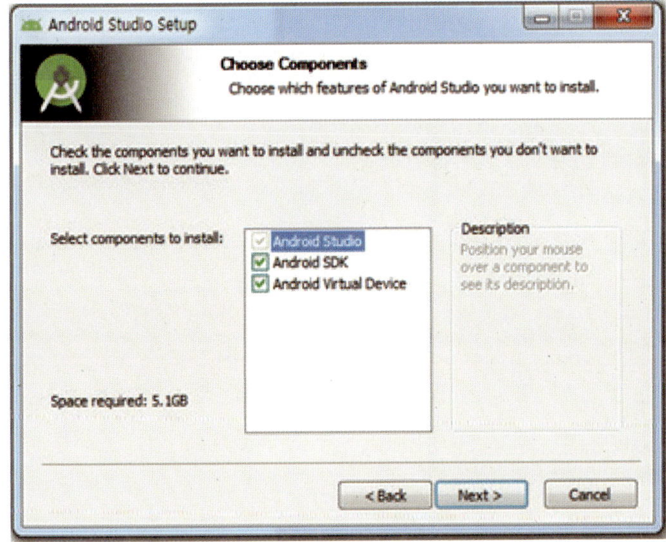

라이선스 동의를 확인하고 [I Agree] 버튼을 클릭한다.

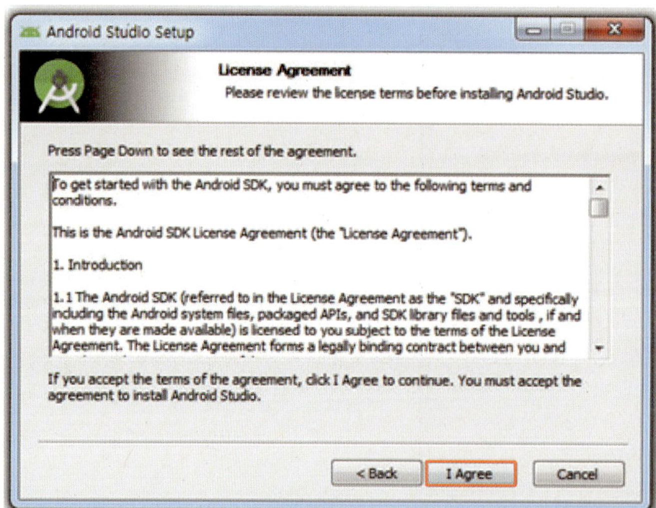

Android Studio 및 SDK가 설치될 경로를 확인하고 [NEXT] 버튼을 클릭한다.

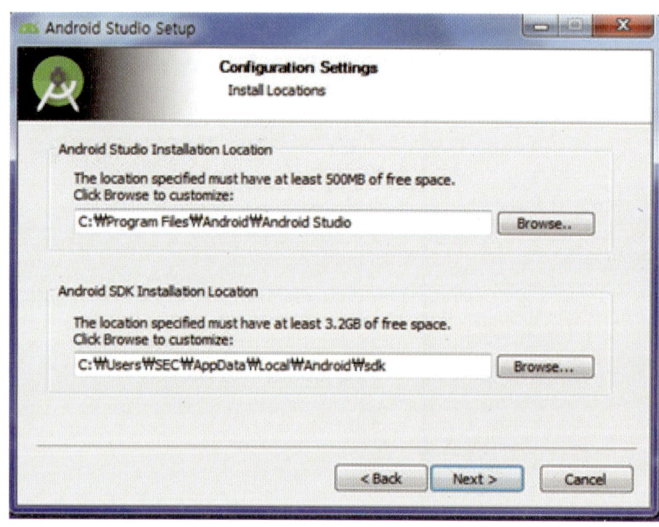

주의 : SDK 설치경로에는 한글 이름이 들어가지 않도록 해야 한다.

시작메뉴에 나타나는 이름이다. [Install] 버튼을 클릭한다.

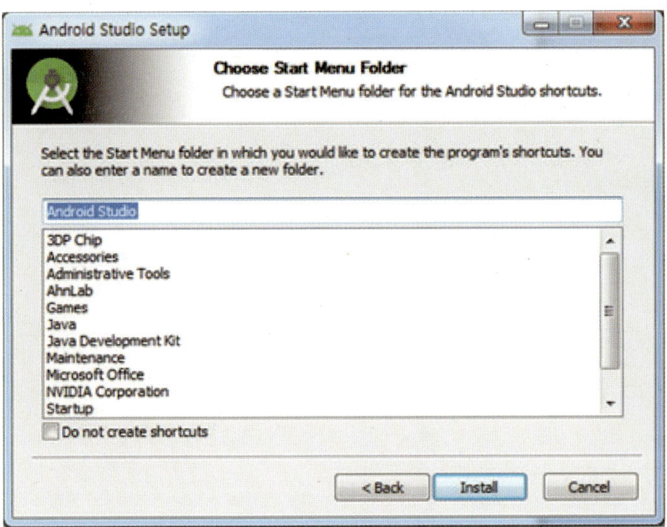

Android Studio 및 SDK가 설치된다. 설치가 완료되면 [NEXT] 버튼을 클릭한다.

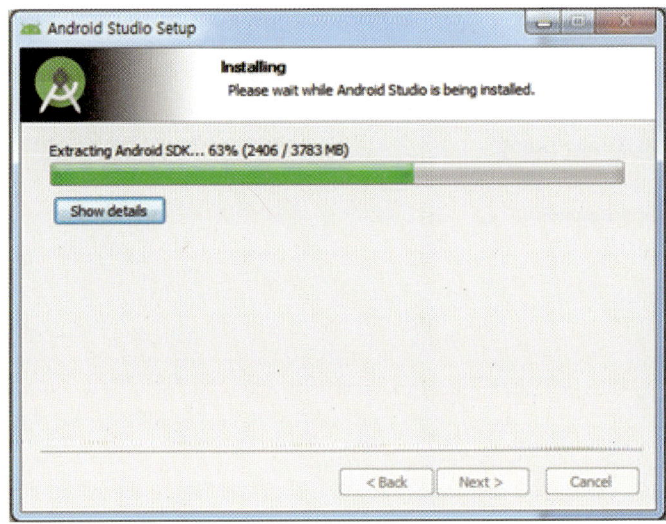

설치가 완료되면 [NEXT] 버튼을 클릭한다.

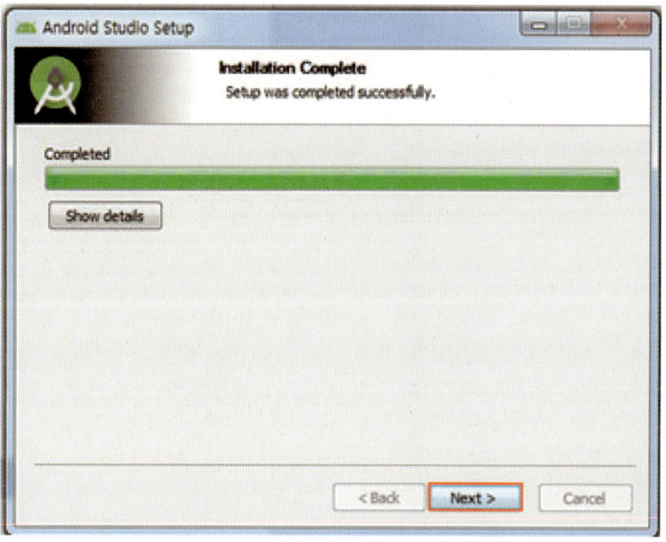

설치가 완료 후 Start Android Studio를 체크하고 [FINISH] 버튼을 클릭하면 Android Studio 프로그램이 실행된다.

🔳 Android Studio 처음 실행 및 자동 SDK 업데이트하기

Android Studio를 실행하면 로고화면이 나오고, Android Studio를 처음 실행하면 다음과 같은 창이 나온다. 다음처럼 체크된 상태에서 [OK] 버튼을 클릭하면 된다.

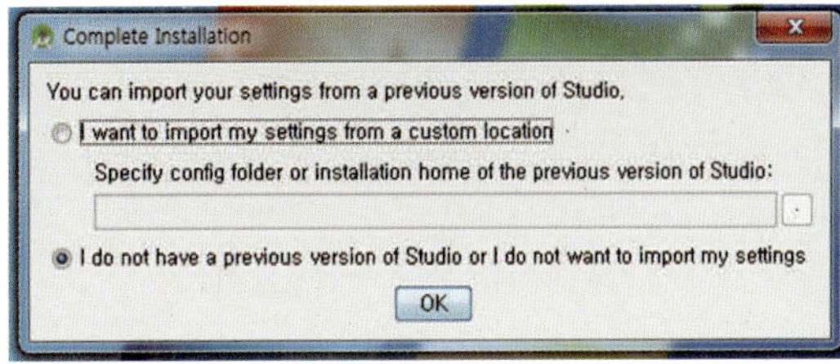

자동으로 필요한 파일들이 업데이트 된다. 설치가 끝나면 [FINISH] 버튼을 클릭한다.

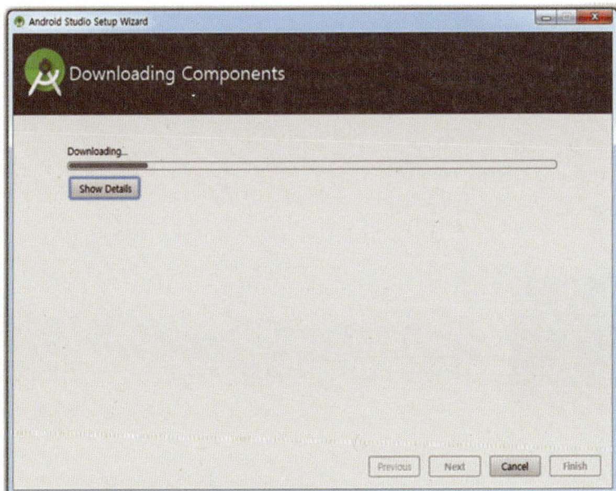

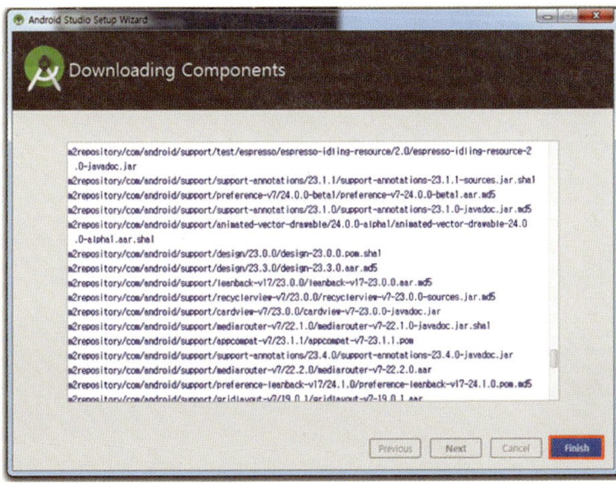

Start a new Android Studio project를 클릭한다.

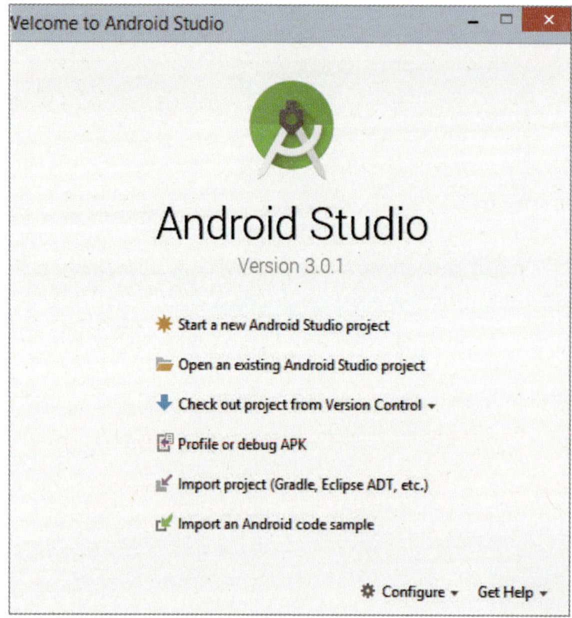

Application name에 프로젝트 이름을 넣는다. 프로젝트는 여러 개의 자바 파일과 리소스 디렉토리(그림파일, 소리, 문자열) 등을 가지게 된다. Company Domain은 앱을 Play 스토어에 올렸을 때 다른 앱들과 구별할 수 있도록 돕는다(독자의 이름 이니셜이 들어가도록 하면 좋다).

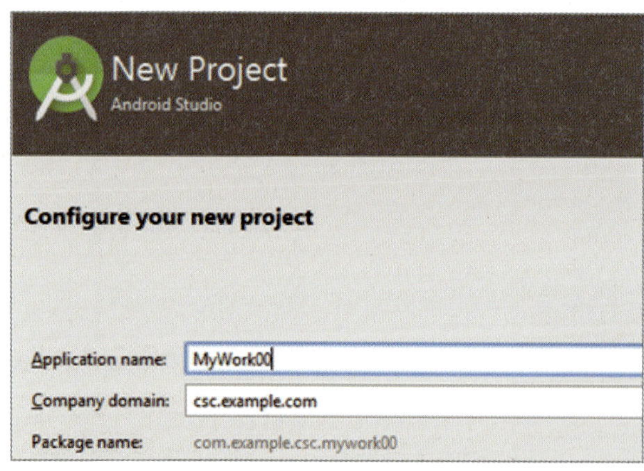

Package name은 Application name과 Domain name이 합쳐서 만들어진다. 합쳐질 때 Domain은 반대로 쓰여지고 여기에 Application name이 합쳐진다. 이러한 패키지명은 제작자가 앱을 Play 스토어에 탑재할 때 기존에 탑재한 앱들과 이름이 중복되는 것을 방지하는 역할도 한다.

타켓 안드로이드 장치를 선택한다. 여기서는 핸드폰용 앱을 제작할 것이므로 Phone and Tablet
에 체크를 하고 [NEXT] 버튼을 클릭한다.

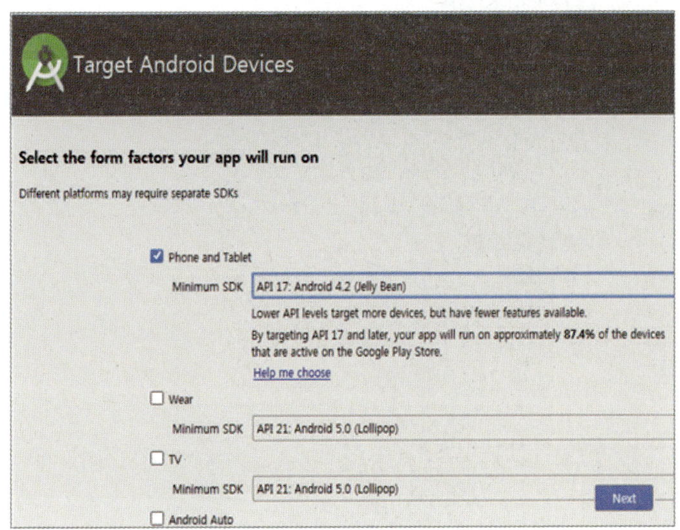

더 알아보기

- **Minunum SDK** : 앱이 실행될 수 있는 최소 SDK 버전이며 사용하는 장치가 이보다 낮을 경우 사용할 수 없기에 낮은 버전으로 설정하는 것을 권장한다.
- **SDK(software development kit)** : 프로그램 등을 만들 수 있게 해주는 개발 도구의 모음이다(SDK에는 API, 컴파일러, 개발 도구, 플랫폼 등이 포함됨). 안드로이드 스튜디오 SDK manager를 사용해서 제작자가 필요로 하는 API를 추가로 다운 받을 수 있다.
- **Help me choose** : 버튼을 클릭하면 현재 안드로이드OS 점유율을 확인할 수 있다.

Help me choose 클릭을 통한 점유율 확인

ANDROID PLATFORM VERSION	API LEVEL	CUMULATIVE DISTRIBUTION
4.0 Ice Cream Sandwich	15	
4.1 Jelly Bean	16	99.2%
4.2 Jelly Bean	17	96.0%
4.3 Jelly Bean	18	91.4%
4.4 KitKat	19	90.1%
5.0 Lollipop	21	71.3%
5.1 Lollipop	22	62.6%
6.0 Marshmallow	23	39.3%
7.0 Nougat	24	8.1%
7.1 Nougat	25	1.5%

빈 화면(Empty Activity)을 선택한다.

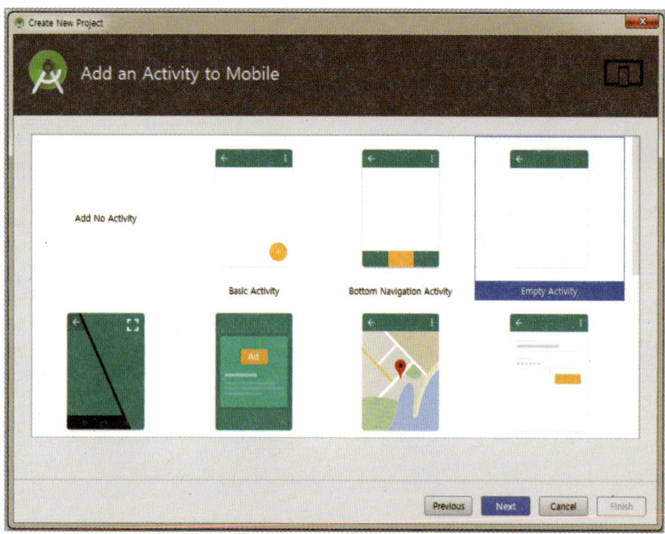

Activity Name과 activity_main 이름을 확인 또는 수정하고 [FINISH] 버튼을 클릭한다.

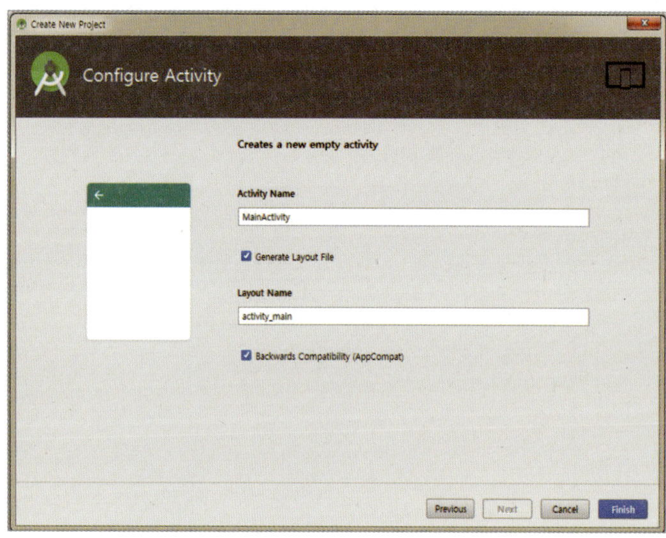

- Activity Name : 디폴트를 그대로 사용하면 MainActivity.java 파일이 java 폴더 안에 생성된다. Activity는 화면을 구성하며 사용자와 상호작용을 할 수 있다. setContentView( ) 메소드를 통해서 UI(User Interface)를 화면에 표시한다.
- Layout Name : 디폴트를 그대로 사용하면 activity_main.xml 파일이 layout 폴더 안에 생성된다. 버튼, 이미지 등을 이용해서 화면을 디자인하는데 사용된다.
- 안드로이드 스튜디오의 가장 특징은 코드와 화면이 분리되어 있다는 점이다. 코드는 Java를 기본으로 구성되며 화면은 xml로 작성한다. 물론 자바 코드만 이용해서 화면을 구성할 수도 있지만 복잡한 프로그램의 경우 나누어서 제작하는 쪽이 유리하다.

안드로이드 프로젝트의 중요한 파일들을 알아보자.

더 알아보기

MainActivity **자바파일**	자바(클래스 파일)은 필드와 메소드로 이루어져 있다.
manifests	xml 파일로 구성되어 있으며 어플에 대한 다양한 정보가 담겨있다. 한 화면을 구성하는 Activity가 많을 때 처음 실행될 Activity를 설정할 수 있다. 어플의 아이콘을 정하거나 진동 등 다양한 권한을 부여할 때 사용된다.
strings.xml	어플 이름(라벨)이 프로젝트명과 동일하게 디폴트로 설정되어 있다. 어플 이름을 바꾸고 싶으면 이 파일을 더블클릭하여 수정하면 된다.

▶ 버튼을 클릭하면 실행화면을 볼 수 있다. 아직까지 아무 코딩을 하지 않았지만 실행을 시키면 Hello World! 라는 글을 볼 수 있다.

1 첫 앱 실행하기

제작한 앱을 실행시키는 방법은 2가지 방법이 있다. 첫 번째 방법은 먼저 휴대폰에 직접 APK 파일을 설치하여 실행하는 방법이고, 두 번째 방법은 스마트폰이 없는 경우 가상 디바이스(AVD)를 사용하는 방법이다.

먼저 디바이스(스마트폰)에 직접 APK 파일을 설치하고 실행하는 방법부터 살펴보겠다.

(1) 휴대폰에 설치하기

❶ 해당 단말기의 제조사 사이트에 들어가서 단말기에 해당하는 드라이버(=프로그램)을 다운받아 설치해야 한다. 드라이버를 설치할 때는 단말기가 연결된 USB 케이블을 PC와 분리한 상태에서 설치한다.

삼성폰	삼성전자 Kies 다운로드센터
LG폰	www.lge.co.kr

❷ 스마트폰 설정 바꾸기

설정-개발자 옵션에 들어가서 USB 디버깅 옵션을 체크해 줘야 한다.

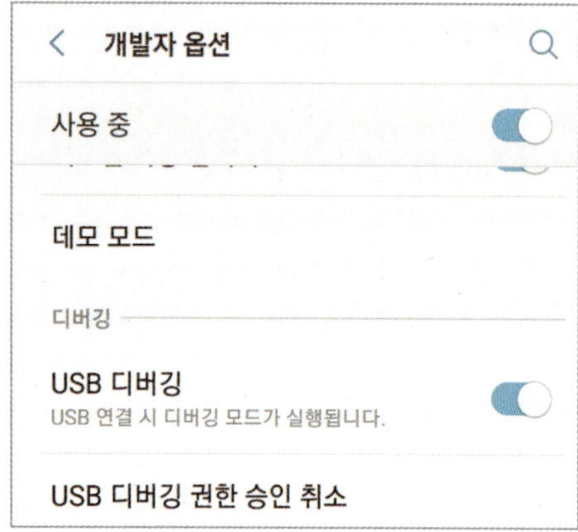

어떤 스마트폰은 개발자 옵션이 숨겨져 있다. 이런 경우에는 보통 소프트웨어 정보에서 빌드 번호(Build Number)를 찾아야 한다. 그리고 빌드 번호를 7번 정도 연속해서 터치해주면 개발자 옵션을 볼 수 있다.

Tip

단축키 Shift + F10 으로 ▶ 실행할 수 있다.

❸ USB 케이블로 스마트폰과 PC 연결하기

처음 개발자옵션에서 USB 디버깅 옵션을 체크하고 PC와 연결하면 다음과 같은 화면이 나온다. [이 컴퓨터에서 항상 허용]에 체크를 하고 확인을 클릭하면 된다.

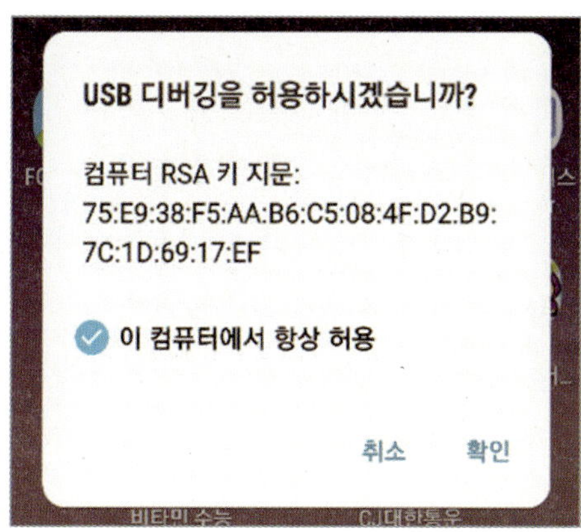

❹ Android Studio에서 ▶ 버튼을 클릭해 직접 스마트폰에 앱을 설치해 보겠다. ▶ 버튼을 클릭하면 다음과 같은 화면이 나온다. 연결된 디바이스에 PC와 연결된 스마트폰을 체크하고 [OK] 버튼을 클릭하면 스마트폰에 설치가 되고 실행이 된다.

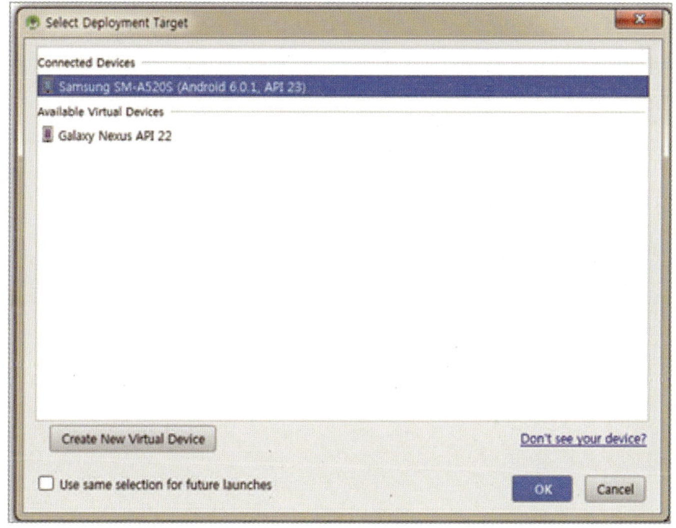

(2) AVD 사용하는 방법

▶ 버튼을 클릭하면 Select Deployment Target 창이 뜬다. [Create New Virtual Device]를 클릭해서 가상 디바이스를 만들어야 한다.

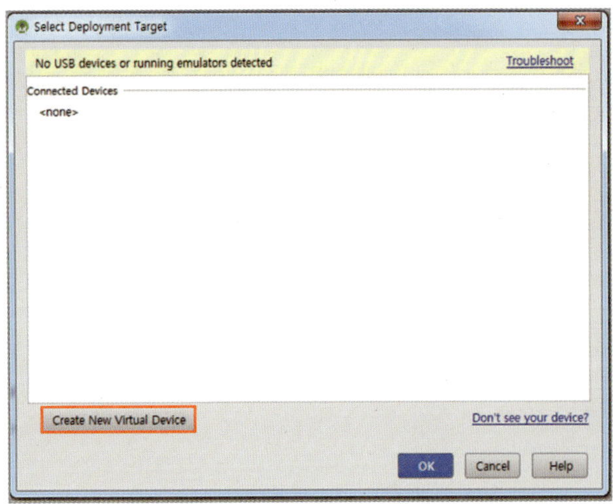

무난하게 사용할 수 있는 Nexus 5X를 선택한다.

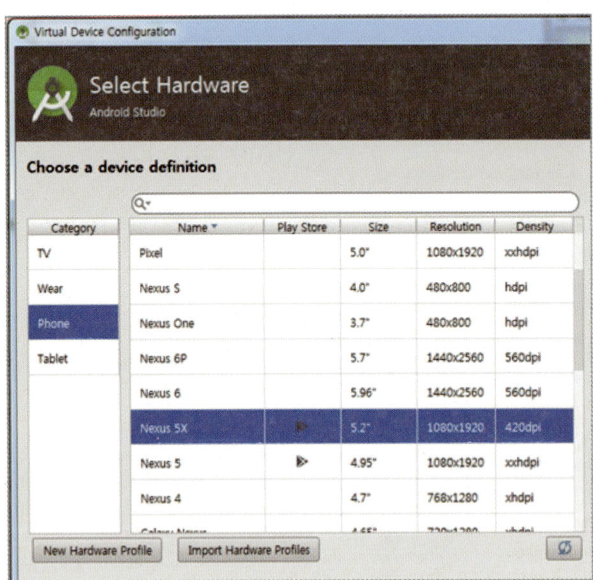

원하는 API의 Download 버튼을 클릭하여 System Image를 업데이트한다. 설치된 API 버전만 화면에 제시가 된다. SDK Manager를 사용하여 API 버전을 더 설치한다면 더 많은 내용이 보일 것이다.

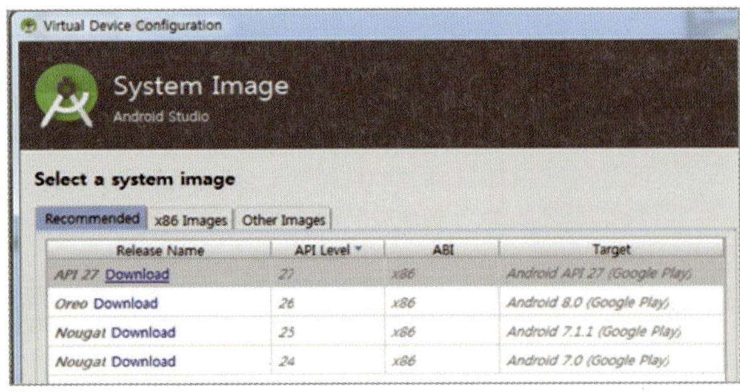

화면 오른쪽에 HAXM is not installed 문구가 있으면 Install Haxm을 클릭하여 설치한다.
HAXM은 하드웨어 가속 실행 매니저로 PC상에서 가상 디바이스 처리속도를 향상시킨다(단, PC
가 인텔제품이어야 한다).

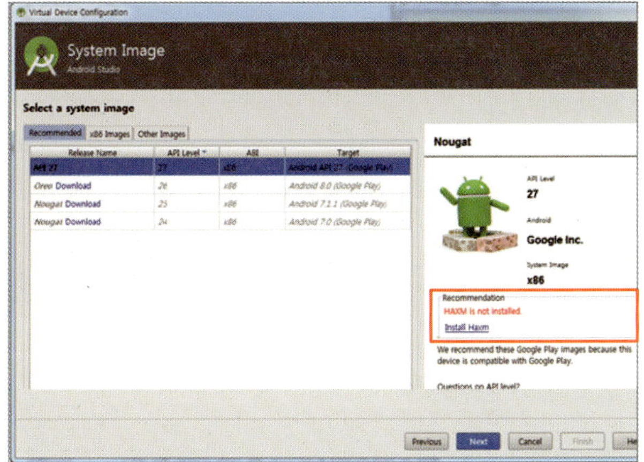

다운로드한 Release name(여기서는 API27)을 선택하고 [Next] 버튼을 클릭한다.

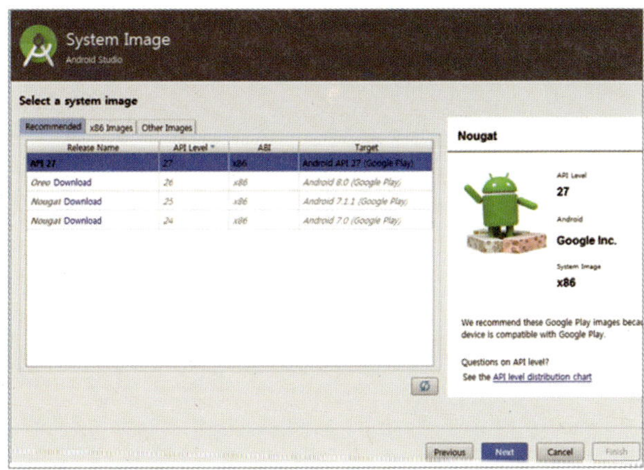

[Finish] 버튼을 클릭하여 AVD 생성을 마친다.

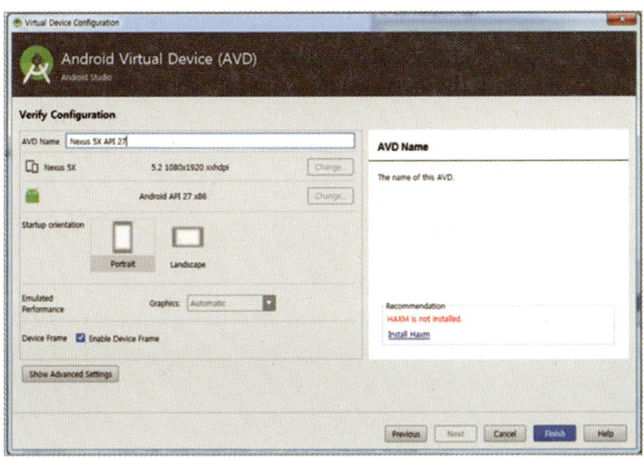

다시 ▶ 버튼을 클릭하면 AVD가 생긴 것을 확인 할 수 있다. 지금 생성한 AVD를 선택하고 [OK] 버튼을 클릭한다.

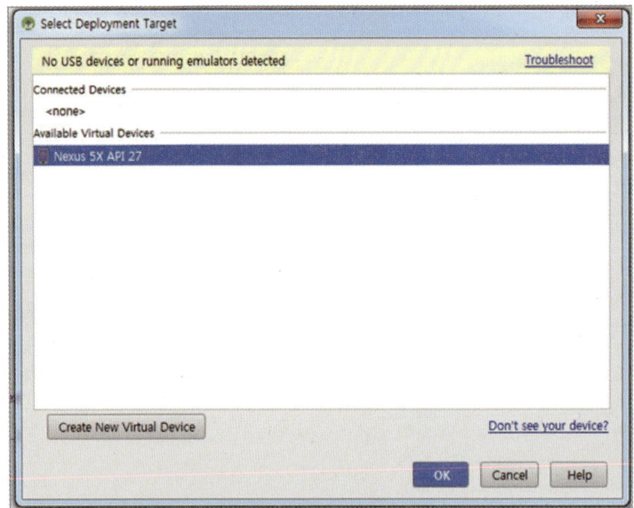

화면 중앙에 Hello World! 라는 글씨가 나온다.

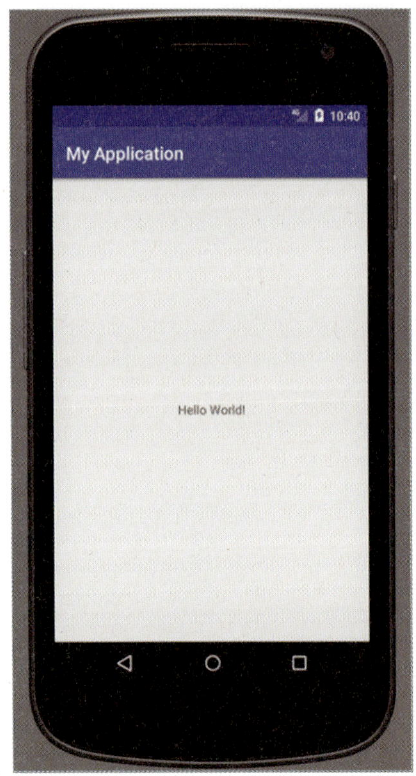

2 앱 이름 및 아이콘 변경하기

(1) Hello World! 문자를 바꾸고 앱 이름 바꾸기

[layout] 폴더에 있는 activity_main.xml 파일을 더블클릭하면 오른쪽 창에 파일의 소스를 보고 편집할 수 있다. 〈TextView〉 태그 안에 Hello World! 라고 쓰여져 있는 곳을 "나의 첫 어플" 로 바꾸어 보자.

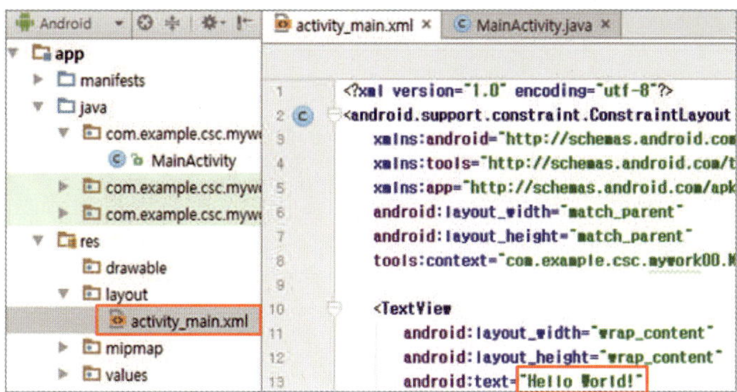

(2) 앱 이름 변경하기

[values] 폴더에 있는 strings.xml 파일을 더블클릭하면 오른쪽 창에 파일의 소스를 보고 편집할 수 있다. MyWork00으로 되어 있는 것을 변경하고 싶은 이름으로 변경하면 된다. 여기서는 "나의 첫 작품"이라고 바꾸도록 하겠다.

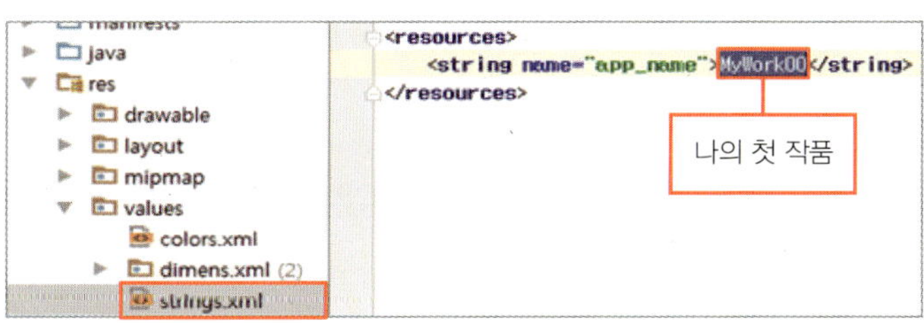

(3) 실행아이콘 이미지 변경하기

실행아이콘을 바꾸기 위해서 먼저 icon.png 파일을 [drawable] 폴더에 넣는다.

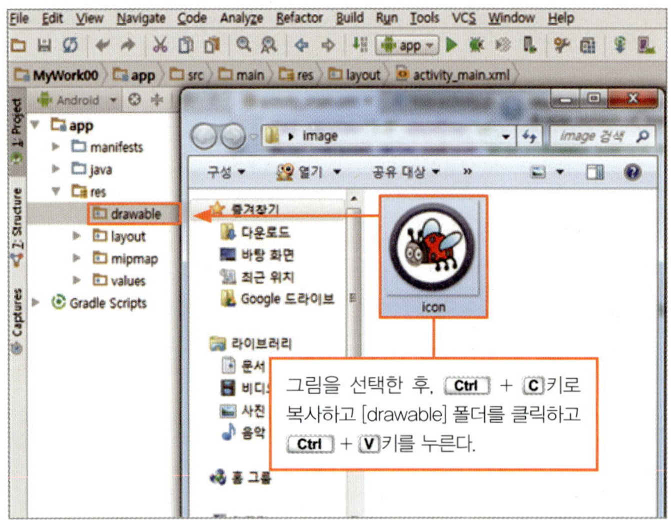

그리고 AndroidManifest.xml 파일을 열고 icon 속성값을 @drawable/icon 으로 변경한다.

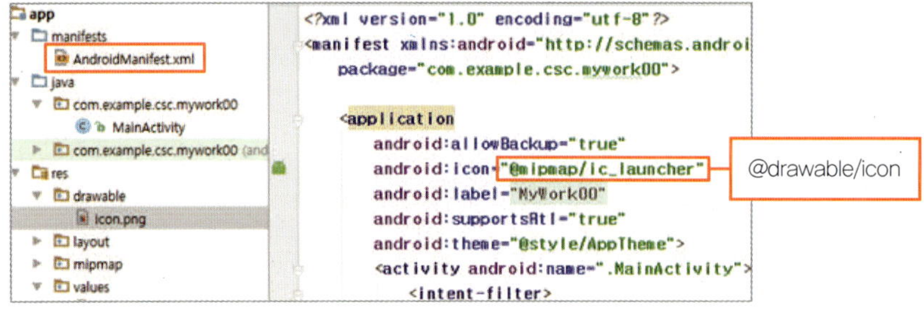

Tip

@drawable에서 @는 drawable 디렉토리에서 파일을 참조한다는 뜻이다.

스마트기기에 설치하면 실행아이콘 및 앱 이름이 바뀐 것을 확인 할 수 있다.

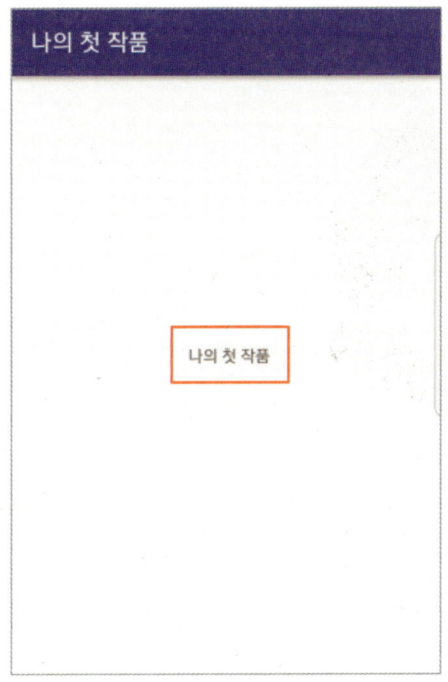

AppCompatActivity와 Activity의 차이점

Activity 클래스는 오래된 OS버전을 사용하는 기기에서 일부 메소드를 지원하지지 못하기 때문에 이를 보완하기 위해 AppCompatActivity 클래스가 만들어졌다. AppCompatActivity와 Activity의 기능은 거의 동일하게 화면을 구성을 하는데 있다.

종료하기 관련 메소드

① finich( ) : 현재 실행 중인 Activity를 종료.
② System.exit( ) : 프로그램을 강제 종료

3 뷰와 레이아웃

(1) 뷰그룹과 뷰

텍스트뷰, 버튼, 이미지뷰 등을 뷰(View) 또는 위젯이라고도 한다. 뷰는 xml 파일 안에서 태그〈 〉로 만들어야 한다. 다음 화면은 4개의 서로 다른 뷰들로 이루어져 있다. 이러한 뷰들을 하나의 그릇에 담을 수 있는데 이를 레이아웃이라고 한다. 레이아웃 안에서 orientation 속성에 vertical 값을 입력하면 아래처럼 뷰들을 수직으로 배치할 수 있다.

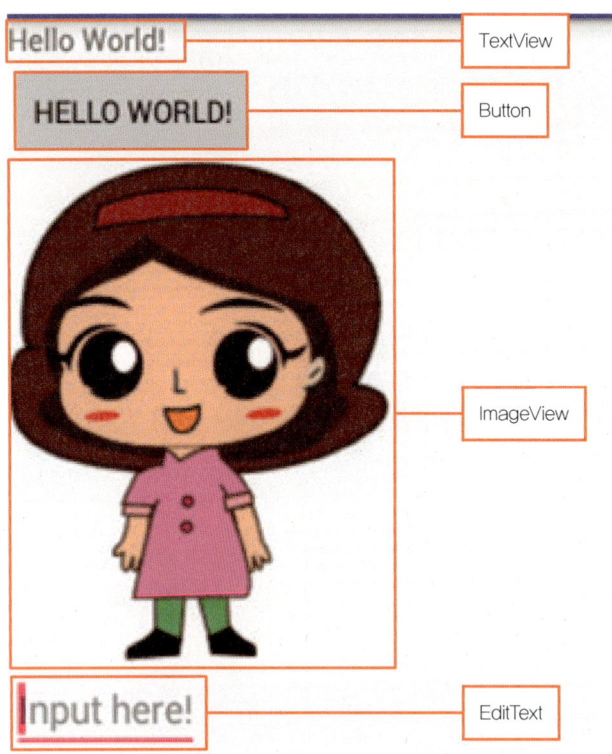

하나의 버튼 뷰(위젯)를 살펴보자. 뷰는 속성과 속성값으로 이루어져 있다.

```
<Button
    android : layout_width="wrap_content"
    android : layout_height="wrap_content"
    android : text="Hello World!"
    />
```

layout_width, layout_height, text는 뷰의 속성을 의미하며 큰따옴표(" ") 안에 들어 있는 내용이 속성값이 된다.

(2) LinearLayout으로 바꾸기

뷰들을 담는 레이아웃에는 여러 종류가 있다. 프로젝트를 새로 만들 때 activity_main.xml 파일은 default로 ConstraintLayout으로 이루어져있다. ConstraintLayout을 초보자가 사용하기 편한 LinearLayout으로 바꾸어 사용하겠다. 다른 레이아웃은 Chapter 3에서 자세히 살펴 보겠다.

```xml
<?xml version="1.0" encoding="utf-8"?>
<android.support.constraint.ConstraintLayout
    xmlns:android="http://schemas.android.com/apk/res/android"
    xmlns:tools="http://schemas.android.com/tools"
    xmlns:app="http://schemas.android.com/apk/res-auto"
    android:layout_width="match_parent"
    android:layout_height="match_parent"
    tools:context="com.example.david.myapplication.MainActivity">

    <TextView
        android:layout_width="wrap_content"
        android:layout_height="wrap_content"
        android:text="Hello World!"
        app:layout_constraintBottom_toBottomOf="parent"
        app:layout_constraintLeft_toLeftOf="parent"
        app:layout_constraintRight_toRightOf="parent"
        app:layout_constraintTop_toTopOf="parent" />

</android.support.constraint.ConstraintLayout>
```

앞 부분에서 일부(android.support.constraint.Constraint)를 드래그하고 LinearLayout으로 변경한다.

```xml
<android.support.constraint.ConstraintLayout
    xmlns:android="http://schemas.android.com/apk/res/android"
    xmlns:tools="http://schemas.android.com/tools"
    xmlns:app="http://schemas.android.com/apk/res-auto"
    android:layout_width="match_parent"
    android:layout_height="match_parent"
    tools:context="com.example.david.myapplication.MainActivity">
```

다음은 LinearLayout으로 변경된 activity_main.xml 내용이다.

```xml
<?xml version="1.0" encoding="utf-8"?>
<LinearLayout
    xmlns:android="http://schemas.android.com/apk/res/android"
    xmlns:tools="http://schemas.android.com/tools"
    xmlns:app="http://schemas.android.com/apk/res-auto"
    android:layout_width="match_parent"
    android:layout_height="match_parent"
    tools:context="com.example.david.myapplication.MainActivity">

    <TextView
        android:layout_width="wrap_content"
        android:layout_height="wrap_content"
        android:text="Hello World!"
        app:layout_constraintBottom_toBottomOf="parent"
        app:layout_constraintLeft_toLeftOf="parent"
        app:layout_constraintRight_toRightOf="parent"
        app:layout_constraintTop_toTopOf="parent" />

</LinearLayout>
```

삭제

그리고 나서 LinearLayout에서 사용하지 않는 4개의 constraint 속성을 삭제해주면 다음처럼 만들어진다.

```xml
<?xml version="1.0" encoding="utf-8"?>
<LinearLayout
    xmlns:android="http://schemas.android.com/apk/res/android"
    xmlns:tools="http://schemas.android.com/tools"
    xmlns:app="http://schemas.android.com/apk/res-auto"
    android:layout_width="match_parent"
    android:layout_height="match_parent"
    tools:context="com.example.david.myapplication.MainActivity">

    <TextView
        android:layout_width="wrap_content"
        android:layout_height="wrap_content"
        android:text="Hello World!"
        />
</LinearLayout>
```

앞에서 살펴본 4개의 뷰들을 담은 LinearLayout의 내용은 다음과 같다.

```xml
<?xml version="1.0" encoding="utf-8"?>
<LinearLayout
    xmlns:android="http://schemas.android.com/apk/res/android"
    xmlns:tools="http://schemas.android.com/tools"
    xmlns:app="http://schemas.android.com/apk/res-auto"
    android:layout_width="match_parent"
    android:layout_height="match_parent"
    android:orientation="vertical"
    tools:context="com.example.david.viewnviewgroup.MainActivity">

    <TextView
        android:layout_width="wrap_content"
        android:layout_height="wrap_content"
        android:text="Hello World!"
        />

    <Button
        android:layout_width="wrap_content"
        android:layout_height="wrap_content"
        android:text="Hello World!"
        />

    <ImageView
        android:layout_width="wrap_content"
        android:layout_height="wrap_content"
        android:src="@drawable/girl"
        android:text="Hello World!"
```

orientation 속성에 속성값을 vertical(수직)으로 설정하면 뷰(버튼이나 이미지 등)등을 수직으로 배치하게 되고, 속성값을 horizontal로 설정하면 뷰들을 수평으로 배열한다.

layout_width는 해당 뷰의 가로 크기를 말하며 layout_height는 해당 뷰의 세로 크기를 말한다. 속성값으로 wrap_content를 적으면 뷰(=위젯)의 크기만큼 크기가 결정된다.

```
        />

    <EditText
        android:layout_width="wrap_content"
        android:layout_height="wrap_content"
        android:hint="Input here!"
        />

</LinearLayout>
```

03

바구니 수학게임 앱 만들기

- 사용자 인터페이스 이해하기
- 버튼 클릭 처리하기
- 바구니와 풍선 충돌 처리하기
- 시간 및 점수 처리하기
- onTouchEvent 이해하기

0%　　100%

01 ≫ 사용자 인터페이스 이해하기　　　　　　LOADING...

1 xml 파일로만 화면을 구성하기　　　　　　　　　　　| 프로젝트 UImakingByXml |

UI(사용자 인터페이스)는 사용자와 상호작용할 수 있는 Activity에서 이루어진다. UI를 작성하는 방법은 크게 xml 파일로만 화면 구성하기, 코드로 사용자 인터페이스(UI) 작성하기, 코드와 xml 파일을 함께 사용하기와 같이 3가지로 나눌 수 있다.

(1) activity_main.xml 파일을 더블클릭하고 아래와 같이 입력한다. 자바코드를 작성하지 않고 [layout] 폴더에 있는 activity_main.xml만으로 화면을 구성할 수 있다.

```xml
<?xml version="1.0" encoding="utf-8" ?>
<LinearLayout xmlns:android="http://schemas.android.com/apk/res/android"
    xmlns:tools="http://schemas.android.com/tools"
    android:layout_width="match_parent"
    android:layout_height="match_parent"
    android:paddingBottom="@dimen/activity_vertical_margin"
    android:paddingLeft="@dimen/activity_horizontal_margin"
    android:paddingRight="@dimen/activity_horizontal_margin"
    android:paddingTop="@dimen/activity_vertical_margin"
    tools:context="com.example.csc.layouttest.MainActivity">

    <Button
        android:layout_width="wrap_content"
        android:layout_height="wrap_content"
        android:text="Button1" />
    <Button
        android:layout_width="wrap_content"
        android:layout_height="wrap_content"
        android:text="Button2" />
    <Button
        android:layout_width="wrap_content"
        android:layout_height="wrap_content"
        android:text="Button3" />
</LinearLayout>
```


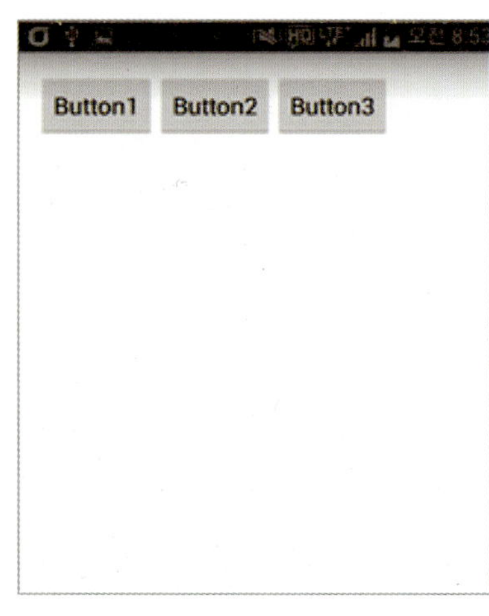

text 속성을 사용해서 버튼의 이름(화면에 제시되는 이름)을 지정할 수 있다. 본 예제에서는 3개의 버튼안에 있는 text 속성에 속성값으로 Button1, Button2, Button3을 넣었다. 버튼, 텍스트뷰, 이미지뷰 등을 위젯 또는 뷰라고 한다. LinearLayout은 위젯(뷰)를 담고 있는 container이며 뷰그룹이라고 한다. LinearLayout은 말 그대로 뷰를 담는 container(그릇, 용기) 역할을 한다.

(2) [Java] 폴더에 있는 MainActivity.java 코드를 불러온다.

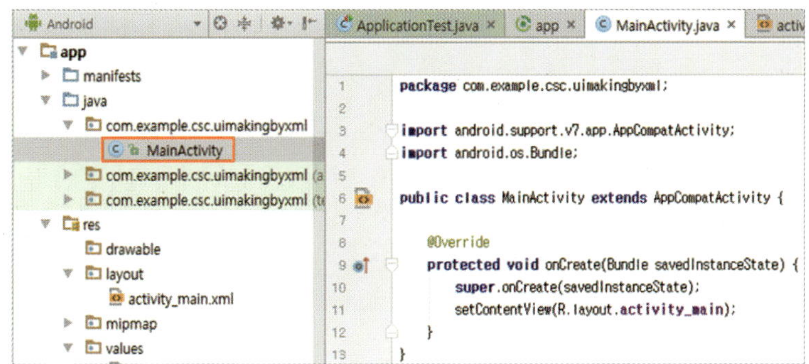

더 알아보기

onCreate 메소드는 안드로이드 운영체제 시스템에 의해서 Activity가 실행될 때 가장 먼저 실행되는 메소드이다. 보통 이곳에 findViewById 메소드, 버튼리스너 등을 넣는다.

우리가 만든 MainActivity 클래스는 Activity 클래스를 상속한다. 상속을 하게 되면 Activity의 메소드를 모두 사용할 수 있게 된다. 그래서 우리는 Activity의 메소드인 setContentView를 사용할 수 있다. setContentView 메소드는 안에 있는 파라미터를 화면에 나타나게 한다. 여기서는 layout 폴더에 있는 activity_main.xml 파일을 파라미터로 넣어 그 파일 안에 있는 내용들이 화면에 나타나도록 하였다. 즉, 자바코드는 건드리지 않고 xml 파일만으로 화면을 구성해 보았다

2 코드로 사용자 인터페이스(UI) 작성하기　　　| 프로젝트 UImakingByCode |

이번에는 반대로 xml 파일 없이 자바코드만으로도 화면을 구성할 수 있다. 새로운 프로젝트를 만들고 MainActivity.java 파일에 다음과 같은 코드를 넣도록 한다. Activity 안에서 코드로 화면을 구성할 수 있다. 하지만 모든 UI를 이런 방법으로 처리하기에는 힘이 들 수 있다.

뷰들을 담을 container인 LinearLayout 클래스를 이용해서 layout 객체를 생성한다. 뷰들이 배치된 방향을 setOrientation 메소드를 이용해서 HORIZONTAL(수평) 또는 VERTICAL(수직)으로 설정해 주면 된다.

다음으로 TextView 클래스 객체 2개를 생성한다. setText 메소드를 활용해서 TextView에 문자를 넣을 수 있다. LinearLayout에 뷰를 담기 위해서 addView( ) 메소드를 사용한다.

더 알아보기

- setContentView 메소드에 xml 파일 대신에 코드로 작성한 layout 객체를 넣으면 된다.
- setImageResource 메소드를 이용해서 그래픽이미지를 보여줄 수 있다.
- R.drawable.spaceship : 리소스에 drawable 디렉토리 안에 있는 spaceship 이미지를 지칭한다.

3 코드와 xml을 함께 사용하기

| 프로젝트 UImakingByCodeXml |

코드와 xml 파일을 함께 사용하는 것은 가장 많이 사용되는 방법이다. 처음에는 xml 파일로 기본 화면을 구성하고, 수정이 필요할 때 코드를 사용하면 된다. 이 경우 코드에서 xml에서 작성한 뷰들을 조작하기 위해서는 각 뷰들은 고유의 식별자(id)를 가지고 있어야 한다.

(1) activity_main.xml 파일에 다음과 같이 입력한다.

```xml
<?xml version="1.0" encoding="utf-8"?>
<LinearLayout xmlns:android="http://schemas.android.com/apk/res/android"
    xmlns:tools="http://schemas.android.com/tools"
    android:layout_width="match_parent"
    android:layout_height="match_parent"
    android:paddingBottom="16dp"
    android:paddingLeft="16dp"
    android:paddingRight="16dp"
    android:paddingTop="16dp"
    tools:context="com.example.csc.uimakingbycodexml.MainActivity">

    <TextView
        android:layout_width="wrap_content"
        android:layout_height="wrap_content"
        android:text="Hello World!"
        android:id="@+id/t1"/>

</LinearLayout>
```


activity_main.xml 안에는 하나의 뷰(텍스트 뷰)가 있다. 이 텍스트 뷰의 식별자(id)를 t1이라고 하였다. MainActivity 안에서 findViewById( ) 메소드를 이용해서 식별지기 t1인 텍스트 뷰를 찾을 수 있다. Hello World! 텍스트를 코드 작성을 통해 변경해 보겠다.

(2) [Java] 폴더에 있는 MainActivity.java에 다음과 같이 입력한다.

```java
package com.example.csc.uimakingbycodexml;

import ...

public class MainActivity extends Activity {

    @Override
    protected void onCreate(Bundle savedInstanceState) {
        super.onCreate(savedInstanceState);
        setContentView(R.layout.activity_main);

        TextView t1 = (TextView) findViewById(R.id.t1);
        t1.setTextSize(30);
        t1.setText("Success!");

    }
}
```

setTextSize와 setText 메소드를 사용해서 텍스트의 크기와 텍스트를 설정하였다.

아래 표처럼 xml 파일에서 사용되는 속성과 관련된 코드에서 사용되는 메소드들이 있다.

xml 속성	xml 속성과 관련된 메소드 (자바코드에서 사용)	역할
text	setText	표시되는 텍스트을 설정한다.
textSize	setTextSize	텍스트의 크기를 설정한다.
textColor	setTextColor	텍스트 색을 설정한다.
textStyle	setTypeface	텍스트를 bold, italic, bolditalic 으로 설정한다.
background	setBackgroundColor	배경색을 설정한다.
rotation	setRotation	회전한다.
visibility	setVisibility	화면에 나타나거나 감춘다.

1 선형 레이아웃(LinearLayout) 기본 익히기　　　　| 프로젝트 LinearLayout1 |

레이아웃(Layout)은 뷰들을 담는 뷰그룹이다. 자주 사용되는 레이아웃(Layout)의 종류에는 선형 레이아웃(LinearLayout), 상대 레이아웃(RelativeLayout), 프레임 레이아웃(FrameLayout)이 있다. 이 중에 LinearLayout은 많이 사용되는 레이아웃으로 xml 작성시 〈LinearLayout〉으로 시작하고 〈/LinearLayout〉으로 끝내면 된다.

```xml
<?xml version="1.0" encoding="utf-8"?>
<LinearLayout xmlns:app="http://schemas.android.com/apk/res-auto"
    xmlns:tools="http://schemas.android.com/tools"
    xmlns:android="http://schemas.android.com/apk/res/android"
    android:layout_width="match_parent"
    android:layout_height="match_parent"
    android:orientation="horizontal"
    tools:context="com.bliss.csc.linearlayout1.MainActivity">

    <Button
        android:layout_width="wrap_content"
        android:layout_height="wrap_content"
        android:text="button1"
         />
    <Button
        android:layout_width="wrap_content"
        android:layout_height="wrap_content"
        android:text="button1"
        />
    <Button
        android:layout_width="wrap_content"
        android:layout_height="wrap_content"
        android:text="button1"
        />
</LinearLayout>
```

속성	속성값	기능
orientation	vertical	뷰(버튼이나 이미지 등)들을 수직으로 배치한다.
	horizontal	뷰(버튼이나 이미지 등)들을 수평으로 배치한다.
layout_width	wrap_content	뷰(=위젯)의 크기만큼 크기가 결정된다.
layout_height		

속성 orientation 값이 horizontal 일 경우	속성 orientation 값이 vertical 일 경우
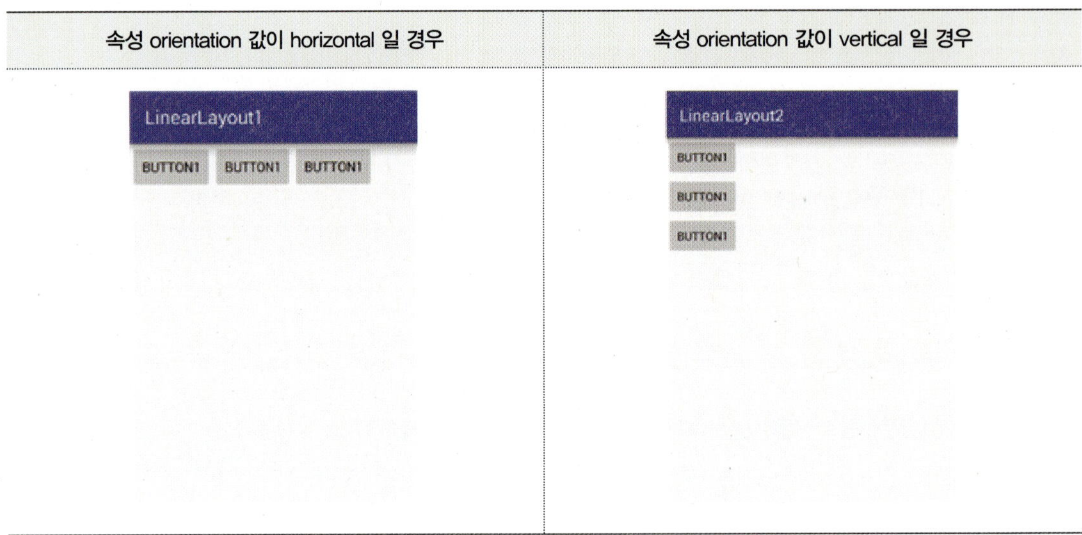	

2 선형 레이아웃(LinearLayout) 응용하기

속성 orientation 값이 horizontal 일 경우	속성 orientation 값이 vertical 일 경우
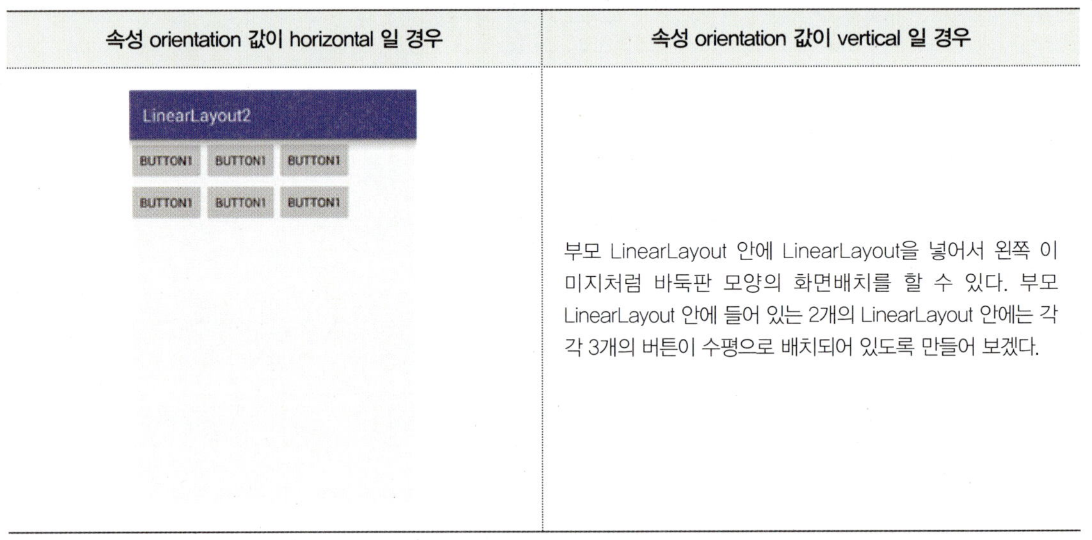	부모 LinearLayout 안에 LinearLayout을 넣어서 왼쪽 이미지처럼 바둑판 모양의 화면배치를 할 수 있다. 부모 LinearLayout 안에 들어 있는 2개의 LinearLayout 안에는 각각 3개의 버튼이 수평으로 배치되어 있도록 만들어 보겠다.


```xml
<?xml version="1.0" encoding="utf-8"?>
<LinearLayout xmlns:android="http://schemas.android.com/apk/res/android"
    xmlns:app="http://schemas.android.com/apk/res-auto"
    xmlns:tools="http://schemas.android.com/tools"
    android:layout_width="match_parent"
    android:layout_height="match_parent"
    android:orientation="vertical">
```

부모 컨테이너(=뷰 그룹)으로 하위로 2개의 LinearLayout을 가지고 있으며 orientation 값에 vertical을 넣어서 2개의 하위 LinearLayout이 수직으로 배치되도록 한다.

```xml
<LinearLayout
    android:layout_width="wrap_content"
    android:layout_height="wrap_content"
    android:orientation="horizontal">

    <Button
        android:layout_width="wrap_content"
        android:layout_height="wrap_content"
        android:text="button1" />

    <Button
        android:layout_width="wrap_content"
        android:layout_height="wrap_content"
        android:text="button2" />

    <Button
        android:layout_width="wrap_content"
        android:layout_height="wrap_content"
        android:text="button3" />
</LinearLayout>
```

하위 LinearLayout 안에는 버튼 3개가 들어있다. orientation 값에 horizontal을 넣어서 3개의 버튼이 수평으로 배치되도록 한다.

```xml
<LinearLayout
    android:layout_width="wrap_content"
    android:layout_height="wrap_content"
    android:orientation="horizontal">
    <Button
        android:layout_width="wrap_content"
        android:layout_height="wrap_content"
        android:text="button4"
        />
    <Button
        android:layout_width="wrap_content"
        android:layout_height="wrap_content"
        android:text="button5"
        />
    <Button
        android:layout_width="wrap_content"
        android:layout_height="wrap_content"
        android:text="button6"
        />
</LinearLayout>
```

두 번째 줄에 나오는 버튼 3개에 대한 내용이다. orientation 값에 horizontal을 넣어서 3개의 버튼이 수평으로 배치되도록 한다.

```xml
</LinearLayout>
```

부모 컨테이너 안에 2개의 Linear Layout을 배치하여 끝냈다.

3 padding과 layout_margin

(1) padding

뷰(버튼, 이미지 등)안에 표시되는 텍스트와 이미지의 여백을 의미한다. padding에 입력하는 속성값이 커질수록 버튼이 커지고 여백이 넓어지게 된다.

padding	속성 orientation 값이 vertical 일 경우
BUTTON1	padding 값이 없는 경우
BUTTON1	padding 속성에 속성값으로 20dp를 입력한 경우(android:padding="20dp") 버튼의 크기가 커지고 뷰와 텍스트 사이에 여백이 생겼음을 확인할 수 있다.
BUTTON1	padding 속성에 속성값으로 40dp를 입력한 경우(android:padding="40dp")
BUTTON1	paddingLeft 속성에 속성값으로 1dp를 입력한 경우
BUTTON1	paddingTop 속성에 속성값으로 30dp를 입력한 경우

(2) layout_margin

뷰(=위젯)의 바깥부분, 상하좌우에 여백을 주는 속성이다.

layout_margin 속성값 적용 화면	layout_margin
MarginTest BUTTON1 BUTTON1	각 버튼에 layout_margin 값에 10을 설정했을 때
MarginTest BUTTON1 BUTTON1	각 버튼에 layout_margin 값에 20을 설정했을 때

(3) layout_marginTop

위쪽을 기준으로 여백을 주게 된다.

layout_margin 속성값 적용 화면	layout_margin
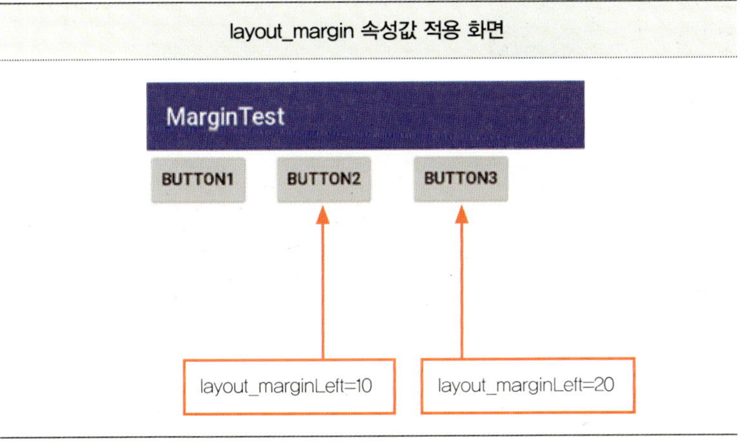	왼쪽 버튼부터 layout_marginTop 속성에 값을 0, 10, 20을 설정하였다.

(4) layout_marginLeft

왼쪽에 있는 뷰를 기준으로 여백을 준다.

layout_margin 속성값 적용 화면

```xml
<LinearLayout
        android:layout_width="wrap_content"
        android:layout_height="wrap_content"
        android:orientation="horizontal">
    <Button
        android:layout_width="wrap_content"
        android:layout_height="wrap_content"
        android:text="BUTTON1"
        />
    <Button
        android:layout_width="wrap_content"
        android:layout_height="wrap_content"
        android:layout_marginLeft="10dp"
        android:text="BUTTON2"
        />
    <Button
```

```
        android:layout_width="wrap_content"
        android:layout_height="wrap_content"
        android:layout_marginLeft="20dp"
        android:text="BUTTON3"
        />
    </LinearLayout>
</LinearLayout>
```

(5) layout_marginRight

오른쪽에 있는 뷰를 기준으로 여백을 준다.

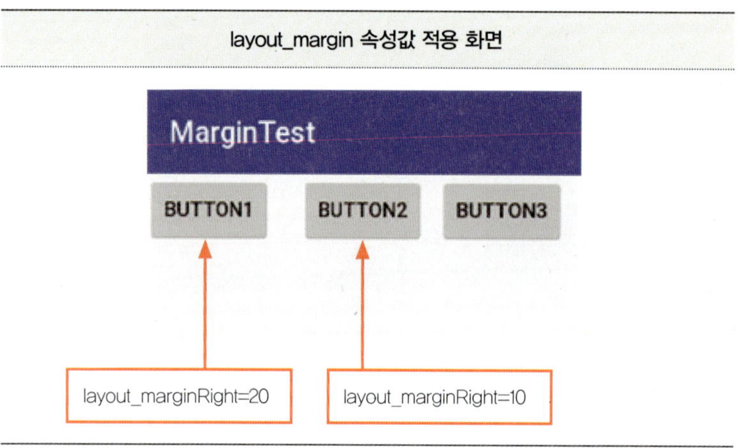


```
<LinearLayout
        android:layout_width="wrap_content"
        android:layout_height="wrap_content"
        android:orientation="horizontal">
    <Button
        android:layout_width="wrap_content"
        android:layout_height="wrap_content"
        android:layout_marginRight="20dp"
        android:text="BUTTON1"
        />
    <Button
        android:layout_width="wrap_content"
        android:layout_height="wrap_content"
        android:layout_marginRight="10dp"
        android:text="BUTTON2"
        />
    <Button
        android:layout_width="wrap_content"
```

```
            android:layout_height="wrap_content“
            android:text="BUTTON3”
            />
    </LinearLayout>
</LinearLayout>
```

4 layout_width와 layout_height

| 프로젝트 viewsize, viewsizebydp |

(1) match_parent, warp_content

layout_width와 layout_height는 뷰의 크기를 설정하는 속성이다.

속성값	역할
fill_parent (=match_parent)	크기를 꽉 채운다.
wrap_content	뷰(텍스트 크기, 이미지 크기) 내용물의 크기에 맞추고 내용물의 크기에 맞추어 가로, 세로 크기가 결정된다.

다음 코드를 통해 match_parent, warp_content 속성을 이해해 보자.

```
<?xml version="1.0” encoding="utf-8”?>
<LinearLayout xmlns:android="http://schemas.android.com/apk/res/android”
    android:layout_width="match_parent”
    android:layout_height="match_parent”
    android:orientation="vertical”>

    <Button
        android:layout_width="wrap_content”
        android:layout_height="wrap_content”
        android:text="VIEW SIZE”
        />

    <Button
        android:layout_width="match_parent”
        android:layout_height="wrap_content”
        android:text="VIEW SIZE”
        />

    <Button
        android:layout_width="match_parent”
```

```
        android:layout_height="match_parent"
        android:text="VIEW SIZE"
        />
</LinearLayout>
```


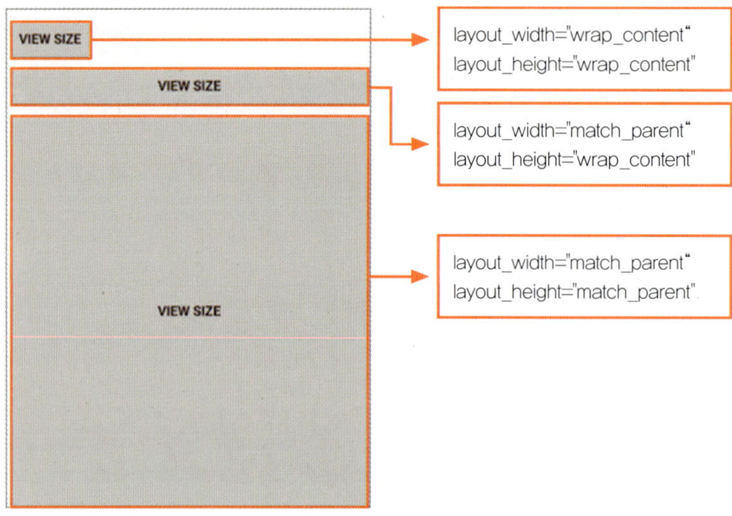

(2) 크기를 나타내는 단위 dp 활용하기

속성값	역할
dp	다바이스 크기에 상관없이 일정한 비율을 유지할 수 있어서 많이 사용되는 단위이다.
px	px는 화면 위의 점으로 디바이스의 DPI(Dots per inch)가 높으면 1인치당 들어 갈 수 있는 점의 수가 많아져서 이미지가 작아지게 된다. 디바이스마다 크기가 다르기 때문에 권장하지 않는다. ※1 inch는 2.4cm

dp 단위를 사용한 예제를 하나 만들어 보겠다. 다음 코드를 통해 dp 단위를 이해해 보자.

```
<?xml version="1.0" encoding="utf-8"?>
<LinearLayout xmlns:android="http://schemas.android.com/apk/res/android"
    android:layout_width="match_parent"
    android:layout_height="match_parent"
    android:orientation="vertical">
    <Button
        android:layout_width="100dp"
        android:layout_height="50dp"
```

```xml
        android:text="VIEW SIZE"
        />
    <Button
        android:layout_width="200dp"
        android:layout_height="50dp"
        android:text="VIEW SIZE"
        />
    <Button
        android:layout_width="200dp"
        android:layout_height="100dp"
        android:text="VIEW SIZE"
        />
</LinearLayout>
```


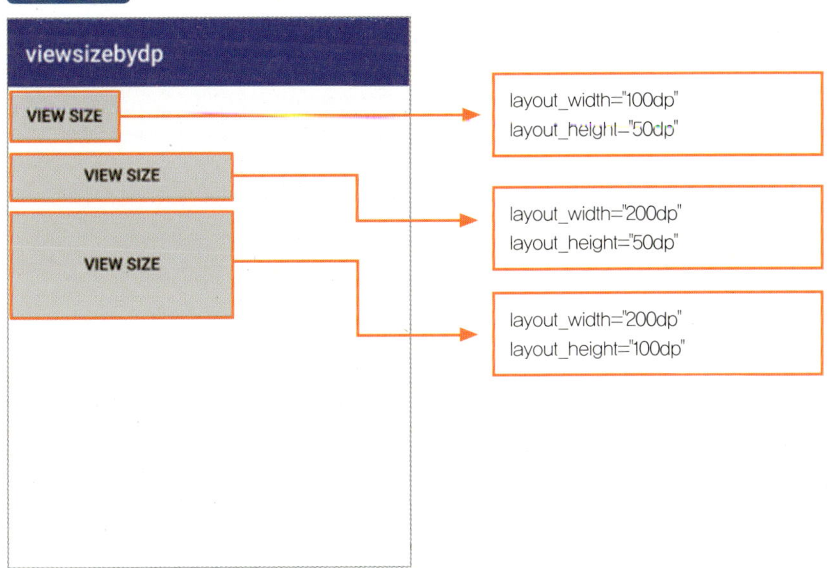

5 RelativeLayout

| 프로젝트 RelativeLayout |

뷰(=위젯)간의 관계를 정의하여 뷰의 위치를 배치하는 상대적 레이아웃(RelativeLayout)에 대해서 살펴보겠다. 이미 존재하는 뷰를 대상으로 새로운 뷰의 위치를 정하기 때문에 이미 존재하는 뷰(기준이 되는 뷰)에 대한 id값이 필요하다. 아래 표는 RelativeLayout에서 사용되는 속성들이다

속성	설명
layout_above	기준 뷰의 위에 배치한다.
layout_below	기준 뷰의 아래에 배치한다.

layout_toLeftOf	기준 뷰의 왼쪽에 배치한다.
layout_toRightOf	기준 뷰의 오른쪽에 배치한다.
layout_alignTop	기준 뷰의 상단 가장자리에 맞춰 배치한다.
layout_alignBottom	기준 뷰의 하단 가장자리에 맞춰 배치한다.
layout_alignLeft	기준 뷰의 왼쪽 가장자리에 맞춰 배치한다.
layout_alignRight	기준 뷰의 오른쪽 가장자리에 맞춰 배치한다.

위 표에 있는 몇 개의 속성을 사용해서 RelativeLayout 예제를 하나 만들어 보겠다.

```xml
<?xml version="1.0" encoding="utf-8"?>
<RelativeLayout xmlns:android="http://schemas.android.com/apk/res/android"
    android:layout_width="match_parent"
    android:layout_height="match_parent"
    >

    <Button
        android:id="@+id/b1"
        android:layout_width="wrap_content"
        android:layout_height="wrap_content"
        android:text="VIEW SIZE"
        />

    <Button
        android:id="@+id/b2"
        android:layout_width="wrap_content"
        android:layout_height="wrap_content"
        android:layout_below="@id/b1"
        android:text="VIEW SIZE2"
        />
    <Button
        android:layout_width="wrap_content"
        android:layout_height="wrap_content"
        android:layout_toRightOf="@id/b2"
        android:text="VIEW SIZE3"
        />
</RelativeLayout>
```

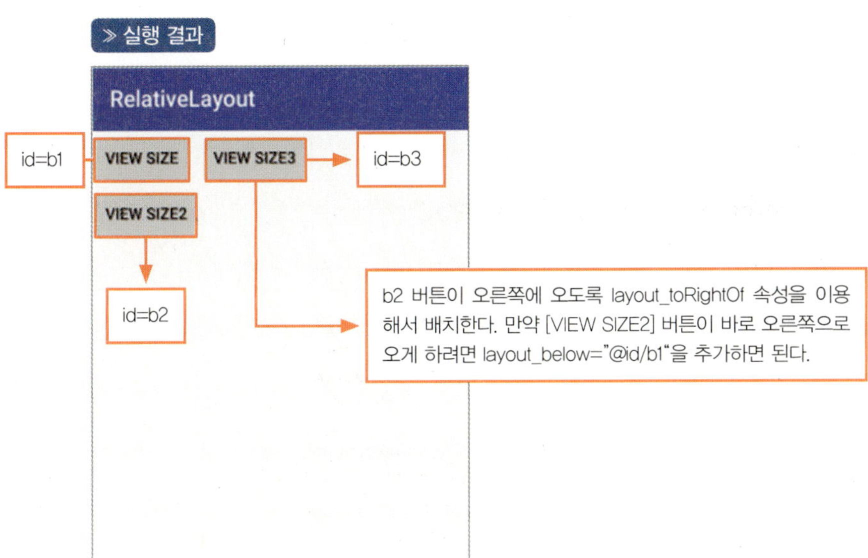

6 FrameLayout

| 프로젝트 Framelayout |

FrameLayout은 왼쪽 상단을 기준으로 뷰(=위젯)들을 겹쳐서 쌓아놓는 레이아웃이다. 이미지 3개를 만들고 FrameLayout 안에 넣는 프로그램을 만들어보자.

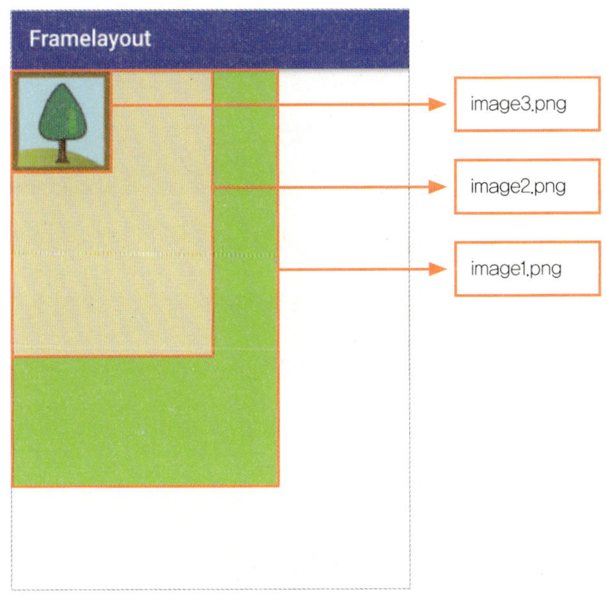

```xml
<?xml version="1.0" encoding="utf-8"?>
<FrameLayout
    xmlns:android="http://schemas.android.com/apk/res/android"
    android:layout_width="fill_parent"
    android:layout_height="fill_parent"
    >
    <ImageView
        android:layout_width="wrap_content"
        android:layout_height="wrap_content"
        android:src="@drawable/image1"
        />
    <ImageView
        android:layout_width="wrap_content"
        android:layout_height="wrap_content"
        android:src="@drawable/image2" />

    <ImageView
        android:layout_width="wrap_content"
        android:layout_height="wrap_content"
        android:src="@drawable/image3" />
</FrameLayout>
```


7 TableLayout

TableLayout은 각 View들을 열과 행을 갖는 테이블 형식으로 배치할 수 있다. 〈TableRow〉 …〈/TableRow〉의 개수가 행의 개수가 되며 〈TableRow〉 안에 있는 뷰의 개수가 열의 개수가 된다. 아래와 같은 계산기 화면을 테이블 레이아웃을 활용해서 만들어보자.

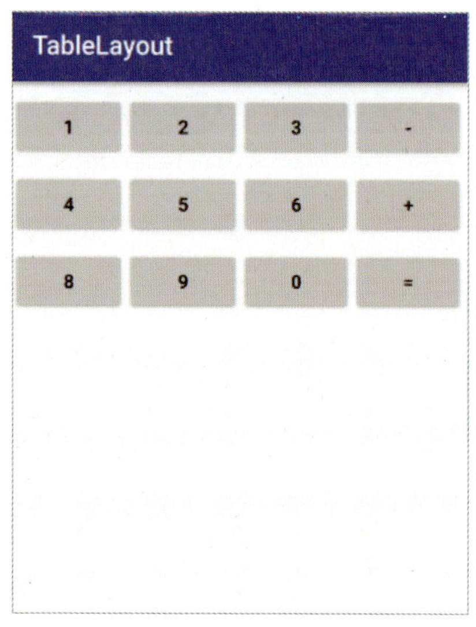

```xml
<?xml version="1.0" encoding="utf-8"?>
<TableLayout xmlns:android="http://schemas.android.com/apk/res/android"
    xmlns:app="http://schemas.android.com/apk/res-auto"
    xmlns:tools="http://schemas.android.com/tools"
    android:layout_width="match_parent"
    android:layout_height="match_parent"
    tools:context="com.bliss.csc.tablelayout.MainActivity">

    <TableRow
        android:layout_width="match_parent"
        android:layout_height="wrap_content">

        <Button
            android:layout_width="wrap_content"
            android:layout_height="wrap_content"
            android:layout_marginTop="10dp"
            android:text="1" />
        <Button
            android:layout_width="wrap_content"
            android:layout_height="wrap_content"
            android:layout_marginTop="10dp"
            android:text="2" />
        <Button
            android:layout_width="wrap_content"
            android:layout_height="wrap_content"
            android:layout_marginTop="10dp"
            android:text="3" />
        <Button
            android:layout_width="wrap_content"
            android:layout_height="wrap_content"
            android:layout_marginTop="10dp"
            android:text="-" />

    </TableRow>

    <TableRow
        android:layout_width="match_parent"
        android:layout_height="wrap_content">

        <Button
            android:layout_width="wrap_content"
            android:layout_height="wrap_content"
            android:layout_marginTop="10dp"
            android:text="4" />
        <Button
```

```xml
            android:layout_width="wrap_content"
            android:layout_height="wrap_content"
            android:layout_marginTop="10dp"
            android:text="5" />
        <Button
            android:layout_width="wrap_content"
            android:layout_height="wrap_content"
            android:layout_marginTop="10dp"
            android:text="6" />
        <Button
            android:layout_width="wrap_content"
            android:layout_height="wrap_content"
            android:layout_marginTop="10dp"
            android:text="+" />

    </TableRow>
<TableRow
        android:layout_width="match_parent"
        android:layout_height="wrap_content">

        <Button
            android:layout_width="wrap_content"
            android:layout_height="wrap_content"
            android:layout_marginTop="10dp"
            android:text="8" />

        <Button
            android:layout_width="wrap_content"
            android:layout_height="wrap_content"
            android:layout_marginTop="10dp"
            android:text="9" />

        <Button
            android:layout_width="wrap_content"
            android:layout_height="wrap_content"
            android:layout_marginTop="10dp"
            android:text="0" />

        <Button
            android:layout_width="wrap_content"
            android:layout_height="wrap_content"
            android:layout_marginTop="10dp"
            android:text="=" />

    </TableRow>
```

```
</TableLayout>
```

8 ConstraintLayout

ConstraintLayout은 RelativeLayout과 비슷하며 개발자가 쉽게 UI를 설계할 수 있도록 돕는
2016년도에 발표된 레이아웃이다. 가장 큰 장점은 Infer Constraints 기능을 통해 레이아웃에
배치된 뷰들을 쉽게 관계를 지정을 할 수 있다.

(1) Handle

3가지의 핸들을 사용하여 뷰(=위젯)의 크기 조절 및 정렬을 할 수 있다.

■	Resize Handle	위젯 크기를 조정한다.
○	Side Handle	가로 및 세로 축의 정렬 기준을 설정한다. 세로축은 세로 축끼리 가로축은 가로축끼리 연결해야 한다.

(2) Side Handle

먼저 버튼 위젯을 드래그해서 화면에 가져다 놓는다.

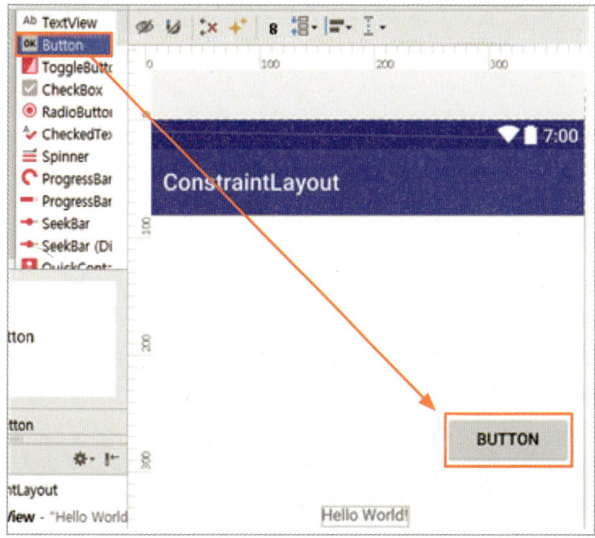

왼쪽 Side Handle을 클릭하다.

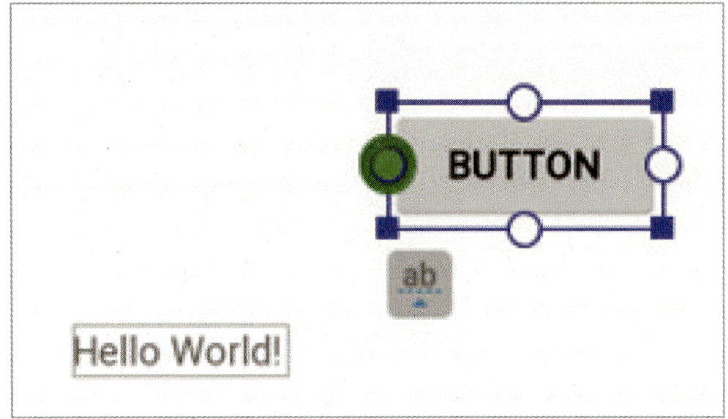

왼쪽 Side Handle을 클릭한 후 드래그하여 "Hello World!" TextView 오른쪽에 연결한다.

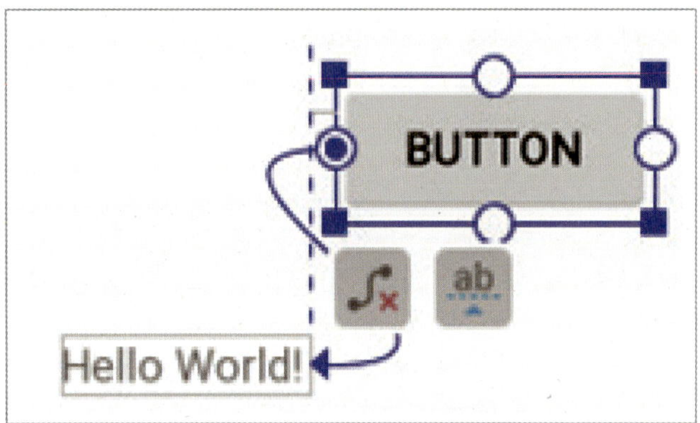

Properties에서 텍스트 뷰와 버튼의 여백을 조절할 수 있다. 다음 예시에는 32로 설정하였다. (숫자가 클수록 간격이 멀어진다.)

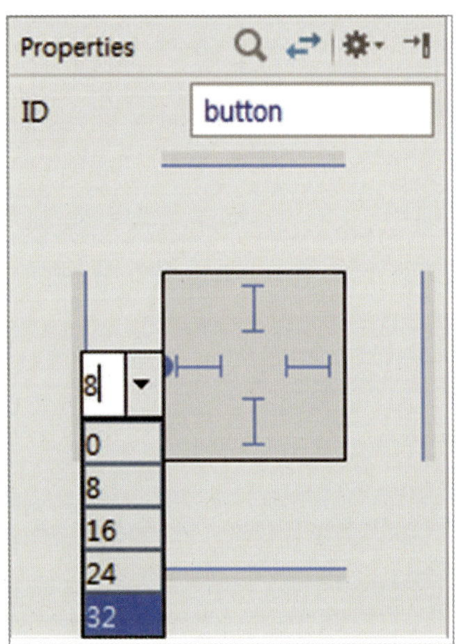

"Hello World!" TextView와 Button이 32만큼 여백이 생겼음을 확인 할 수 있다.

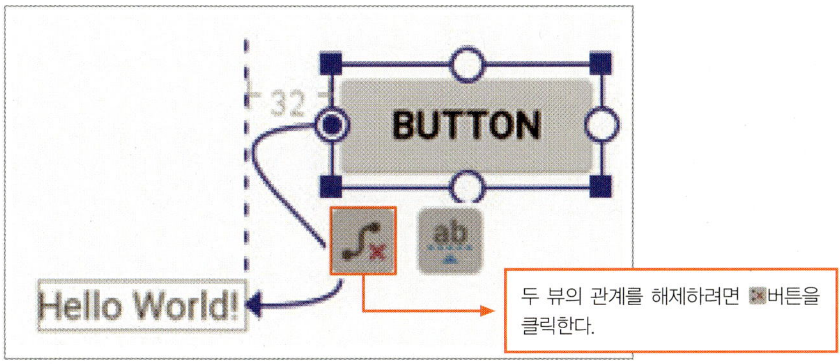

(=Infer Constraints)을 클릭한다.

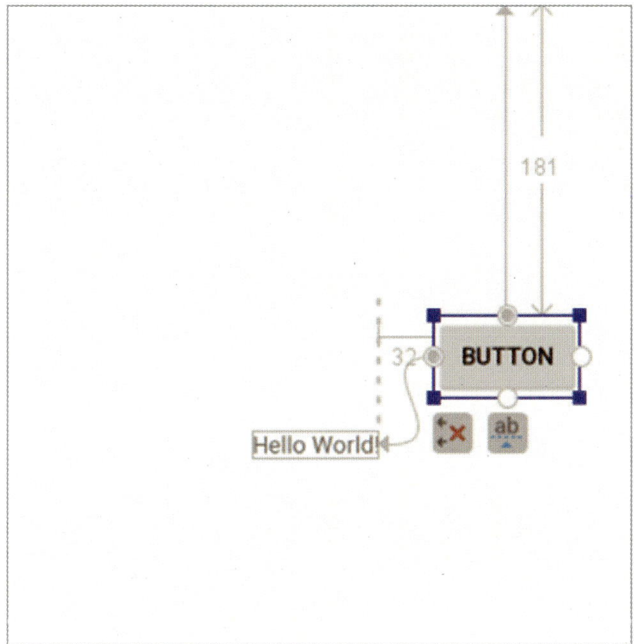

Tip

Infer Constraints 버튼을 활용해서 현재 상태를 기반으로 레이아웃에 배치된 뷰들의 관계를 지정한다.

activity_main.xml 파일 내용이 다음과 같이 만들어 진다.

```xml
<?xml version="1.0" encoding="utf-8"?>
<android.support.constraint.ConstraintLayout xmlns:android="http://schemas.
android.com/apk/res/android"
    xmlns:app="http://schemas.android.com/apk/res-auto"
    xmlns:tools="http://schemas.android.com/tools"
    android:layout_width="match_parent"
    android:layout_height="match_parent"
    tools:context="com.example.sec.constraintlayout.MainActivity">

    <TextView
        android:layout_width="wrap_content"
        android:layout_height="wrap_content"
        android:text="Hello World!"
        app:layout_constraintBottom_toBottomOf="parent"
        app:layout_constraintLeft_toLeftOf="parent"
        app:layout_constraintRight_toRightOf="parent"
        app:layout_constraintTop_toTopOf="parent"
        android:id="@+id/textView" />

    <Button
        android:id="@+id/button"
        android:layout_width="111dp"
        android:layout_height="45dp"
        android:text="Button"
        tools:layout_editor_absoluteY="147dp"
        app:layout_constraintLeft_toRightOf="@+id/textView"
        android:layout_marginLeft="32dp" />

</android.support.constraint.ConstraintLayout>
```

9 ConstraintLayout 응용하기

ConstraintLayout을 사용하면 개발자는 쉽게 화면을 디자인할 수 있다. 간단히 사진과 글을 보여주는 앱을 제작해보겠다.

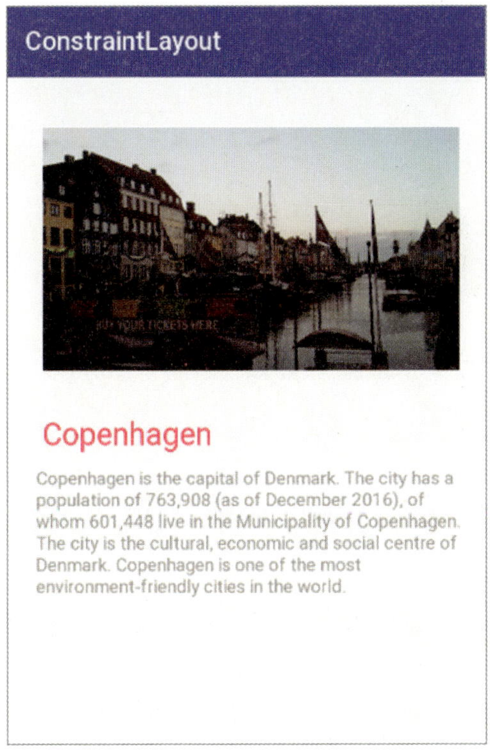

새로운 프로젝트를 하나 만들고, 이름을 ConstraintLayout이라고 한다.

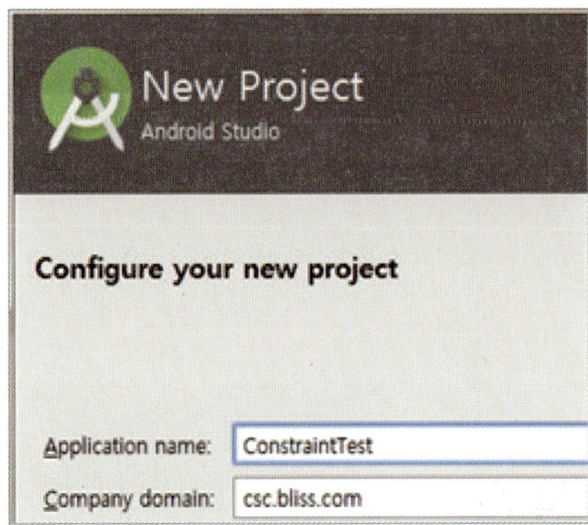

그림 파일 하나를 복사해서 [drawable] 디렉토리에 넣는다.

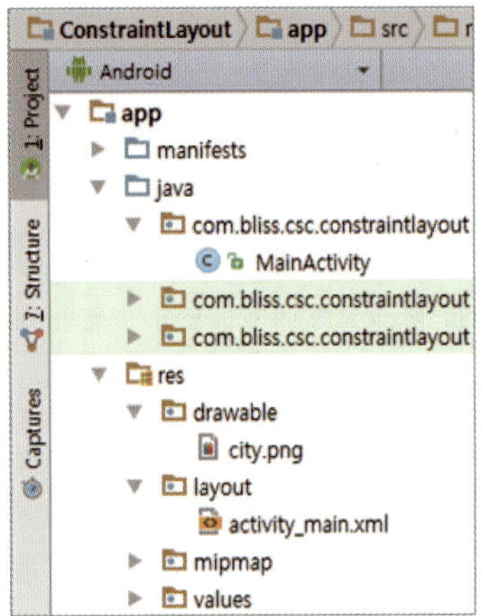
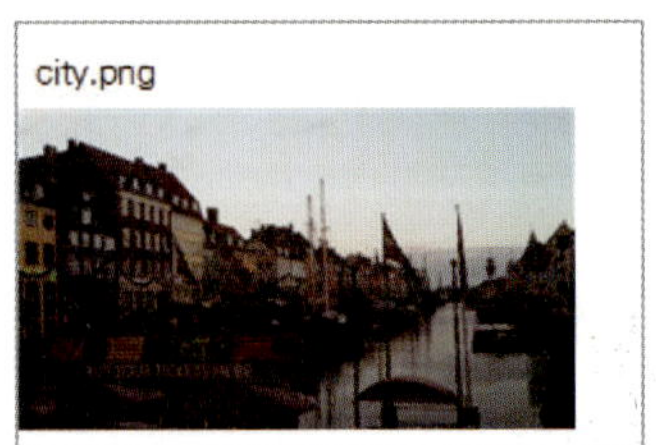

[layout] 디렉토리에 있는 activity_main.xml을 더블클릭한다.

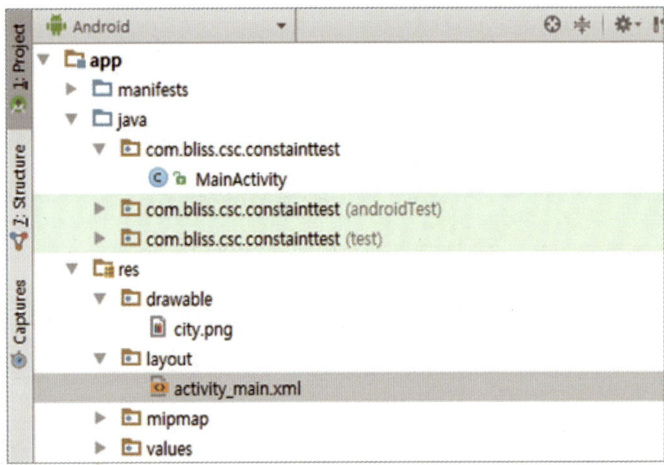

화면 중앙 아래에서 [Design] 탭을 선택한다. ConstraintLayout의 가장 큰 장점이 [Text] 탭에서 직접 코딩을 하는 것이 아니라 [Design] 탭에서 화면을 보면서 뷰들을 원하는 곳에 드래그하면서 쉽게 화면을 설계할 수 있다는 점이다.

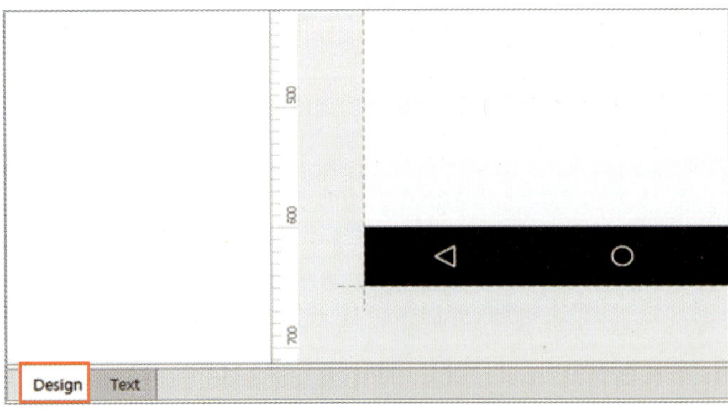

[Palette]에서 ImageView를 화면으로 드래그한다.

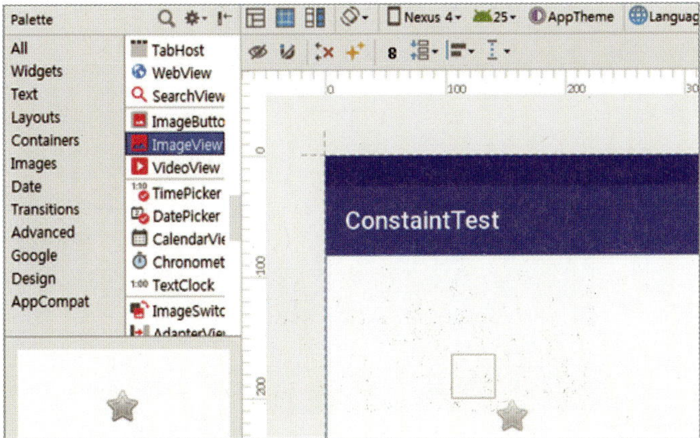

[Drawable] 디렉토리에 있는 city.png 파일을 선택한다.

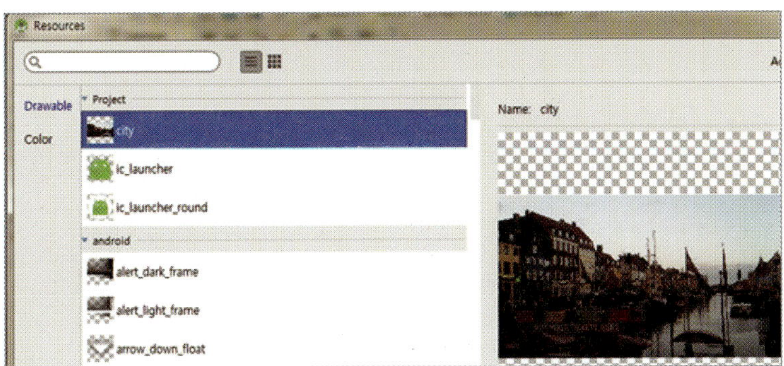

■(=Resize Handle)을 이용해서 이미지의 크기를 조절한다.

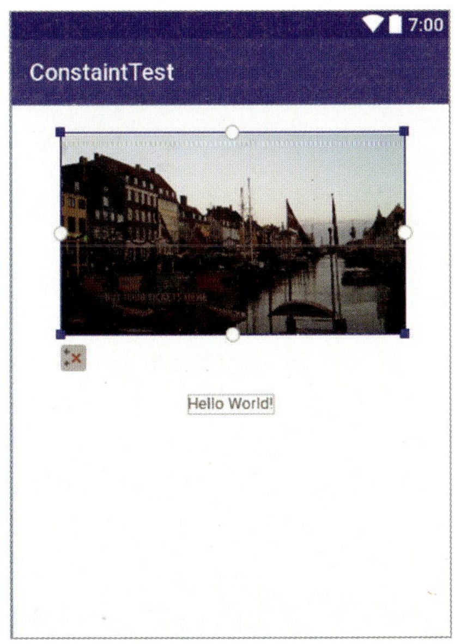

"Hello Word!" TextView를 왼쪽 위로 드래그한다.

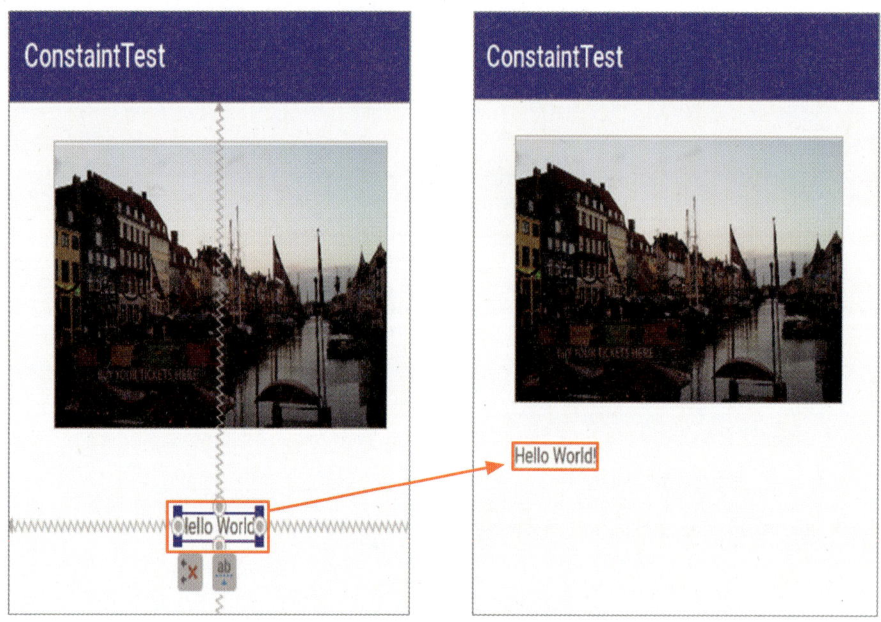

"Hello Word!" TextView를 선택하고 화면 오른쪽 하단에 있는 [View all properties]를 클릭한다(글자색과 글자크기를 변경하려고 한다).

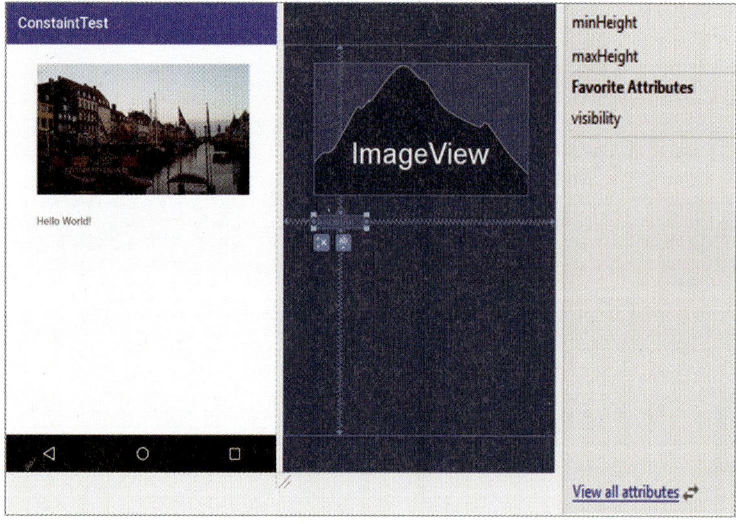

버튼을 클릭한 상태에서 textColor를 선택하고 ■(= pick a resource)을 클릭한다.

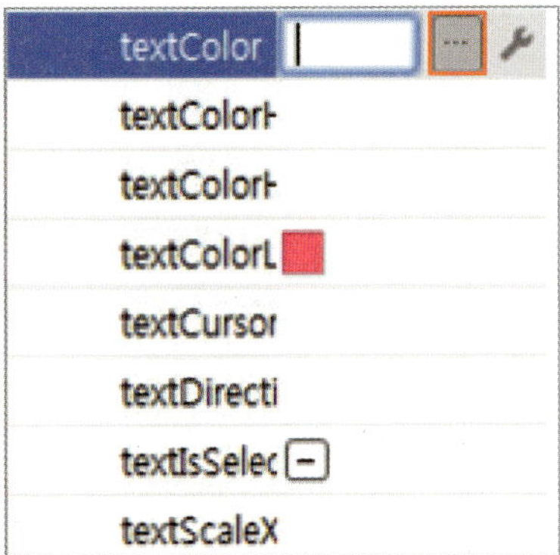

왼쪽 탭에서 [Color]를 선택한다. 그리고 ■ colorAccent를 선택하고 [OK] 버튼을 클릭한다.

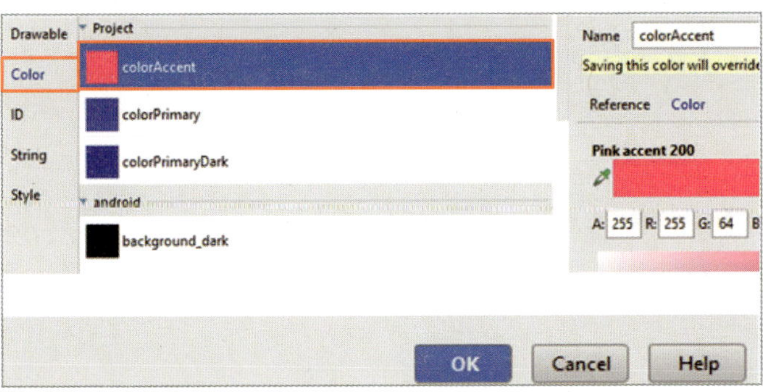

textSize를 선택하고, ▭을 클릭하여 24sp를 선택한다.

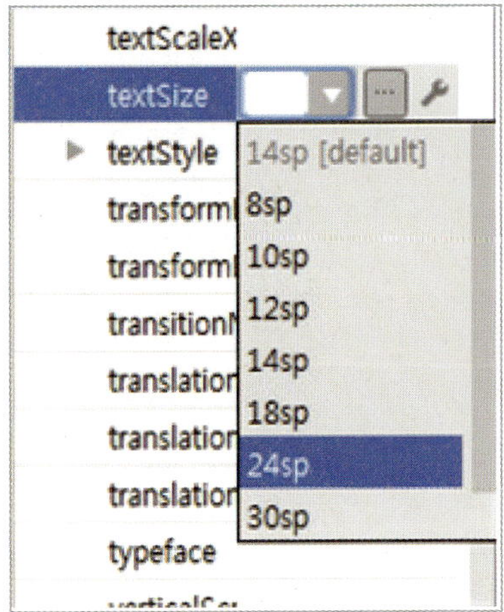

"Hello World!" 텍스트를 선택하고 Properties에서 text 속성값을 Copenhagen으로 변경한다.

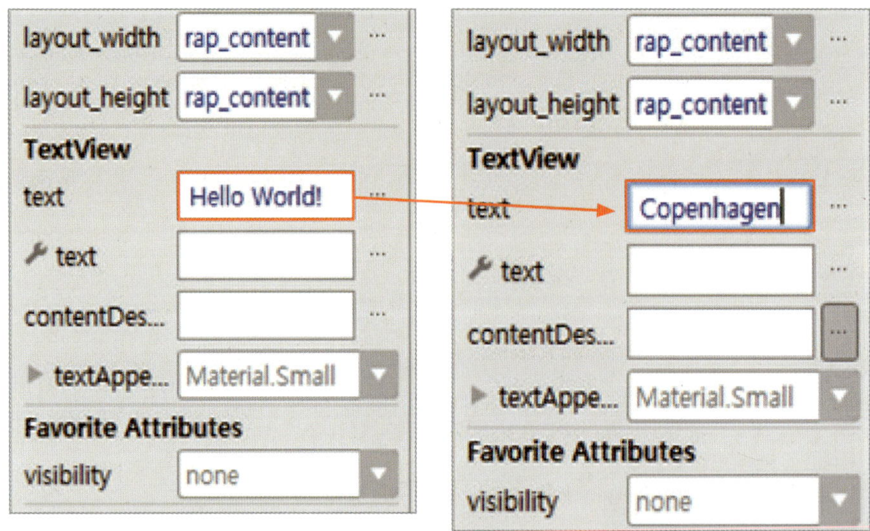

[Palette]에서 TextView를 화면으로 드래그한다.

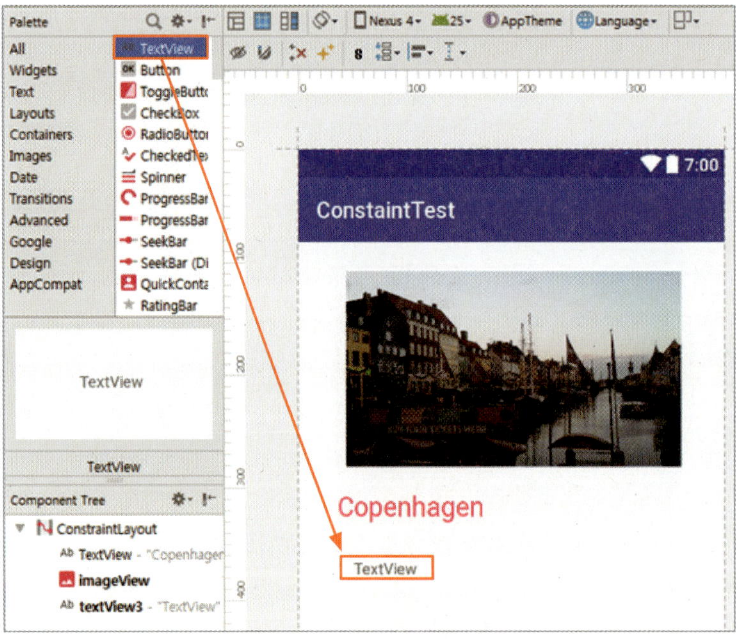

TextView의 텍스트를 선택하고 Properties에서 text 속성값에 코펜하겐 수도를 설명하는 글을 넣는다.

layout_width 값에 적절한 값을 넣어 TextView의 가로, 세로 크기를 조절한다.

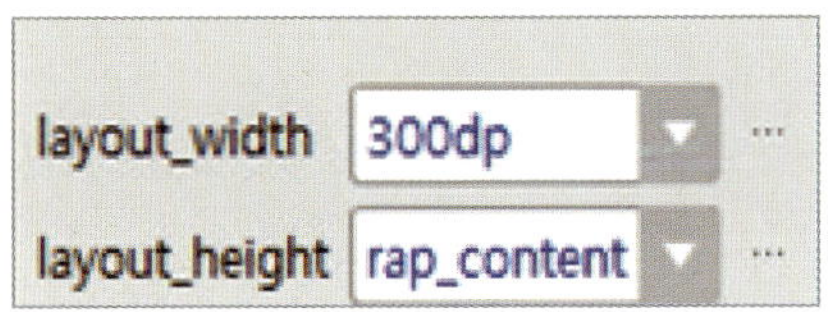

마지막으로 ⚡(=Infer Constraint)를 클릭하여 레이아웃 내 배치된 뷰의 현새 상태를 기반으로 관계를 설정해야한다.

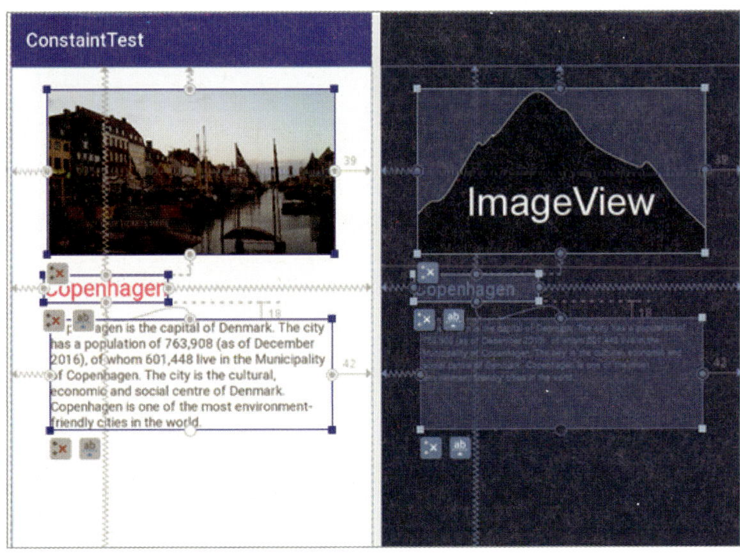

1 View 클래스를 상속 받아서 처리하기 | 프로젝트 ViewEvent |

```java
package com.example.sec.viewevent;

import ...

public class MainActivity extends Activity {

    @Override
    protected void onCreate(Bundle savedInstanceState) {
        super.onCreate(savedInstanceState);

        MyView myView = new MyView(this);
        setContentView(myView);
    }

    class MyView extends View {
        MyView(Context context) {
            super(context);
            setBackgroundColor(Color.GREEN);
        }

        public boolean onTouchEvent(MotionEvent event) {

            if (event.getAction() == MotionEvent.ACTION_DOWN) {
                Toast.makeText(MainActivity.this, "View클래스를 상속받아 만든 이벤트 처리"
                    , Toast.LENGTH_SHORT).show();
            }
            return false;
        }
    }

}
```

View를 상속받는 MyView 클래스 객체를 생성한다.

Activity 클래스 안에 View 클래스를 상속받는 MyView 클래스를 만들었다. View 클래스가 가지고 있는 onTouchEvent 메소드를 재정의해서 사용할 수 있다.

View 클래스는 안드로이드 기기에서 사용자(User)와 기기가 상호작용하는데 큰 역할을 한다. View 클래스는 이벤트(예: 터치, 드래그)가 발생하게 되면 자동으로 호출되는 콜백 메소드를 가지고 있다. 콜백 메소드란 어떤 이벤트가 발생하게 되면 시스템에 의해 자동으로 호출되는 메소드이다. 예를 들어 사용자가 화면을 터치했을 경우 onTouchEvent 콜백 메소드가 자동으로 호출된다.

Tip

setContentView(myView)

setContentView(myView)는 xml 파일이 아닌 View 클래스를 상속해서 생성한 myView 객체를 화면 설정으로 정한다.

View 클래스가 가지고 있는 이벤트 처리 콜백 메소드	
onKeyDown(int, keyEvent)	Key 이벤트가 발생했을 때 호출한다. Called when a new hardware key event occurs.
onKeyUp	Key에서 손을 떼면 호출한다. Called when a hardware key up event occurs.
onTrackballEvent(MotionEvent)	Called when a trackball motion event occurs.
onTouchEvent(MotionEvent)	Called when a touch screen motion event occurs.

View 클래스는 onTouchEvent 콜백 메소드를 가지고 있고 Activity 클래스도 onTouchEvent 콜백 메소드를 가지고 있다. 2개의 메소드 중에 View 클래스의 onTouchEvent 콜백 메소드가 우선순위가 높다.

Tip

Toast 클래스를 이용해서 화면에 잠시 동안 메시지를 쉽게 띄울 수 있다.

2 리스너 인터페이스를 구현하기 　　　　　　| 프로젝트 ListenerObject |

리스너(listener)는 잘 듣고 있는 다는 의미로 이벤트가 발생하면 콜백 메소드가 작동하게 된다. 콜백 메소드를 가지고 있는 인터페이스는 View 클래스 안에 정의되어 있다. 이러한 인터페이스를 이벤트 리스너라고 한다. 인터페이스는 상속이 아닌 implements를 이용해서 구현한다. 먼저 이벤트 리스너를 구현하는 클래스를 만들고 이 클래스의 객체(리스너 객체)를 생성하도록 한다. 그리고 나서 위젯(예를 들어 버튼)에 setOnClickListener 메소드를 이용해서 리스너 객체를 등록하면 된다.

- ■ 순서를 정리해보면　　① 인터페이스를 구현한 클래스 만들기
　　　　　　　　　　　　② 이벤트 리스너 객체 생성하기
　　　　　　　　　　　　③ 이벤트 리스너 객체를 setOnClickListener 메소드를 사용하여 위젯에 등록하기

```xml
<?xml version="1.0" encoding="utf-8"?>
<LinearLayout xmlns:android="http://schemas.android.com/apk/res/android"
    xmlns:tools="http://schemas.android.com/tools"
    android:id="@+id/activity_main"
    android:layout_width="match_parent"
    android:layout_height="match_parent"
    android:paddingBottom="16dp"
    android:paddingLeft="16dp"
    android:paddingRight="16dp"
    android:paddingTop="16dp"
    tools:context="com.example.sec.listenerobject.MainActivity">

    <Button
        android:id="@+id/b1"
        android:layout_width="wrap_content"
        android:layout_height="wrap_content"
        android:text="Button" />
</LinearLayout>
```



```java
package com.example.sec.listenerobject;

import ...

public class MainActivity extends Activity {
    Button b1;
    @Override
    protected void onCreate(Bundle savedInstanceState) {
        super.onCreate(savedInstanceState);
        setContentView(R.layout.activity_main);
        MyListener mL = new MyListener();


        b1 = (Button) findViewById(R.id.b1);
        b1.setOnClickListener(mL);

    }


    class MyListener implements View.OnClickListener{

        public void onClick(View v){

            Toast.makeText(MainActivity.this, "리스너 인터페이스 구현하여 이벤트 처리"
                    , Toast.LENGTH_SHORT).show();

        }

    }
}
```

이벤트 리스너 객체 생성하기

위젯에 이벤트 리스너 객체 등록하기

OnClickListener 인터페이스를 구현한 클래스를 만든다.

setOnClickListener는 뷰(여기서는 xml에서 정의한 버튼)에 리스너 객체를 등록하는 역할을 한다. OnClickListener는 View 클래스 안에 인터페이스로 정의되어 있으며 아직 구현 되지 않은 onClick 메소드를 가지고 있다.

3 무명 클래스로 처리하는 방법　　　　　　　　　　　| 프로젝트 ButtonListener |

앞에서 살펴본 것처럼 우리가 필요로 하는 것은 onClick 같은 콜백 메소드이다. 자바 언어에서 메소드가 따로 존재할 수 없음을 배웠다. 클래스나 인터페이스 안에 존재를 해야 한다. 그리고 우리는 콜백 메소드를 사용하기 위해서 구현(상속)을 받는 클래스(이름이 있는)를 만들고 객체를 생성해서 사용하였다. 이것은 약간 번거로운 면이 있는데 이를 해결할 수 있는 방법이 무명 클래스를 사용하는 것이다.

```
b1.setOnClickListener(new View.OnClickListener() {
    public void onClick(View v) {
                    //처리할 내용
            }
    });
```

무명 클래스를 활용한 이벤트 처리는 클래스의 선언과 객체 생성을 동시에 하여 코드길이를 줄일 수 있다. new 연산자를 사용해서 인터페이스 객체(=리스너 객체)를 생성하고 b1 버튼에 setOnClickListener를 이용해서 리스너 객체를 바로 등록해 주면 된다. 우리는 버튼을 클릭시에 OnClickListener 인터페이스의 onClick 메소드 안에 처리할 내용을 적으면 된다. 무명 클래스는 클래스의 이름이 없고 한 번만 사용되는 경우 유효한 방법이다.

인터페이스를 구현하거나 조상 클래스를 상속받는 경우에 조상 클래스와 인터페이스의 참조 변수로 자손 클래스의 객체를 참조할 수 있다. 인터페이스 변수는 참조 변수이며 구현 객체의 번지를 저장하게 된다.

```
인터페이스 변수;
 변수 = new 클래스();
```

하지만 이를 무명 클래스를 사용하여 다음과 같이 간단히 사용할 수 있다.

```
인터페이스 변수 = new 인터페이스() {
        //실체 메소드
 };  //실행문 이므로 마지막에 세미클론을 적어야 한다.
```

```xml
<?xml version="1.0" encoding="utf-8"?>
<LinearLayout xmlns:android="http://schemas.android.com/apk/res/android"
    xmlns:tools="http://schemas.android.com/tools"
    android:layout_width="match_parent"
    android:layout_height="match_parent"
    android:paddingBottom="@dimen/activity_vertical_margin"
    android:paddingLeft="@dimen/activity_horizontal_margin"
    android:paddingRight="@dimen/activity_horizontal_margin"
    android:paddingTop="@dimen/activity_vertical_margin"
    android:orientation="vertical"
    tools:context="com.example.csc.buttonlistener.MainActivity">

    <Button
        android:layout_width="wrap_content"
        android:layout_height="wrap_content"
        android:text="대한민국"
        android:id="@+id/b1"
        />

    <Button
        android:layout_width="wrap_content"
        android:layout_height="wrap_content"
        android:text="영국"
        android:id="@+id/b2"
        />

</LinearLayout>
```

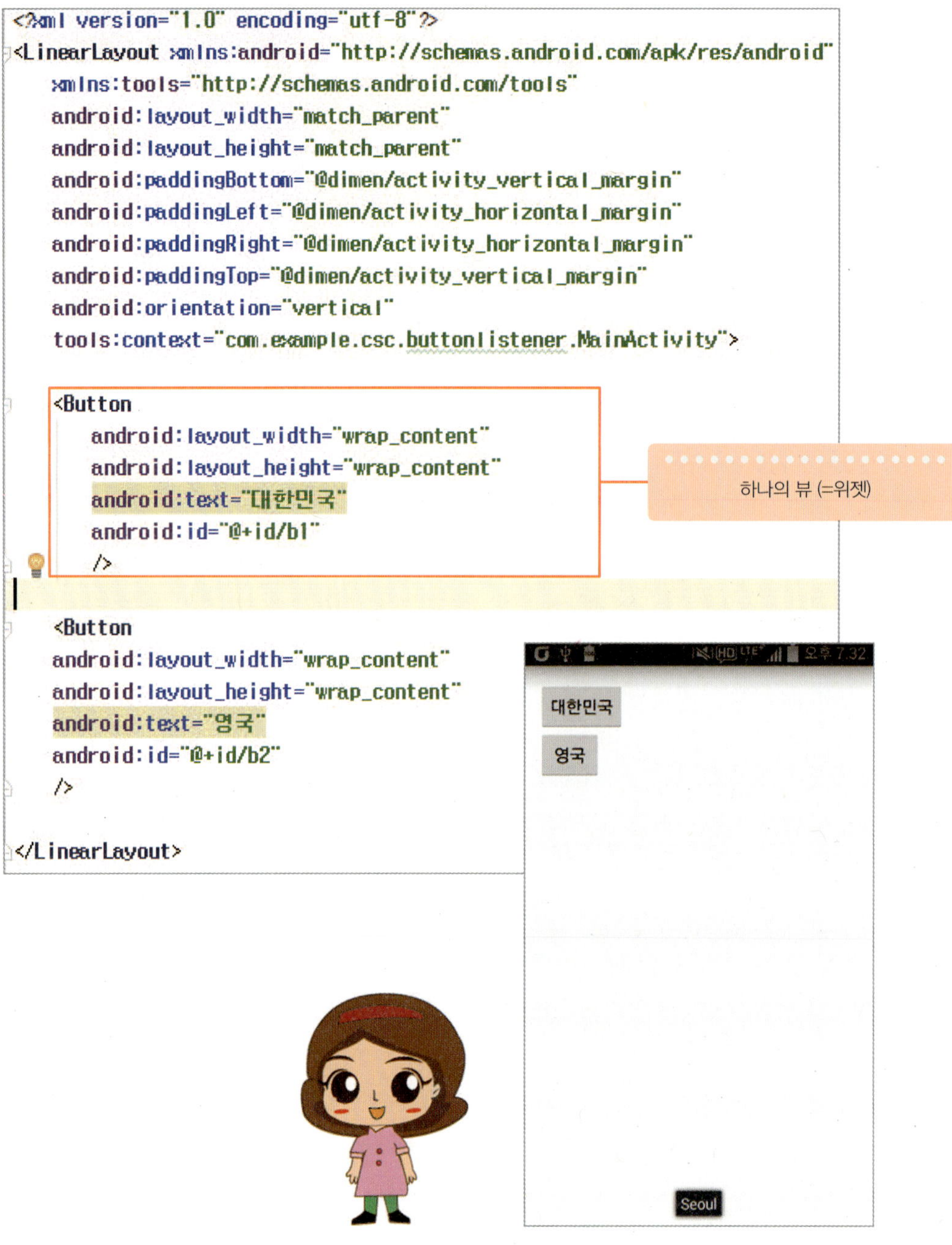

```java
public class MainActivity extends Activity {

    Button b1,b2;
    @Override
    protected void onCreate(Bundle savedInstanceState) {
        super.onCreate(savedInstanceState);
        setContentView(R.layout.activity_main);

        b1 = (Button) findViewById(R.id.b1);
        b2 = (Button) findViewById(R.id.b2);

        b1.setOnClickListener(new View.OnClickListener() {
            @Override
            public void onClick(View v) {
                Toast.makeText(getApplicationContext(),"Seoul",Toast.LENGTH_SHORT ).show();
                        }
        });

        b2.setOnClickListener(new View.OnClickListener() {
            @Override
            public void onClick(View v) {
                Toast.makeText(getApplicationContext(), "London", Toast.LENGTH_SHORT).show();
            }
        });

    }
}
```

버튼 변수 선언

findViewById 메소드를 통해 버튼 변수에 위젯을 연결한다.

무명 클래스를 이용해서 버튼을 클릭할 때 동작하도록 처리한다.

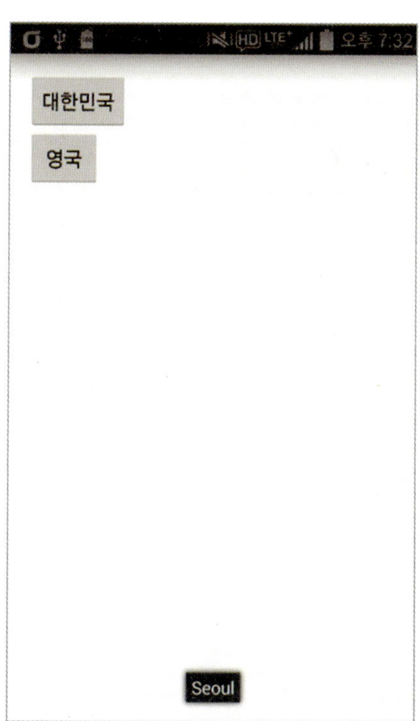

activity_main.xml 파일에서는 2개의 버튼 위젯을 만들고 각각의 id를 b1, b2라고 하였다. MainActivity.java 파일은 코드를 구성하는 파일이며 xml파일에서 id가 b1, b2인 버튼을 찾아서 버튼 변수에 연결해 주었다. 그리고 버튼 변수 b1, b2에 무명 클래스를 사용해서 리스너 객체를 등록해 주었다. 각각 버튼이 클릭이 되는 경우 서로 다른 콜백 메소드 onClick(View v)이 실행되도록 하였다.

4 하나의 리스너 객체로 여러 개의 버튼 처리하기 | 프로젝트 ButtonListener2 |

activity_main.xml 파일은 프로젝트 ButtonListener와 동일하다.
MainActivity.java 파일에 다음과 같이 입력한다. xml에서 만든 여러 버튼을 하나의 리스너 객체에 등록하여 사용하는 방법이다.

```java
public class MainActivity extends Activity {

    @Override
    protected void onCreate(Bundle savedInstanceState) {
        super.onCreate(savedInstanceState);
        setContentView(R.layout.activity_main);

        Button.OnClickListener myClick = new Button.OnClickListener(){

            @Override
        public void onClick(View v){
         switch(v.getId()){
          case R.id.b1:
            Toast.makeText(getApplicationContext(),"Seoul", Toast.LENGTH_LONG).show();
             break;
          case R.id.b2:
            Toast.makeText(getApplicationContext(),"London", Toast.LENGTH_LONG).show();
             break;
                }
            }
        };

        findViewById(R.id.b1).setOnClickListener(myClick);
        findViewById(R.id.b2).setOnClickListener(myClick);


    }
}
```

하나의 리스너 객체 myClick을 2개의 버튼 b1, b2에 모두 등록해준다. switch ~ case 구문을 통해서 어떤 버튼이 클릭되었는지를 판단하고, Toast 클래스를 이용해서 화면에 문자를 표시하도록 하였다. 위에 사용된 버튼 처리방법은 쉽고 많이 사용되므로 잘 숙지하기 바란다.

```java
Button.OnClickListener onMyClick = new Button.OnClickListener() {
    public void onClick(View v) {  ...
};
```

OnClickListener가 static interface이기 때문에 Button.OnClickListener로 바로 접근할 수 있고 static으로 선언된 것은 클래스명(여기서는 Button 클래스)으로 직접 접근할 수 있다. Interface로부터 무명 클래스를 바로 선언하고 객체화시키는 방법이다. Interface는 바로 객체화 할 수 없는 특성이 있어서 보통은 Class에서 implement를 한 후 사용한다. 하지만 그 클래스를 재사용 하고 싶지 않다면 위에 방법처럼 간단히 사용하면 된다.

더 알아보기

Toast 기능 살펴보기

· 화면에 메시지를 잠깐 나타나게 할 때 사용하는 클래스이다.
· makeText( ) 메소드 : 토스트 객체를 생성한다.
· makeText(Context context, CharSequence text, int duration)
 – text : 화면에 나타내고 싶은 문자열을 쓴다.
 – duration : 지속시간을 의미하며 LENGTH_SHORT 와 LENGTH_LONG이 있다.
· show( ) 메소드 : 메시지를 표시한다. show( )를 적지 않으면 화면에 아무것도 나오지 않는다.

5 onClick 속성 이용하는 방법

| 프로젝트 ButtonXml |

xml 파일에서 Button 뷰에 속성 onClick을 사용하는 방법이다. onClick 속성값에 이벤트를 처리하는 메소드 이름을 적는 방법은 쉽게 작성할 수 있다는 장점이 있다.

(1) activity_main.xml 파일에 다음과 같이 입력한다.

```xml
<?xml version="1.0" encoding="utf-8"?>
<LinearLayout xmlns:android
    ="http://schemas.android.com/apk/res/android"
    xmlns:tools="http://schemas.android.com/tools"
    android:layout_width="match_parent"
    android:layout_height="match_parent"
    tools:context="com.example.csc.buttonxml.MainActivity">

    <Button
        android:layout_width="wrap_content"
        android:layout_height="wrap_content"
        android:text="대한민국"
        android:id="@+id/b1"
        android:onClick="buttonListener1"
        />

    <Button
        android:layout_width="wrap_content"
        android:layout_height="wrap_content"
        android:text="영국"
        android:id="@+id/b2"
        android:onClick="buttonListener2"
        />
</LinearLayout>
```

(2) [Java] 폴더에 있는 MainActivity.java에 다음과 같이 입력한다.

```java
package com.example.csc.buttonxml;

import ...

public class MainActivity extends Activity {

    @Override
    protected void onCreate(Bundle savedInstanceState) {
        super.onCreate(savedInstanceState);
        setContentView(R.layout.activity_main);
    }

    public void buttonListener1(View v) {
        Toast.makeText(getApplicationContext(),
                "Seoul", Toast.LENGTH_LONG).show();
    }

    public void buttonListener2(View v) {
        Toast.makeText(getApplicationContext(),
                "London", Toast.LENGTH_LONG).show();
    }

}
```

04 ≫ 버튼을 활용한 간단한 앱 만들기   LOADING...

1 간단한 덧셈 계산기 프로그램 | 프로젝트 BasicSum |

지금까지 배운 버튼 이벤트 처리를 활용해서 간단한 덧셈 프로그램을 제작하겠다.

[File]−[New]−[New Project]를 클릭하여 프로젝트 BasicSum을 만든다.

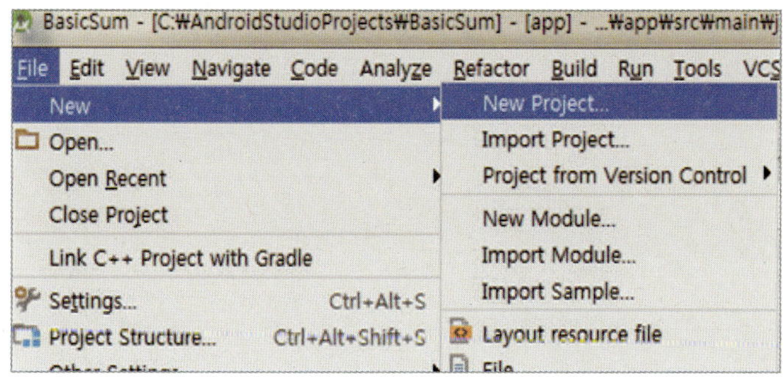

화면 구성을 위해 activity_main.xml 파일을 다음과 같이 설계한다.

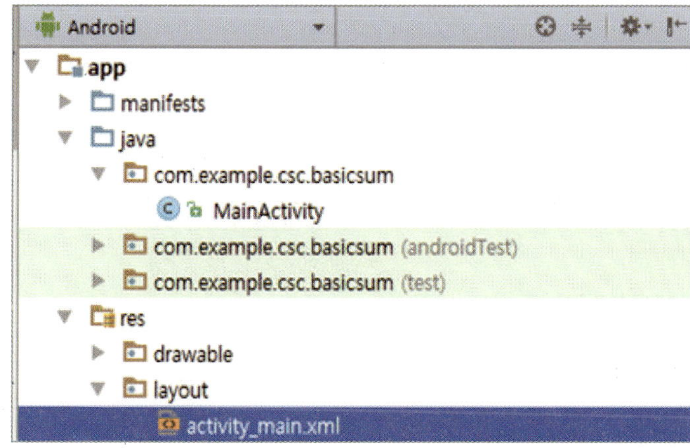

LinearLayout 안에 orientation 속성에 속성값으로 vertical을 넣어 4개의 LinearLayout을 내부에 배치하였다. 4개의 내부 LinearLayout은 각각 2개의 뷰들을 가지고 있으며, orientation 속성에 속성값으로 horizontal을 사용하여 수평으로 배치하였다.

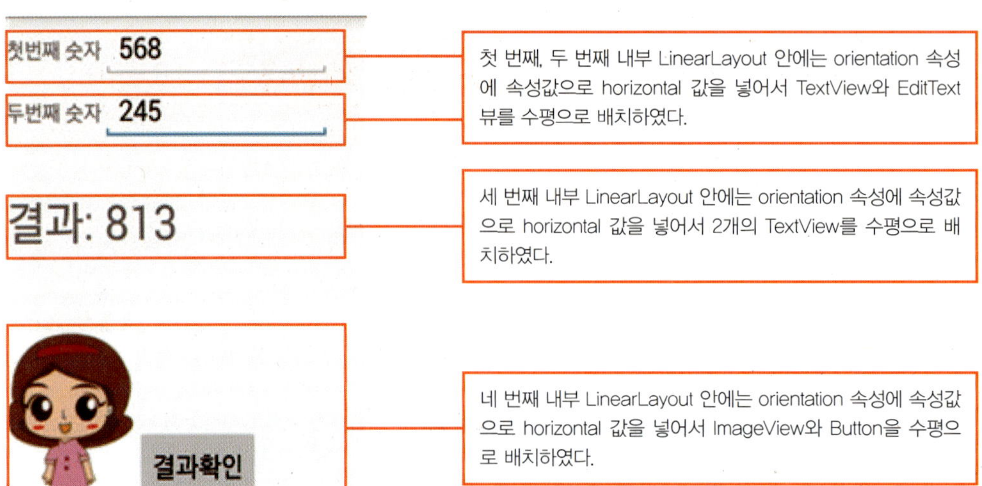

첫번째 숫자 **568**

두번째 숫자 **245**

결과: 813

첫 번째, 두 번째 내부 LinearLayout 안에는 orientation 속성에 속성값으로 horizontal 값을 넣어서 TextView와 EditText 뷰를 수평으로 배치하였다.

세 번째 내부 LinearLayout 안에는 orientation 속성에 속성값으로 horizontal 값을 넣어서 2개의 TextView를 수평으로 배치하였다.

네 번째 내부 LinearLayout 안에는 orientation 속성에 속성값으로 horizontal 값을 넣어서 ImageView와 Button을 수평으로 배치하였다.

활 activity_main.xml

```xml
<?xml version="1.0" encoding="utf-8"?>
<LinearLayout xmlns:android=
    "http://schemas.android.com/apk/res/android"
    xmlns:tools="http://schemas.android.com/tools"
    android:layout_width="match_parent"
    android:layout_height="match_parent"
    android:orientation="vertical"
    tools:context="com.example.csc.basicsum.MainActivity">
<LinearLayout
        android:layout_width="match_parent"
        android:layout_height="wrap_content"
        android:orientation="horizontal">

        <TextView
            android:layout_width="wrap_content"
            android:layout_height="wrap_content"
            android:hint="첫번째 숫자" />
        <EditText
            android:id="@+id/e1"
            android:layout_width="wrap_content"
            android:layout_height="wrap_content"
            android:hint="여기에 입력하세요." />
    </LinearLayout>
```

```xml
<LinearLayout
        android:layout_width="match_parent"
        android:layout_height="wrap_content"
        android:orientation="horizontal">

        <TextView
            android:layout_width="wrap_content"
            android:layout_height="wrap_content"
            android:hint="두번째 숫자" />
        <EditText
            android:id="@+id/e2"
            android:layout_width="wrap_content"
            android:layout_height="wrap_content"
            android:hint="여기에 입력하세요." />

    </LinearLayout>
<LinearLayout
        android:layout_width="match_parent"
        android:layout_height="wrap_content"
        android:orientation="horizontal">
        <TextView
            android:layout_width="wrap_content"
            android:layout_height="wrap_content"
            android:layout_marginTop="30dp"
            android:text="결과: "
            android:textSize="30dp" />
        <TextView
            android:id="@+id/t1"
            android:layout_width="wrap_content"
            android:layout_height="wrap_content"
            android:layout_marginTop="30dp"
            android:text="0"
            android:textSize="30dp" />
    </LinearLayout>
<!--여자이미지와 정답-->
    <LinearLayout
        android:layout_width="match_parent"
        android:layout_height="wrap_content"
        android:orientation="horizontal">

        <ImageView
            android:layout_width="wrap_content"
            android:layout_height="wrap_content"
            android:layout_marginTop="50dp"
```

```xml
            android:src="@drawable/girl" />
        <Button
            android:id="@+id/b1"
            android:layout_width="wrap_content"
            android:layout_height="wrap_content"
            android:layout_gravity="center"
            android:layout_marginTop="50dp"
            android:text="결과확인" />
    </LinearLayout>
</LinearLayout>
```



```java
public class MainActivity extends Activity {

    EditText e1, e2;
    TextView t1;
    Button b1;
    String input1, input2;
    int sum;


    @Override
    protected void onCreate(Bundle savedInstanceState) {
        super.onCreate(savedInstanceState);
        setContentView(R.layout.activity_main);

        e1 = (EditText) findViewById(R.id.e1);  //첫번째 숫자 입력값
        e2 = (EditText) findViewById(R.id.e2);  //두번째 숫자 입력값
        t1 = (TextView) findViewById(R.id.t1);  //정답보여주는 곳
        b1 = (Button)   findViewById(R.id.b1);  //정답확인 버튼

        b1.setOnClickListener(new View.OnClickListener() {
            @Override
            public void onClick(View v) {
                input1 = e1.getText().toString();
                input2 = e2.getText().toString();
                sum = Integer.parseInt(input1) + Integer.parseInt(input2);
                t1.setText(Integer.toString(sum));
            }
        });

    }
}
```


e1.getText( ).toString( ), e2.getText( ).toString( )를 이용해서 EditText에 입력된 2개의 값을 가지고 온 다음에 문자열로 바꾸어 주었다. 자주 사용되므로 사용법을 익히도록 한다. Integer.parseInt는 Integer 클래스의 parseInt 메소드를 활용하여 문자를 숫자로 바꾸어 주고,

Integer.toString은 Integer 클래스의 toString 메소드를 활용하여 숫자를 문자로 바꾸어 준다. 결과값(sum)은 setText 메소드를 이용해서 텍스트뷰 t1에 나타나게 한다.

위젯(=뷰)

위젯은 화면을 구성할 때 사용되는 텍스트 뷰, 이미지 뷰, 버튼 등을 말한다. 위젯은 xml 파일 안에서 태그 형식(꺽쇠 괄호)으로 이루어져 있으며 엘리먼트라고도 한다. 태그로 이루어진 위젯은 다양한 속성을 가지고 있다. 엘리먼트는 클래스와 유사한 개념으로 속성을 가지고 있으며 자바코드에서 메소드로 값을 변경 할 수 있다. 자주 사용되는 기본 위젯은 다음과 같으며 이 외에도 많은 위젯이 있다.

위젯	하는 일	대표적인 속성
TextView	문자(텍스트)를 화면에 보여준다.	text : 화면에 보이는 문자열 설정 textColor : 문자의 색상 설정 textSize : 문자의 크기 설정
Button	터치하거나 눌렀을 때 원하는 동작을 설정	id : 자바코드에서 사용할 버튼의 아이디를 설정
EditText	사용자로부터 문자나 숫자를 입력을 받을 때 사용	hint : 어떤 내용을 입력하라는 안내문자 표시
ImageView	이미지를 화면에 표시	src : 이미지를 지정 [drawable] 폴더에 icon이라는 그림파일이 있다면 @drawable/icon 라고 지정하면 된다. 이미지 파일은 png 파일을 추천하며 파일명이 숫자로 시작하면 안된다.
ImageButton	그림으로 된 버튼을 사용할 경우	src : 이미지를 지정
RadioButton	여러 개 중 1개를 선택할 경우 사용된다. RadioGroup 태그 안에 적어야 한다.	text : 화면에 보이는 문자열 설정

② 화면전환 만들기

Activity는 기본적으로 하나의 화면을 처리한다. 따라서 다른 화면으로 이동하기 위해서는 또 다른 Activity가 필요하다. 화면을 전환하는데 필요한 개념은 intent이다.

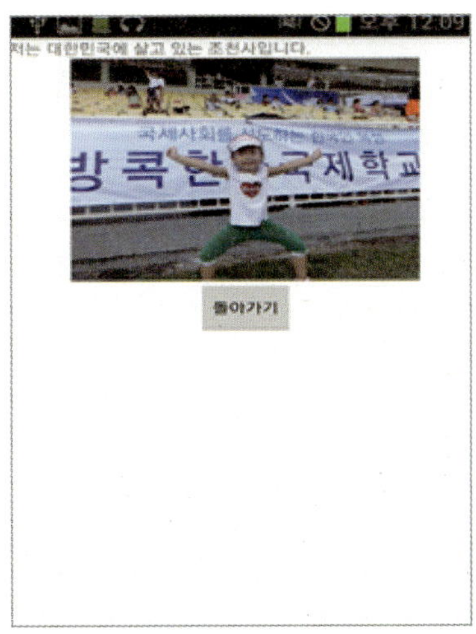

Intent( ) 사용법은 먼저 Intent 클래스 객체를 생성하고 startActivity 메소드를 활용하면 된다. Intent intent1 = new Intent(getApplicationContext( ), ShowMe.class); 문장에서 Intent 클래스의 생성자 두 번째 parameter에 이동할 액티비티 클래스명을 적는다. startActivity(intent1) 메소드를 활용하여 안드로이드 운영체제에 액티비티전환 실행을 요구한다. 본 예제에서는 b1 버튼을 터치하면 다른 화면으로 전환되도록 하였다.

```java
b1.setOnClickListener(new View.OnClickListener() {
   @Override
     public void onClick(View view) {
     Intent intent1 = new Intent(getApplicationContext(), ShowMe.class);
     startActivity(intent1);
       }
     });
```

(1) activity_main.xml 파일에 다음과 같이 입력한다.

```xml
<?xml version="1.0" encoding="utf-8"?>
<LinearLayout xmlns:android="http://schemas.android.com/apk/res/android"
   xmlns:tools="http://schemas.android.com/tools"
   android:layout_width="match_parent"
   android:layout_height="match_parent"
   android:paddingBottom="@dimen/activity_vertical_margin"
   android:paddingLeft="@dimen/activity_horizontal_margin"
   android:paddingRight="@dimen/activity_horizontal_margin"
   android:paddingTop="@dimen/activity_vertical_margin"
   android:orientation="vertical"
   tools:context="com.example.csc.intenttest00.MainActivity">

   <TextView
      android:layout_width="wrap_content"
      android:layout_height="wrap_content"
      android:text="메인 화면" />

   <Button
      style="?android:attr/buttonStyleSmall"
      android:layout_width="wrap_content"
      android:layout_height="wrap_content"
      android:text="내소개"
      android:id="@+id/button1"/>

</LinearLayout>
```

padding은 레이아웃에 속한 뷰들에게 여유공간을 줄 때 사용한다. Button 위젯의 id를 button1로 설정하였다(MainActivity.java 파일에서 사용한다).

(2) sub1.xml 파일을 추가로 만든 후, [res], [layout] 폴더에서 마우스 오른쪽을 클릭한다.

[New]−[Layout resource file]을 선택한 후, 파일 이름에 sub1라고 입력하고 [OK] 버튼을 클릭한다.

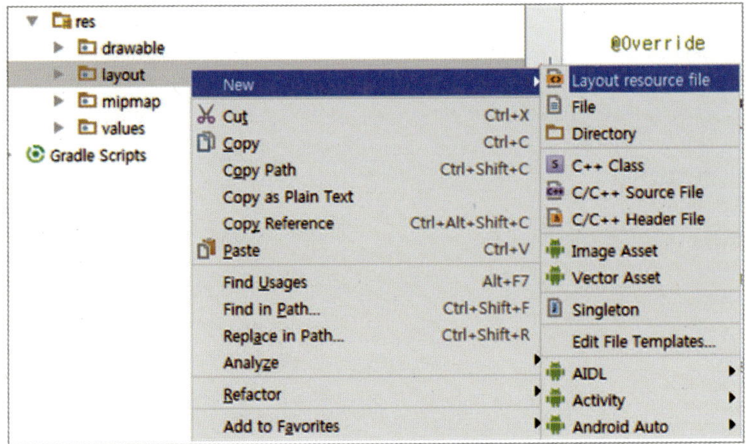

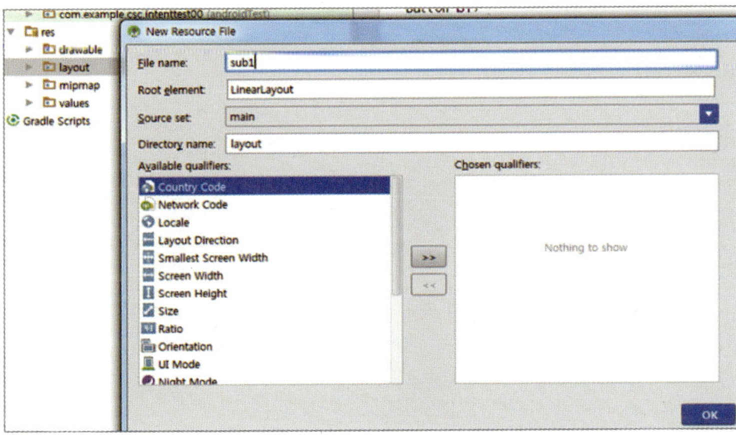

(3) sub1.xml 파일에 다음 코드를 입력한다.

```xml
<?xml version="1.0" encoding="utf-8"?>
<LinearLayout xmlns:android="http://schemas.android.com/apk/res/android"
    xmlns:tools="http://schemas.android.com/tools"
    android:layout_width="match_parent"
    android:layout_height="match_parent"
    android:orientation="vertical"
    tools:context="com.example.csc.intenttest00.MainActivity">
    <TextView
        android:layout_width="wrap_content"
        android:layout_height="wrap_content"
        android:text="저는 대한민국에 살고 있는 조천사입니다." />

    <ImageView
        android:layout_width="wrap_content"
        android:layout_height="200dp"
        android:src="@drawable/child" />

    <Button
        style="?android:attr/buttonStyleSmall"
        android:layout_width="wrap_content"
        android:layout_height="wrap_content"
        android:text="돌아가기"
        android:layout_gravity="center"
        android:id="@+id/button1"/>

</LinearLayout>
```

ImageView 위젯을 활용해서 이미지를 화면에 배치하였다. 메인화면으로 돌아갈 때 사용할 Button 위젯의 id 를 button1로 설정하였다(ShowMe.java 파일에서 사용).

(4) MainActivity.java 파일에 다음 코드를 입력한다.

```java
package com.example.csc.intenttest00;

import android.content.Intent;
import android.support.v7.app.AppCompatActivity;
import android.os.Bundle;
import android.view.View;
import android.widget.Button;

public class MainActivity extends AppCompatActivity {
    Button b1;
    @Override
    protected void onCreate(Bundle savedInstanceState) {
        super.onCreate(savedInstanceState);
        setContentView(R.layout.activity_main);
```

```java
b1 = (Button) findViewById(R.id.button1);
b1.setOnClickListener(new View.OnClickListener() {
    @Override
    public void onClick(View view) {
    Intent intent1 = new Intent(getApplicationContext(), ShowMe.class);
        startActivity(intent1);
    }
});

}
```

findViewById 메소드는 이름 그대로 id로 View(xml에 있는 버튼이나 이미지 등)를 찾는 기능을 한다. 하지만 findViewById 메소드는 뷰가 어떤 종류의 뷰인지 모르기 때문에 앞에 뷰의 형태를 명시해 주어야 한다. 예를 들어 그 뷰가 Button이라면 findViewById 메소드 앞에 (Button)을 반드시 적어 주어야 한다.

Intent 클래스를 import 하려면 [Alt] + [Enter] 키를 누른다.

(5) ShowMe.java 파일을 추가로 만든다. [Java] 폴더에서 마우스 오른쪽을 클릭한다.

[New] 탭에서 [Java Class]를 선택한 후 이름은 ShowMe라고 입력하고 [OK] 버튼을 클릭한다.

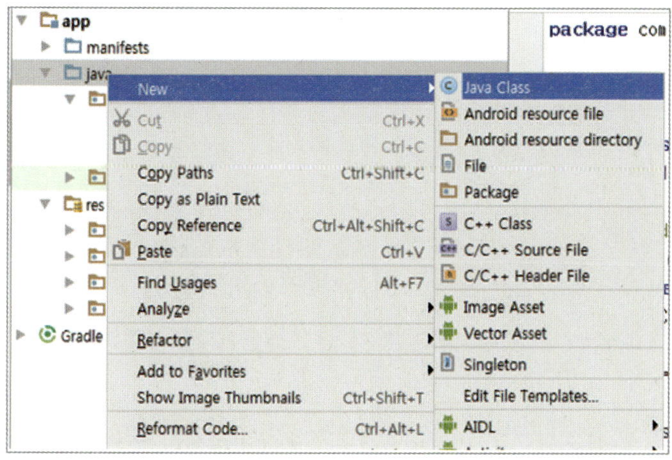

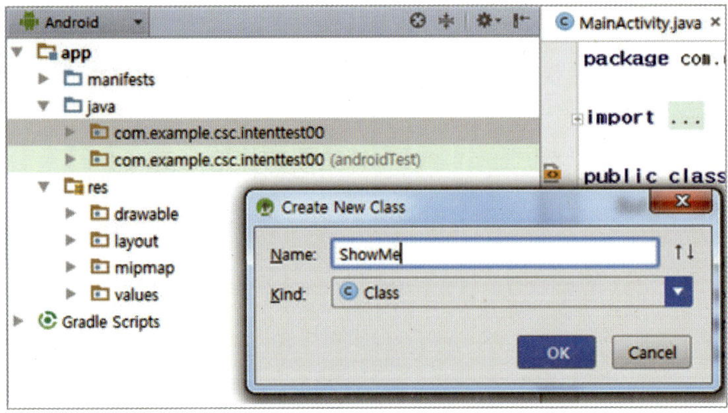

(6) ShowMe.java 파일에 다음 코드를 입력한다.

```java
package com.example.csc.intenttest00;
import android.os.Bundle;
import android.support.v7.app.AppCompatActivity;
import android.view.View;
import android.widget.Button;
public class ShowMe extends AppCompatActivity {

    Button b1;
    protected void onCreate(Bundle savedInstanceState) {
    super.onCreate(savedInstanceState);
    setContentView(R.layout.sub1);

    b1 = (Button) findViewById(R.id.button1);
    b1.setOnClickListener(new View.OnClickListener() {

    @Override
    public void onClick(View view) {
    finish();  //현재 실행중인 Activity를 종료한다.
    }
    });

    } //end of onCreate

}
```

만약에 다음처럼 finish( )를 사용하지 않고 Intent를 사용해서 MainActivity로 화면을 전환하면 어떻게 될까?

```java
b1.setOnClickListener(new View.OnClickListener() {
    @Override
    public void onClick(View view) {
    Intent intent1 = new Intent(getApplicationContext(), MainActivity.class);
      startActivity(intent1);
    }
});
```

처음에 MainActivity에서 인텐트에 의해 ShowMe로 화면전환이 이루어질 때 MainActivity는 스택에 저장 되어 있고 그 위에 ShowMe가 있는 것이다. finish( )에 의해서 ShowMe 액티비티가 스택에서 사라지고, 스택에 있던 MainActivity가 다시 화면에 제시가 된다.

ShowMe에서 인텐트를 사용하여 MainActivity로 화면을 전환할 수도 있지만 스택에 계속해서 액티비티들이 쌓이기 때문에 바람직하지 않다. 즉, 기존의 MainActivity로 돌아가는 것이 아니라 새로운 MainActivity를 생성하게 된다.

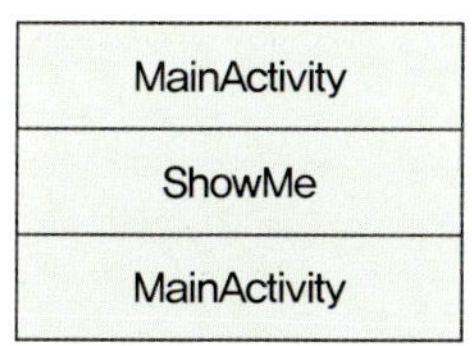

ShowMe에서 인텐트를 사용해서 MainActivity로 이동할 경우 스택에 쌓인 모습

(7) Manifest 파일에 새로운 액티비티 정보 입력하기

새로운 액티비티를 만든 경우 안드로이드 운영체제가 알 수 있도록 반드시 Manifest(매너페스트) 파일에 선언해야 한다. xml 파일로 이루어진 Manifests 파일의 파일명은 AndroidManifest.xml이고 [app]−[manifests] 폴더 안에 들어 있다. name 속성에 새로 만든 클래스 이름(액티비티)의 이름을 적는다.

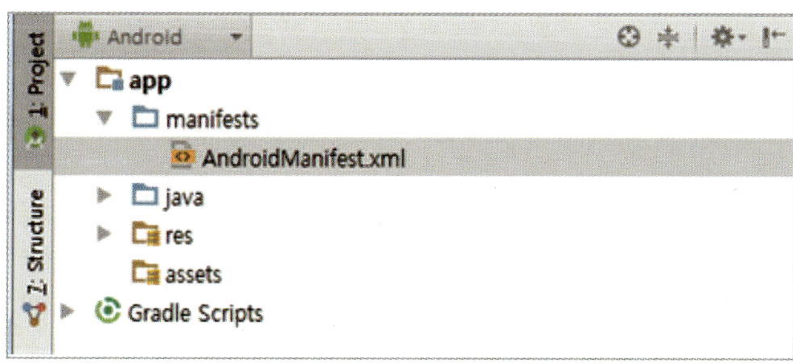

```xml
<?xml version="1.0" encoding="utf-8"?>
<manifest xmlns:android="http://schemas.android.com/apk/res/android"
    package="com.example.csc.intenttest00">

    <application
        android:allowBackup="true"
        android:icon="@mipmap/ic_launcher"
        android:label="IntentTest00"
        android:supportsRtl="true"
        android:theme="@style/AppTheme">
        <activity android:name=".MainActivity">
            <intent-filter>
                <action android:name="android.intent.action.MAIN" />

                <category android:name="android.intent.category.LAUNCHER" />
            </intent-filter>
        </activity>

        <activity android:name=".ShowMe">
        </activity>

    </application>
</manifest>
```

3 화면 방향 설정하기

제작 내용에 따라 휴대폰 단말기를 가로 또는 세로로 고정하여 사용해야 하는 경우가 있다.
[manifests] 디렉토리에 있는 androidManifest.xml 파일에서 screenOrientaion 속성을 사용
하여 화면 방향을 설정할 수 있다. Activity 클래스 파일은 하나의 화면을 구성한다. 예를 들어
3개의 화면을 구성하려면 3개의 Activity 클래스가 필요하다. 각각의 화면 방향을 설정하려면
androidManifest.xml 파일에 있는 각각의 Activity 안에서 방향을 설정해주면 된다.

(1) ScreenOrientation 속성값

Activity 영역 안에서 screenOrientation 속성에 속성값을 넣으면 된다.

속성값	기능
portrait	화면 방향을 세로로 설정한다.
landscape	"풍경"이라는 의미처럼 화면 방향을 가로로 설정한다.

❶ [manifests] 디렉토리에 있는 AndroidManifest.xml 파일을 클릭한다.

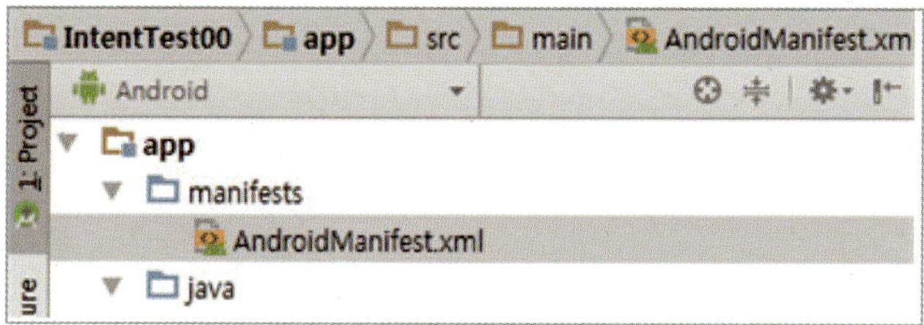

❷ activity 영역 안에 속성 screenOrientation에 속성값 "landscape"를 넣는다.

```xml
<?xml version="1.0" encoding="utf-8"?>
<manifest xmlns:android="http://schemas.android.com/apk/res/android"
    package="com.example.csc.intenttest00">

    <application
        android:allowBackup="true"
        android:icon="@mipmap/ic_launcher"
        android:label="IntentTest00"
        android:supportsRtl="true"
        android:theme="@style/AppTheme">
        <activity android:name=".MainActivity"
            android:screenOrientation="landscape">
            <intent-filter>
                <action android:name="android.intent.action.MAIN" />

                <category android:name="android.intent.category.LAUNCHER" />
            </intent-filter>
        </activity>

        <activity android:name=".ShowMe"
            android:screenOrientation="landscape">
        </activity>

    </application>
</manifest>
```

≫ 실행 결과

MainActivity	ShowMe

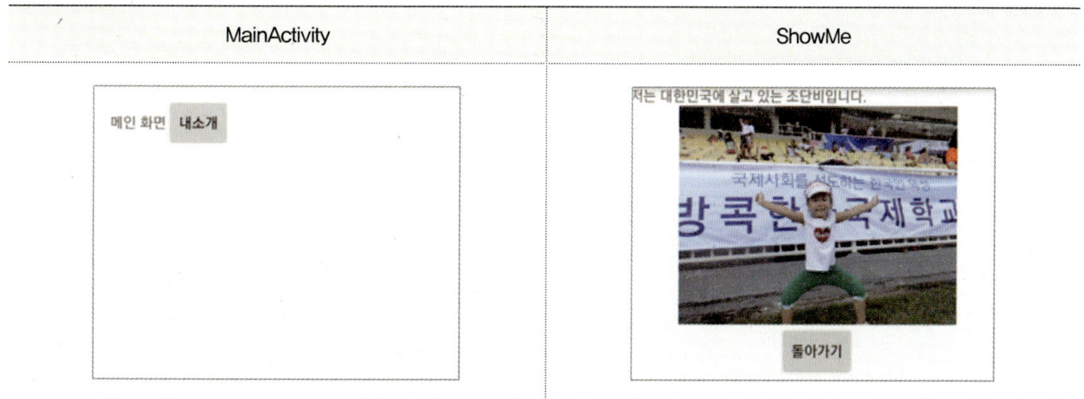

1. xml에서 버튼을 정의하고 자바코드에서 버튼을 처리하는 방법
 ① xml 코드 입력하기

```
<Button
     android:id="@+id/b1"
     android:text="버튼" />
```

 ② 자바코드 입력하기

```
Button button1; //버튼 변수 선언
button1 = (Button) findViewById(R.id.b1); //xml에서 정의한 버튼을 button1
                                          //변수에 대입하기(연결하기)
button1.setOnClickListener( new View.OnClickListener(){   //버튼 클릭시
        public void onClick(View v){   //처리하는 무명클래스
버튼 클릭시 처리할 내용
}
});
```

2. 사용자가 EditText로 입력한 값을 문자로 가지고 오는 방법
 ① xml 코드 입력하기

```
<EditText
android:id="@+id/e1" />
```

 ② 자바코드 입력하기

```
String input1;
EditText e1;
//xml에서 정의한 버튼을 e1을 EditText변수 e1에 대입하기
e1 = (Button) findViewById(R.id.b1);
input1 = e1.getText().toString();
```

3. e1.getText( ).toString( ) : 먼저 호출된 왼쪽 메소드의 반환 객체타입이 다음 메소드를 호출할 수 있는 객체타입과 같을 경우에는 메소드를 이어서 사용할 수 있다.

4. Activity를 통해 사용자와 상호작용을 할 수 있으며, setContetViw메소드를 이용해서 UI(User Interface)를 화면에 나타낸다.

1 도형, 텍스트 표시하기 | 프로젝트 ViewClass00 |

지금까지 우리는 Activity 클래스를 상속받고 setContentView 메소드를 사용하여 버튼, 이미지 뷰, 텍스브 뷰들이 들어 있는 xml 파일을 화면에 나타내는 예들을 살펴보았다. 하지만 View 클래스를 상속 받으면 텍스트, 이미지, 도형(점, 선, 사각형, 원 등)을 원하는 위치에 쉽게 표시할 수 있다. setContentView 메소드를 이용해서 xml 파일이 아닌 View 클래스를 상속받은 나만의 클래스를 화면으로 설정하면 된다. 물론 xml 파일을 이용해서 만든 뷰들과 내가 만든 View 클래스를 같이 화면에 표시할 수 있다. 본 예제에서는 Activity 클래스 안에 View 클래스를 상속받는 내부 클래스를 만들어서 화면을 표시하는 방법을 살펴보겠다.

(1) View 클래스를 상속 받는 내부 클래스 만들기

새로운 이플리게이션 이름을 ViewClass00으로 제작하였다.

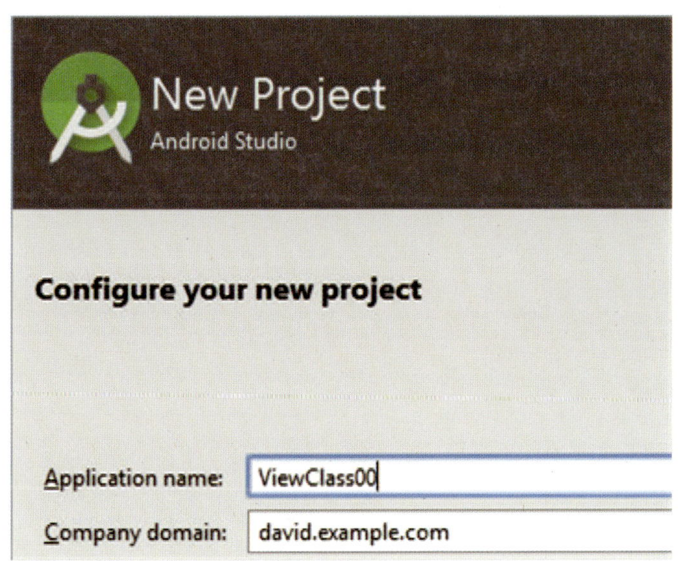

Tip

Company domain 이름과 Application name이 합쳐져서 package 이름이 구성된다. 이를 통해 앱 이름이 Play 스토어에서 중복되는 것을 방지할 수 있다.

```java
package com.example.david.viewclass00;

import android.content.Context;
import android.graphics.Canvas;
import android.graphics.Color;
import android.graphics.Paint;
import android.support.v7.app.AppCompatActivity;
import android.os.Bundle;
import android.view.View;

public class MainActivity extends AppCompatActivity {
    Paint p1 = new Paint();

    @Override
    protected void onCreate(Bundle savedInstanceState) {
        super.onCreate(savedInstanceState);
        MyView myView = new MyView(this);
        setContentView(myView);
    }

    public class MyView extends View {

        public MyView(Context context) {
            super(context);
            p1.setColor(Color.RED);
            p1.setTextSize(40);
        }
        public void onDraw(Canvas canvas) {
            canvas.drawCircle(100, 100, 100, p1);
            canvas.drawRect(0, 300, 300, 400, p1);
            canvas.drawText("View 클래스 상속받고 onDraw 활용하기", 0, 500, p1);
        }
    }
}
```

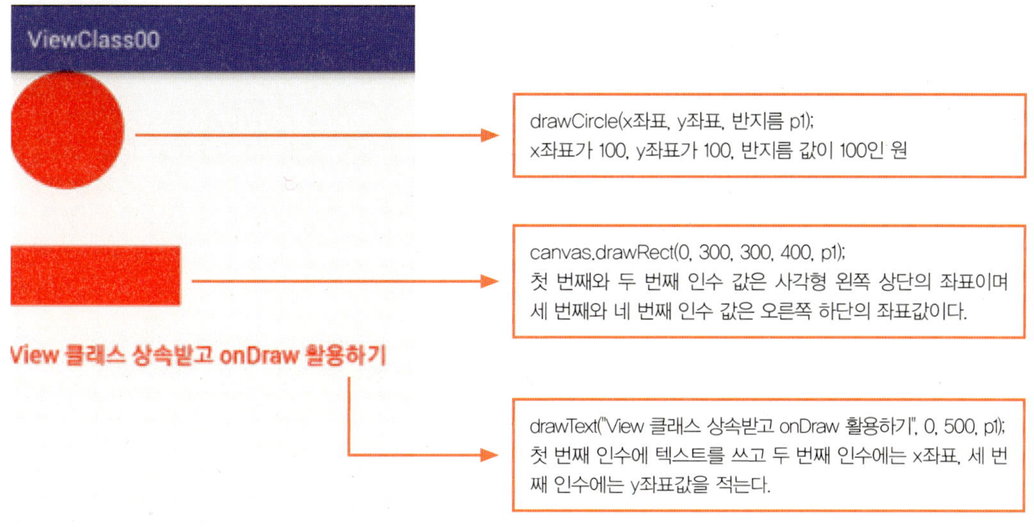

drawCircle(x좌표, y좌표, 반지름 p1);
x좌표가 100, y좌표가 100, 반지름 값이 100인 원

canvas.drawRect(0, 300, 300, 400, p1);
첫 번째와 두 번째 인수 값은 사각형 왼쪽 상단의 좌표이며
세 번째와 네 번째 인수 값은 오른쪽 하단의 좌표값이다.

drawText("View 클래스 상속받고 onDraw 활용하기", 0, 500, p1);
첫 번째 인수에 텍스트를 쓰고 두 번째 인수에는 x좌표, 세 번
째 인수에는 y좌표값을 적는다.

Tip 

Canvas 클래스는 텍스트 표시하기(drawText), 원 그리기(drawCircle), 이미지 표시하기(drawBitmap) 등 다양한 메소드들을
가지고 있고 onDraw 메소드 안에서 사용하며 표시한다.

Tip

Paint 클래스

Paint 클래스는 색상을 설정하는 setColor, 텍스트 크기를 설정하는 setTextSize( ), 알파값을 설정하는 setAlpha 등 다양한
메소드를 가지고 있다. 우리는 Paint 클래스의 객체 p1을 생성하여 이러한 메소드를 활용하였다. canvas.drawRect(0, 300,
300, 400, p1)처럼 마지막 인수에 넣어서 도형이나 글자의 속성을 지정하여 사용한다.

2 미니 그림판 제작하기

| 프로젝트 MathGraphic |

이제는 xml 파일과 View 클래스를 함께 활용해서 화면을 구성해 보겠다. 미니 그림판을 제작할
때 xml 파일 윗 부분에는 붓의 크기 조절 및 색상 선택 버튼을 배치하고, 아래 부분은 커스텀 뷰
가 오도록 하였다. 그리기 위해 View 클래스를 상속받는 클래스(커스텀 뷰)를 내부 클래스가 아
닌 독립된 클래스로 제작하였다.

(1) 사용된 파일들

파일 Navigation	파일 설명
MainActivity.java	activity_main.xml 파일을 화면으로 설정한다. 5개의 색 설정을 위한 메소드를 가지고 있다.
MyView.java	View 클래스를 상속받아 MyView 클래스를 만들었다.
activity_main.xml	7개의 버튼과 MyView로 구성되어 있다.

(2) 화면 모습

색깔 버튼을 사용하여 그린 그림	+ 버튼을 눌러서 크기를 크게 만든 모습

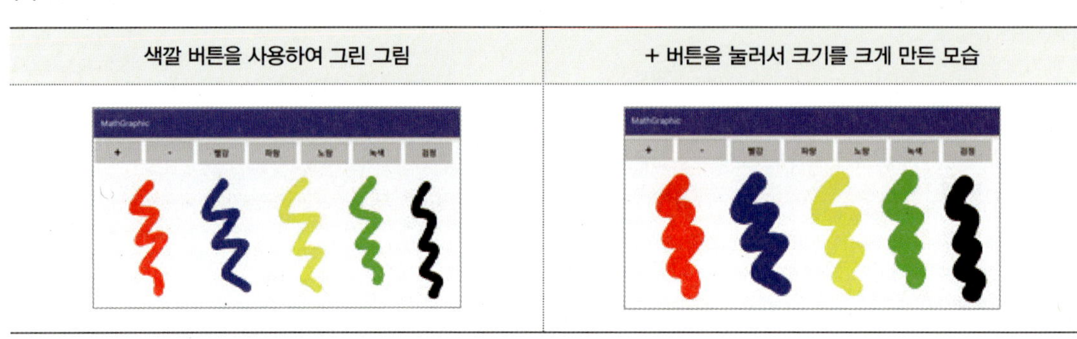

---

activity_main.xml

```xml
<?xml version="1.0" encoding="utf-8"?>
<LinearLayout xmlns:android="http://schemas.android.com/apk/res/android"

    android:layout_width="fill_parent"
    android:layout_height="fill_parent"
    android:orientation="vertical">

    <LinearLayout
        android:layout_width="wrap_content"
        android:layout_height="wrap_content"
        android:orientation="horizontal">

        <Button
            android:text="+"
            android:textSize="20dp"
            android:layout_width="wrap_content"
            android:layout_height="wrap_content"
```

> 7개의 버튼과 MyView를 수직으로 배치하였다.

```xml
        android:onClick="increaseValue"

    <Button
        android:text="-"
        android:textSize="20dp"
        android:layout_width="wrap_content"
        android:layout_height="wrap_content"
        android:onClick="decreaseValue" />
    <Button
        android:layout_width="wrap_content"
        android:layout_height="wrap_content"
        android:onClick="setRed"
        android:text="빨강" />

    <Button
        android:layout_width="wrap_content"
        android:layout_height="wrap_content"
        android:onClick="setBlue"
        android:text="파랑" />

    <Button
        android:layout_width="wrap_content"
        android:layout_height="wrap_content"
        android:onClick="setYellow"
        android:text="노랑" />

    <Button
        android:layout_width="wrap_content"
        android:layout_height="wrap_content"
        android:onClick="setGreen"
        android:text="녹색" />

    <Button
        android:layout_width="wrap_content"
        android:layout_height="wrap_content"
        android:onClick="setBlack"
        android:text="검정" />

</LinearLayout>

<com.bliss.csc.mathgraphic.MyView
        android:layout_width="fill_parent"
        android:layout_height="fill_parent" />

</LinearLayout>
```

onClick 속성을 이용해서 버튼 처리를 쉽게 할 수 있다. onClick에 넣은 값을 자바코드에서 사용한다.

View 클래스를 상속받은 MyView 클래스를 버튼 아래에 수직으로 배치하였다. 이때 패키지명을 포함한 뷰의 이름까지 적어줘야 한다.

크기 조절 버튼 2개와 색상 선택 버튼 5개를 수평으로 배치하기 위해서 LinearLayout 안에 내부 LinearLayout을 만들었다. 이러한 7개의 버튼 뷰는 orientation 속성에 속성값을 "horizontal" 로 대입하여 수평으로 배치하였다. 이러한 버튼들과 커스텀 뷰는 수직으로 배치하였다.


```java
package com.bliss.csc.mathgraphic;

import android.support.v7.app.AppCompatActivity;
import android.os.Bundle;
import android.view.View;

public class MainActivity extends AppCompatActivity {

    @Override
    protected void onCreate(Bundle savedInstanceState) {
        super.onCreate(savedInstanceState);
        setContentView(R.layout.activity_main);
    }

    public void increaseValue(View v) {
        MyView.radius += 2;
    }

    public void decreaseValue(View v) {
        MyView.radius -= 2;
    }

    public void setRed(View v) {
        MyView.whatColor = 1;
    }

    public void setBlue(View v) {
        MyView.whatColor = 2;
    }

    public void setYellow(View v) {
        MyView.whatColor = 3;
    }

    public void setGreen(View v) {
        MyView.whatColor = 4;
    }
```

```java
    public void setBlack(View v) {
        MyView.whatColor = 0;
    }


}
```

radius는 MyView 클래스에 있는 변수이다. MainActivity 클래스에서 사용하기 위해 MyView 클래스 안에서 static 변수로 선언되어 있다. static 변수를 사용하는 방법은 클래스명.변수명이다. 선의 굵기를 위해 사용된 변수 radius와 선의 색 값을 위해 사용된 변수 whatColor는 MyView 클래스에 코딩되어 있는 static 변수이다. static 변수는 객체를 생성하는 과정없이 클래스명.변수명으로 사용할 수 있다.

MyView.java

```java
package com.bliss.csc.mathgraphic;

import android.content.Context;
import android.graphics.Canvas;
import android.graphics.Color;
import android.graphics.Paint;
import android.util.AttributeSet;
import android.view.MotionEvent;
import android.view.View;

public class MyView extends View {

    Paint p1 = new Paint();
    Paint p2 = new Paint(); //빨간색
    Paint p3 = new Paint(); //파란색
    Paint p4 = new Paint(); //노란색
    Paint p5 = new Paint(); //녹색

    int myData_x[] = new int[30000];
    int myData_y[] = new int[30000];
    int myData_color[] = new int[30000];


    static int radius = 15;


    int dataNumber = 0;
    int mx, my;
    static int whatColor = 0;
```

배열을 활용하여 사용자가 터치한 곳의 x, y 좌표 및 색상을 저장한다. invalidate( )를 호출하면 onDraw 메소드가 호출되는데 이때 화면이 모두 지워지고 새로 그려진다. 따라서 이전에 터치한 정보를 저장해야 한다.

이러한 메시지가 나오면 Alt + Enter 키를 입력하여 해당 클래스를 import 해주면 된다.

```java
public MyView(Context context, AttributeSet attr) {

        super(context);
        p2.setColor(Color.BLACK);
        p2.setColor(Color.RED);
        p3.setColor(Color.BLUE);
        p4.setColor(Color.YELLOW);
        p5.setColor(Color.GREEN);

        myData_x[0] = 0;
        myData_y[0] = 0;
        myData_color[0] = 0;

}

@Override
public void onDraw(Canvas canvas) {

    //터치한 개수만큼 반복한다.
        for (int i = 1; i <= dataNumber; i++) {

            if (myData_color[i] == 0)
                canvas.drawCircle(myData_x[i], myData_y[i], radius, p1);

            if (myData_color[i] == 1)
                canvas.drawCircle(myData_x[i], myData_y[i], radius, p2);

            if (myData_color[i] == 2)
                canvas.drawCircle(myData_x[i], myData_y[i], radius, p3);

            if (myData_color[i] == 3)
                canvas.drawCircle(myData_x[i], myData_y[i], radius, p4);
```

```java
            if (myData_color[i] == 4)
                canvas.drawCircle(myData_x[i], myData_y[i], radius, p5);

        }
        invalidate();   //onDraw()메소드를 호출한다.
    }
public void saveData() {   //터치한 화면의 좌표와 색상을 저장한다.

        myData_x[dataNumber] = mx;
        myData_y[dataNumber] = my;
        myData_color[dataNumber] = whatColor;
    }


    public boolean onTouchEvent(MotionEvent event) {
        mx = (int) event.getX();
        my = (int) event.getY();


        dataNumber += 1;
        saveData();
        return true;
    }

}
```


Tip

onDraw는 View 클래스가 가지고 있는 메소드이다. MyView 클래스는 View 클래스를 상속했기 때문에 onDraw 메소드를 사용할 수 있다. 화면에 나타내고 싶은 텍스트, 이미지, 도형을 canvas 인자를 이용해서 onDraw( ) 메소드 안에 적어야 한다.

06 » 게임 속 우주선 움직이기

1 그림 파일을 넣는 방법

사용자가 버튼을 터치할 때 우주선이나 자동차를 움직이게 하는 방법을 알아보겠다. 먼저 왼쪽 버튼, 오른쪽 버튼을 만들고 이 버튼을 손으로 터치했을 때 우주선을 왼쪽 또는 오른쪽으로 움직일 수 있도록 프로그래밍 하겠다. 이제 그림파일을 넣는 방법을 살펴보겠다.

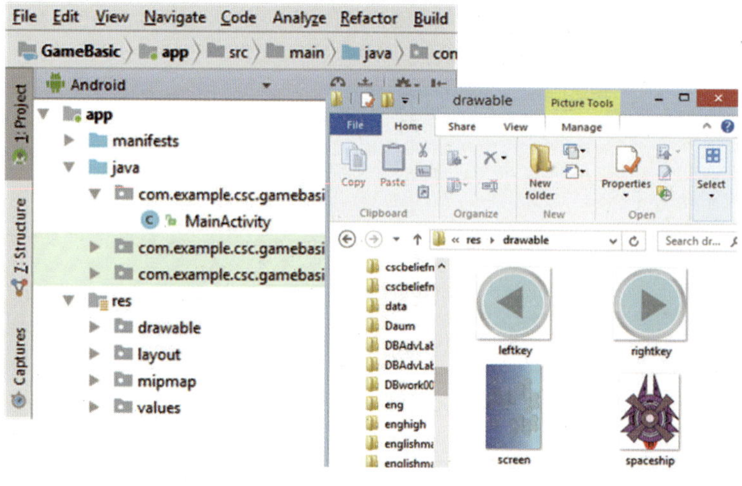

Tip

사용될 그림을 복사해서 [res]–[drawable] 폴더에 넣도록 한다. 그림파일은 png 형식이고, 그림 파일명이 숫자로 시작하지 않도록 해야 한다.

2 단말기 해상도 구하는 방법

Display 클래스의 getWidth, getHeight 메소드를 이용해서 스크린의 가로, 세로 크기를 자동으로 쉽게 얻을 수 있다. Display 객체인 display를 먼저 생성하고 getWidth( ), getHeight( ) 메소드를 활용한다. 아래 코드를 onCreate 메소드 안에 작성한다.

```
Display display = ((WindowManager) getSystemService(Context.WINDOW_SERVICE)).
  getDefaultDisplay();
        Width = display.getWidth();
        Height = display.getHeight();
```

3 그림 처리 방법

BitmapFactory 클래스의 decodeResource 메소드를 이용해서 리소스 [drawable]에 있는 이미지를 가져와서 비트맵으로 만들 수 있다. 아래 소스는 spaceship.png 그림 파일을 가지고 와서 크기를 재정의하는 방법을 보여준다. Width는 단말기 가로 크기이며, Height는 단말기 세로 크기이다. 이 값을 활용해서 해상도가 다른 기기더라도 우주선 이미지가 같은 비율로 그려질 수 있도록 할 수 있다. 우주선의 가로 크기는 해상도 가로 크기를 8로 나눈 값이며 어떤 기기에서도 일정한 비율의 크기를 유지할 수 있다. Bitmap 클래스의 createScaledBitmap 메소드를 이용해서 이미지의 크기를 재조정 할 수 있다.

■ 이미지 크기 조절에 필요한 클래스와 메소드

클래스	메소드	기능
BitmapFactory	decodeResource	리소스 [drawable]에 있는 이미지를 가져와서 비트맵으로 만든다.
Bitmap	createScaledBitmap	이미지의 크기를 재조정한다.

아래 소스는 spaceship.png 그림파일의 크기를 임의로 조절하는 소스이다. Width는 단말기 가로 크기이며 Height는 단말기 세로 크기이다. 이 값을 활용해서 단말기의 해상도가 다르더라도 우주선 이미지는 같은 비율로 화면에 표시할 수 있다.

```
Bitmap spaceship;
    spaceship = BitmapFactory.decodeResource(getResources(), R.drawable.
spaceship);
    int x = Width/8;
    int y = Height/11;
    spaceship = Bitmap.createScaledBitmap(spaceship, x, y, true);
```

4 onCreate 메소드

Activity 실행시 시스템에 의해 최초로 실행되는 메소드이다. 자바나 C언어에서 main 함수와 유사하다. 최초에 한 번 실행되기 때문에 초기값 설정, 객체 생성 등을 처리하는데 쓰인다. onCreate 메소드의 매개변수인 savedInstanceState는 어플리케이션이 이전에 실행되었던 정보를 가지고 있다.

```java
protected void onCreate(Bundle savedInstanceState) {
        super.onCreate(savedInstanceState);
                          .
                          .
}
```

5 View 클래스를 상속받아 커스텀 뷰 생성하기

View 클래스를 상속 받아서 MyView 클래스를 만들었다. View 클래스는 사용자와 상호작용
을 하기 위해서 필요한 클래스이며 onDraw( ) 메소드를 가지고 있다. onDraw( ) 메소드 안에
drawBitmap 메소드 등을 활용해서 그림이나 문자를 그려야 한다. View 클래스는 여러 개의 콜
백 메소드(callback method)를 가지고 있다. 여기서 사용할 메소드는 사용자가 화면을 터치하면
자동으로 실행되는 onTouchEvent 콜백 메소드이다.

```java
class MyView extends View {
    MyView(Context context) {
        super(context);        //상위클래스의 생성자를 호출해야 한다.
        ...
    }
    @Override
    public void onDraw(Canvas canvas) {
        ...     //이곳에 화면에 나타낼 그림이나 문자를 처리한다.
    }
    public boolean onTouchEvent(MotionEvent event) {
        ...     //화면을 터치했을 경우 처리하는 부분
    }
}
```

6 Canvas 클래스

Canvas 클래스에 있는 drawBitmap( ) 메소드와 drawText( ) 메소드를 활용하기 위해서 먼저
Canvas 객체를 하나 생성해야 한다. 여기서는 객체명을 canvas로 하여 Canvas 클래스의 객체
를 생성하였다. 클래스의 메소드를 사용하는 방법은 객체명.메소드( )이다. 즉, canvas.draw-
Bitmap( ), canvas.drawText( ) 형식으로 onDraw( ) 메소드 안에 넣어 처리하면 된다.

```java
public void onDraw(Canvas canvas) {
        Paint p1 = new Paint();
        p1.setColor(Color.RED);
        p1.setTextSize(50);

        canvas.drawText("hello", 0, 200, p1);
        canvas.drawBitmap(spaceship, spaceship_x, spaceship_y, p1);
        canvas.drawBitmap(leftKey, leftKey_x, leftKey_y, p1);
        canvas.drawBitmap(rightKey, rightKey_x, rightKey_y, p1);

    }
```

7 Paint 클래스

Paint 클래스를 활용하면 이미지와 글자를 표현할 때 색상, 선의 스타일, 글자 크기 등 다양한 효과를 줄 수 있다. 사용방법은 먼저 Paint 클래스의 객체를 생성하고 그 객체를 drawText, drawBitmap 등 메소드의 마지막 매개변수에 넣으면 된다.

```java
public void onDraw(Canvas canvas) {
        Paint p1 = new Paint();
        p1.setColor(Color.RED);
        p1.setTextSize(50);

        canvas.drawText("hello", 0, 200, p1);
        canvas.drawBitmap(spaceship, spaceship_x, spaceship_y, p1);
    }
```

8 drawBitmap, drawText

Canvas 클래스의 메소드이며 다른 클래스의 메소드를 사용하기 위해서는 그 클래스의 객체를 생성하고 **객체명.메소드** 형식으로 사용하면된다. drawBitmap 메소드를 이용하여 이미지를 화면에 표시하고 drawText 메소드를 이용해서 문자를 화면에 표시한다.

```java
drawBitmap(Bitmap, x 좌표, y 좌표, paint);
drawText(텍스트, x 좌표, y 좌표, paint);
```

drawText에 숫자를 표현하기 위해서는 숫자를 문자로 바꾸거나 " "를 붙여 주면 된다.

```
drawText( Integet.toString(숫자), x, y, paint);
drawText( 숫자 + "", x, y, paint);
```

9 onTouchEvent

onTouchEvent는 View 클래스가 가지고 있는 콜백 메소드이며 사용자가 화면을 터치하게 되면 event 객체를 통해 여러 정보를 전해준다. event 객체와 getAction 메소드를 통해 사용자가 화면을 터치한 좌표값을 얻을 수 있다.

Tip

· ACTION_DOWN : 사용자가 누르면 발생
· ACTION_UP : 누르고 있다가 손을 뗄 때 발생
· ACTION_MOVE : 움직이고 있으면 발생

```java
public boolean onTouchEvent(MotionEvent event) {
    int x=0,y=0;        // x, y : 사용자가 터치한 x 좌표 및 y 좌표
        if (event.getAction() == MotionEvent.ACTION_DOWN
          || event.getAction() == MotionEvent.ACTION_MOVE){
                //화면을 터치하거나 터치해서 움직이면 작동하게 된다.
                x = (int) event.getX();        //터치한 x 좌표값을 x변수에 저장
                y = (int) event.getY();
         }

        if((x>leftKey_x) && (x<leftKey_x+button_width)  && (y>leftKey_y)
        && (x<leftKey_y+button_width))     //왼쪽 조작키를 터치하면
        spaceship_x-=20;     //우주선을 왼쪽으로 20만큼 이동한다.
        return true;
     }
```

gamebasic.java

```java
public class MainActivity extends AppCompatActivity {
    Bitmap spaceship;                //필드선언
    ....
    protected void onCreate(Bundle savedInstanceState) {
    ...   //애플리케이션 실행시 자동으로 한번 실행되는 영역
```

```java
    }

    class MyView extends View {        //View클래스를 상속하여 사용자 뷰 클래스 만들기

        public void onDraw(Canvas canvas) {
            // drawBitmap과 drawText 등을 사용하여 이미지와 문자를 표현하는 영역
        }

        Handler gHandler = new Handler(){
            public void handleMessage(Message msg){
                invalidate();    //onDraw 메소드를 호출한다.
                gHandler.sendEmptyMessageDelayed(0,1000);
            }
        };
        public boolean onTouchEvent(MotionEvent event) {
            //터치할 경우 처리하는 영역
        }
    }    //end of MyView
} //end of MainActivity
```


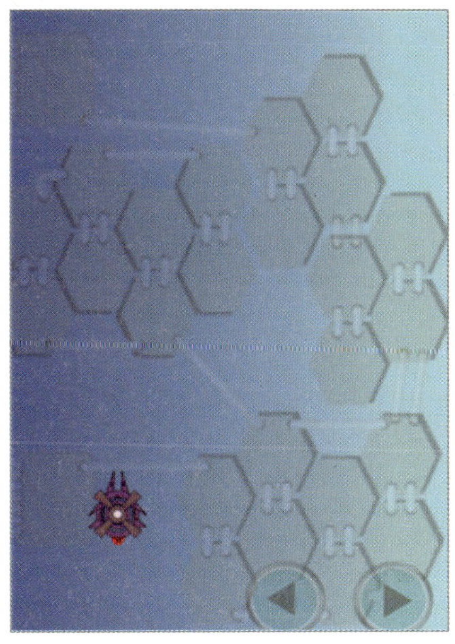

현재는 키보드를 조작해서 우주선만 움직일 수 있다.

```java
package com.example.csc.gamebasic;

import android.content.Context;
import android.graphics.Bitmap;
import android.graphics.BitmapFactory;
import android.graphics.Canvas;
import android.graphics.Color;
import android.graphics.Paint;
import android.os.Handler;
import android.os.Message;
import android.support.v7.app.AppCompatActivity;
import android.os.Bundle;
import android.view.Display;
import android.view.MotionEvent;
import android.view.View;
import android.view.WindowManager;


import java.util.ArrayList;


public class MainActivity extends AppCompatActivity {
    Bitmap spaceship;   //우주선 이미지
    int spaceship_x, spaceship_y; //우주선의 위치
    Bitmap leftKey, rightKey; //왼쪽 키 버튼, 오른쪽 키 버튼 이미지
    int leftKey_x, leftKey_y; //왼쪽 키 위치
    int rightKey_x, rightKey_y; //오른쪽 키 위치
    int Width, Height; //사용자 기기 해상도
    int button_width; //왼쪽 키 버튼 의 크기
    Bitmap screen; //배경 이미지

    @Override
    protected void onCreate(Bundle savedInstanceState) {
        super.onCreate(savedInstanceState);

// 이때 this는 현재 activity를 의미한다.
        setContentView(new MyView(this));

    /*  setContentView(new MyView(this)); 대신에
MyView m = new MyView(this);  setContentView(m);  이런 방법으로 해도 된다  */


        Display display = ((WindowManager) getSystemService(Context
                    .WINDOW_SERVICE)).getDefaultDisplay();
```

```java
// 사용 중인 기기의 가로 크기를 구하여 Width 필드에 대입
        Width = display.getWidth();
// 사용 중인 기기의 세로 크기를 구하여 Height 필드에 대입

        Height = display.getHeight();
        spaceship = BitmapFactory.decodeResource(getResources(),
                    R.drawable.spaceship);
        int x = Width/8;
        int y = Height/11;
        spaceship = Bitmap.createScaledBitmap(spaceship, x, y, true);

        spaceship_x = Width*1/9;
        spaceship_y = Height*6/9;

        leftKey = BitmapFactory.decodeResource(getResources(),
                    R.drawable.leftkey);
        leftKey_x = Width*5/9;
        leftKey_y = Height*7/9;
        button_width = Width/6;

        leftKey = Bitmap.createScaledBitmap(leftKey, button_width, button_width, true);

        rightKey = BitmapFactory.decodeResource(getResources(), R.drawable.rightkey);
        rightKey_x = Width*7/9;
        rightKey_y = Height*7/9;

        rightKey = Bitmap.createScaledBitmap(rightKey, button_width, button_
width, true);

        screen = BitmapFactory.decodeResource(getResources(), R.drawable.screen);
        screen = Bitmap.createScaledBitmap(screen, Width,  Height, true);
    }

    class MyView extends View {
        MyView(Context context) {

            super(context);     //상위 클래스의 생성자를 호출해야 한다.
            setBackgroundColor(Color.BLUE);

        }

        @Override
        public void onDraw(Canvas canvas) {
```

```java
        Paint p1 = new Paint();
        p1.setColor(Color.RED);
        p1.setTextSize(50);
        canvas.drawBitmap(screen, 0, 0, p1);      //게임 배경

        canvas.drawBitmap(spaceship, spaceship_x, spaceship_y, p1);
        canvas.drawBitmap(leftKey, leftKey_x, leftKey_y, p1);
        canvas.drawBitmap(rightKey, rightKey_x, rightKey_y, p1);
        count++;
    }


    @Override
    public boolean onTouchEvent(MotionEvent event) {
        int x=0,y=0;

        if (event.getAction() == MotionEvent.ACTION_DOWN
          || event.getAction() == MotionEvent.ACTION_MOVE){
            x = (int) event.getX();
            y = (int) event.getY();
        }

//왼쪽 키 버튼을 터치할 경우
        if((x>leftKey_x) && (x<leftKey_x+button_width)
          && (y>leftKey_y) && (x<leftKey_y+button_width))
            spaceship_x-=20;

//오른쪽 키 버튼을 터치할 경우
        if((x>rightKey_x) && (x<rightKey_x+button_width)
          && (y>rightKey_y) && (x<rightKey_y+button_width))
            spaceship_x+=20;

        invalidate();
        return true;   //true값을 반환하면 제대로 처리되었다는 의미이다.
    }
}


}
```

1 MyMissile(미사일) 클래스와 Planet(행성) 클래스 만들기 | 프로젝트 gamebasic |

이전 프로그램은 버튼을 터치할 경우만 invalidate를 통해서 화면이 새로 그려진다는 단점이 있다. 경우에 따라서는 우주선에서 미사일을 발사했을 경우 버튼 터치와는 관계없이 미사일은 계속 움직여야 할 필요가 있다. 이 문제를 해결하는 방법은 Thread의 일종인 Handler를 사용하는 것이다. Handler를 활용해서 특정한 부분을 일정한 간격으로 반복해서 호출할 수 있다. Handler를 무명 클래스로 구성하여 그 안에 invalidate를 넣어 onDraw 메소드가 실행되도록 하면 된다. Handler는 처음 View를 상속한 클래스의 생성자에서 한 번만 실행하도록 해두면 자동으로 계속 실행이 된다.

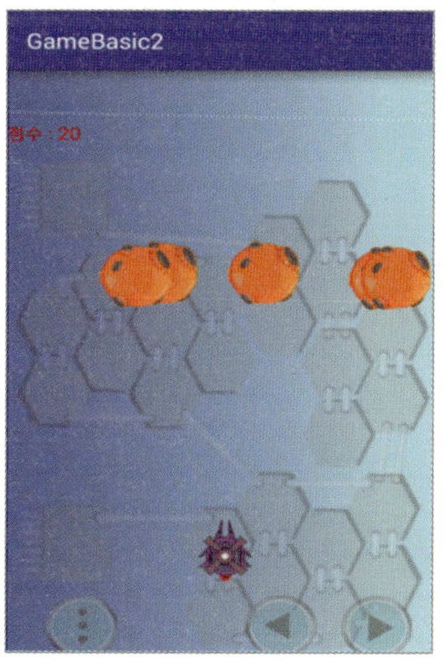

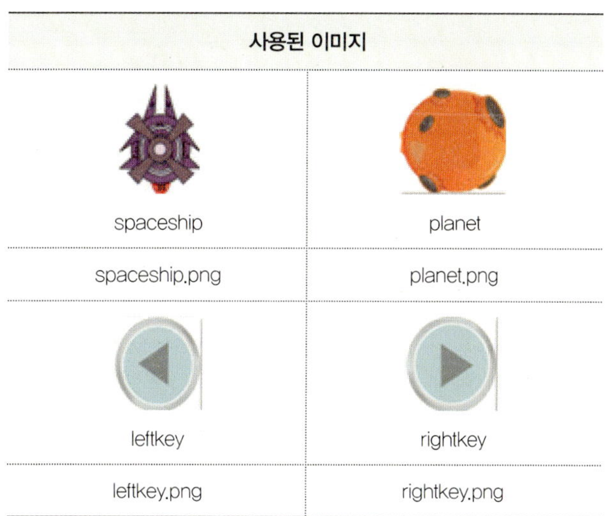

미사일과 행성의 정보를 담은 클래스 파일을 각각 만든다. [java] 폴더에서 마우스 오른쪽 버튼을 클릭하고 [New]-[Java Class]를 선택한다.

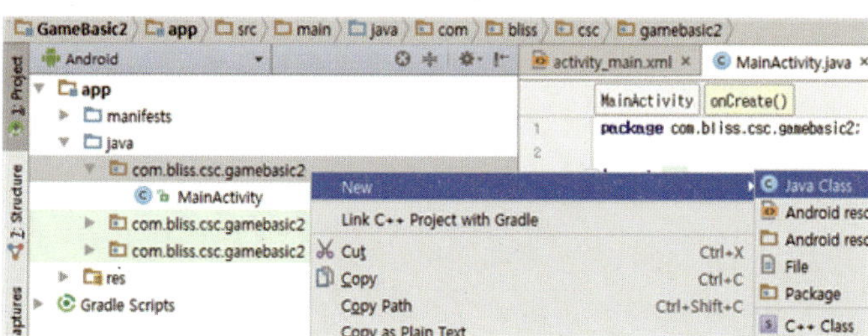

[Create New Class] 창 안에 파일명을 입력한 후 MyMissile.java를 만든다. 같은 방법으로
Planet.java 파일도 만들면 된다.

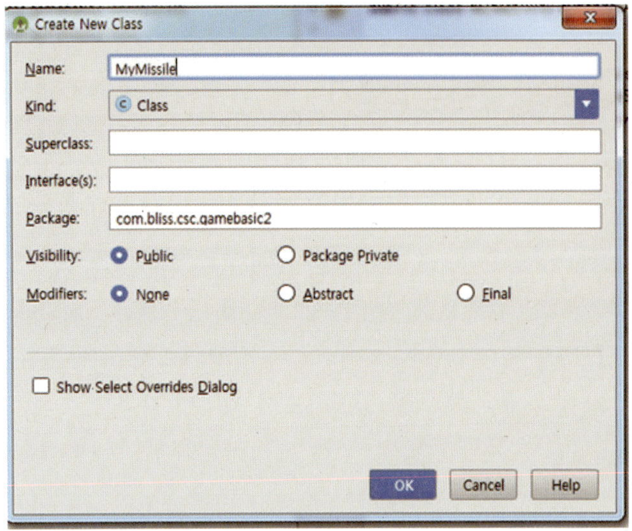

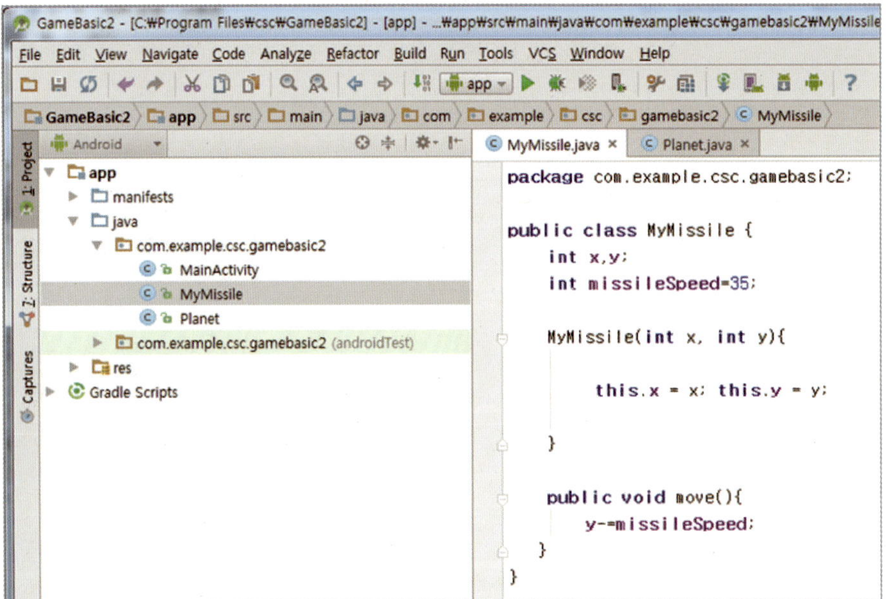

❶ 왼쪽 창에서 MyMissile 클래스 파일을 클릭하고 오른쪽 편집창에 소스를 입력하면 된다.

❷ MyMissile 클래스 앞에 public을 사용했다(하나의 파일에 여러 개의 클래스가 있을 수 있으며
   이런 경우에는 public이 붙은 클래스명이 파일명과 일치해야 한다).

❸ MyMissile 클래스 필드 영역에서는 미사일의 위치를 나타낼 x, y 변수와 미사일 속도를 위한
   missileSpeed 변수를 만들었다.

❹ move 메소드에서는 미사일의 속도 값에 따라서 미사일이 움직이도록 하였다. missileSpeed
   값이 클수록 미사일은 화면 위쪽으로 빨리 날아가게 된다.

❺ 클래스 이름은 대문자로 시작하고, 메소드 이름은 소문자로 시작하는 것이 이 후 프로그램을 작성하거나 수정할 때 편하다.

❻ this.x와 this.y에 사용된 x, y는 생성자 Missile에서 사용된 매개변수 x, y와 다른 변수이다. 매개변수 x, y로 받은 값은 필드 x, y 값에 넣기 위해 this를 사용하였다. 즉, this는 현 클래스에서 사용하고 있는 필드 x, y를 의미한다.

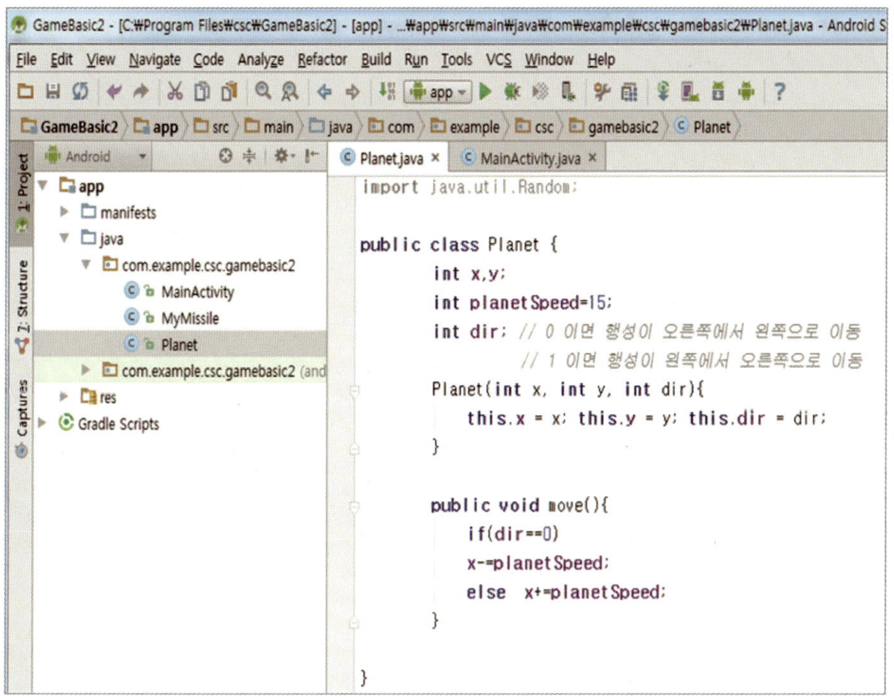

❶ 왼쪽 창에서 Planet 클래스 파일을 클릭하고 오른쪽 창에서 소스를 입력하면 된다.

❷ Planet 클래스 필드 영역에서는 행성들의 위치를 나타낼 x, y변수와 행성의 속도를 위한 planetSpeed 변수를 만들었다. dir 변수는 값이 0이면 행성이 오른쪽에서 왼쪽으로 이동하고 값이 1이면 행성이 왼쪽에서 오른쪽으로 이동하도록 하였다.

❸ move 메소드에서는 행성 속도(planetSpeed)에 따라 행성이 움직일 수 있도록 하고, planetSpeed 값이 클수록 행성이 빨리 움직여서 미사일로 격추하기 어려운 난이도가 된다. dir 값에 따라서 행성의 움직이는 방향이 달라진다.

❹ 본 애플리케이션에서는 화면의 크기를 고려해서 한 화면에 행성이 5개 정도 나오도록 설정한다. 여러 행성들은 ArrayList 클래스로 쉽게 관리가 가능하다.

2 Handler

Handler를 활용해서 특정한 부분을 일정한 간격으로 반복해서 호출할 수 있다.
View에서는 onDraw( ) 메소드를 통해 그림이나 문자를 그릴 수 있고, invalidate( ) 메소드는
onDraw 메소드를 호출하여 변화된 미사일, 우주선, 행성의 위치를 새로 그려준다.
View 생성자 영역에 다음 소스 코드를 작성하면 된다. 생성자 영역에 한 번만 적어주면 다음부
터는 일정한 시간으로 특정한 부분을 자동으로 반복해서 실행해 준다.

```java
MyView(Context context) {

        ...

        ...
            gHandler.sendEmptyMessageDelayed(0, 1000);

  }


    //또한 다음 소스를 View 마지막 전에 넣는다.
Handler gHandler = new Handler(){

    public void handleMessage(Message msg){

            //반복처리부분
        invalidate();
        gHandler.sendEmptyMessageDelayed(0,1000);


    }
    };
```

sendEmptyMessageDelayed(0,1000) 문장에서 두 번째 인수에 넣은 1000이라는 숫자는 지연
값을 의미한다. 1000은 1초를 의미하며 이 시간 만큼 delay한 후에 다음 문장이 실행된다. 만약
1초에 10번을 실행하려면 지연값에 숫자 100을 넣으면 된다. 첫 번째 인수 0은 메시지 번호를 의
미한다.

3 ArrayList를 이용한 행성 만들기

ArrayList 클래스를 활용하면 많은 행성들을 쉽게 관리할 수 있다. ArrayList의 add( ) 메소드와
remove( ) 메소드를 통해 쉽게 행성을 없애거나 새로 만들 수 있기 때문이다.
사용방법은 다음과 같다.

```java
ArrayList<클래스명> 객체명;      // 클래스형태의 ArrayList 객체를 선언하고
객체명 = new ArrayList<클래스명>  // 객체를 생성한다.
```

```
ArrayList<Planet> planet;      // Planet 클래스의 ArrayList 객체 선언
planet= new ArrayList<Planet>(); // Planet 클래스의 ArrayList 객체 생성
```

4 moveMissile( ) 메소드 만들기

movieMissile( ) 메소드 안에서 행성을 움직이고 화면에서 벗어난 행성은 제거한다. ArrayList 의 get(i) 메소드를 이용하여 i 번째 planet의 x좌표, y좌표 값을 얻을 수 있다.

```
public void moveMissile() {
        for (int i = myM.size() - 1; i >= 0; i--) {
            myM.get(i).move();
        }
        for (int i = myM.size() - 1; i >= 0; i--) {
        //미사일이 화면을 벗어나게 되면 없애도록 한다.
            if (myM.get(i).y < 0) myM.remove(i);
        }
}
```

5 Random 클래스를 이용한 행성 만들기

Random 클래스를 활용하여 난수를 발생시켜 처음 생성한 행성의 위치가 랜덤으로 돌아다니도록 한다. Random 클래스를 사용하기 위해서 먼저 객체 r1을 만들고 nextInt( ) 메소드를 이용한다.

```
Random r1 = new Random();
  int x = r1.nextInt(Width);   // (Width-1) 의 값을 랜덤한 값이 x 에 저장된다.
    if(planet.size()<5)             //행성의 개수가 5개 미만이면
      planet.add(new Planet(x, -100));   //행성을 추가한다.
```

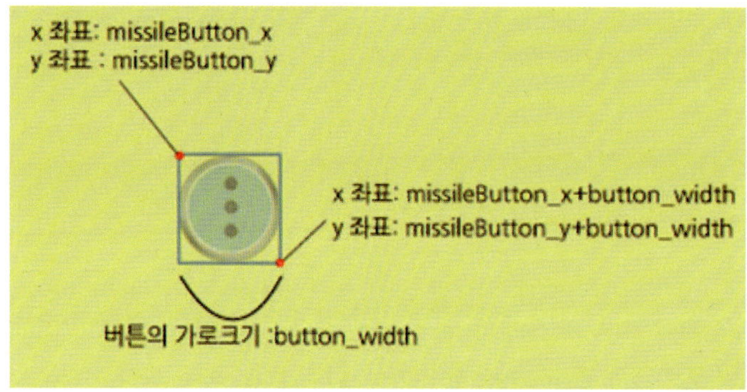

다음 소스에서 x 와 y는 손으로 터치한 곳의 좌표이고, 터치한 곳이 미사일 버튼 영역 안에 있으면 미사일을 만들도록 한다.

```
if (event.getAction() == MotionEvent.ACTION_DOWN)
    if((x>missileButton_x) && (x<missileButton_x+button_width)
        && (y>missileButton_y) && (x<missileButton_y+button_width)){
        myM.add(new MyMissile(spaceship_x + spaceshipWidth / 2 - missileWidth / 2,
        spaceship_y));      //미사일 만들기
            }
```

7 미사일이 우주선 가운데에서 발사하도록 설정하기

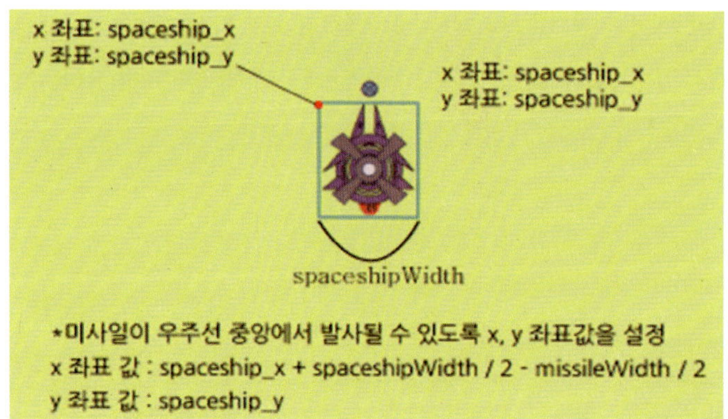

우주선 가운데에서 미사일이 나가게 하려면 먼저 우주선의 x 좌표에서 우주선의 가로 크기의 반을 더해 준다. 그리고 미사일의 가로 크기의 반을 빼주면 된다.

8 확장 for 구문을 사용해서 행성 그리기

확장 for 구문을 이용하면 배열값들을 하나씩 꺼낼 수 있다.

클래스 생성객체도 같은 방법으로 사용할 수 있다. ArrayList는 추가, 삭제가 용이한 배열의 발전된 모습이라고 생각하면 된다.

```
for(Planet tmp : planet )
canvas.drawBitmap(planetimg, tmp.x, tmp.y, p1);
```

9 미사일과 행성의 충돌 처리하기

```
public void checkCollision() {

    for (int i = planet.size() - 1; i >= 0; i--) {
     for (int j = myM.size() - 1; j >= 0; j--) {
        if (myM.get(j).x+missile_middle > planet.get(i).x  && myM.get(j).x
            +missile_middle< planet.get(i).x+button_width && myM.get(j).y
          > planet.get(i).y && myM.get(j).y < planet.get(i).y+button_width ) {
                planet.remove(i);
                myM.get(j).y=-30;
                score+=10;    //행성을 격추할 경우 점수가 100점씩 증가한다.
        }
      }
    }    //이중 for 구문 끝
}
```

```java
package com.example.csc.gamebasic2;

import android.content.Context;
import android.graphics.Bitmap;
import android.graphics.BitmapFactory;
import android.graphics.Canvas;
import android.graphics.Color;
import android.graphics.Paint;
import android.os.Handler;
import android.os.Message;
import android.support.v7.app.AppCompatActivity;
import android.os.Bundle;
import android.view.Display;
import android.view.MotionEvent;
import android.view.View;
import android.view.WindowManager;

import java.util.ArrayList;
import java.util.andom;

public class MainActivity extends AppCompatActivity {
    Bitmap spaceship;
    int spaceship_x, spaceship_y;
    int spaceshipWidth;                      //우주선 가로 크기
    Bitmap leftKey, rightKey;
    int leftKey_x, leftKey_y;
    int rightKey_x, rightKey_y;
    int Width, Height;
    int score;
    int button_width;

    Bitmap missileButton;
    int missileButton_x, missileButton_y;
    int missileWidth;
    int missile_middle; //미사일 크기 반
    Bitmap missile;
    Bitmap planetimg;

    int count;
    ArrayList<MyMissile> myM;
    ArrayList<Planet> planet;
    Bitmap screen;
```

```java
    @Override
    protected void onCreate(Bundle savedInstanceState) {
        super.onCreate(savedInstanceState);

//this는 현재 activity를 의미한다.
        setContentView(new MyView(this));

    /*    setContentView(new MyView(this)); 대신에
MyView m = new MyView(this);  setContentView(m);  이런 방법으로 해도 된다 */

        Display display = ((WindowManager)
         getSystemService(Context.WINDOW_SERVICE)).getDefaultDisplay();
        Width = display.getWidth();
        Height = display.getHeight();


        myM = new ArrayList<MyMissile>();
        planet= new ArrayList<Planet>();

        spaceship = BitmapFactory.decodeResource(getResources(),
                    R.drawable.spaceship);
        int x = Width/8;
        int y = Height/11;
        spaceship = Bitmap.createScaledBitmap(spaceship, x, y, true);

        spaceshipWidth=spaceship.getWidth();
        //Bitmap 클래스의 getWidth 메소드를 활용해서 그림 크기를 구할 수 있다.
        spaceship_x = Width*1/9;
        spaceship_y = Height*6/9;


        leftKey = BitmapFactory.decodeResource(getResources(),
                    R.drawable.leftkey);
        leftKey_x = Width*5/9;
        leftKey_y = Height*7/9;


        button_width = Width/6;


        leftKey = Bitmap.createScaledBitmap(leftKey, button_width,
                    button_width, true);

        rightKey = BitmapFactory.decodeResource(getResources(),
                    R.drawable.rightkey);
        rightKey_x = Width*7/9;
```

```java
        rightKey_y = Height*7/9;

        rightKey = Bitmap.createScaledBitmap(rightKey, button_width,
                button_width, true);

        missileButton = BitmapFactory.decodeResource(getResources(),
                R.drawable.missilebutton);
        missileButton = Bitmap.createScaledBitmap(missileButton,
                button_width, button_width, true);
        missileButton_x = Width*1/11;
        missileButton_y = Height*7/9;

        missile = BitmapFactory.decodeResource(getResources(),
                R.drawable.missile0);
        missile = Bitmap.createScaledBitmap(missile, button_width / 4,
                button_width / 4, true);
        missileWidth=missile.getWidth();

        planetimg = BitmapFactory.decodeResource(getResources(),
                R.drawable.planet);
        planetimg = Bitmap.createScaledBitmap(planetimg, button_width,
                button_width, true);
        screen = BitmapFactory.decodeResource(getResources(),
                R.drawable.screen0);
        screen = Bitmap.createScaledBitmap(screen, Width,  Height, true);

    }
class MyView extends View {
    MyView(Context context) {

        super(context);       //상위 클래스의 생성자를 호출해야 한다.
        setBackgroundColor(Color.BLUE);
        gHandler.sendEmptyMessageDelayed(0, 1000);
    }

    @Override
    synchronized  public void onDraw(Canvas canvas) {
        Random r1 = new Random();
        int x = r1.nextInt(Width);

        if(planet.size()<5)
        planet.add(new Planet(x, -100));

        Paint p1 = new Paint();
```

```java
        p1.setColor(Color.RED);
        p1.setTextSize(50);
        canvas.drawBitmap(screen, 0, 0, p1);     //게임 배경

        canvas.drawText(Integer.toString(count), 0, 300, p1);

        canvas.drawText("점수 : "+Integer.toString(score), 0, 200, p1);

        canvas.drawBitmap(spaceship, spaceship_x, spaceship_y, p1);

        canvas.drawBitmap(leftKey, leftKey_x, leftKey_y, p1);

        canvas.drawBitmap(rightKey, rightKey_x, rightKey_y, p1);

        canvas.drawBitmap(missileButton, missileButton_x,
              missileButton_y, p1);
        for(MyMissile tmp : myM )
           canvas.drawBitmap(missile,tmp.x , tmp.y, p1);

        for(Planet tmp : planet )
         canvas.drawBitmap(planetimg, tmp.x, tmp.y, p1);

        moveMissile();
        movePlanet();
        checkCollision();
        count++;
    }

public void moveMissile() {
    for (int i = myM.size() - 1; i >= 0; i--) {
        myM.get(i).move();
    }
    for (int i = myM.size() - 1; i >= 0; i--) {
        //미사일이 화면을 벗어나게 되면 없애도록 한다.
        if (myM.get(i).y < 0) myM.remove(i);
    }
}


public void movePlanet(){
    for(int i = planet.size()-1;i>=0;i--){
        planet.get(i).move();
    }

    for(int i = planet.size()-1;i>=0;i--){
```

```java
            //미사일이 화면을 벗어나게 되면 없애도록 한다.
            if(planet.get(i).y>Height)    planet.remove(i);
        }
    }
    public void checkCollision() {
        for (int i = planet.size() - 1; i >= 0; i--) {
            for (int j = myM.size() - 1; j >= 0; j--) {
                if (myM.get(j).x+missile_middle > planet.get(i).x
                  && myM.get(j).x +missile_middle< planet.get(i).x+button_width
                  && myM.get(j).y > planet.get(i).y
                  && myM.get(j).y < planet.get(i).y+button_width ) {
                    planet.remove(i);
                    myM.get(j).y=-30;
                   score+=10;
                }
            }
        }
    }


    Handler gHandler = new Handler(){

        public void handleMessage(Message msg){
            invalidate();
            gHandler.sendEmptyMessageDelayed(0,30);
//1000으로 하면 1초에 한번 실행된다.


        }
    };


    @Override
    public boolean onTouchEvent(MotionEvent event) {
        int x=0,y=0;
        if (event.getAction() == MotionEvent.ACTION_DOWN
            || event.getAction() == MotionEvent.ACTION_MOVE){
            x = (int) event.getX();
            y = (int) event.getY();   //invalidate();
        }
        if((x>leftKey_x) && (x<leftKey_x+button_width)
          && (y>leftKey_y) && (x<leftKey_y+button_width))
            spaceship_x-=20;
        if((x>rightKey_x) && (x<rightKey_x+button_width)
          && (y>rightKey_y) && (x<rightKey_y+button_width))
            spaceship_x+=20;
```

```java
        if (event.getAction() == MotionEvent.ACTION_DOWN)
        if((x>missileButton_x) && (x<missileButton_x+button_width)
            && (y>missileButton_y)
            && (x<missileButton_y+button_width))
          if(myM.size()<1 ){
            myM.add(new MyMissile(spaceship_x + spaceshipWidth / 2
              - missileWidth / 2, spaceship_y));
        }
        return true;
      }
    }
  }
```


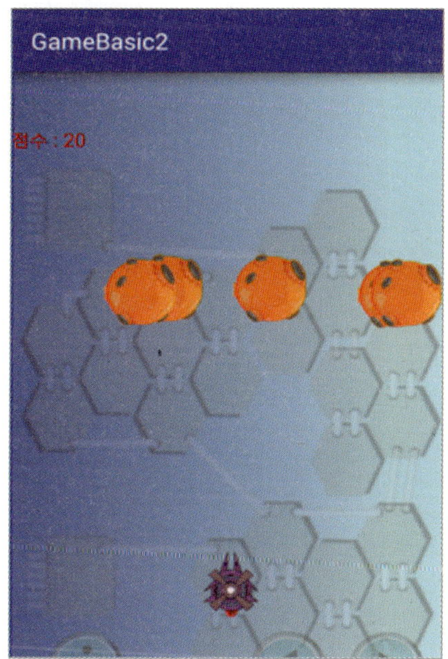

미사일을 발사해서 행성 폭발시키기

Tip

ArrayList 클래스의 add 메소드를 이용하여 자료를 추가하거나 remove 메소드를 이용해서 삭제할 수 있다.

1 바구니 수학 게임 앱 실행 모습 | 프로젝트 mathgame |

점점 스마트폰을 사용해서 공부하는 사람이 많아지고 있다. 여기서는 간단한 교육용 소프트웨어를 제작하고자 한다. 문제를 보고 바구니를 움직여서 정답이 들어있는 풍선을 바구니로 받으면 점수가 측정되는 프로그램이다. 바구니로 오답 풍선을 받게 되면 점수가 줄어들고, 정답 풍선을 받으면 점수가 증가하게 되도록 설정한다.

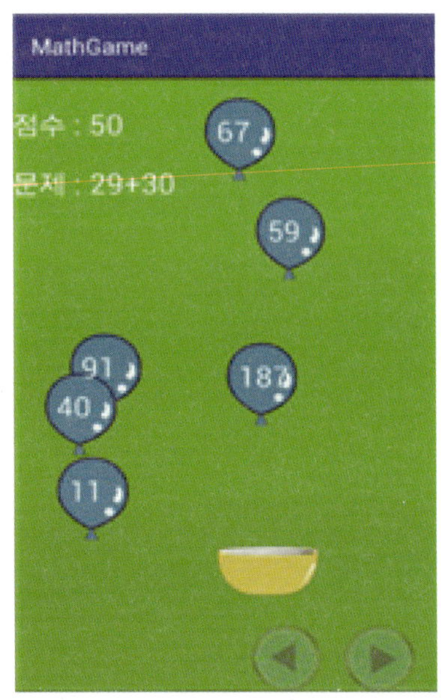

2 수학게임에 사용된 그림 - drawable 폴더에 넣기

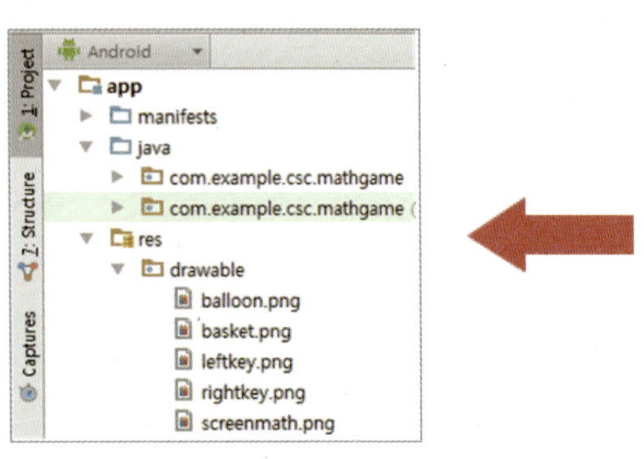

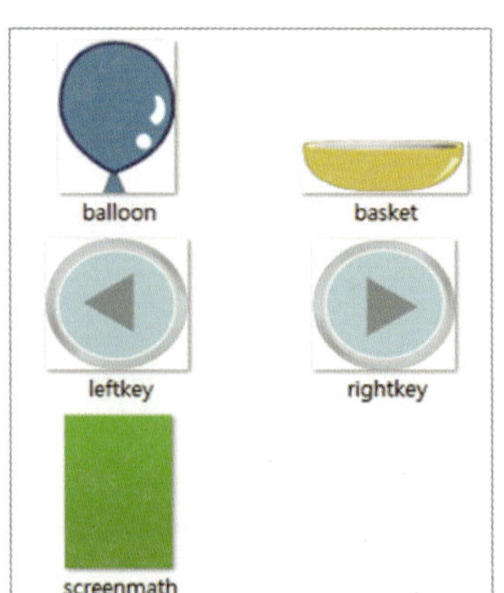

3 정답 풍선 클래스 만들기

❶ AnswerBalloon 클래스 파일에 소스를 입력한다.

❷ AnswerBalloon 클래스 앞에 public을 사용하여 public이 붙은 클래스명이 파일명과 일치해야 한다.

❸ AnswerBalloon 클래스 필드 영역에서는 정답 풍선의 위치를 나타낼 x, y 변수와 풍선의 속도를 위한 speed 변수를 만들었다.

❹ move 메소드에서는 풍선의 속도 값에 따라서 풍선이 화면 아래쪽으로 움직이도록 하였다. speed 값이 클수록 풍선은 빨리 떨어지게 된다.

4 오답 풍선 클래스 만들기

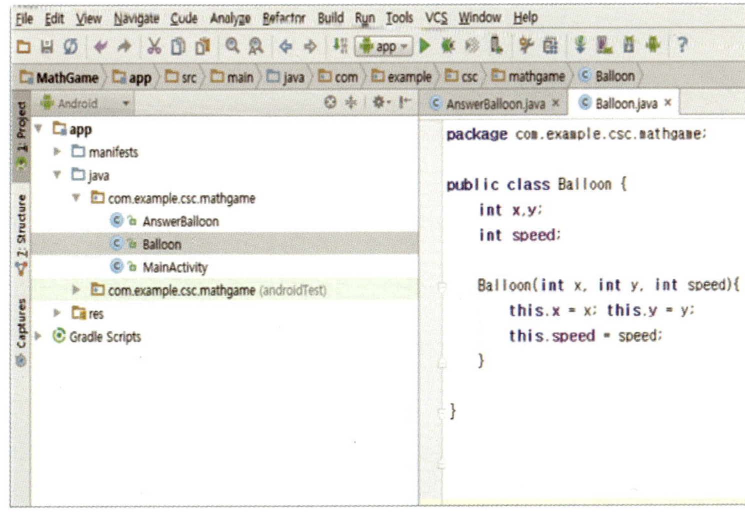

❶ Balloon 클래스 파일에 소스를 입력한다.

❷ Balloon 클래스 필드 영역에서는 오답 풍선의 위치를 나타낼 x, y 변수와 속도를 위한 speed 변수를 만들었다.

❸ move 메소드에서는 풍선의 속도 값에 따라서 풍선이 화면 아래쪽으로 움직이도록 하였다. speed 값이 클수록 풍선은 빨리 움직이게 된다.

❹ 본 애플리케이션에서는 오답풍선 5개가 화면에 나오도록 한다.

❺ 5개의 풍선에는 오답 숫자가 들어가도록 한다.

5 바구니로 정답 풍선을 받았을 때 처리하기

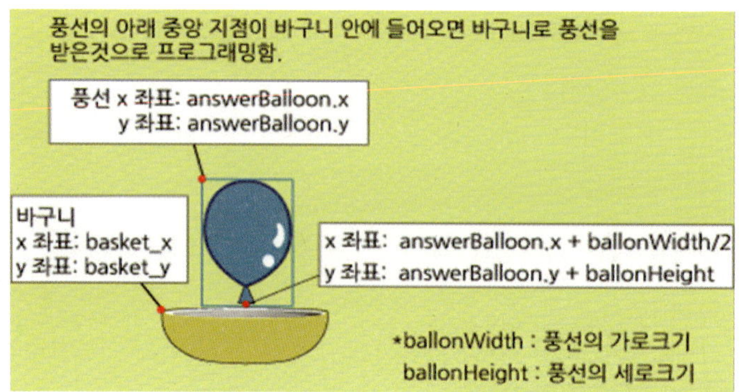

if 구문을 이용해서 정답풍선과 바구니의 접촉 여부를 체크하면 된다(여기서는 풍선아래 가운데 부분이 바구니와 접촉하는 것을 기준으로 하였다). 바구니와 정답풍선이 접촉하게 되면 점수가 30점 올라가도록 하였다. 그리고 새로운 문제를 제시하기 위해서 makeQuestion( ) 메소드를 호출하였다. Random 클래스를 활용하여 새로 만들어진 정답 풍선의 x, y 좌표를 랜덤값으로 만들도록 하였다. 다음 소스는 collisionCheck( ) 메소드 안에 넣었다.

```
if (answerBalloon.x + balloonWidth / 2 > basket_x &&
answerBalloon.x + balloonWidth / 2 < basket_x + basketWidth &&
answerBalloon.y + balloonHeight > basket_y &&
answerBalloon.y + balloonHeight < basket_y + basketHeight) {{
        score+=30;
        makeQuestion();    //새로운 문제 만들기
        Random r1 = new Random();
        int xx = r1.nextInt(Width-button_width);
        answerBalloon.x = xx;
        xx = r1.nextInt(300);
        answerBalloon.y = -xx;
    }
```

for 구문과 if 구문을 이용해서 오답 풍선과 바구니의 접촉 여부를 체크한다. balloon.size( )를 통해 오답 풍선의 개수를 구할 수 있다. 오답 풍선을 바구니로 터치하게 되면 점수가 10점 감소하고 remove( ) 메소드를 활용해서 풍선을 없애도록 하였다. 오답 풍선과 정답 풍선이 바구니와 접촉했는지에 대한 코드는 collisionCheck( ) 메소드 안에 넣었다. 풍선들이 바구니와 접촉하게 되면 remove 메소드를 이용하여 풍선(balloon 객체)을 삭제한다.

```
for (int i = balloon.size() - 1; i >= 0; i--) {
    if (balloon.get(i).x + balloonWidth/2 > basket_x
        && balloon.get(i).x + balloonWidth/2 < basket_x + basketWidth
        && balloon.get(i).y + balloonHeight > basket_y
        && balloon.get(i).y + balloonHeight > basket_x + basketWidth ){
                    balloon.remove(i);
                    score-=10;
                }
        }
```

7 오답 풍선 만들기

ArrayList를 사용하면 데이터를 쉽게 추가하거나 삭제할 수 있다. ArrayList도 클래스이기 때문에 new 연산자를 사용해서 객체를 생성해야 한다. 여기서는 Balloon 클래스형의 객체를 생성하여 사용하였다. 데이트를 활용하려면 get 메소드를 활용하고 데이터를 추가할 때는 add 메소드를 사용한다. 여기서는 오답 풍선 개수가 5개보다 작게 되면 add 메소드를 활용하여 오답 풍선을 만들도록 하였다.

```
ArrayList<Balloon> balloon;      //Balloon 클래스를 자료형으로 하는 ArrayList 객체선언
 balloon = new ArrayList<Balloon>();  //객체명이 balloon 인 ArrayList 객체 생성
 public void drawEverything(Canvas canvas) {
   //오답풍선이 5개보다 작으면 만든다.
        if (balloon.size() < 4) {
            Random r1 = new Random(); //랜덤값 r1을 이용해서 풍선의 위치를 랜덤시킴
            int x = r1.nextInt(Width - button_width);
            int y = r1.nextInt(Height / 4);
            balloon.add(new Balloon(x, -y, balloon_speed));
            }
        }
```

🔶8 오답 풍선 및 정답 풍선 스크린에 나타내기

오답 풍선과 정답 풍선을 drawBitmap( ) 메소드를 이용해서 화면에 그리고 그 안에 숫자를 넣는
작업이다.

```java
//오답 풍선 그리기
   for(Balloon tmp : balloon )
      canvas.drawBitmap(balloonimg, tmp.x, tmp.y, p1);
//오답 풍선 안에 숫자 나타내기
   for(int i = balloon.size()-1;i>=0;i--)
    canvas.drawText(Integer.toString(wrongNumber[i]), balloon.get(i).x
    + balloonWidth / 6, balloon.get(i).y + balloonWidth * 2 / 3, p1);


//정답 풍선 그리기
   canvas.drawBitmap(balloonimg, answerBalloon.x, answerBalloon.y, p1);


//정답 풍선 안에 숫자 나타내기
   canvas.drawText(Integer.toString(answer), answerBalloon.x+balloonWidth/6,
answerBalloon.y+balloonWidth*2/3, p1);
```

🔶9 오답 풍선 및 정답 풍선 움직이기

```java
public void moveBalloon(){
        for(int i = balloon.size()-1;i>=0;i--){        //오답 풍선 움직이기
           balloon.get(i).move();
        }

            //풍선이 화면아래로 사라지면 다시 위에서 나오도록 하기
        for(int i = balloon.size()-1;i>=0;i--){
           if(balloon.get(i).y>Height)    balloon.get(i).y = -100;
        }

        answerBalloon.move();     //정답 풍선 움직이기
    }
```

⑩ 문제 만들기

정답 숫자는 문제에서 주어진 숫자 number1과 number2를 합해서 answer 변수에 넣었다. for 구문을 이용해서 5개의 오답 숫자를 입력한다. 오답 숫자는 while 구문을 이용해서 정답과 다른 숫자가 나올 때 까지 반복해서 실행한다. 이렇게 생성된 숫자들은 wrongNumber 배열 값에 넣었다.

```java
public void makeQuestion() {
    Random r1 = new Random();

    //정답 풍선에 들어갈 숫자
    int x = r1.nextInt(99) + 1;    //1부터 100까지 난수 발생
    number1 = x;


    x = r1.nextInt(99) + 1;
    number2 = x;


    answer = number1 + number2;

    //오답 풍선에 들어갈 숫자
    int counter = 0;
    for (int i = 0; i < 5; i++) {
      x = r1.nextInt(197) + 1;
          while(x==answer){    //오답숫자가 정답숫자가 같으면 다시 다른 숫자를 찾는다.
              x = r1.nextInt(197) + 1;
            }
          wrongNumber[i]=x;


    }      // end of makeQuestion method
```

⑪ onCreate 안에서 해야 할 것

setContentView 메소드를 사용하여 직접 만든 MyView를 화면으로 설정하고 Display 클래스의 getWidth, getHeight 메소드를 활용해서 사용자 기기의 해상도를 얻는다. 그리고 본 예제에서 사용될 이미지들을 decodeResource 메소드를 활용하여 가져오고 createScaledBitmap 메소드를 활용하여 이미지의 크기를 조절한다.

```java
protected void onCreate(Bundle savedInstanceState) {
        super.onCreate(savedInstanceState);
        setContentView(new MyView(this));        // 이때 this는 현재 activity를 의미한다.

        Display display = ((WindowManager) getSystemService
                        (Context.WINDOW_SERVICE)).getDefaultDisplay();
        Width = display.getWidth();
        Height = display.getHeight();


        balloon= new ArrayList<Balloon>();        //배열 형태의 오답 풍선 생성하기

        //리소스에 있는 basket.png 파일을 가져와서 basket 비트맵 이미지에 넣기
        basket = BitmapFactory.decodeResource(getResources(), R.drawable.basket);
        int x = Width/4;            //가로화면의 1/4
        int y = Height/14;          //세로화면의 1/14
        basket = Bitmap.createScaledBitmap(basket, x, y, true);   //크기 설정하기

            //Bitmap 클래스의 getWidth메소드를 활용해서 그림크기 구하기
        basketWidth=basket.getWidth();          //바구니 가로 크기를 basketWidth변수에 넣음
        basketHeight=basket.getHeight();        //바구니 세로 크기를 basketHeight변수에 넣음

        basket_x = Width*1/9;          //바구니의 x 좌표
        basket_y = Height*6/9;         //바구니의 y 좌표

            //왼쪽 터치 버튼 제작하기
        leftKey = BitmapFactory.decodeResource(getResources(), R.drawable.
leftkey);
        leftKey_x = Width*5/9;
        leftKey_y = Height*7/9;

        button_width = Width/6;
        leftKey = Bitmap.createScaledBitmap(leftKey, button_width, button_width, true);

        //오른쪽 터치 버튼 제작하기
        rightKey = BitmapFactory.decodeResource(getResources(), R.drawable.
rightkey);
        rightKey_x = Width*7/9;
        rightKey_y = Height*7/9;

        rightKey = Bitmap.createScaledBitmap(rightKey, button_width, button_
width, true);
```

```java
        //풍선의 가로 크기를 버튼 가로 크기와 같게 하였다.
        ballonimg = BitmapFactory.decodeResource(getResources(), R.drawable.
balloon);
        ballonimg = Bitmap.createScaledBitmap(ballonimg, button_width,
                button_width+button_width/4, true);

        //풍선의 세로 길이를 가로 길이보다 조금 크게 만들어줌
        balloonWidth=ballonimg.getWidth();
        balloonHeight=ballonimg.getHeight();
        //배경 그림
        screen = BitmapFactory.decodeResource(getResources(), R.drawable.screenmath);
        screen = Bitmap.createScaledBitmap(screen, Width,  Height, true);

        Random r1 = new Random();
        int xx = r1.nextInt(Width);
        answerBalloon = new AnswerBalloon(x,0,5);
    }
```

MainActivity.java 전체 코드

```java
package com.example.csc.mathgame;

import android.content.Context;
import android.graphics.Bitmap;
import android.graphics.BitmapFactory;
import android.graphics.Canvas;
import android.graphics.Color;
import android.graphics.Paint;
import android.os.Bundle;
import android.os.Handler;
import android.os.Message;
import android.support.v7.app.AppCompatActivity;
import android.view.Display;
import android.view.MotionEvent;
import android.view.View;
import android.view.WindowManager;

import java.util.ArrayList;
import java.util.Random;

public class MainActivity extends AppCompatActivity {
    Bitmap basket;
```

```java
        int basket_x, basket_y;
        int basketWidth;                            //바구니 가로 크기
        int basketHeight;                           //바구니 세로 크기
        Bitmap leftKey, rightKey;
        int leftKey_x, leftKey_y;
        int rightKey_x, rightKey_y;
        int Width, Height;
        int score;
        int button_width;


        Bitmap ballonimg;       //풍선 이미지
        int balloonWidth;       //풍선 가로 크기
        int balloonHeight;      //풍선 세로 크기

        AnswerBalloon answerBalloon;

        int count;

        ArrayList<Balloon> balloon;
        Bitmap screen;

        int number1, number2;   // 덧셈에 사용될 숫자
        int answer; // 정답
        int[] wrongNumber = new int[5];

        @Override
        protected void onCreate(Bundle savedInstanceState) {
            super.onCreate(savedInstanceState);
            setContentView(new MyView(this));       // 이때 this는 현재 activity를 의미한다.


    /*      setContentView(new MyView(this)); 대신에
    MyView m = new MyView(this);  setContentView(m);   이런 방법으로 해도 된다 */

            Display display = ((WindowManager) getSystemService
                        (Context.WINDOW_SERVICE)).getDefaultDisplay();
            Width = display.getWidth();
            Height = display.getHeight();

            balloon = new ArrayList<Balloon>();

            basket = BitmapFactory.decodeResource(getResources(), R.drawable.
    basket);
```

```java
        int x = Width / 4;
        int y = Height / 14;
        basket = Bitmap.createScaledBitmap(basket, x, y, true);

        basketWidth = basket.getWidth();
        basketHeight = basket.getHeight();
        //Bitmap 클래스의 getWidth 메소드를 활용해서 그림의 크기를 구할 수 있다.
        basket_x = Width * 1 / 9;
        basket_y = Height * 6 / 9;

        leftKey = BitmapFactory.decodeResource(getResources(), R.drawable.
leftkey);
        leftKey_x = Width * 5 / 9;
        leftKey_y = Height * 7 / 9;

        button_width = Width / 6;

        leftKey = Bitmap.createScaledBitmap(leftKey, button_width, button_
width, true);

        rightKey = BitmapFactory.decodeResource(getResources(), R.drawable.
rightkey);
        rightKey_x = Width * 7 / 9;
        rightKey_y = Height * 7 / 9;
        rightKey = Bitmap.createScaledBitmap(rightKey, button_width, button_
width, true);

        //풍선의 가로 크기를 버튼을 가로 크기와 같게 하였다.
        balloonimg = BitmapFactory.decodeResource(getResources(), R.drawable.
balloon);
        balloonimg = Bitmap.createScaledBitmap(balloonimg, button_width,
                        button_width + button_width / 4, true);
        //풍선의 세로 길이를 가로 길이보다 조금 크게 만들어준다.

        balloonWidth = balloonimg.getWidth();
        balloonHeight = balloonimg.getHeight();

        screen = BitmapFactory.decodeResource(getResources(), R.drawable.
screenmath);
        screen = Bitmap.createScaledBitmap(screen, Width, Height, true);

        Random r1 = new Random();
        int xx = r1.nextInt(Width);
        answerBalloon = new AnswerBalloon(x, 0, 5);
```

```java
    }

    class MyView extends View {

        MyView(Context context) {
            super(context);        //상위클래스의 생성자를 호출해야 한다.
            setBackgroundColor(Color.BLUE);
            gHandler.sendEmptyMessageDelayed(0, 1000);
            makeQuestion();
        }


        @Override
        synchronized public void onDraw(Canvas canvas) {

            //오답 풍선이 5개보다 작으면 오답 풍선을 만든다.
            if (balloon.size() < 5) {
                Random r1 = new Random();
                int x = r1.nextInt(Width - button_width);
                int y = r1.nextInt(Height / 4);
                balloon.add(new Balloon(x, -y, 5));

            }
            Paint p1 = new Paint();
            p1.setColor(Color.WHITE);
            p1.setTextSize(Width / 14);
            canvas.drawBitmap(screen, 0, 0, p1);        //게임 배경

            canvas.drawText("점수 : " + Integer.toString(score), 0, Height * 1 / 12, p1);
            canvas.drawText("문제 : " + Integer.toString(number1) + "+" +
                    Integer.toString(number2), 0, Height * 2 / 12, p1);

            canvas.drawBitmap(basket, basket_x, basket_y, p1);
            canvas.drawBitmap(leftKey, leftKey_x, leftKey_y, p1);
            canvas.drawBitmap(rightKey, rightKey_x, rightKey_y, p1);

            //오답 풍선 그리기
            for (Balloon tmp : balloon)
                canvas.drawBitmap(balloonimg, tmp.x, tmp.y, p1);

            for (int i = balloon.size() - 1; i >= 0; i--)
                canvas.drawText(Integer.toString(wrongNumber[i]), balloon.
get(i).x + balloonWidth / 6, balloon.get(i).y + balloonWidth * 2 / 3, p1);

                //정답 풍선 그리기
```

```java
        canvas.drawBitmap(balloonimg, answerBalloon.x, answerBalloon.y, p1);
        canvas.drawText(Integer.toString(answer), answerBalloon.x +
balloonWidth / 6, answerBalloon.y + balloonWidth * 2 / 3, p1);

        //정답풍선 처리하기
        if (answerBalloon.y > Height) answerBalloon.y = -50;

        moveBalloon();   //풍선 움직이기

        //풍선과 바구니가 맞닿았는지 체크하기
        checkCollision();
        count++;
    }

public void makeQuestion() {
    Random r1 = new Random();

    //정답 풍선에 들어갈 숫자
    int x = r1.nextInt(99) + 1;   //1부터 100까지 난수 발생
    number1 = x;
    x = r1.nextInt(99) + 1;
    number2 = x;
    answer = number1 + number2;
    //오답 풍선에 들어갈 숫자
    int counter = 0;
    for (int i = 0; i < 5; i++) {
        x = r1.nextInt(197) + 1;
        while (x == answer) {
        //오답 숫자가 정답 숫자가 같으면 다시 다른 숫자를 찾는다.
            x = r1.nextInt(197) + 1;
        }
        wrongNumber[i] = x;
    }
}

public void moveBalloon() {
    //오답 풍선 움직이기
    for (int i = balloon.size() - 1; i >= 0; i--) {
        balloon.get(i).move();
    }
    //정답 풍선 움직이기
    //풍선이 화면아래로 사라지면 다시 위에서 나오도록 하기
    for (int i = balloon.size() - 1; i >= 0; i--) {
        if (balloon.get(i).y > Height) balloon.get(i).y = -100;
```

```java
        }

        //정답 풍선 움직이기
        answerBalloon.move();
    }

    public void checkCollision() {
        //바구니와 오답 풍선이 접촉했는지 체크
        for (int i = balloon.size() - 1; i >= 0; i--) {
            if (balloon.get(i).x + balloonWidth / 2 > basket_x &&
                balloon.get(i).x + balloonWidth / 2 < basket_x + basketWidth
                && balloon.get(i).y + balloonHeight > basket_y &&
                balloon.get(i).y + balloonHeight > basket_x + basketWidth) {
                balloon.remove(i);
                score -= 10;
            }
        }
        //바구니와 정답 풍선이 접촉했는지 체크
        if (answerBalloon.x + balloonWidth / 2 > basket_x &&
            answerBalloon.x + balloonWidth / 2 < basket_x + basketWidth
            && answerBalloon.y + balloonHeight > basket_y &&
            answerBalloon.y + balloonHeight > basket_x + basketWidth) {
            score += 30;
            makeQuestion();
            Random r1 = new Random();
            int xx = r1.nextInt(Width - button_width);
            answerBalloon.x = xx;
            xx = r1.nextInt(300);
            answerBalloon.y = -xx;
        }
    }
    Handler gHandler = new Handler() {

        public void handleMessage(Message msg) {
            invalidate();
            gHandler.sendEmptyMessageDelayed(0, 30);
            //1000으로 하면 1초에 한번 실행된다.


        }
    };



    @Override
    public boolean onTouchEvent(MotionEvent event) {
```

```java
        int x = 0, y = 0;

        if (event.getAction() == MotionEvent.ACTION_DOWN ||
            event.getAction() == MotionEvent.ACTION_MOVE) {
            x = (int) event.getX();
            y = (int) event.getY();  //invalidate();
        }

        if ((x > leftKey_x) && (x < leftKey_x + button_width) &&
            (y > leftKey_y) && (x < leftKey_y + button_width))
            basket_x -= 20;

        if ((x > rightKey_x) && (x < rightKey_x + button_width) &&
            (y > rightKey_y) && (x < rightKey_y + button_width))
            basket_x += 20;

        return true;
    }
  }
}
```

04

SurfaceView를 활용한 바구니 수학 게임 앱 만들기

- 사용자 인터페이스 이해하기
- 버튼 클릭 처리하기
- 바구니와 풍선 충돌 처리하기
- 시간 및 점수 처리하기
- onTouchEvent 이해하기

01 ≫ SurfaceView로 게임 만들기   LOADING...

1 SufaceView(서피스뷰)가 필요한 이유

(1) 서피스뷰 특징

사용자와 상호작용하는 데 필요한 클래스가 View 클래스이다. 앞에서 배운 것처럼 onDraw( )와 invalidate( ) 메소드를 필요로 했었다. 여기서는 View 클래스의 일종인 서피스뷰 클래스를 활용할 것이며 onDraw( )와 invalidate( ) 메소드가 필요 없다.

(2) 서피스뷰가 필요한 이유

사용자 인터페이스에 사용되는 쓰레드는 메인 쓰레드이다. 그런데 그림을 그리는 작업량이 많아서 계속 그림만 그리고 있다면 사용자가 화면을 터치해도 메인 쓰레드가 그림을 그리고 있기 때문에 제대로 화면터치에 대한 반응이 이루어지지 않을 수 있다. 이런 문제를 해결하기 위해서 메인 쓰레드와는 별도로 그림 그리기를 처리하는 별도의 쓰레드를 만들 필요가 있다. 서피스뷰를 사용하면 바로 View(화면)에 문자나 이미지를 출력하지 않고 그리기 전용 쓰레드를 이용해서 고속메모리인 surface(=버퍼)에 문자나 이미지를 그려놓고 한번에 View에 그림을 전송한다. 특히 게임과 같이 많이 움직이고 많은 그래픽을 사용할 경우 그래픽을 전용으로 처리할 쓰레드가 필요하다.

2 SufaceView(서피스뷰) 이해하기

SurfaceView

Surface	**SurfaceHolder**
고속메모리(버퍼)이며 lockCanvas 메소드에 의해서 사용자의 문자나 이미지가 그려지게 되는 곳이다.	SurfaceHolder는 서피스뷰에서 전용으로 사용되는 인터페이스이다. lockCanvas( )와 unlockCanvasAndPost( )를 가지고 있다.

SurfaceView는 Surface(메모리)와 SurfaceHolder로 구성되어 있다.

3 SurfaceHolder

SurfaceHolder는 서피스뷰에서 전용으로 사용되는 인터페이스이다. 서피스뷰를 사용하면 바로 View(화면)에 문자나 이미지를 출력하지 않고 쓰레드를 이용해서 고속메모리(서피스)에 문자나 이미지를 그려놓고 한번에 View에 그림을 전송한다. SurfaceHolder는 메모리(surface)에 그림을 그리는 작업 및 Surface에 그려 놓은 것들을 실제 사용자 기기의 화면으로 복사하는 역할을 한다. 우리는 getHolder( ) 메소드를 통해서 SurfaceHolder 객체를 얻을 수 있으며 그 객체명을 본 예제에서는 mHolder 라고 하였다.

```
mHolder = getHolder( );
```

캔버스 객체에 drawText와 drawBitmap 메소드를 이용하여 문자와 이미지를 그리기 위해서는 lockCanvas( ) 메소드를 사용해야 하고, lockCanvas( )는 서피스뷰의 캔버스를 사용할 수 있는 권한을 준다. 이를 통해서 필요한 그림과 문자를 canvas에 나타낸다. 그리고 표시할 내용을 완료하게 되면 unlockCanvasAndPost( ) 메소드를 호출하여 서피스뷰를 실제 사용자 휴대폰 화면으로 복사를 하게 된다. 이러한 lockCanvas( )와 unlockCanvasAndPost( )는 쓰레드 클래스의 run( ) 메소드 안에 적어야하고, lockCanvas( )와 unlockCanvasAndPost( ) 사이에 내가 표현하고자 하는 작업을 하면 된다.

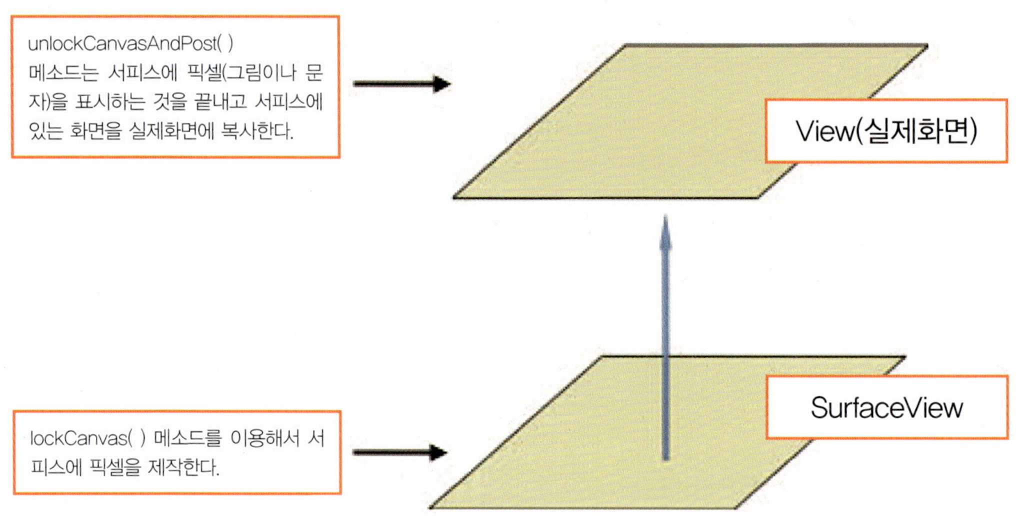

SurfaceHolder 인터페이스가 가지고 있는 lockCanvas( ) 메소드와 unlockCanvas( ) 메소드를 사용하기 위해서는 getHolder( ) 메소드를 통해서 mHolder(본 예제에서 사용한 이름) 서피스홀더 객체를 얻으면 된다. 그리고 addCallback 메소드를 이용해서 mHolder를 콜백 객체로 등록하게 되며 화면의 변화가 발생할 때마다 SurfaceHolder의 콜백 메소드들을 호출하게 된다. 우리가 어떤 클래스의 메소드를 사용하려면 클래스의 객체를 생성하고 객체명.메소드( ) 방법으로 사용을 해야 한다. 인터페이스의 경우에는 직접객체를 생성할 수 없기 때문에 getHolder( ) 메소드를 통해서 SurfaceHolder객체를 얻어야 한다. 그리고 서피스에 픽셀을 뿌려줄 전용 쓰레드를 만들고 그 쓰레드에게 서피스홀더 객체를 넘겨주면 된다. 따라서 서피스에 픽셀(그림이나 문자)을 표시하기 위해서는 mHolder.lockCanvas( ) 메소드를 사용하면 된다. 마찬가지로 서피스에 픽셀을 표시하는 것을 멈추고 서피스에 있는 픽셀들을 뷰(실제화면)에 옮기기 위해서는 mHolder.unlockCanvasAndPost( ) 메소드를 사용하면 된다.

4 안드로이드 개발자 API

API 란 개발자가 사용할 수 있는 함수들의 집합이라고 생각하면 된다.
https://developer.android.com/reference/android/view/SurfaceHolder.html 사이트에 접속하면 SurfaceHolder에 대해 영문으로 된 자세한 내용을 볼 수 있다. 다음은 사이트에서 발췌한 SurfaceHolder의 일부 메소드에 대한 설명이다. SurfaceHolder가 인터페이스라는 사실을 확인할 수 있고 본 예제에서 사용하는 메소드들을 확인 할 수 있다.

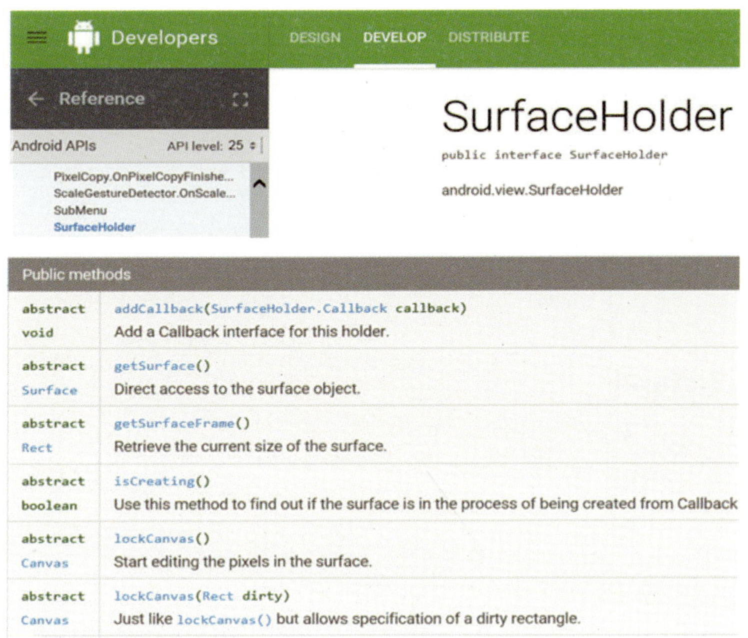

SurfaceHolder.Callback 인터페이스를 구현하게 되면 반드시 구현해야하는 3개의 메소드는 surfaceChanged, surfaceCreated, surfaceDestroyed 메소드이며, 쓰레드를 실행하는 메소드를 surfaceCreated( ) 메소드에 넣는다.

1 Thread 이해하기

메인쓰레드는 onTouchEvent 같은 사용자 인터페이스 및 화면에 픽셀(문자, 그림)을 나타내는 일들을 한다. 그런데 도중에 그림을 그리는 작업이 길어진다면 사용자가 화면을 터치하더라도 그림을 다 그릴 때까지 반응을 기다려야 할 것이다. 이러한 기다림(화면 터치 후 무반응)이 5초 이상 된다면 ANR(Application Not Responding) 오류가 발생할 수 있다. 이런 오류를 막기 위해 그림을 처리하는 전용 쓰레드를 만들 필요가 있다. 이렇게 하나의 쓰레드를 더 만들게 되면 시스템은 2개의 쓰레드를 번갈아 가면서 실행하게 되고 사용자는 답답함을 느끼지 못하게 될 것이다.

View 클래스와 SurfaceView	여기서 설명하는 View는 버튼, 이미지를 표현했던 뷰(=위젯)와는 다르다. View 클래스는 onTouchEvent 같은 메소드를 가지고 있으며 사용자가 화면을 터치하게 되면 자동으로 onTouchEvent 가 실행 된다. View 클래스를 상속 받고 Canvas 클래스의 drawText와 drawBitmap 메소드를 이용하면 문자와 이미지를 화면에 직접 처리할 수 있고 이러한 메소드를 사용하기 위해서 Canvas 객체를 만들어야 한다.

2 Thread에 SurfaceView 연결하기

처음 접하는 사용자는 아래 내용을 본 예제 소스와 비교하며 반복해서 읽고 숙지해야 한다.

❶ 서피스뷰를 상속받고 SurfaceHolder.Callback을 구현하는 클래스를 만든다.

```
public class MySurface extends SurfaceView implements SurfaceHolder.Callback
```

❷ MySurface 클래스 안에 Thread를 상속 받은 내부 클래스를 만든다.

```
class MyThread extends Thread
```

❸ MySurface 멤버 필드로 쓰레드 객체 및 서피스 홀더를 선언한다.

```
MyThread myThread; // 쓰레드 객체 선언
SurfaceHolder mHolder; // 서피스홀더 객체 선언
```

❹ MySurface 클래스의 생성자 안에서 쓰레드를 생성한다. 이때 생성자 인수로 SurfaceHolder 객체 및 Context 객체를 넘겨준다.

```
myThread = new Thread(holder, context);
```

❺ surfaceCreated( ) 메소드 안에 start( ) 메소드를 넣는다(쓰레드를 가동한다).

```
myThread.start();
```

❻ MyThread 클래스 안에 run( ) 메소드를 만들고 안에 다음 내용을 적는다.

```java
public void run() {
        Canvas canvas = null;   //캔버스 객체를 생성한다. 캔버스는 도화지이다.
        while (true) {                //반복실행한다.
                canvas = mHolder.lockCanvas(); //서피스에 픽셀을 나타낼수 있다.
                try {
                        synchronized (mHolder) {
                                drawEverything(canvas); //모든 픽셀을 서피스에 표현한다.
                        } // end of sync
                } finally {
                  if (canvas != null)
                        mHolder.unlockCanvasAndPost(canvas); //실제화면에 복사
                }
        }
}
```

③ mathgame 프로젝트보다 추가된 기능 │ 프로젝트 surfacetest00 │

수학 게임에 여러 가지 기능을 추가하여 좀 더 완성도 높은 작품을 제작하였다. 서브메뉴(덧셈, 뺄셈, 곱셈 문제 선택, 난이도 선택, 시간 선택), 배경음악 삽입, 도움말 기능, 맞은 개수, 틀린 개수 표시하기를 추가하였다.

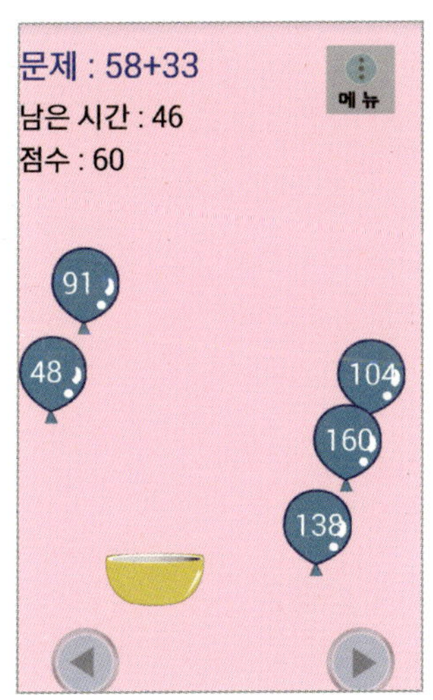

java 파일	xml 파일
MainActivity.java MySurface.java	activity_main.xml

기타 사용된 클래스 파일들	기능
Balloon.java	오답 풍선 클래스로 오답 풍선의 x좌표, y좌표, 움직이는 속도(speed) 변수를 가지고 있다. 본 예제에서는 오답 풍선들의 속도가 같게 만들었지만 멤버 변수 speed를 활용해서 오답 풍선들의 속도를 다르게 설정 할 수도 있다.
AnswerBalloon.java	정답 풍선의 x좌표, y좌표, 움직이는 속도(speed) 변수를 가지고 있다.

AndroidManifest.java

```
<activity android:name=".MainActivity">
        <intent-filter>
            <action android:name="android.intent.action.MAIN" />
            <category android:name="android.intent.category.LAUNCHER" />
        </intent-filter>
    </activity>
```

1

MainActivity.java

```
public class MainActivity extends Activity {

    @Override
    protected void onCreate(Bundle savedInstanceState) {
        super.onCreate(savedInstanceState);
        setContentView(R.layout.activity_main);
    }
}
```

2

activity_main.xml

```
<LinearLayout xmlns:android="http://schemas.android.com/apk/res/android"
    android:layout_width="match_parent"
    android:layout_height="match_parent" >

    <com.example.csc.surfacetest00.MySurface
        android:id="@+id/mySurface"
        android:layout_width="fill_parent"
        android:layout_height="fill_parent"
        />
</LinearLayout>
```

3

MySurface.java

```
public class MySurface extends SurfaceView implements SurfaceHolder.Callback {
    // SurfaceView
    MyThread mThread;
    SurfaceHolder mHolder;
    Context mContext;
```

4

❶ manifest.xml 파일에는 어플리케이션에 사용된 컴포넌트에 대한 정보를 가지고 있다. 이 안에 Activity에 대한 정보를 넣어주어야 한다. 본 예제에 사용된 manifest 파일 안에는 1개의 Activity 정보가 들어 있다. 만약에 다수의 Activity가 있는 경우에는 android.intent.action.Main 구문이 들어있는 Activity가 시스템에 의해 자동으로 실행된다. Activity는 기본적으로 하나의 화면을 나타낸다. 하지만 본 예제에서는 menuOk라는 멤버 변수를 가지고 하나의 Activity를 가지고 여러 화면을 나타내도록 하였다.

❷ MainActivity.java 파일 안에 setContentView 메소드에 의해서 activity_main.xml 파일로 화면을 구성하게 하였다.

❸ xml 파일 안에 MySurface 클래스 파일로 화면을 구성하도록 하였다.

❹ SurfaceView를 상속받은 MySurface 클래스 파일이 실행된다. MySurface 파일 안에 대부분의 소스를 코딩하여 넣는다.

더 알아보기

안드로이드 스튜디오 파일 구조

[manifests] 디렉토리 : AndroidManifest.xml 파일
[java] 디렉토리 : 자바파일들
[res]–[layout] 디렉토리 : 화면설정 xml 파일들
[res]–[drawable] 디렉토리 : 그림 파일들

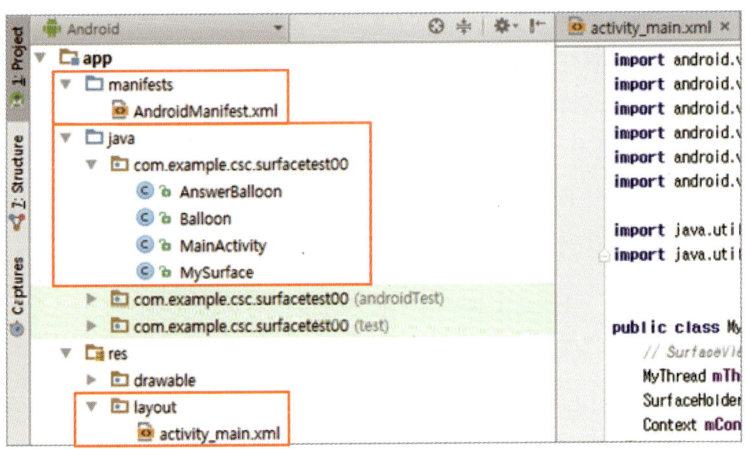

MainActivity.java

```java
package com.example.csc.surfacetest00;

import android.app.Activity;
import android.support.v7.app.AppCompatActivity;
import android.os.Bundle;
import android.view.KeyEvent;
```

```java
public class MainActivity extends Activity {

    @Override
    protected void onCreate(Bundle savedInstanceState) {
        super.onCreate(savedInstanceState);
        setContentView(R.layout.activity_main);
    }


    @Override
    public boolean onKeyDown(int keyCode, KeyEvent event) {
        if (keyCode == KeyEvent.KEYCODE_BACK) {
            System.exit(0);
        }
        return false;
    }

}
```

onKeyDown(int keyCode, KeyEvent event)은 사용자가 키를 누르면 onKeyDown 메소드가
호출된다. 매개 변수인 keyCode와 event를 통하여 키에 대한 정보를 얻을 수 있다.
if (keyCode == KeyEvent.KEYCODE_BACK) System.exit(0); 소스 코드를 통해 스마트폰 기
기의 이전으로 돌아가기 키(하드웨어키)를 눌렀을 때 단어공부장면이 종료되도록 하였다. exit 안
에 넣은 0은 정상종료를 의미한다. 키를 눌렀을 때 onKeyDown 메소드와 onKeyPress 메소드가
실행이 되는데 onKeyDown 메소드가 먼저 실행된다. onKeyDown 메소드에서 리턴값을 false로
사용하면 onKeyPress 이벤트가 발생되지 않아 키가 반복적으로 입력되는 것을 예방할 수 있다.

5 xml 파일로 화면 구성하기(서피스뷰 등록하기)

xml 파일은 화면 구성으로 사용되는데 여기서는 뷰(버튼, 이미지 등)들 대신에 MySurface 클래
스(서피스뷰를 상속받아 제작한 클래스)가 화면에 제시되도록 하였다. SurfaceView를 버튼이나
텍스트 뷰처럼 태그를 활용해 레이아웃 안에 넣으면 된다.

```xml
<?xml version="1.0" encoding="utf-8"?>
<LinearLayout xmlns:android="http://schemas.android.com/apk/res/android"
    android:layout_width="match_parent"
    android:layout_height="match_parent" >

    <com.example.csc.surfacetest00.MySurface
        android:layout_width="fill_parent"
        android:layout_height="fill_parent"
        />
</LinearLayout>
```

6 Mysurface.java 파일에 추가된 기능들

(1) 멤버변수 menuOk 값에 따른 화면

멤버변수 menuOk 값을 활용해서 하나의 Activity로 여러 개의 화면을 구성함		
menuOk 값이 1일 경우	menuOk 값이 2일 경우	menuOk 값이 3일 경우

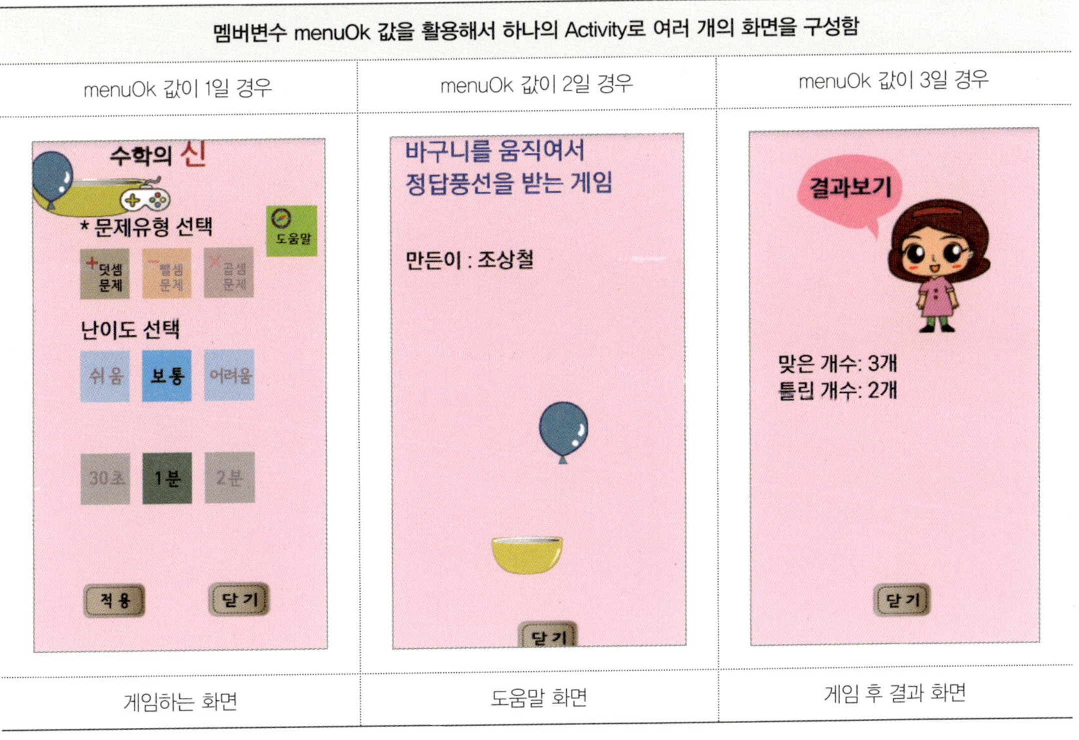

게임하는 화면	도움말 화면	게임 후 결과 화면

(2) 배경음악 및 효과음에 사용될 파일

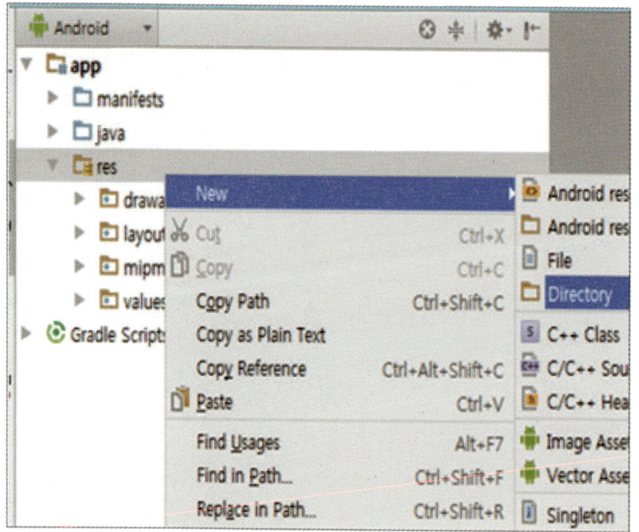

[res] 폴더에서 오른쪽 마우스를 클릭하여[New]−[Directory]를 선택하여 [raw] 디렉토리(폴더)를 만든다.

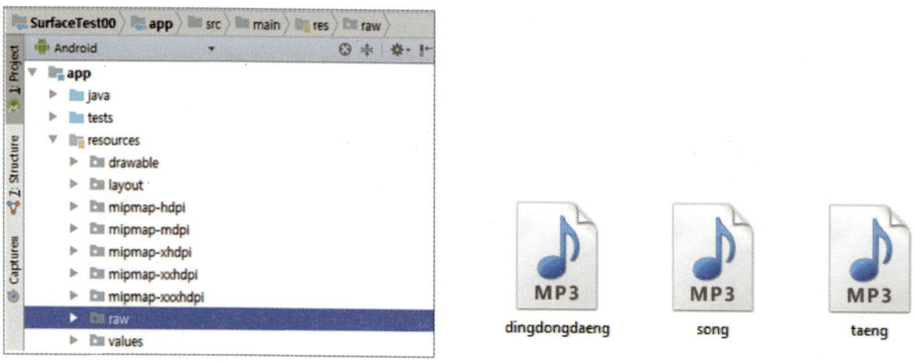

그림은 [res] 디렉토리의 [drawable] 폴더에 넣고 음악 파일, 텍스트 파일은 [raw] 폴더에 넣도록 한다. 배경음악으로 사용될 song.mp3 파일과 효과음인 dingdongdaeng.mp3, taeng.mp3 파일을 새로 만든 [raw] 폴더에 넣는다. 음악파일을 **Ctrl** + **C** 로 복사하고 [raw] 폴더를 클릭하고 **Ctrl** + **V** 로 붙여 넣는다.

(3) 사용된 그림파일들

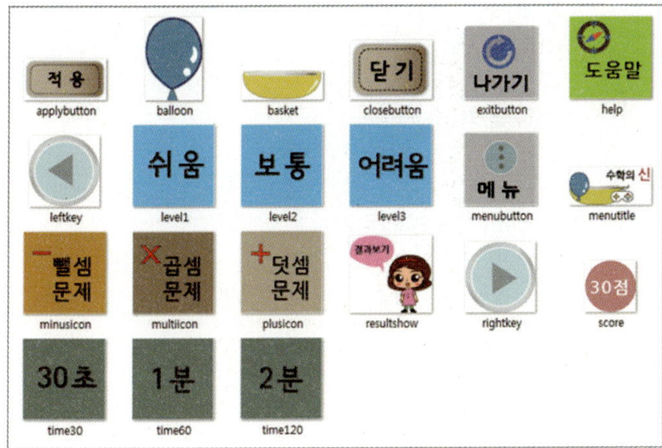

본 프로그램에 사용된 이미지 파일 중에 level1.png, level2.png, level3.png 파일은 옵션메뉴에서 난이도를 선택하는데 이용된다. 또한, minusicon.png, multiicon.png, plusicon.png 파일은 옵션메뉴에서 문제유형을 선택하는 데 이용되고, time30.png, time60.png, time120.png 파일은 옵션메뉴에서 시간을 선택하는데 이용된다.

이미지들을 활용하기 위해 자바소스 코드 안에서 Bitmap 클래스의 메소드들을 이용하고, drawable 폴더에 있는 이미지들을 불러오기 위해서는 BitmapFactory 클래스의 decodeResource( ) 메소드를 활용하면 된다.

```
Bitmap basket;
basket = BitmapFactory.decodeResource(getResources(), R.drawable.basket);
```

(4) 효과음 재생하기

배경음악을 위해서는 MediaPlayer 클래스를 사용하고 효과음을 위해서는 SoundPool 클래스를 이용한다. 먼저 효과음 재생하는 방법을 살펴보겠다. 오답 풍선을 받았을 경우 taeng.mp3이 나오고 정답 풍선을 받았을 경우에는 dingdongdaeng.mp3이 나오도록 하였다.

❶ SoundPool 클래스를 이용하기 위해서 sound 객체를 생성한다. 생성자 파라미터는 maxStreams, streamType, srcQuality 순이다.

```
SoundPool sPool = new SoundPool(1, AudioManager.STREAM_ALARM, 0);
```

· maxStreams : 미리 로드할 사운드의 스트림 개수(여기서는 1로 설정)
· streamType : 게임인 경우 보통 AudioManager.STREAM_MUSIC을 사용한다.
· srcQuality : 품질관련 샘플링 값 (0으로 두면 된다.)

❷ 사운드를 로드해서 식별자 변수에 넣기

```
int dingdongdaeng = sPool.load(this, R.raw.dingdongdaeng, 1);
```

load( ) 메소드 첫 번째 파라미터는 Context 객체이다. 본 앱에서는 Activity가 Context를 상속했기에 this를 쓰면 되고, 두 번째 파라미터는 로드하는 음원 리소스 아이디를, 세 번째 파라미터는 우선순위이다. load( ) 메소드를 호출하면 sound ID를 정수로 반환해주고 그 값이 ding-dongdaeng 변수에 정수형태로 저장된다.

❸ 효과음이 나오게 하는 play 메소드의 매개변수는 다음과 같다. play( ) 메소드를 이용해서 소리를 출력한다. 파라미터는 순서대로 soundID, leftVolum, rightVolum, priority, loop, rate이다.

```
SoundPool sPool = new SoundPool(1, AudioManager.STREAM_ALARM, 0);
```

- soundID : load( ) 메서드를 호출해서 얻은 결과 값으로 어떤 음원을 출력할 것인지를 정하는데 사용된다.
- leftVolumn과 rightVolumn : 소리 크기를 조절한다. 실수형 자료이며 최대값은 1이고 최소값은 0이다. 자료형이 float 타입이라서 뒤에 F를 붙여야 한다.
- priority : 우선순위이다. 거의 동시에 소리를 출력해야 할 경우 우선순위에 따라 출력순서가 정해진다. 0이 가장 낮은 우선순위입니다.
- loop : 반복횟수를 정수로 지정한다. 0은 반복하지 않음을 의미하고 -1은 무한 반복을 나타낸다.
- rate : 재생속도이며 기본 속도가 1.0 이다. 0.5~ 2.0 사이의 값을 넣어서 빠르거나 느리게 재생속도를 설정할 수 있다.

본 예제에서 사용한 전체적인 효과음 구성은 다음과 같다.

```
SoundPool sPool;
  int dingdongdaeng;
  int taeng;
  sPool = new SoundPool(10, AudioManager.STREAM_MUSIC, 0);
  dingdongdaeng = sPool.load(this, R.raw.dingdongdaeng, 1);   //정답 효과음
  taeng = sPool.load(this, R.raw.taeng, 2);                   //오답 효과음

  //바구니로 정답 풍선을 받았을 경우
   sPool.play(dingdongdaeng, 1, 1, 9, 0, 1);
  //바구니로 오답 풍선을 받았을 경우
   sPool.play(taeng, 1, 1, 9, 0, 1);
```

(5) 배경음악 재생하기

배경음악을 위해서 MediaPlayer 클래스를 사용한다. 본 예제에서는 배경 음악파일로 song.mp3 파일을 사용하기 위해 [raw] 폴더에 넣었다.

❶ MediaPlayer 클래스를 사용하기 위해 객체를 하나 만들고 객체명을 backMusic으로 하였다.

❷ create 메소드를 활용해서 [raw] 폴더에 있는 song.mp3 파일을 로드한다.

❸ setLooping 메소드 안에 true 값을 넣으면 무한반복으로 재생이 되고 false 값을 넣으면 한 번만 실행된다.

❹ start( ) 메소드를 이용해서 배경음악을 재생하면 된다.

```java
MediaPlayer backMusic;
backMusic = MediaPlayer.create(this,R.raw.song);
backMusic.setLooping(true);    //노래를 무한반복으로 나오게 하기
backMusic.start();    //재생하기
```

(6) 오답 풍선 만들기

add 메소드를 이용하여 풍선(balloon 객체)을 추가로 생성할 수 있다. new 연산자를 통해 Balloon클래스의 객체를 생성하고 그 객체를 가리키는 참조값을 반환한다.

```java
ArrayList<Balloon> balloon;    //Balloon 클래스를 자료형으로 하는 ArrayList 객체선언
balloon = new ArrayList<Balloon>();  //객체명이 balloon 인 ArrayList 객체 생성

public void drawEverything(Canvas canvas) {
    //오답풍선이 5개보다 작으면 만든다.
        if (balloon.size() < 4) {
            Random r1 = new Random(); //랜덤값 r1을 이용해서 풍선의 위치를 랜덤시킴
            int x = r1.nextInt(Width - button_width);
            int y = r1.nextInt(Height / 4);
            balloon.add(new Balloon(x, -y, balloon_speed));
            }
        }
```

```java
package com.example.csc.surfacetest00;

import android.content.Context;
import android.graphics.Bitmap;
import android.graphics.BitmapFactory;
import android.graphics.Canvas;
import android.graphics.Color;
import android.graphics.Paint;
import android.graphics.Typeface;
import android.media.AudioManager;
import android.media.MediaPlayer;
import android.media.SoundPool;
import android.util.AttributeSet;
import android.view.Display;
import android.view.KeyEvent;
import android.view.MotionEvent;
import android.view.SurfaceHolder;
import android.view.SurfaceView;
import android.view.WindowManager;

import java.util.ArrayList;
import java.util.Random;


public class MySurface extends SurfaceView implements SurfaceHolder.Callback {
    // SurfaceView
    MyThread mThread;
    SurfaceHolder mHolder;
    Context mContext;

    Bitmap basket;
    int basket_x, basket_y;
    int basketWidth;                 //바구니 가로 크기
    int basketHeight;                //바구니 세로 크기
    Bitmap leftKey, rightKey;
    int leftKey_x, leftKey_y;
    int rightKey_x, rightKey_y;
    int Width, Height;
    int score;
    int button_width;
    int basket_speed;   // 바구니 속도
    int balloon_speed;  // 풍선 속도
```

```java
int oNumber;
int xNumber;

Bitmap ballonimg;        //풍선 이미지
int balloonWidth;        //풍선 가로 크기
int balloonHeight;       //풍선 세로 크기

AnswerBalloon answerBalloon;


Bitmap resultShow;  //결과보기 이미지
int resultShow_x, resultShow_y;

int menuOk = 1;  //환경설정이 나오게 하는 변수. 1 이면 환경설정 창이 나온다. 2는 도움말
Bitmap menuButton;       //메뉴 버튼 이미지
Bitmap helpButton;  //도움말 버튼
int helpButton_x, helpButton_y;
Bitmap closeButton;
int closeButton_x, closeButton_y;
Bitmap applyButton;
int applyButton_x, applyButton_y;

Bitmap plusicon;
Bitmap minusicon;
Bitmap multiicon;

int menuButton_x, menuButton_y;
int plusicon_x, plusicon_y;
int minusicon_x, minusicon_y;
int multiicon_x, multiicon_y;

Bitmap time30;     //시간선택 이미지
Bitmap time60;
Bitmap time120;

int time30_x, time30_y;
int time60_x, time60_y;
int time120_x, time120_y;

Bitmap level1;   //난이도 쉬움
Bitmap level2;   //난이도 중간
Bitmap level3;   //난이도 어려움
```

```java
    int level1_x, level1_y;
    int level2_x, level2_y;
    int level3_x, level3_y;

    Bitmap scoreImage; // 점수 30점
    int scoreImage_x, scoreImage_y;
    int score_count;     // 이 값만큼 점수가 화면에 남아 있는다.
    int scoreImageOk = 0;
    int count = 3000;

    //alpha 값 처리를 위한 변수. 하나가 눌려지면 다른것들은 흐리게 나오도록 함.
    int level = 1; // 값이 0 이면 쉬움, 1이면 중간, 2이면 어려움
    int timeValue = 1; // 값이 0 이면 30초, 1이면 1분, 2 이면 2분
    int operater;        // operater가 0 이면 덧셈문제, 1이면 뺄셈 문제, 2 이면 곱셈문제

    ArrayList<Balloon> balloon;
    Bitmap menuTitle; // 메뉴 타이틀

    int number1, number2;   // 덧셈에 사용될 숫자
    int answer; // 정답
    int[] wrongNumber = new int[5];   //오답 숫자 5개를 담을 배열

    SoundPool sPool;
    int dingdongdaeng, taeng;

    public MySurface(Context context, AttributeSet attrs) {
        super(context, attrs);
        SurfaceHolder holder = getHolder();
        holder.addCallback(this);

        mThread = new MyThread(holder, context);
        InitApp();
        setFocusable(true);
    }

    private void InitApp() {
        Display display = ((WindowManager) mContext.getSystemService
                        (Context.WINDOW_SERVICE)).getDefaultDisplay();
        Width = display.getWidth();
        Height = display.getHeight();

        basket_speed = Width / 40;
        balloon_speed = Width / 140;
```

```java
        balloon = new ArrayList<Balloon>();
        button_width = Width / 6;
        basket = BitmapFactory.decodeResource(getResources(), R.drawable.
basket);
        int x = Width / 4;
        int y = Height / 14;
        basket = Bitmap.createScaledBitmap(basket, x, y, true);

        //Bitmap클래스의 getWidth, getHeight 메소드를 통해 그림크기 구하기
        basketWidth = basket.getWidth();
        basketHeight = basket.getHeight();

        basket_x = Width * 1 / 9;
        basket_y = Height * 6 / 9 + button_width / 2;

        leftKey = BitmapFactory.decodeResource(getResources(), R.drawable.
leftkey);
        leftKey_x = button_width / 2;
        leftKey_y = Height - button_width * 2;
        leftKey = Bitmap.createScaledBitmap(leftKey, button_width, button_
width, true);

        rightKey = BitmapFactory.decodeResource(getResources(), R.drawable.
rightkey);
        rightKey_x = Width - button_width - button_width / 2;
        rightKey_y = Height - button_width * 2;

        rightKey = Bitmap.createScaledBitmap(rightKey, button_width, button_
width, true);

        //풍선의 가로크기를 버튼을 가로크기와 같게 하였다.
        balloonimg = BitmapFactory.decodeResource(getResources(), R.drawable.
balloon);
        balloonimg = Bitmap.createScaledBitmap(balloonimg, button_width,
button_width + button_width / 4, true);
        //풍선의 세로길이를 가로길이보다 조금 크게 만들어줌

        balloonWidth = balloonimg.getWidth();
        balloonHeight = balloonimg.getHeight();

        menuTitle = BitmapFactory.decodeResource(getResources(), R.drawable.
menutitle);
        menuTitle = Bitmap.createScaledBitmap(menuTitle, Width * 3 / 5, Height
/ 7, true);
```

```java
        Random r1 = new Random();
        int xx = r1.nextInt(Width);
        answerBalloon = new AnswerBalloon(x, 0, balloon_speed);

        menuButton = BitmapFactory.decodeResource(getResources(), R.drawable.
menubutton);
        menuButton = Bitmap.createScaledBitmap(menuButton, button_width,
button_width, true);
        menuButton_x = Width - button_width * 2 + button_width / 2;
        menuButton_y = Height / 30;


        //도움
        helpButton = BitmapFactory.decodeResource(getResources(), R.drawable.
help);
        helpButton = Bitmap.createScaledBitmap(helpButton, button_width,
button_width, true);
        helpButton_x = Width - button_width - button_width / 4;
        helpButton_y = Height / 8;

        // 덧셈, 뺄셈, 곱셈 문제 아이콘 만들기
        plusicon = BitmapFactory.decodeResource(getResources(), R.drawable.
plusicon);
        plusicon = Bitmap.createScaledBitmap(plusicon, button_width, button_
width, true);
        plusicon_x = button_width;
        plusicon_y = Height / 5;

        minusicon = BitmapFactory.decodeResource(getResources(), R.drawable.
minusicon);
        minusicon = Bitmap.createScaledBitmap(minusicon, button_width, button_
width, true);
        minusicon_x = button_width * 2 + button_width / 4;
        minusicon_y = Height / 5;

        multiicon = BitmapFactory.decodeResource(getResources(), R.drawable.
multiicon);
        multiicon = Bitmap.createScaledBitmap(multiicon, button_width, button_
width, true);
        multiicon_x = button_width * 3 + button_width / 2;
        multiicon_y = Height / 5;

        //난이도 조절 버튼
```

```java
        level1 = BitmapFactory.decodeResource(getResources(), R.drawable.
level1);
        level1 = Bitmap.createScaledBitmap(level1, button_width, button_width,
true);
        level1_x = plusicon_x;
        level1_y = plusicon_y + button_width * 2;

        level2 = BitmapFactory.decodeResource(getResources(), R.drawable.
level2);
        level2 = Bitmap.createScaledBitmap(level2, button_width, button_width,
true);
        level2_x = minusicon_x;
        level2_y = plusicon_y + button_width * 2;

        level3 = BitmapFactory.decodeResource(getResources(), R.drawable.
level3);
        level3 = Bitmap.createScaledBitmap(level3, button_width, button_width,
true);
        level3_x = multiicon_x;
        level3_y = plusicon_y + button_width * 2;

        time30 = BitmapFactory.decodeResource(getResources(), R.drawable.
time30);
        time30 = Bitmap.createScaledBitmap(time30, button_width, button_width,
true);
        time30_x = plusicon_x;
        time30_y = plusicon_y + button_width * 4;

        time60 = BitmapFactory.decodeResource(getResources(), R.drawable.
time60);
        time60 = Bitmap.createScaledBitmap(time60, button_width, button_width,
true);
        time60_x = minusicon_x;
        time60_y = plusicon_y + button_width * 4;

        time120 = BitmapFactory.decodeResource(getResources(), R.drawable.
time120);
        time120 = Bitmap.createScaledBitmap(time120, button_width, button_
width, true);
        time120_x = multiicon_x;
        time120_y = plusicon_y + button_width * 4;

        applyButton = BitmapFactory.decodeResource(getResources(), R.drawable.
applybutton);
```

```java
        applyButton = Bitmap.createScaledBitmap(applyButton, button_width * 4 /
3, button_width * 3 / 4, true);
        applyButton_x = Width / 4 - button_width / 2;
        applyButton_y = plusicon_y + button_width * 6 + button_width / 2;

        closeButton = BitmapFactory.decodeResource(getResources(), R.drawable.
closebutton);
        closeButton = Bitmap.createScaledBitmap(closeButton, button_width * 4 /
3, button_width * 3 / 4, true);
        closeButton_x = Width * 2 / 3 - button_width / 2;
        closeButton_y = plusicon_y + button_width * 6 + button_width / 2;

        scoreImage = BitmapFactory.decodeResource(getResources(), R.drawable.
score);
        scoreImage = Bitmap.createScaledBitmap(scoreImage, button_width,
button_width, true);

        resultShow = BitmapFactory.decodeResource(getResources(), R.drawable.
resultshow);
        resultShow = Bitmap.createScaledBitmap(resultShow, Width * 2 / 3,
Height * 1 / 3, true);
        resultShow_x = button_width;
        resultShow_y = button_width / 2;

        sPool = new SoundPool(10, AudioManager.STREAM_MUSIC, 0);
        dingdongdaeng = sPool.load(mContext, R.raw.dingdongdaeng, 1);
        taeng = sPool.load(mContext, R.raw.taeng, 2);
    }

    @Override
    public void surfaceCreated(SurfaceHolder holder) {
        mThread.start();
    }

    @Override
    public void surfaceChanged(SurfaceHolder arg0, int format, int width, int
height) {
    }

    @Override
    public void surfaceDestroyed(SurfaceHolder holder) {

    }
```

```java
//-------------------------------------
//  MyThread Class
//-------------------------------------
class MyThread extends Thread {

    public MyThread(SurfaceHolder holder, Context context) {
        mHolder = holder;
        mContext = context;
        makeQuestion();
    }


    //-------------------------------------
    //  drawEverything
    //-------------------------------------
    public void drawEverything(Canvas canvas) {
    //오답풍선 개수가 5개 보다 작으면 풍선을 만든다.
        if (balloon.size() < 4) {
        Random r1 = new Random();
        int x = r1.nextInt(Width - button_width);
        int y = r1.nextInt(Height / 4);
        balloon.add(new Balloon(x, -y, balloon_speed));

        }
        Paint p1 = new Paint();     //풍선안에 들어가는 흰 글씨
        Paint p2 = new Paint();     //투명도 있는 paint P2
        Paint p3 = new Paint();     //문제용 파란 글씨
        Paint p4 = new Paint();     //검은 글씨

        p1.setColor(Color.WHITE);
        p1.setTextSize(Width / 14);

        p2.setColor(Color.WHITE);
        p2.setTextSize(Width / 14);
        p2.setAlpha(100);

        p3.setColor(Color.BLUE);
        p3.setTextSize(Width / 12);

        p4.setColor(Color.BLACK);
        p4.setTextSize(Width / 14);


        Paint pp = new Paint();
```

```java
            pp.setColor(0xFFFFD9EC);

            canvas.drawRect(0,0,Width,Height,pp);
            canvas.drawText("남은 시간 : " + Integer.toString(count / 50), 0,
Height / 7, p4);
            canvas.drawText("점수 : " + Integer.toString(score), 0, Height / 5, p4);

            if (operater == 0) answer = number1 + number2;
            else if (operater == 1) answer = number1 - number2;
            else answer = number1 * number2;

            if (operater == 0)
            canvas.drawText("문제 : " + Integer.toString(number1) + "+"
                    + Integer.toString(number2), 0, Height / 13, p3);
            else if (operater == 1)
            canvas.drawText("문제 : " + Integer.toString(number1) + "-"
                    + Integer.toString(number2), 0, Height / 13, p3);
            else
            canvas.drawText("문제 : " + Integer.toString(number1) + "*"
                    + Integer.toString(number2), 0, Height / 13, p3);

            //바구니가 화면을 벗어 났을 경우 처리
            if (basket_x < 0) basket_x = 0;
            if (basket_x + basketWidth > Width) basket_x = Width - basketWidth;

            //바구니, 왼쪽키, 오른쪽키 캔버스에 그리기
            canvas.drawBitmap(basket, basket_x, basket_y, p1);
            canvas.drawBitmap(leftKey, leftKey_x, leftKey_y, p1);
            canvas.drawBitmap(rightKey, rightKey_x, rightKey_y, p1);

            //오답 풍선 그리기
            for (Balloon tmp : balloon)
            canvas.drawBitmap(balloonimg, tmp.x, tmp.y, p1);

            for (int i = balloon.size() - 1; i >= 0; i--)
            canvas.drawText(Integer.toString(wrongNumber[i]), balloon.get(i).x
                    + balloonWidth / 6, balloon.get(i).y + balloonWidth * 2 / 3,
p1);

            //정답 풍선 그리기
            canvas.drawBitmap(balloonimg, answerBalloon.x, answerBalloon.y, p1);
            canvas.drawText(Integer.toString(answer), answerBalloon.x +
balloonWidth / 6, answerBalloon.y + balloonWidth * 2 / 3, p1);
```

```java
//정답풍선 처리하기
if (answerBalloon.y > Height) answerBalloon.y = -50;


if (menuOk == 0)
moveBalloon();    //풍선 움직이기

//풍선과 바구니가 맞닿았는지 체크하기
if (menuOk == 0)
checkCollision();

if (menuOk == 0)
count--;

//시간이 0초 남게 되면 결과창이 나오도록 하기
if (count < 0) {
menuOk = 3;
count = timeValue * 1500 + 1500;
if (timeValue == 2) count = 6000;
}


if (menuOk == 0)
canvas.drawBitmap(menuButton, menuButton_x, menuButton_y, p1);

//환경설정(메뉴) - 문제유형, 난이도, 시간 선택하기
if (menuOk == 1) {
canvas.drawRect(0,0,Width,Height,pp);
canvas.drawBitmap(menuTitle, 0, 0, p1);
canvas.drawText("* 문제유형 선택", button_width, plusicon_y - button_
width / 4, p4);

canvas.drawBitmap(helpButton, helpButton_x, helpButton_y, p1);

if (operater == 0) {
    canvas.drawBitmap(plusicon, plusicon_x, plusicon_y, p1);
    canvas.drawBitmap(minusicon, minusicon_x, minusicon_y, p2);
    canvas.drawBitmap(multiicon, multiicon_x, multiicon_y, p2);
}

if (operater == 1) {
    canvas.drawBitmap(plusicon, plusicon_x, plusicon_y, p2);
    canvas.drawBitmap(minusicon, minusicon_x, minusicon_y, p1);
    canvas.drawBitmap(multiicon, multiicon_x, multiicon_y, p2);
}
```

```java
        if (operater == 2) {
            canvas.drawBitmap(plusicon, plusicon_x, plusicon_y, p2);
            canvas.drawBitmap(minusicon, minusicon_x, minusicon_y, p2);
            canvas.drawBitmap(multiicon, multiicon_x, multiicon_y, p1);
        }


        canvas.drawText("난이도 선택", button_width, level1_y - button_width /
4, p4);


        if (level == 0) {
            canvas.drawBitmap(level1, level1_x, level1_y, p1);
            canvas.drawBitmap(level2, level2_x, level2_y, p2);
            canvas.drawBitmap(level3, level3_x, level3_y, p2);
        }


        if (level == 1) {
            canvas.drawBitmap(level1, level1_x, level1_y, p2);
            canvas.drawBitmap(level2, level2_x, level2_y, p1);
            canvas.drawBitmap(level3, level3_x, level3_y, p2);
        }


        if (level == 2) {
            canvas.drawBitmap(level1, level1_x, level1_y, p2);
            canvas.drawBitmap(level2, level2_x, level2_y, p2);
            canvas.drawBitmap(level3, level3_x, level3_y, p1);
        }


        if (timeValue == 0) {
            canvas.drawBitmap(time30, time30_x, time30_y, p1);
            canvas.drawBitmap(time60, time60_x, time60_y, p2);
            canvas.drawBitmap(time120, time120_x, time120_y, p2);
        }


        if (timeValue == 1) {
            canvas.drawBitmap(time30, time30_x, time30_y, p2);
            canvas.drawBitmap(time60, time60_x, time60_y, p1);
            canvas.drawBitmap(time120, time120_x, time120_y, p2);
        }


        if (timeValue == 2) {
            canvas.drawBitmap(time30, time30_x, time30_y, p2);
            canvas.drawBitmap(time60, time60_x, time60_y, p2);
            canvas.drawBitmap(time120, time120_x, time120_y, p1);
        }
```

```java
canvas.drawBitmap(applyButton, applyButton_x, applyButton_y, p1);
canvas.drawBitmap(closeButton, closeButton_x, closeButton_y, p1);
}


//도움말 나오기
if (menuOk == 2) {
canvas.drawRect(0,0,Width,Height,pp);
canvas.drawText("바구니를 움직여서", Width / 20, Height/ 20, p3);
canvas.drawText("정답풍선을 받는 게임", Width / 20, Height/ 9, p3);
canvas.drawText("만든이 : 조상철", Width / 20, Height/ 4, p4);
canvas.drawBitmap(balloonimg, Width/2, Height/2, p1);
canvas.drawBitmap(basket, Width/3, Height*3/4, p1);
canvas.drawBitmap(closeButton, closeButton_x - button_width,
closeButton_y
        + button_width , p1);
}


//수학게임 결과
if (menuOk == 3) {
canvas.drawRect(0,0,Width,Height,pp);
canvas.drawBitmap(resultShow, resultShow_x, resultShow_y, p1);
canvas.drawText("맞은 개수: " + oNumber + "개", Width / 10, Height * 9
/ 20, p4);
canvas.drawText("틀린 개수: " + xNumber + "개", Width / 10, Height * 1
/ 2, p4);
canvas.drawBitmap(closeButton, closeButton_x - button_width,
closeButton_y
        + button_width * 1 / 3, p1);
}


//정답 풍선을 받았을 경우 30점 표시하기

if (scoreImageOk == 1) {
score_count += 1;
if (score_count < 40) {

    canvas.drawBitmap(scoreImage, scoreImage_x, scoreImage_y, p1);

} else {
    score_count = 0;
    scoreImageOk = 0;
}
```

```java
        }
    }           //end of drawEverything


public void makeQuestion() {
    Random r1 = new Random();
    //정답 풍선에 들어갈 숫자
    int x = r1.nextInt(99) + 1;   //1부터 100까지 난수 발생
    number1 = x;


    x = r1.nextInt(99) + 1;
    number2 = x;


    if (operater == 0) answer = number1 + number2;


    if (operater == 1)
    if (number1 < number2) {
        int tmp = number1;
        number1 = number2;
        number2 = tmp;
        answer = number1 - number2;
    }


    if (operater == 2) {
    r1 = new Random();

    //정답 풍선에 들어갈 숫자
    x = r1.nextInt(9) + 1;   //1부터 100까지 난수 발생
    number1 = x;
    x = r1.nextInt(9) + 1;
    number2 = x;
    answer = number1 * number2;
    }

    //오답 풍선에 들어갈 숫자
    if (operater == 2)    //곱셈문제일 경우
    for (int i = 0; i < 5; i++) {
        x = r1.nextInt(80) + 1;
        while (x == answer) {
    //오답숫자가 정답숫자가 같으면 다시 다른 숫자를 찾는다.
      x = r1.nextInt(80) + 1;
        }
        wrongNumber[i] = x;
```

```java
        }
        else {      //덧셈, 뺄셈 문제일 경우
        for (int i = 0; i < 5; i++) {
            x = r1.nextInt(197) + 1;
            while (x == answer) {
            //오답숫자가 정답숫자가 같으면 다시 다른 숫자를 찾는다.
             x = r1.nextInt(197) + 1;
             }
             wrongNumber[i] = x;


        }
        }
    }


public void moveBalloon() {
    //오답 풍선 움직이기
    for (int i = balloon.size() - 1; i >= 0; i--) {
    //   balloon.get(i).move();
    balloon.get(i).y += balloon_speed;
    }


    //풍선이 화면아래로 사라지면 다시 위에서 나오도록 하기
    for (int i = balloon.size() - 1; i >= 0; i--) {
    Random r1 = new Random();
    int xx = r1.nextInt(70) + 100;
    if (balloon.get(i).y > Height) balloon.get(i).y = -xx;
    }


    //정답 풍선 움직이기
    //   answerBalloon.move();
    answerBalloon.y += balloon_speed;
}


public void checkCollision() {
    //바구니와 오답풍선이 접촉했는지 체크
    for (int i = balloon.size() - 1; i >= 0; i--) {

    if (balloon.get(i).x + balloonWidth / 2 > basket_x
        && balloon.get(i).x + balloonWidth / 2 < basket_x + basketWidth
        && balloon.get(i).y + balloonHeight > basket_y
        && balloon.get(i).y + balloonHeight < basket_y + basketHeight) {
        balloon.remove(i);
        score -= 10;
        xNumber += 1;
```

```java
        sPool.play(taeng, 1, 1, 9, 0, 1);
    }
}

//바구니와 정답풍선이 접촉했는지 체크
if (answerBalloon.x + balloonWidth / 2 > basket_x
    && answerBalloon.x + balloonWidth / 2 < basket_x + basketWidth
    && answerBalloon.y + balloonHeight > basket_y
    && answerBalloon.y + balloonHeight < basket_y + basketHeight) {
    score += 30;
    oNumber += 1;
    makeQuestion();
    Random r1 = new Random();

    int xx = r1.nextInt(Width - button_width);
    answerBalloon.x = xx;
    xx = r1.nextInt(300);
    answerBalloon.y = -xx;
    scoreImageOk = 1;
    scoreImage_x = basket_x - button_width / 2;
    scoreImage_y = basket_y - button_width / 2;
    sPool.play(dingdongdaeng, 1, 1, 9, 0, 1);
    }
}

public void run() {
    Canvas canvas = null;
    while (true) {
    canvas = mHolder.lockCanvas();
    try {
        synchronized (mHolder) {

      drawEverything(canvas);

        } // sync
    } finally {
        if (canvas != null)
      mHolder.unlockCanvasAndPost(canvas);
    } // try

    } // while
    } // run


} // Thread
```

```java
@Override
public boolean onTouchEvent(MotionEvent event) {
    int x = 0, y = 0;
    boolean returnValue = false;

    if (event.getAction() == MotionEvent.ACTION_DOWN) {

        x = (int) event.getX();
        y = (int) event.getY();
        returnValue = true;

        if ((x > leftKey_x) && (x < leftKey_x + button_width) && (y >
leftKey_y)
            && (y < leftKey_y + button_width))
        basket_x -= basket_speed;

        if ((x > rightKey_x) && (x < rightKey_x + button_width) && (y >
rightKey_y)
            && (y < rightKey_y + button_width))
        basket_x += basket_speed;
    }

    if ((x > leftKey_x) && (x < leftKey_x + button_width) && (y > leftKey_y)
      && (y < leftKey_y + button_width))
        basket_x -= basket_speed;

    if ((x > rightKey_x) && (x < rightKey_x + button_width) && (y >
rightKey_y)
        && (y < rightKey_y + button_width))
        basket_x += basket_speed;

    // 환경설정 활성화 : 덧셈문제, 뺄셈, 곱셈 문제 선택
    if (menuOk == 1) {

        if ((x > plusicon_x) && (x < plusicon_x + button_width) && (y >
plusicon_y)
            && (y < plusicon_y + button_width)) {
        operater = 0;
        mThread.makeQuestion();
        }

        if ((x > minusicon_x) && (x < minusicon_x + button_width)
            && (y > minusicon_y) && (y < minusicon_y + button_width)) {
```

```java
            operater = 1;
            mThread.makeQuestion();
            }


            if ((x > multiicon_x) && (x < multiicon_x + button_width) && (y >
multiicon_y)
                && (y < multiicon_y + button_width)) {
            operater = 2;
            mThread.makeQuestion();
            }
        }

        // 환경설정 활성화 : 시간 선택
        if (menuOk == 1) {

            if ((x > time30_x) && (x < time30_x + button_width) && (y > time30_y)
                && (y < time30_y + button_width)) {
//gHandler.sendEmptyMessageDelayed(0,20); 에서 준 값 20에 50을 곱하면 대략 1초가 된다.
            count = 50 * 30;
            timeValue = 0;
            }

            if ((x > time60_x) && (x < time60_x + button_width) && (y > time60_y)
                && (y < time60_y + button_width)) {
            count = 50 * 60;
            timeValue = 1;
            }

            if ((x > time120_x) && (x < time120_x + button_width) && (y > time120_y)
                && (y < time120_y + button_width)) {
            count = 50 * 120;
            timeValue = 2;
            }
        }

        // 환경설정 활성화 : 난이도선택
        if (menuOk == 1) {

            if ((x > level1_x) && (x < level1_x + button_width) && (y > level1_y)
                && (y < level1_y + button_width)) {
            balloon_speed = Width / 200;
            level = 0;
            oNumber = 0;
            xNumber = 0;
```

```java
        mThread.makeQuestion();
    }
    if ((x > level2_x) && (x < level2_x + button_width) && (y > level2_y)
        && (y < level2_y + button_width)) {

        balloon_speed = Width / 140;
        level = 1;
        oNumber = 0;
        xNumber = 0;
        mThread.makeQuestion();
    }
    if ((x > level3_x) && (x < level3_x + button_width) && (y > level3_y)
        && (y < level3_y + button_width)) {
        balloon_speed = Width / 70;
        level = 2;
        oNumber = 0;
        xNumber = 0;
        mThread.makeQuestion();
    }
}


// 환경설정 활성화 : 적용, 닫기 버튼
if (menuOk == 1) {
    if ((x > applyButton_x) && (x < applyButton_x + button_width)
        && (y > applyButton_y) && (y < applyButton_y + button_width)) {
    count = timeValue * 1500 + 1500;
    if (timeValue == 2) count = 6000;
    menuOk = 0;

    oNumber = 0;
    xNumber = 0;
    }
    if ((x > closeButton_x) && (x < closeButton_x + button_width)
        && (y > closeButton_y) && (y < closeButton_y + button_width)) {
    oNumber = 0;
    xNumber = 0;
    System.exit(0);
    }
}


// 환경설정 활성화 : 도움말버튼
if (menuOk == 1) {
    if ((x > helpButton_x) && (x < helpButton_x + button_width)
        && (y > helpButton_y) && (y < helpButton_y + button_width)) {
```

```java
            menuOk = 2;
            }
        }


        // 환경설정 비활성화, 즉 게임이 이루어지고 있다.
        if (menuOk == 0) {
            if ((x > menuButton_x) && (x < menuButton_x + button_width)
                && (y > menuButton_y) && (y < menuButton_y + button_width)) {
            menuOk = 1;
            }
        }


        // 도움말 : 닫기 버튼, 또는 결과보기 창에서 나오는 닫기 버튼
        if (menuOk == 2 || menuOk == 3) {
            if ((x > closeButton_x - button_width) && (x < closeButton_x)
                && (y > closeButton_y + button_width )
                && (y < closeButton_y + button_width + button_width)) {
                if (menuOk == 3) {
                 oNumber = 0;
                 xNumber = 0;
                }
                menuOk = 1;
            }
        }


    return returnValue;  //
}   //end of touchEvent


//---------------------------------------
//  onKeyDown
//---------------------------------------
@Override
public boolean onKeyDown(int keyCode, KeyEvent event) {
    synchronized (mHolder) {
        switch (keyCode) {
        case KeyEvent.KEYCODE_DPAD_LEFT:

            break;
        case KeyEvent.KEYCODE_DPAD_RIGHT:

            break;
        case KeyEvent.KEYCODE_DPAD_UP:

            break;
```

```
            default:
            }
        }
        return false;
    }
} // SurfaceView
```

쓰레드를 시작하는 메소드는 run( )이 아니고 start( ) 이다. 서피스뷰가 생성될 때 자동으로 실행되는 surfaceCreated(){} 안
에 있는 start( ) 메소드에 의해서 쓰레드가 시작된다.

05

DB를 활용한 영어단어 앱 만들기

- txt 파일 불러와서 활용하기
- 객관식 문제 정답처리 방법
- 데이터베이스를 활용하여 데이터 관리하기(저장 및 삭제)

1 영어단어 앱 특징

이번 챕터에서는 영어단어 800개, 토익 2400개, 공무원 영어단어 2800개, 토플 단어 1400개를 문제풀이식으로 단어를 학습할 수 있는 앱을 제작하겠다. 첫 시작화면은 [수능단어], [토익], [토플], [공무원], [평가], [도움말], [나가기]로 구성되어 있다. [수능단어], [토익], [토플], [공무원] 안에는 [단어선택] 메뉴가 있으며 [단어선택]을 선택하면 서브메뉴가 나온다. 각 서브메뉴에는 100개의 문제풀이식 영어 단어가 들어있다. 저장하고 싶은 단어를 [내단어장]에 저장하여 관리할 수 있다. 문제를 친구에게 카카오톡으로 보낼 수 있다. 이번 예제를 통해 데이터베이스를 활용해서 데이터를 저장하거나 삭제 하는 방법을 학습하게 될 것이다.

(1) 파일 구성

리소스에서 raw 디렉토리 만들고, 그 안에 텍스트 파일을 넣어 사용하였다. 독자들은 txt 파일만 메모장으로 수정하여도 나만의 단어장 또는 문제집을 쉽게 제작할 수 있을 것이다.

파일명	설명	파일 개수
high01.txt ~ high08.txt	고등학생 영어단어 800개	8
toeic01.txt ~ toeic14.txt	토익 단어 2,400개	24
official01.txt ~ official23.txt	공무원 단어 2,800개	28
toefl01.txt ~ toefl14.txt	토플 단어 1,400개	14

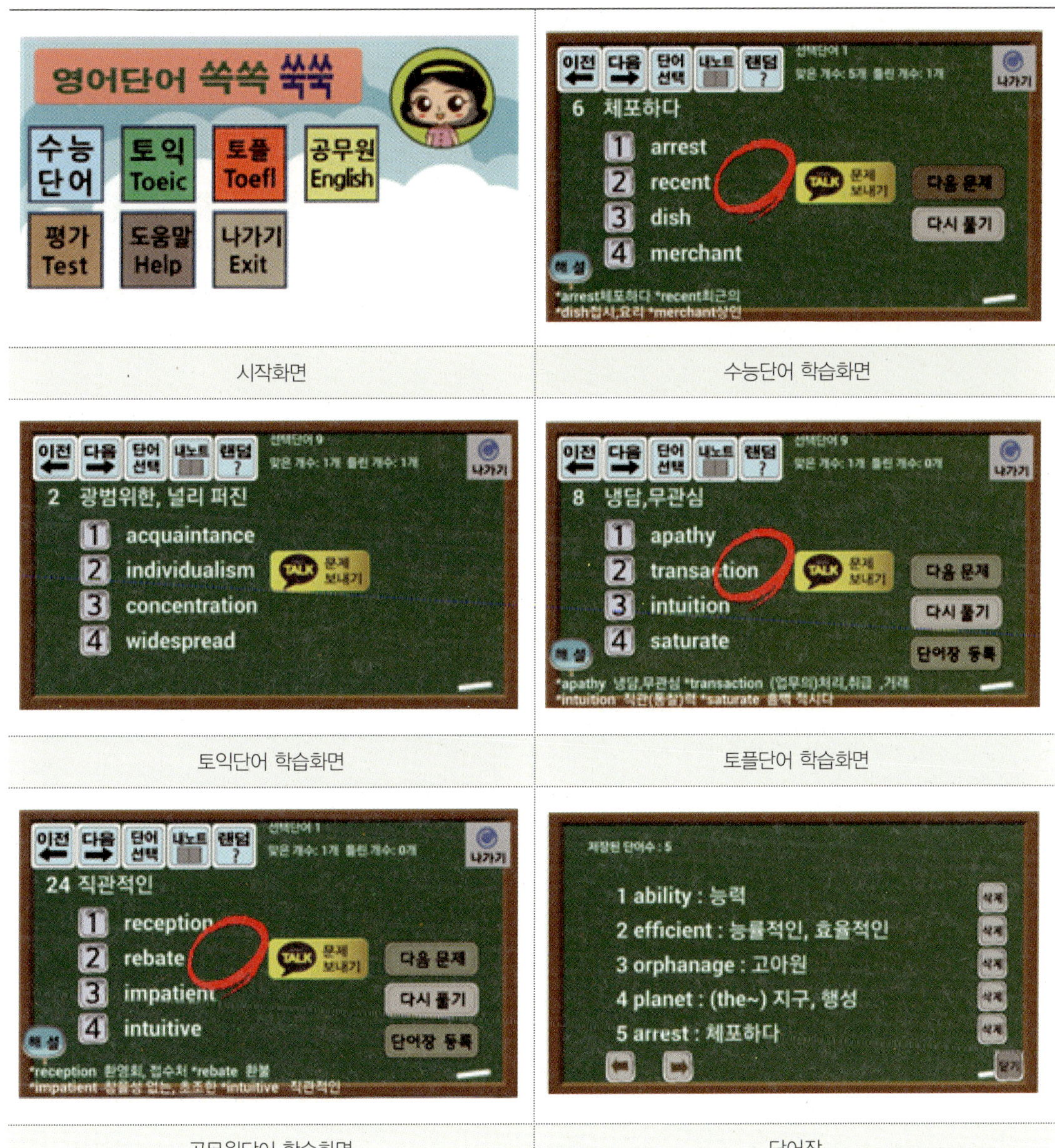

시작화면	수능단어 학습화면
토익단어 학습화면	토플단어 학습화면
공무원단어 학습화면	단어장

2 raw 폴더에 있는 txt 파일 내용 불러오기

(1) txt 파일 만들기

[raw] 폴더에는 다양한 영어단어 학습 파일들이 들어있고, 평가용으로 text00.txt 파일이 들어 있다. 파일 하나는 다음과 같이 100개의 문제로 이루어져 있으며 각 문제는 10개의 첨자로 이루어져 있다. 첨자를 구분하는 기호로 콜론(:)을 사용하였다.

1:비평, 비판:sympathetic:criticism :secondarily :guard :2:*sympathetic 동정적인, 공감하는 *criticism   비평, 비판:*secondarily 종속적으로, 두 번째로 *guard 지키다, 경계하다:0
2:비 도덕적인:immoral:sociality :compliment :allot:1:*immoral 비 도덕적인 *sociality 사교성:*compliment 칭찬 *allot 할당하다:0
3:면도기:threaten:mechanism :razor:attraction :3:*threaten ～을 위협하다 *mechanism   기계구조, 기계화:*razor 면도기 *attraction 매력, 만유 인력:0
4:명부에 올리다:chemistry:customary :list:daily :3:*chemistry 화학 *customary   습관적인, 통상적인:*list 명부에 올리다 *daily 매일의:0
5:나르다, 지니다, 취급하다:carry:imitation :unveil:revolution:1:*carry 나르다, 지니다, 취급하다 *imitation   모방:*unveil 밝히다, 털어놓다 *revolution 혁명:0
6:축소하다:attached:count on:waive:downsize:4:*attached   첨부된 *count on 믿다:*waive 면제(포기)하다 *downsize 축소하다:0
7:부패하다, 쇠퇴하다:resume:fatality:decay:introduce:3:*resume 이력서, 개요, 다시 시작하다 *fatality 죽음, 참사:*decay 부패하다, 쇠퇴하다 *introduce 소개하다, 도입하다:0
8:～을 호되게 꾸짖다:impression :claim:advantage:chew out :4:*impression   인상, 감명, 감동 *claim 요구하다, 청구하다:*advantage 유리, 이익 *chew out   ～을 호되게 꾸짖다:0
9:잡담, 수다:surround:chat:at least:request:2:*surround 둘러싸다 *chat 잡담, 수다:*at least 적어도 *request 요구, 주장:0
※중간 생략※
98:땅을 파다, 탐구하다:remedy:instruct :whizz:dig:4:*remedy 치료, 치유, 치료하다 *instruct 가르치다, 지시하다:*whizz 윙윙거리며 날다 *dig 땅을 파다, 탐구하다:0
99:무시, 무식:spin:memorial :ignorance :embrace:3:*spin (실.거미줄) 잣다 *memorial 기념물, 기념비:*ignorance 무시, 무식 *embrace 포옹하다, 껴안다:0
100:복잡한, (아파트)단지:consist in :outstanding:complex :evident :3:*consist in   ～에 놓여있다 *outstanding 걸출한, 눈에 띄는:*complex 복잡한, (아파트)단지 *evident 명백한, 확실한:0

(2) 한 문제 분석하기

1:비평, 비판:sympathetic:criticism :secondarily :guard :2:*sympathetic 동정적인, 공감하는 *criticism   비평, 비판:*secondarily 종속적으로, 두 번째로 *guard 지키다, 경계하다:0

자바와 C언어의 경우 첨자(열)가 0부터 시작된다. 본 예제에서 사용된 각각의 첨자에 대한 의미를 살펴보겠다.

첨자	값	사용
0	1	문제번호
1	비평, 비판	문제
2	sympathetic	객관식 1번 내용
3	criticism	객관식 2번 내용
4	secondarily	객관식 3번 내용
5	guard	객관식 4번 내용

6	2	정답
7	sympathetic : 동정적인, 공감하는 criticism : 비평, 비판	문제를 풀고 난 후에 해설아이콘을 터치하면 나오는 문제에 대한 설명
8	secondarily : 종속적으로, 두 번째로 guard : 지키다, 경계하다	
9	0	평가에서 사용되는 값, 같은 문제가 출제되는 것을 막기 위해 사용된 값

100개의 문제들은 10개의 열로 이루어져 있다. 이러한 값들을 담기 위해서 이차원 배열을 사용하였다. String questionNum[ ][ ] = new String[100][10]; 문장을 써서 사용했다. 즉, 위에서 questionNum[0][1]의 값은 "비평, 비판"이 될 것이고 questionNum[2][2]의 값은 "threaten"이 될 것이다.

(3) txt 파일에 있는 내용 분리하기

FileTable 클래스는 raw 폴더에 있는 영어단어 파일을 불러와서 내용을 data 배열에 담는다. 그리고 FileSplit0 클래스파일에 데이터를 넘겨주는 역할을 하도록 제작하였다.

FileTable 클래스는 loadFile( ) 메소드를 가지고 있는데 매개변수로 넘겨받는 num 값에 따라 openRawResource( )메소드를 이용해서 high01.txt에서 high08.txt 파일을 불러오게 된다.

FileTable 클래스는 또한 loadFile2 메소드를 가지고 있다. 넘겨 받는 num 값에 따라서 text00.txt, text01.txt, text02.txt 등의 파일을 불러올 수 있다. 본 예제에서는 text00.txt 파일만 사용할 것이다(즉, num 값이 0이다).

available( ) 메소드를 이용해서 파일의 크기를 구할 수 있으며 byte[ ] 형 변수 data에 read( ) 메소드를 이용해서 읽은 값을 저장한다. 단어 학습의 경우에는 FileSplit0 클래스에 평가문항의 경우에는 FileSplit1 클래스에 불러온 데이터를 넘겨준다.

UTF-8은 문자 인코딩 방법이며 전 세계에서 공통으로 사용할 수 있다. EUC-KR로 설정하면 한국에서만 허용되 기 때문에 개발자들은 UTF-8을 사용할 것을 권장한다.

```java
public class FileTable {

    InputStream fi;     //InputStream은 byte 단위로 파일에서 프로그램으로 데이터를 운반한다.

    private FileSplit0 word;
    private FileSplit1 word2;

// 단어공부 파일 읽어오기
```

```java
    public void loadFile(int num) {
        fi = studyView.mContext.getResources().openRawResource(R.raw.high01 +
num);
        try {
            byte[] data = new byte[fi.available()];
            fi.read(data); //입력스트림에서 자료를 읽어 data 배열에 저장한다.
            fi.close();
            String s = new String(data, "UTF-8");
            word = new FileSplit0(s);
        } catch (IOException e) {

        }
    }
// 평가파일 읽어오기
public void loadFile2(int num) {
        fi = studyView2.mContext.getResources().openRawResource(R.raw.test00 +
num);
        try {
            byte[] data = new byte[fi.available()];
            fi.read(data);
            fi.close();
            String s = new String(data, "UTF-8");
            word2 = new FileSplit1(s);
        } catch (IOException e) {

        }
    }
}
```

FileSplit0은 [단어공부]에 사용되는 파일들을 questionNum[ ][ ]에 담는 역할을 한다. 파일 입출력 시 발생하는 오류를 방지하기 위해 try~catch 구문을 사용해야 한다. questionNum[ ][ ]은 static 변수로 설정하여 다른 클래스에서 쉽게 접근하여 사용할 수 있도록 하였다.

```java
public class FileSplit0 {
    public static String questionNum[][] = new String[100][10];

    public FileSplit0(String str) {
        String tmp[] = str.split("\n");
        String s;
        char ch;
        for (int i = 0; i < tmp.length; i++) {
            s = tmp[i];
            String tmp2[] = s.split(":");
            for(int j = 0; j <10   ; j++){
```

```
            tmp2[j]=tmp2[j].trim();    //trim 메소드를 사용하여 빈 공간을 없앤다.
            questionNum[i][j]=tmp2[j];
        }
    }
}
```

FileSplit1 생성자에서는 FileTable에서 넘겨온 자료를 split 메소드를 활용해서 줄단위("₩n")로
잘라 tmp[ ]에 자료를 입력한다. tmp.length는 textt00.txt 파일의 행의 수 1000을 의미한다.
for 구문을 이용해서 콜론(:)을 기준으로 열을 분해해서 tmp2[ ]에 값을 넣는다. makeHundred
메소드에서는 1000개의 문제파일에서 100개의 문제만 추출한다. 같은 문제가 추출되지 않도록
뽑힌 문제의 경우 문제의 마지막 열에 yes라는 문자열을 넣어 주었다.

```java
package com.bliss.csc.englishvoca;

public class FileSplit1 {
    public static String questionNum2[][] = new String[1000][10]; //파일의 내용을 담기
    public static String questionNum[][] = new String[100][10];  //추출된 문제 100개 담기

    public FileSplit1(String str) {
        String tmp[] = str.split("\n");
        String s;
        char ch;
        for (int i = 0; i < tmp.length; i++) {
            s = tmp[i];
            String tmp2[] = s.split(":");

            for (int j = 0; j < 10; j++) {
                tmp2[j] = tmp2[j].trim(); //trim 메소드 : 앞뒤 공백을 없애 줌
                questionNum2[i][j] = tmp2[j];
            }
        }
        makeHundred();
    }

    public void makeHundred() {
        int selectedQuestion;
        double randomNum;

        for (int i = 0; i < 1000; i++)
            questionNum2[i][9] = "";
        for (int i = 0; i < 100; i++) {
            do {
```

```java
            randomNum = Math.random();
            selectedQuestion = (int) ((randomNum * (1000)));
        } while (questionNum2[selectedQuestion][9] == "yes");
//동일한 문제 출제 방지


 for (int j = 0; j < 10; j++) {
        FileSplit1.questionNum[i][j]= FileSplit1.questionNum2[selectedQuestion][j];
        FileSplit1.questionNum[i][0] = Integer.toString(i + 1);
        }
        questionNum2[selectedQuestion][9] = "yes";
    }
  }
}
```


package	패키지는 클래스들의 묶음으로 디렉토리 개념으로 이해하면 된다. 클래스의 실제이름은 패키지명을 포함한 것이다. 예를 들어 String 클래스의 정확한 이름은 java.lang.String 이다. 패키지 선언문은 첫 번째 문장에 적어야 한다. 패키지명을 토대로 안드로이드 스토어에 저장이 된다. 즉, 똑같은 패키지명으로 만든 2개의 작품을 Play 스토어에 따로 업로드 시킬 수 없다.
import	이미 만들어진 다른 패키지의 클래스를 사용하려면 패키지명이 포함된 클래스 이름을 사용하면 된다. import 문은 package 다음에 사용해야 한다.

02 ≫ 데이터베이스 이해하기 

1 데이터베이스

많은 양의 데이터나 자료를 논리적으로 관리(저장, 삭제 등)하기 위해서는 데이터베이스가 필요하다. 안드로이드는 DBMS인 SQLite를 지원하여 쉽게 데이터를 저장, 삭제, 수정할 수 있도록 지원한다. DBMS(DataBase Management System)는 데이터베이스를 관리해주는 소프트웨어 또는 시스템이다.

(1) DBMS 종류

안드로이드 모바일에서는 SQL과 유사한 SQLite를 활용한다.

회사	DBMS
Oracle	Oracle Database, MySQL
IBM	DB2
Microsoft	SQL server

(2) 데이터베이스 구축 순서

❶ 데이터 베이스 생성

❷ 테이블 생성

❸ 데이터 입력, 조회, 수정, 삭제 등(안드로이드 스튜디오를 설치할 때 SQLite가 설치된다.)

(3) SQL(Structured Query Language)

사용자는 SQL를 사용하여 DBMS와 소통할 수 있다.

(4) Table 이해하기

엑셀과 비슷하게 행(=레코드)과 열을 이용해서 데이터를 저장한다. 열은 칼럼(column)이라고도 하며 이름, 생일, 주소 등 속성명을 의미하고 값들이 중복되면 안된다. 행은 열에 해당하는 실제 사용되는 값이다. 이런 DB를 관계형 데이터베이스라고 한다.

(5) 데이터베이스 작업에 필요한 클래스와 인터페이스

클래스, 인터페이스	Method	활용하기	
SQLiteOpenHelper (이번 예제에서는 SQLite OpenHelper를 상속받는 MyDBHelper 클래스를 만들어 사용한다.)	MyDBHelper 생성자	DB를 생성한다.	
	onCreate( )	Create Table 명령을 사용해서 테이블 생성한다.	
	onUpgrade( )	데이터베이스가 업그레이드 될 필요가 있을 때 기존 테이블 삭제 및 새로운 테이블 생성한다.	
	getWritableDatabase( )	쓰고 읽을 수 있는 데이터베이스를 연다. SQLiteDatabase 객체를 반환하고 SQLiteDatabase가 가지고 있는 메소드(execSQL, close 등)를 사용할 수 있다.	
	getReadableDatabase( )	읽을 수 있는 데이터베이스를 연다. SQLiteDatabase 객체를 반환한다.	
SQLIteDatabase Class	execSQL( )	Insert into	레코드를 테이블에 추가하기
		Update	존재하는 레코드값 변경하기
		Delete	테이블에서 레코드 삭제하기
	close( )	DB 닫기	
	query() rawQuery( )	query( )를 실행 후 커서를 반환한다. Select문을 사용할 때는 rawQuery( )를 사용한다.	
Cursor Interface	moveToFirst( )	커서를 레코드 제일 첫 행으로 이동한다.	
	moveToNext( )	커서를 레코드 다음 행으로 이동한다.	
	moveToLast( )	커서를 레코드 마지막 행으로 이동한다.	
	moveToPosition(i)	커서를 원하는 위치에 놓을 수 있다.	

2 DB 생성하기

```
StudyView.java
```

```java
MyDBHelper m_helper; // MyDBHelper 클래스 사용을 위한 객체 선언

// MyDBHelper 클래스 사용을 위한 객체 생성, 두 번째 파라미터가 데이터베이스 이름임.
m_helper = new DBHelper(mContext, "test.db", null, 1);

// SQLiteOpenHelper 클래스를 상속받아서 데이터베이스 생성하기
    class MyDBHelper extends SQLiteOpenHelper {
        public DBHelper(Context context, String name, CursorFactory factory,
int version) {
            super(context, name, factory, version);
    }
```

(1) 테이블 생성, 레코드 삽입하기, 레코드 삭제하기

기능	자세한 내용 살펴보기
테이블 생성하기	CREATE TABEL 테이블명 (_id, 컬럼명 타입 옵션, 컬럼명 타입 옵션); db.execSQL("CREATE TABLE englishWordTable (_id INTEGER PRIMARY KEY AUTOINCREMENT," + " eWord TEXT, kWord TEXT);"); englishWordTable 테이블을 자동으로 값이 증가하는 _id 컬럼과, Text형식의 eWord 컬럼, kWord 컬럼으로 구성 되도록 만들었다.
레코드(=행) 삽입하기	INSERT INTO 테이블명 values (값, 값, 값); 본 예제에서는 String.format을 이용해서 테이블에 값을 삽입하였다. String sql = String.format("INSERT INTO englishWordTable VALUES(NULL, '%s', '%s');", input1, input2)
레코드(=행) 삭제하기	DELETE FROM 테이블명 WHERE 조건; String sql = String.format("DELETE FROM englishWordTable WHERE eWord = '%s'", wordToDelete);

(2) 테이블 생성하기

onCreate( ) 메소드는 데이터베이스가 처음으로 생성될 때 호출된다. 하나의 데이터베이스 안에 여러 개의 테이블을 만들 수 있다. 여기서는 저장하고 싶은 단어를 저장하는 내노트를 위한 테이블이다. 저장 내용은 자동으로 저장되는 _id 컬럼과 영어단어와 단어 뜻이다.

```java
@Override
    public void onCreate(SQLiteDatabase db) { //SQLiteDatabase 클래스의 객체를 생성하여 사용함.
        db.execSQL("CREATE TABLE englishWordTable (_id INTEGER PRIMARY KEY
                AUTOINCREMENT," +  " eWord TEXT, kWord TEXT);");   //테이블 생성하기
    }
@Override
public void onUpgrade(SQLiteDatabase db, int oldVersion, int newVersion) {
        db.execSQL("DROP TABLE IF EXISTS person");
        onCreate(db);
    }
}          //end of MyDBHelper
```

(3) 레코드 삽입하기 – 내 노트에 레코드(저장하고 싶은 단어) 삽입하기

단어를 저장하기 위해서 INSERT INTO를 사용하여 테이블에 저장한다(본 예제에서 사용한 테이블명은 englishWordTable이다). m_helper는 SQLiteOpenHelper 클래스를 상속받아 생성한 객체이기 때문에 getWritableDatabase( )를 사용할 수 있으며 getWritable-Database( )는 SQLiteDatabase를 반환한다. [sss+1]은 정답에 해당되는 영어단어이며 questionNum[questionNumber][1] 에서 첨자 1에 들어가는 것은 단어 뜻이다.

```java
SQLiteDatabase db = m_helper.getWritableDatabase();
  String sql = String.format("INSERT INTO englishWordTable VALUES(NULL, '%s', '%s');",
              FileRead.questionNum[questionNumber][sss + 1],
              FileRead.questionNum[questionNumber][1]);


  db.execSQL(sql);
  db.close();
```

(4) 레코드 삭제하기 – [내노트]에 저장된 단어 삭제하기

단어를 삭제하기 위해서 DELETE FROM 명령을 사용하여 테이블에서 제거한다. 여기서는 레코드 하나씩 삭제할 수 있도록 하였다. [내노트] 한 화면에 5개씩 저장된 단어가 제시되며 각 단어 옆에는 [삭제] 버튼이 나오도록 하였다. [삭제] 버튼의 변수명은 btnForDictionary[0]에서 btn-ForDictionary[4]까지 5개이다. dicOK 변수값이 1 일 때는 [내노트]가 화면에 제시됨을 의미한다. if 구문을 이용해서 각각의 삭제 버튼이 터치되는지 확인하도록 하였다. wordForDelete[0]에서 wordForDelete[4]까지는 현재 [내노트] 화면에서 보이는 5개의 단어(예를 들어 "start")가 위에서부터 순서대로 담겨있다. 즉, 삭제하고 싶은 단어 옆에 있는 [삭제] 버튼을 터치하면 그 단어가 wordToDelete 필드에 들어가게 된다. SQL 문장에서 WHERE 조건에 wordToDelete를 넣고 DELETE FROM 명령을 사용하여 단어를 삭제하면 된다.

```java
if (dicOk == 1) {
        //위에서 첫 번째 삭제버튼을 터치하면
        if (x > btnForDictionary[0].x && x < (btnForDictionary[0].x +
btnForDictionary[0].w * 2)
        && y > btnForDictionary[0].y
        && y < (btnForDictionary[0].y + btnForDictionary[0].h * 2)) {
                if (wordForDelete[0] != null) wordToDelete = wordForDelete[0];
        }

        //두 번째 삭제버튼을 터치하면
        if (x > btnForDictionary[1].x && x < (btnForDictionary[1].x +
btnForDictionary[1].w * 2)
        && y > btnForDictionary[1].y
        && y < (btnForDictionary[1].y + btnForDictionary[1].h * 2)) {
                if (wordForDelete[1] != null) wordToDelete = wordForDelete[1];
        }
        //세 번째 삭제버튼을 터치하면
        if (x > btnForDictionary[2].x
```

```java
//네 번째 삭제버튼을 터치하면
if (x > btnForDictionary[3].x && x < (btnForDictionary[3].x +btnForDictionary[3].w * 2)
 && y > btnForDictionary[3].y && y < (btnForDictionary[3].y + btnForDictionary[3].h * 2))
    if (wordForDelete[3] != null) wordToDelete = wordForDelete[3];

//다섯 번째 삭제버튼을 터치하면
if (x > btnForDictionary[4].x && x < (btnForDictionary[4].x + btnForDictionary[4].w * 2)
 && y > btnForDictionary[4].y && y < (btnForDictionary[4].y + btnForDictionary[4].h * 2))
    if (wordForDelete[4] != null) wordToDelete = wordForDelete[4];


SQLiteDatabase db = m_helper.getWritableDatabase();
    String sql = String.format("DELETE FROM englishWordTable
                           WHERE eWord = '%s'", wordToDelete);
        db.execSQL(sql);
        try {
            Thread.sleep(130);
        } catch (InterruptedException e) {     }
        db.close();
    }
```

(5) [영어단어 앱] 제작에 사용된 중요 파일들

내용	관련 이미지	java 파일	xml 파일
첫 화면	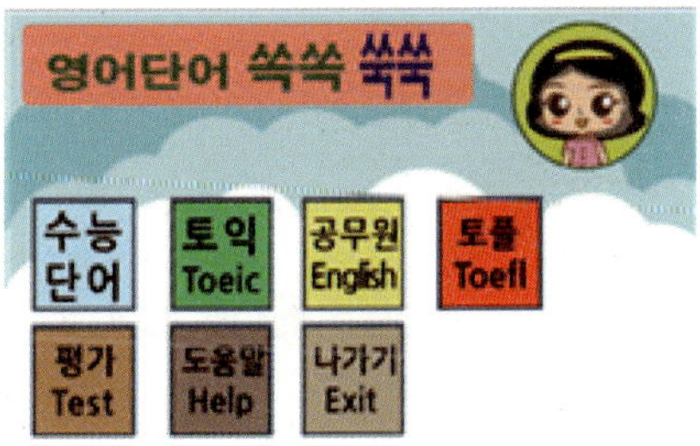	StartCsc.java	startstudy.xml
고등학교 수능단어		ActivityStudy.java StudyView.java	wordstudy.xml

내용	관련 이미지	java 파일	xml 파일
토익단어	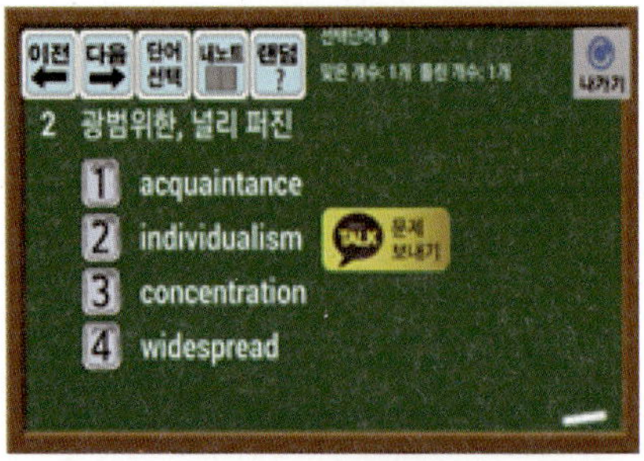	ActivityStudy3.java StudyView3.java	wordstudy2.xml
토플단어	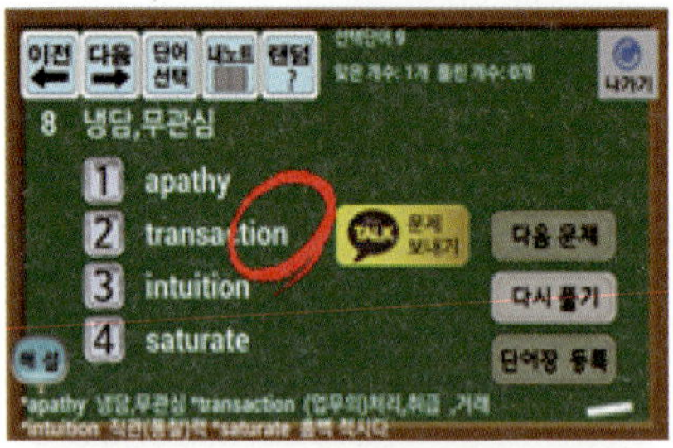	ActivityStudy5.java StudyView5.java	wordstudy4.xml
공무원 단어	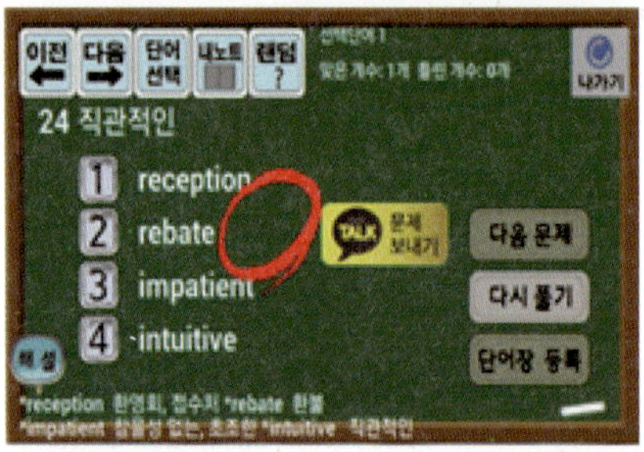	ActivityStudy4.java StudyView4.java	wordtest3.xml
평가	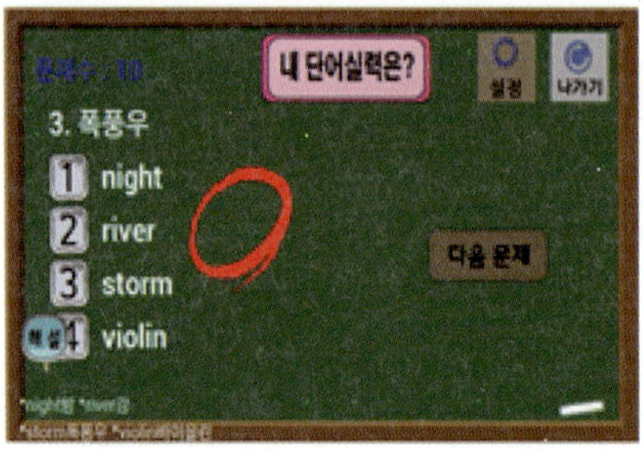	ActivityStudy2.java StudyView2.java	wordtest.xml
도움말		About.java	about.xml

<table>
<tr><th>submenuOk 값이 1일 때 화면 모습</th><th>submenuOk2 값이 1일 때 화면 모습</th></tr>
<tr><td>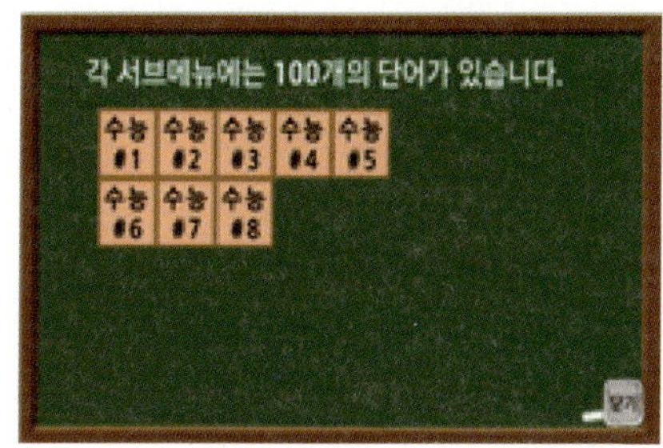</td><td>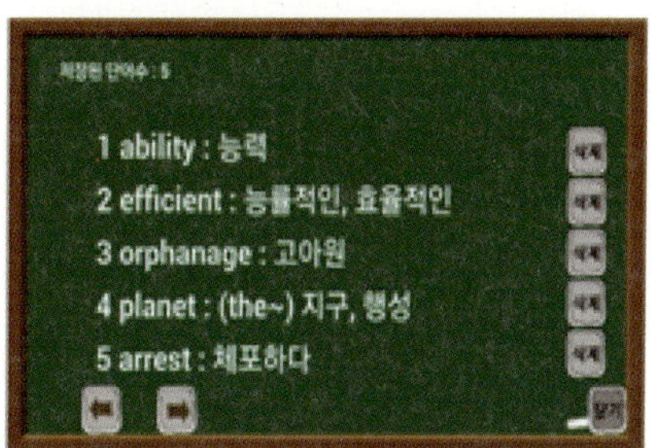</td></tr>
</table>

기타 사용된 클래스 파일들	기능
MyButton1.java	고등학교 수능단어 공부(StudyView.java)에서 사용하는 클래스이다. 버튼들의 위치와 이미지 등을 가지고 있는 클래스(설계도)이다. StudyView 클래스에서 MyButton1 클래스의 객체를 생성해서 사용한다.
MyButton2.java	평가(StudyView2.java)에서 사용하는 클래스이며, 버튼들의 위치와 이미지 등을 가지고 있다. StudyView2 클래스에서 MyButton2 클래스의 객체를 생성해서 사용한다.
MyButton3.java	토익단어 공부(StudyView3.java)에서 사용하는 클래스이다. 버튼들의 위치와 이미지 등을 가지고 있는 클래스(설계도)이다. StudyView3 클래스에서 MyButton3 클래스의 객체를 생성해서 사용한다.
MyButton4.java	공무원단어 공부(StudyView4.java)에서 사용하는 클래스이며, 버튼들의 위치와 이미지 등을 가지고 있다. StudyView4 클래스에서 MyButton4 클래스의 객체를 성해서 사용한다.
MyButton5.java	토플단어 공부(StudyView5.java)에서 사용하는 클래스이며, 버튼들의 위치와 이미지 등을 가지고 있다. StudyView5 클래스에서 MyButton5 클래스의 객체를 생성해서 사용한다.
FileTable.java	수능단어 및 평가와 관련된 클래스 파일로 [raw] 폴더에 있는 파일늘을 가저온디. loadFile(int num) : num 값에 따라 high01.txt~high08.txt 파일을 불러온다. loadFile2(int num) : 평가용 파일 text00.txt파일을 불러온다.
FileTable2.java	토익단어와 관련된 클래스 파일로 [raw] 폴더에 있는 파일들을 가져온다. loadFile(int num) : num 값에 따라 toeic01.txt~toeic24.txt 파일을 불러온다.
FileTable3.java	공무원단어와 관련된 클래스 파일로 [raw] 폴더에 있는 파일들을 가져온다. loadFile(int num) : num 값에 따라 official01.txt~official28.txt 파일을 불러온다.
FileTable4.java	토플단어와 관련된 클래스 파일로 [raw] 폴더에 있는 파일들을 가져온다. loadFile(int num) : num 값에 따라 toefl01.txt~toefl14.txt 파일을 불러온다.

기타 사용된 클래스 파일들	기능
FileSplit0.java	FileTable에서 가져온 데이터를 파일을 행과 열로 쪼개어 String형 변수인 questionNum[][] 에 대입한다.
FileSplit1.java	FileTable에서 가져온 데이터를 가지고 랜덤으로 100문제를 만든다.
KakaoLink.java	카카오톡을 사용하기 위해 필요한 클래스 파일

(6) 메인화면(시작화면) 제작하기

관련파일
startstudy.xml
StartCsc.java

LinearLayout을 사용하여 7개의 이미지뷰(버튼으로 사용함)로 화면을 구성하였다.

LinearLayout 안에 2개의 LinearLayout이 내부에 이루어져 있다. 한 개의 내부 LinearLayout 에는 [수능단어], [토익], [공무원], [토플] 4개의 이미지뷰가 horizontal(수평)으로 배치되어 있고 다른 또 하나의 내부 LinearLayout에는 [평가], [도움말], [나가기]와 같은 3개의 이미지뷰가 horizontal(수평)으로 배치되어 있다. 2개의 내부 LinearLayout은 vertical(수직)으로 배치하였다.

startstudy.xml

```xml
<LinearLayout
        android:layout_width="match_parent"
        android:layout_height="match_parent"
        android:orientaion="horizontal">
    // 이곳에 4 개의 이미지뷰 넣기
</LinearLayout>

<LinearLayout
        android:layout_width="match_parent"
        android:layout_height="match_parent"
        android:orientaion="horizontal">
    // 이곳에 3 개의 이미지뷰 넣기
</LinearLayout>
```

```xml
<?xml version="1.0" encoding="utf-8"?>
<LinearLayout xmlns:android="http://schemas.android.com/apk/res/android"
    xmlns:ads="http://schemas.android.com/apk/res-auto"
    xmlns:tools="http://schemas.android.com/tools"
    android:layout_width="fill_parent"
    android:layout_height="wrap_content"
    android:background="@drawable/background"
    android:orientation="vertical"
    >
        <LinearLayout
            android:layout_width="match_parent"
            android:layout_height="match_parent"
            android:orientation="horizontal">

        // 수능단어

        <ImageView
            android:id="@+id/main1"
            android:layout_width="wrap_content"
            android:layout_height="wrap_content"
            android:layout_marginTop="100dp"
            android:layout_marginLeft="10dp"
            android:src="@drawable/main1" />

        // 토익 Toeic

        <ImageView
            android:id="@+id/main2"
            android:layout_width="wrap_content"
            android:layout_height="wrap_content"
            android:layout_marginLeft="20dp"
            android:layout_marginTop="100dp"
            android:src="@drawable/main2" />

        // 공무원 English

        <ImageView
            android:id="@+id/main4"
            android:layout_width="wrap_content"
            android:layout_height="wrap_content"
            android:layout_marginLeft="20dp"
            android:layout_marginTop="100dp"
            android:src="@drawable/main4" />
```

```
//
```

```
    <ImageView
        android:id="@+id/main3"
        android:layout_width="wrap_content"
        android:layout_height="wrap_content"
        android:layout_marginLeft="20dp"
        android:layout_marginTop="100dp"
        android:src="@drawable/main3" />


</LinearLayout>

<LinearLayout
    android:layout_width="match_parent"
    android:layout_height="match_parent"
    android:orientation="horizontal">

    //
```
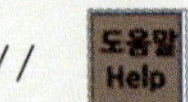

```
    <ImageView
        android:id="@+id/main5"
        android:layout_width="wrap_content"
        android:layout_height="wrap_content"
        android:layout_marginTop="10dp"
        android:layout_marginLeft="10dp"
        android:src="@drawable/main5" />

    //
```

```
    <ImageView

    //
```

```
    <ImageView
        android:id="@+id/main6"
        android:layout_width="wrap_content"
        android:layout_height="wrap_content"
        android:layout_marginLeft="20dp"
        android:layout_marginTop="10dp"
        android:src="@drawable/main6" />

    //
```

```
    <ImageView
```

```xml
                android:id="@+id/main7"
                android:layout_width="wrap_content"
                android:layout_height="wrap_content"
                android:layout_marginLeft="20dp"
                android:layout_marginTop="10dp"
                android:src="@drawable/main7" />


        </LinearLayout>
    </LinearLayout>
```



```java
package com.bliss.csc.englishvoca;

import android.app.Activity;
import android.content.Intent;
import android.os.Bundle;
import android.view.View;
import android.view.Window;
import android.view.WindowManager;
import android.widget.Button;

public class StartCsc extends Activity {

    @Override
    public void onCreate(Bundle savedInstanceState) {
        super.onCreate(savedInstanceState);
        requestWindowFeature(Window.FEATURE_NO_TITLE);
        getWindow().setFlags(WindowManager.LayoutParams.FLAG_FULLSCREEN,
                WindowManager.LayoutParams.FLAG_FULLSCREEN);

        setContentView(R.layout.startstudy);

        findViewById(R.id.main1).setOnClickListener(myClick);
        findViewById(R.id.main2).setOnClickListener(myClick);
        findViewById(R.id.main3).setOnClickListener(myClick);
        findViewById(R.id.main4).setOnClickListener(myClick);
        findViewById(R.id.main5).setOnClickListener(myClick);
        findViewById(R.id.main6).setOnClickListener(myClick);
        findViewById(R.id.main7).setOnClickListener(myClick);
```

```java
        }
Button.OnClickListener myClick = new Button.OnClickListener() {
        @Override
        public void onClick(View v) {
            switch (v.getId()) {

                case R.id.main1:    //수능단어
                    startActivity(new Intent(StartCsc.this, ActivityStudy.class));
                    break;
                case R.id.main2:    //토익단어
                    startActivity(new Intent(StartCsc.this, ActivityStudy3.class));
                    break;
                case R.id.main3:    //공무원단어
                    startActivity(new Intent(StartCsc.this, ActivityStudy4.class));
                    break;
                case R.id.main4:    //토플단어
                    startActivity(new Intent(StartCsc.this, ActivityStudy5 .class));
                    break;
                case R.id.main5:    // 평가
                    startActivity(new Intent(StartCsc.this, ActivityStudy2.class));
                    break;
                case R.id.main6:    //도움말
                    startActivity(new Intent(StartCsc.this, About.class));
                    break;
                case R.id.main7:    //나가기
                    finish();
                    break;
            }
        }
    };
}
```

03 ≫ DB를 활용한 응용 앱 만들기(1)   LOADING...

1 수능단어 학습화면 – 800개 단어를 학습

[단어선택] 버튼을 터치하면 8개의 하위메뉴를 선택 할 수 있다. 또한 단어를 저장하고 내노트에서 확인이 가능하도록 제작하였다. 단어문제를 카카오톡으로 다른 사람에게 전송할 수 있도록 구현하였다.

(1) 사용된 파일들

수능단어를 만드는데 사용되는 파일들은 다음 네모 칸에 있는 파일들이다.

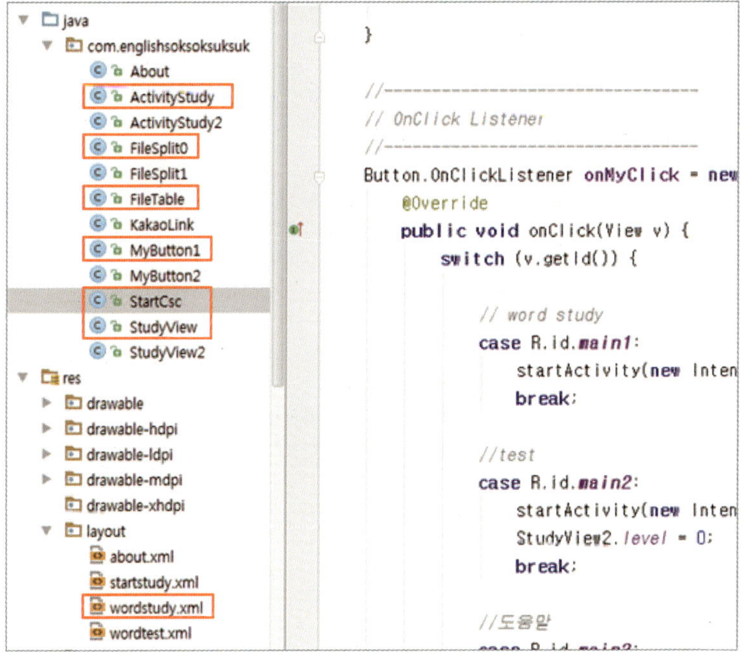

(2) 파일의 연결 순서

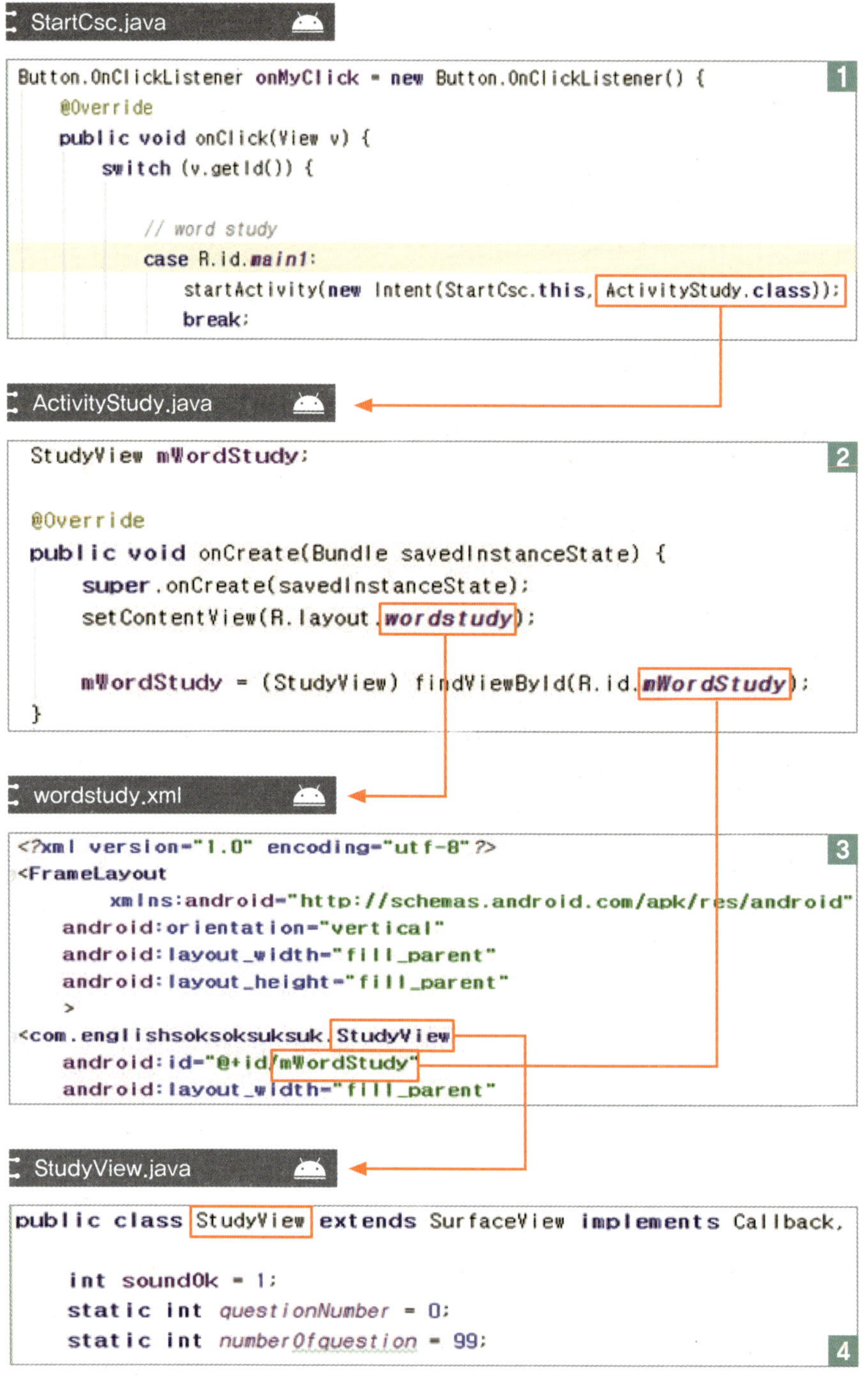


```java
Button.OnClickListener onMyClick = new Button.OnClickListener() {    1
    @Override
    public void onClick(View v) {
        switch (v.getId()) {

            // word study
            case R.id.main1:
                startActivity(new Intent(StartCsc.this, ActivityStudy.class));
                break;
```



```java
StudyView mWordStudy;                                                2

    @Override
    public void onCreate(Bundle savedInstanceState) {
        super.onCreate(savedInstanceState);
        setContentView(R.layout.wordstudy);

        mWordStudy = (StudyView) findViewById(R.id.mWordStudy);
    }
```



```xml
<?xml version="1.0" encoding="utf-8"?>                               3
<FrameLayout
        xmlns:android="http://schemas.android.com/apk/res/android"
    android:orientation="vertical"
    android:layout_width="fill_parent"
    android:layout_height="fill_parent"
    >
<com.englishsoksoksuksuk.StudyView
    android:id="@+id/mWordStudy"
    android:layout_width="fill_parent"
```



```java
public class StudyView extends SurfaceView implements Callback,

    int soundOk = 1;
    static int questionNumber = 0;
    static int numberOfquestion = 99;                                4
```

❶ StartCsc 파일을 보면 main1 버튼을 터치할 경우 startActivity 메소드에 의해서 Activity Study 파일로 화면전환을 하게 된다.

❷ setContentView 메소드에 의해서 wordstudy.xml 파일로 화면을 구성하게 하였다.

❸ xml 파일안에 StudyView 클래스 파일로 화면을 구성하도록 하였다.

❹ SurfaceView를 상속받은 StudyView 클래스 파일이 실행된다. StudyView 파일 안에 영어 공부를 할 수 있는 프로그램을 코딩하여 넣었다.

ActivityStudy.java

```java
package com.bliss.csc.englishvoca;

import android.app.Activity;
import android.os.Bundle;
import android.view.KeyEvent;
import android.view.Menu;
import android.view.MenuItem;

public class ActivityStudy extends Activity {

    @Override
    public void onCreate(Bundle savedInstanceState) {
        super.onCreate(savedInstanceState);
        setContentView(R.layout.wordstudy);


    }

    @Override
    public boolean onCreateOptionsMenu(Menu menu) {
            menu.add(0, 1, 0, "sound on");
            menu.add(0, 2, 0, "sound off");
            menu.add(0, 3, 0, "");
            menu.add(0, 4, 0, "");
            return true;
    }


    //---------------------------------------
    //  onOptions ItemSelected
    //---------------------------------------
    @Override
    public boolean onOptionsItemSelected(MenuItem item) {
            switch (item.getItemId()) {
      case 1:
                StudyView.soundOk=1;
          break;
      case 2:
                StudyView.soundOk=0;
```

```java
            break;
        case 3:
            break;
        case 4:
                break;
    }
    return true;
}


@Override
public boolean onKeyDown(int keyCode, KeyEvent event) {

        if(keyCode== KeyEvent.KEYCODE_BACK) {
                //System.exit(0);     //메인화면으로 돌아가기
                finish();
                return false;
        }


        return false;
}

public void exitProgram(){

finish();


    }
}
```

❶ onCreateOptionsMenu(Menu menu)

Option Menu는 스마트폰 기기의 menu 키를 눌렀을 때 보통 아래에서 위로 올라오는 메뉴
이다. 본 예제에서는 소리를 on하거나 off를 하는 2개의 MenuItem을 만들었다.
add(Group Id, Item Id, 배치순서, 메뉴타이틀) 메소드를 이용해서 메뉴를 추가시킬 수 있다.

❷ onOptionsItemSelected(MenuItem item)

Option Menu의 MenuItem 중 하나를 눌렀을 때 자동으로 호출되는 메소드이다. onCreate-
OptionsMenu메소드에서 MenuItem을 "sound on"과 sound off" 2개를 만들었다. "sound
on"을 클릭하면 소리가 나도록 soundOk 값을 1로 설정하였다. "sound off"를 클릭하면 소리
가 나지 않도록 soundOk 값을 0으로 설정하였다. soundOk 변수는 StudyView 클래스에 있
는 static 변수이다. static 변수를 사용하기 위해서는 클래스명.변수명으로 하면 된다.

❸ onKeyDown(int keyCode, KeyEvent event)

사용자가 키를 누르면 onKeyDown 메소드가 호출된다. 매개변수인 event를 통하여 키에 대한 정보를 얻을 수 있다.

if (keyCode == KeyEvent.KEYCODE_BACK) System.exit(0);은 스마트폰 기기의 이전으로 돌아가기 키를 눌렀을 때 단어공부 학습장면이 종료되도록 하였다. exit 안에 넣은 0은 정상종료를 의미한다.

수능(고등)단어공부를 하는 화면의 모습을 설정한다. 뷰 클래스를 상속받아 개발자가 임의로 커스텀 뷰를 생성할 수 있다. 단어공부의 경우 서피스뷰를 상속받아 커스텀뷰를 제작하였다. 이 경우에 커스텀뷰를 xml 파일에서 참조하기 위해서는 패키지와 서피스뷰를 상속받은 클래스의 이름을 모두 적어야 한다. ActivityStudy 파일에서 setContentView 메소드를 이용하여 wordstudy.xml 파일을 호출한다.

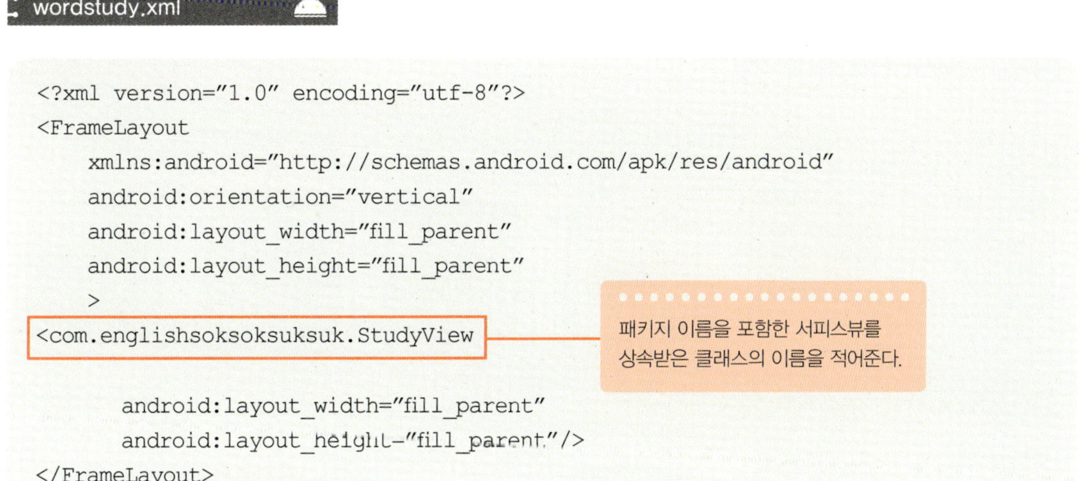

```
wordstudy.xml
```

```xml
<?xml version="1.0" encoding="utf-8"?>
<FrameLayout
    xmlns:android="http://schemas.android.com/apk/res/android"
    android:orientation="vertical"
    android:layout_width="fill_parent"
    android:layout_height="fill_parent"
    >
<com.englishsoksoksuksuk.StudyView

    android:layout_width="fill_parent"
    android:layout_height="fill_parent"/>
</FrameLayout>
```


(3) 주요 그림파일들

사용된 파일 이름과 자바코드에서 생성한 객체 이름이다.

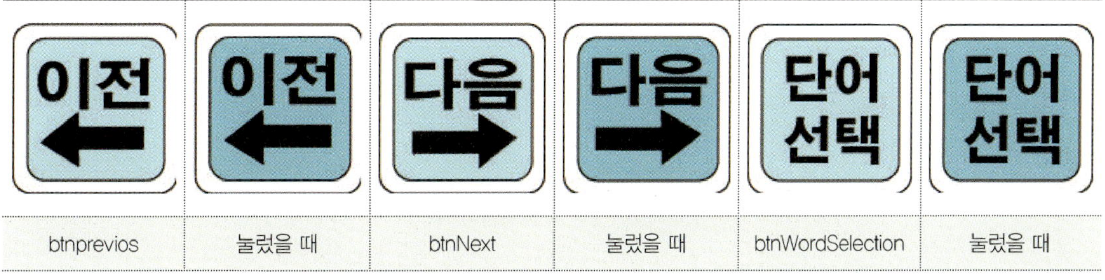

btnprevios	눌렀을 때	btnNext	눌렀을 때	btnWordSelection	눌렀을 때

btnMyNote	눌렀을 때	btnExit	눌렀을 때	btnRandom	눌렀을 때
btnNum1	눌렀을 때	btnNum2	눌렀을 때	btnNum3	눌렀을 때
btnNum4	눌렀을 때	btnNextQustoion	btnSloveAgain	btnWordSave	btnSub1
btnLeftArrow	눌렀을 때	btnRightArrow	눌렀을 때	btnclose	눌렀을 때
btnForDictionary[]	눌렀을 때	expalin	btnKakaoQSDending	answero	answerx

(4) 정답, 오답 처리하기

사용자가 객관식 버튼 1, 2, 3, 4 중 하나를 터치하게 되면 answerButton 값이 1이 되도록 설정하고, 사용자가 2를 터치하게 되면 answerUser 값은 2가 되도록 설정 하였다.

정수형 변수 sss는 txt 파일에 저장되어 있는 문제에 대한 정답(숫자)를 저장하는 변수로 사용하였다. 이러한 정보를 바탕으로 다음 정답과 오답을 처리하는 구문을 살펴보기 바란다.

```java
// 사용자가 객관식 버튼을 터치하고 내노트 보기가 화면에 나오지 않게 되면
    if (answerButton == 1 && dicOk == 0) {


        int sss = 0;
        sss = Integer.parseInt(FileSplit0.questionNum[questionNumber][6].trim());


        if (sss == answerUser) {


                canvas.drawBitmap(answero, Width/2, btnNum1.y, null);


        } else canvas.drawBitmap(answerx, Width/2, btnNum1.y, null);
```

```java
package com.bliss.csc.englishvoca;


import android.content.Context;
import android.content.Intent;
import android.database.Cursor;
import android.database.sqlite.SQLiteDatabase;
import android.database.sqlite.SQLiteDatabase.CursorFactory;
import android.database.sqlite.SQLiteOpenHelper;
import android.gesture.GestureOverlayView;
import android.gesture.GestureOverlayView.OnGestureListener;
import android.graphics.Bitmap;
import android.graphics.BitmapFactory;
import android.graphics.Canvas;
import android.graphics.Color;
import android.graphics.Paint;
import android.graphics.Typeface;
import android.media.AudioManager;
import android.media.SoundPool;
import android.util.AttributeSet;
import android.util.TypedValue;
import android.view.Display;
import android.view.GestureDetector;
import android.view.KeyEvent;
import android.view.MotionEvent;
import android.view.SurfaceHolder;
import android.view.SurfaceHolder.Callback;
import android.view.SurfaceView;
import android.view.WindowManager;
import android.widget.Toast;
```

```java
import java.util.ArrayList;
import java.util.Hashtable;
import java.util.Map;

public class StudyView extends SurfaceView implements Callback, OnGestureListener,
android.view.GestureDetector.OnGestureListener {
    static int soundOk = 1;
    int questionNumber = 0;
    int numberOfquestion = 99;

    int textSizeForG4 = 0;
    int textSizeChanging = 0;
    int textSizeChanging2 = 0;

    int answerButton = 0;
    int answerUser = 0;

    int starIng = 0;
    int starIndex = 0;
    int starX, starY;

    int oNumber = 0;
    int xNumber = 0;

    int whatStudy = 0;

    int submenuOk = 0;
    int submenuOk2 = 0;  //submenuOk와 submenuOK2 값이 0일 때 학습화면이 나온다.

    //값이 1이면 [단어장등록] 아이콘이 화면에 제시된다.
    int wordSave = 0;

    double rand;
    int btnPressed=0;

    String[] wordForDelete = {"", "", "", "", ""};
    String wordToDelete = "";

    // SurfaceView
    static StudyThread mThread;
    SurfaceHolder mHolder;
    static Context mContext;
    FileTable mFile;
```

```java
    //db
 MyDBHelper m_helper;

Cursor cursor;
 int dicOk = 0;
 int movePosition = 0;

 MyButton1 btnNext;      //btnNext : next
 MyButton1 btnPrevious;    //btnNext : previous
 MyButton1 btnWordSelection;
 MyButton1 btnMyNote;
 MyButton1 btnExit;
 MyButton1 btnRandom;     //btn : random
 MyButton1 btnNum1;     //btn : number1
 MyButton1 btnNum2;     //btn : number2
 MyButton1 btnNum3;    //btn : number3
 MyButton1 btnNum4;    //btn : number4
 MyButton1 btnNum5;    //btn : number5 사용안함
 MyButton1 btnNextQuestion;
 MyButton1 btnSolveAgain;

 String whichSubject="선택단어 1";

 //sub menu 8개
 MyButton1 btnSub1;
 MyButton1 btnSub2;
 MyButton1 btnSub3;
 MyButton1 btnSub4;
 MyButton1 btnSub5;
 MyButton1 btnSub6;
 MyButton1 btnSub7;
 MyButton1 btnSub8;

 MyButton1 btnWordSave;
 MyButton1 btnKakaoQSending;

 MyButton1 btnLeftArrow;    //left
 MyButton1 btnRightArrow;    //right
 MyButton1 btnClose;    //close button in circle

 MyButton1 btnForDictionary[];

 //단어 전체 삭제 버튼: 여기서는 사용안함
 MyButton1 btnAllDelete;
```

```java
//제스처 기능(손가락으로 화면 드래그하기)에 사용되는 변수들
private static final int SWIPE_MIN_DISTANCE = 120;
private static final int SWIPE_MAX_OFF_PATH = 250;
private static final int SWIPE_THRESHOLD_VELOCITY = 200;
private GestureDetector gestureScanner;

int btnPreCount = 0;
int btnNextCount = 0;
int btnSelectCount = 0;
int btnMyNoteCount = 0;
int btnRanCount = 0 ;

int btnNum1Count = 0;
int btnNum2Count = 0;
int btnNum3Count = 0;
int btnNum4Count = 0;

//스마트기기 화면 가로크기 및 세로크기 값
static int Width, Height;

//예를 들어 서브메뉴에서 [수능 #2] 을 선택하면 변수 subNumber 에는 2가 저장된다.
int subNumber=1;

Bitmap chilpan;
Bitmap answerx;
Bitmap answero;
Bitmap cap;
Bitmap explain;

Bitmap star[] = new Bitmap[4];     //1, 2, 3, 4 버튼 클릭시 원이 나옴.
static SoundPool sdPool;
static int dingdongdaeng, taeng;

public StudyView(Context context, AttributeSet attrs) {
    super(context, attrs);
    SurfaceHolder holder = getHolder();
    holder.addCallback(this);

    mHolder = holder;
    mContext = context;
    mThread = new StudyThread(holder, context);

    gestureScanner = new GestureDetector(this);
```

```java
        initAll();
        makeQuestion(subNumber);
        setFocusable(true);
}

private void initAll() {
    m_helper = new MyDBHelper(mContext, "testforeng.db", null, 1);
    Display display = ((WindowManager) mContext.getSystemService
                    (Context.WINDOW_SERVICE)).getDefaultDisplay();
    Width = display.getWidth();
    Height = display.getHeight();
    textSizeChanging = (int) (Width * 64 / 1280);
    if (Width > 1700) textSizeForG4 = 120;


    mFile = new FileTable();

//다음 문제 버튼
    btnNext = new MyButton1(30, 14 + 20, 0);
//new 연산자를 이용해서 MyButton1 객체를 생성한다. 3개의 파라미터를 넘겨준다.
//첫 번째 파라미터는 x좌표, 두 번째 파라미터는 y좌표, 세 번째 파라미터는
//그림파일과 관련 있다.(MyButton1 클래스 참고하기)

//이전 버튼
    btnPrevious = new MyButton1(btnNext.x + btnNext.w * 2, 14 + 20, 1);  //next

//단어선택
    btnWordSelection = new MyButton1(btnPrevious.x + btnNext.w * 2, 14 + 20, 2);
//내노트 버튼
    btnMyNote = new MyButton1(btnWordSelection.x + btnNext.w * 2, 14 + 20, 4);

//나가기 버튼
    btnExit = new MyButton1(Width - btnNext.w * 2 - btnNext.w / 3, 14 + 20, 5);
//문제번호를 랜덤으로 나오게 하는 버튼
    btnRandom = new MyButton1(btnMyNote.x + btnNext.w * 2, 14 + 20, 6);

//객관식 1번 버튼
    btnNum1 = new MyButton1(btnNext.x + 70 + 50, btnNext.y + btnNext.h * 2 + 93, 7);

//객관식 2번 버튼
    btnNum2 = new MyButton1(btnNext.x + 70 + 50, btnNum1.y + btnNum1.h * 2 + 8, 8);

// 객관식 3번 버튼
    btnNum3 = new MyButton1(btnNext.x + 70 + 50, btnNum2.y + btnNum2.h * 2 + 8, 9);
```

```java
        // 객관식 4번 버튼
        btnNum4 = new MyButton1(btnNext.x + 70 + 50, btnNum3.y + btnNum3.h * 2
+ 8, 10);

        // 객관식 5번 버튼이며 본 예제에서는 사용을 안함
        btnNum5 = new MyButton1(btnNext.x + 70 + 50, btnNum4.y + btnNum4.h * 2 + 8, 11);

        // 문제를 푼 후에 제시되는 다음문제 버튼
        btnNextQuestion = new MyButton1(Width - btnWordSelection.w * 6, btnNum1.y +
                        btnNum1.h * 2 + 1, 12);

        // 문제를 푼 후에 제시되는 다시풀기 버튼
        btnSolveAgain = new MyButton1(Width - btnWordSelection.w * 6,
                        btnNextQuestion.y + btnNextQuestion.h * 2 + 1, 13);

        // 문제를 푼 후에 제시되는 단어장등록 버튼
        btnWordSave = new MyButton1(Width - btnWordSelection.w * 6, btnSolveAgain.y +
                        btnSolveAgain.h * 2 + 1, 23);

        // 문제를 푼 후에 제시되는 카카오 문제보내기 버튼
        btnKakaoQSending = new MyButton1(Width - btnWordSelection.w * 11,
btnNum1.y + btnNum1.h * 2 + 1, 33);
        // sub menu 단어 선택 메뉴
        btnSub1 = new MyButton1(btnPrevious.x + 10, btnWordSelection.y
                + btnWordSelection.h * 2 + 5, 15);
        btnSub2 = new MyButton1(btnSub1.x + btnSub1.w * 2, btnSub1.y, 16);
        btnSub3 = new MyButton1(btnSub2.x + btnSub2.w * 2, btnSub1.y, 17);
        btnSub4 = new MyButton1(btnSub3.x + btnSub3.w * 2, btnSub1.y, 18);
        btnSub5 = new MyButton1(btnSub4.x + btnSub4.w * 2, btnSub1.y, 19);
        btnSub6 = new MyButton1(btnPrevious.x + 10, btnSub1.y + btnSub1.h * 2, 20);
        btnSub7 = new MyButton1(btnSub1.x + btnSub1.w * 2, btnSub1.y + btnSub1.h * 2, 21);
        btnSub8 = new MyButton1(btnSub2.x + btnSub2.w * 2, btnSub1.y + btnSub1.h * 2, 22);

        // 내사전에서 왼쪽, 오른쪽 버튼
        btnLeftArrow = new MyButton1(btnPrevious.x, Height - btnNext.h * 2, 26);
        btnRightArrow = new MyButton1(btnPrevious.x + 150, Height - btnNext.h * 2, 27);

        // 닫기 버튼
        btnClose = new MyButton1(Width - btnNext.w * 2, Height - btnNext.h * 2, 28);

        //단어장에서 사용되는 삭제버튼. 한 화면에 5개씩 단어가 삭제버튼과 함께 제시됨
        btnForDictionary = new MyButton1[5];
```

```java
        //삭제버튼
        for (int i = 0; i < 5; i++)
            btnForDictionary[i] = new MyButton1(Width - btnNum1.w*4, btnNum1.h*4 + i *
                            btnNum1.h*2 + btnNum1.h/12 * i, 29);

        answerx = BitmapFactory.decodeResource(mContext.getResources(),
                R.drawable.answerx);

        int xxx = Width / 6;
        answerx = Bitmap.createScaledBitmap(answerx, xxx, xxx, true);
        answero = BitmapFactory.decodeResource(mContext.getResources(),
                R.drawable.answero);
        answero = Bitmap.createScaledBitmap(answero, xxx, xxx, true);
        explain = BitmapFactory.decodeResource(mContext.getResources(),
                R.drawable.explain);

        explain = Bitmap.createScaledBitmap(explain, Width / 11, Height / 7, true);

        cap = BitmapFactory.decodeResource(mContext.getResources(), R.drawable.cap);
        cap = Bitmap.createScaledBitmap(cap, Width / 12, Height / 14, true);

        chilpan = BitmapFactory.decodeResource(mContext.getResources(),
                R.drawable.screen1);
        chilpan = Bitmap.createScaledBitmap(chilpan, Width, Height, true);

        for (int i = 0; i < 4; i++) {
            star[i] = BitmapFactory.decodeResource(mContext.getResources(),
                    R.drawable.circlewhite);
            star[i] = Bitmap.createScaledBitmap(star[i], btnNum1.w * 2 + i * 2,
                    btnNum1.w * 2 + i * 2, true);
        }

        sdPool = new SoundPool(10, AudioManager.STREAM_MUSIC, 0);
        dingdongdaeng = sdPool.load(mContext, R.raw.dingdongdaeng, 1);
        taeng = sdPool.load(mContext, R.raw.taeng, 2);
    }


//문제 만들기
    public void makeQuestion(int x) {
        mFile.loadFile(x);
    }


    @Override
    public void surfaceCreated(SurfaceHolder holder) {
```

```java
            mThread.setRunning(true);
            try {
                if (mThread.getState() == Thread.State.TERMINATED) {
                    mThread = new StudyThread(getHolder(), mContext);
                    mThread.setRunning(true);
                    setFocusable(true);
                    mThread.start();
                } else {
                    mThread.start();
                }
            } catch (Exception ex) {
            }
        }
    @Override
     public void surfaceChanged(SurfaceHolder arg0, int format, int width, int
height) {

    }


    @Override
    public void surfaceDestroyed(SurfaceHolder holder) {

        StopStudy();

        boolean retry = true;
        mThread.setRunning(false);
        while (retry) {
            try {
                mThread.join();
                retry = false;
            } catch (Exception e) {
            }
        }

    }

    public static void StopStudy() {
        mThread.StopThread();
    }

    class StudyThread extends Thread {
        boolean canRun = true;
        boolean isWait = false;
        Paint paint = new Paint();
```

```java
        Paint paint2 = new Paint();

        Paint paint3 = new Paint();

        public StudyThread(SurfaceHolder holder, Context context) {

            paint.setColor(Color.WHITE);
            paint.setAntiAlias(true);
            paint.setTypeface(Typeface.create("", Typeface.BOLD));
            paint2.setColor(Color.WHITE);
            paint2.setAntiAlias(true);
            paint2.setTypeface(Typeface.create("", Typeface.BOLD));

            paint3.setColor(Color.WHITE);
            paint3.setAntiAlias(true);
            paint3.setTypeface(Typeface.create("", Typeface.BOLD));

            paint.setTextSize(TypedValue.COMPLEX_UNIT_DIP);
            paint2.setTextSize(35);
            paint3.setTextSize(40);
        }

        public void setRunning(boolean b) {
            // TODO Auto-generated method stub
} // End of SurfaceView

        }

        public void DrawAll(Canvas canvas) {

            canvas.drawBitmap(chilpan, 0, 0, null);

            textSizeChanging = (int) (Width * 58 / 1280);   // aha here I have to adjust
            textSizeChanging2 = (int) (Width * 40 / 1280);

            //텍스트 크기 설정
            paint.setTextSize(Width/23);     //영어글씨
            paint2.setTextSize(Width/40);    //맞은 개수, 틀린 개수 글씨
            paint3.setTextSize(Width/34);    //영어단어 해설에 나오는 글씨

            if (submenuOk == 0 && submenuOk2 == 0) {
                if (questionNumber > numberOfquestion)
                questionNumber = numberOfquestion;
                if (questionNumber < 0) questionNumber = 0;
```

```java
                //문제번호
        canvas.drawText(FileSplit0.questionNum[questionNumber][0],
                btnNext.x + btnNum1.w, btnNext.y + btnNext.h * 3, paint);


                //문제
        canvas.drawText(FileSplit0.questionNum[questionNumber][1],
                btnNext.x + btnNum1.w * 3, btnNext.y + btnNext.h * 3, paint);


                //객관식 선택버튼 1, 2, 3, 4
        canvas.drawText(FileSplit0.questionNum[questionNumber][2],
                btnNext.x + btnNum1.w * 6, btnNum1.y + btnNum1.w + btnNum1.w/2, paint);
        canvas.drawText(FileSplit0.questionNum[questionNumber][3],
                btnNext.x + btnNum1.w * 6, btnNum2.y + btnNum1.w + btnNum1.w/2, paint);
        canvas.drawText(FileSplit0.questionNum[questionNumber][4],
                btnNext.x + btnNum1.w * 6, btnNum3.y + btnNum1.w + btnNum1.w/2, paint);
        canvas.drawText(FileSplit0.questionNum[questionNumber][5],
                btnNext.x + btnNum1.w * 6, btnNum4.y + btnNum1.w + btnNum1.w/2, paint);


        }


//submenuOk 값이 1이면 메뉴를 의미한다. submenuOk2 값이 1이면 내단어장이 나온다.
//submenuOk와 submenuOk2 값이 모두 0일 때 문제를 풀 수 있는 학습장면이 나오도록 하였다.
        if (submenuOk == 0 && submenuOk2 == 0) {
        // 1~4
        canvas.drawBitmap(btnNum1.button_img, btnNum1.x, btnNum1.y, null);
        canvas.drawBitmap(btnNum2.button_img, btnNum2.x, btnNum2.y, null);
        canvas.drawBitmap(btnNum3.button_img, btnNum3.x, btnNum3.y, null);
        canvas.drawBitmap(btnNum4.button_img, btnNum4.x, btnNum4.y, null);


        canvas.drawBitmap(btnKakaoQSending.button_img, btnKakaoQSending.x,
btnKakaoQSending.y, null);
        }


        if (submenuOk == 0 && submenuOk2 == 0) {
        canvas.drawBitmap(btnNext.button_img, btnNext.x, btnNext.y, null);
        canvas.drawBitmap(btnPrevious.button_img, btnPrevious.x, btnPrevious.y, null);
        canvas.drawBitmap(btnWordSelection.button_img, btnWordSelection.x,
btnWordSelection.y, null);


        canvas.drawBitmap(btnMyNote.button_img, btnMyNote.x, btnMyNote.y, null);
        canvas.drawBitmap(btnExit.button_img, btnExit.x, btnExit.y, null);
        canvas.drawBitmap(btnRandom.button_img, btnRandom.x, btnRandom.y, null);
        }
```

```java
        // sub menu
    if (submenuOk == 1) {

        canvas.drawBitmap(chilpan, 0, 0, null);
        canvas.drawText("각 서브메뉴에는 100개의 단어가 있습니다.", btnNext.x + 50 + 50,
                btnNext.h * 2, paint);
        canvas.drawBitmap(btnClose.button_img, btnClose.x, btnClose.y, null);

        canvas.drawBitmap(btnSub1.button_img, btnSub1.x, btnSub1.y, null);
        canvas.drawBitmap(btnSub2.button_img, btnSub2.x, btnSub2.y, null);
        canvas.drawBitmap(btnSub3.button_img, btnSub3.x, btnSub3.y, null);
        canvas.drawBitmap(btnSub4.button_img, btnSub4.x, btnSub4.y, null);
        canvas.drawBitmap(btnSub5.button_img, btnSub5.x, btnSub5.y, null);
        canvas.drawBitmap(btnSub6.button_img, btnSub6.x, btnSub6.y, null);
        canvas.drawBitmap(btnSub7.button_img, btnSub7.x, btnSub7.y, null);
        canvas.drawBitmap(btnSub8.button_img, btnSub8.x, btnSub8.y, null);
    }


    if (submenuOk == 0 && submenuOk2 == 0) {
        canvas.drawText(whichSubject, Width / 2, btnExit.h, paint2);
        canvas.drawText("맞은 개수: " + Integer.toString(oNumber) + "개  틀린 개수: "
                + Integer.toString(xNumber) + "개", Width / 2, btnExit.h * 2,
paint2);
    }

    if (answerButton == 1 && dicOk == 0) {
        int sss = 0;
        sss = Integer.parseInt(FileSplit0.questionNum[questionNumber][6].trim());

        if (sss == answerUser) {
            canvas.drawBitmap(answero, btnNum1.x + 280, btnNum1.y + 20, null);
        } else canvas.drawBitmap(answerx, btnNum1.x + 280, btnNum1.y + 20,
null);

    //다음문제
        canvas.drawBitmap(btnNextQuestion.button_img, btnNextQuestion.x,
            btnNextQuestion.y, null);


    //다시풀기
        canvas.drawBitmap(btnSolveAgain.button_img, btnSolveAgain.x, btnSolveAgain.y,
null);
```

```java
        if (answerButton == 1 && wordSave == 1)
            canvas.drawBitmap(btnWordSave.button_img, btnWordSave.x,
                    btnWordSave.y, null);    // 단어장풀기

                //해설 아이콘 및 문제 해설
        canvas.drawBitmap(explain, 8, btnNum4.y + btnNum4.h * 2 - 50, null);
                canvas.drawText(FileSplit0.questionNum[questionNumber][7], 27,
btnNum4.y + btnNum4.h * 4, paint3);
                canvas.drawText(FileSplit0.questionNum[questionNumber][8], 27,
btnNum4.y + btnNum4.h * 4 + btnNum1.h , paint3);
        }
        //객관식 버튼이 터치되면 원모양(   )이 나온다.
        if (starIng == 1) {
            starIndex += 1;
            if (starIndex >= 15) {
                starIng = 0;
                starIndex = 0;
            } else
            canvas.drawBitmap(star[starIndex / 4], starX - starIndex / 4, starY -
starIndex / 4, null);
        }


        // 버튼이 눌리면 다른 이미지가 일정시간 동안 나오도록 하기 위한 설정
        if(btnPressed==1) {
            btnPreCount++;
            btnNextCount++;
            btnSelectCount++;
            btnMyNoteCount++;
            btnRanCount++;

            btnNum1Count++;
            btnNum2Count++;
            btnNum3Count++;
            btnNum4Count++;

        }

        if (btnPreCount == 15) {
            btnPreCount = 0;
            btnPrevious.btn_released();
        }

        if (btnNextCount == 15) {
            btnNextCount = 0;
```

```java
        btnNext.btn_released();
    }

    if (btnSelectCount == 15) {
        btnSelectCount = 0;
        btnWordSelection.btn_released();
    }

if (btnMyNoteCount == 15) {
        btnMyNoteCount = 0;
        btnMyNote.btn_released();
    }

    if (btnRanCount == 15) {
        btnRanCount = 0;
        btnRandom.btn_released();
    }

    if (btnNum1Count == 15) {
        btnNum1Count = 0;
        btnNum1.btn_released();
    }
    if (btnNum2Count == 15) {
        btnNum2Count = 0;
        btnNum2.btn_released();
    }
    if (btnNum3Count == 15) {
        btnNum3Count = 0;
        btnNum3.btn_released();
    }
    if (btnNum4Count == 15) {
        btnNum4Count = 0;
        btnNum4.btn_released();
    }

    // 내노트 나타내기
    if (dicOk == 1) {
        canvas.drawBitmap(chilpan, 0, 0, null);
        SQLiteDatabase db = m_helper.getReadableDatabase();

        cursor = db.query("englishWordTable", null, null, null, null, null, null);

        int numofdb = cursor.getCount();
```

```java
            if (movePosition > numofdb) movePosition -= 5;
            else if (movePosition == numofdb) movePosition -= 5;

            if (movePosition <= 0) movePosition = 0;

            for (int i = 0; i < 5; i++) {
                if (cursor.moveToPosition(movePosition + i) == false)
        break;
        canvas.drawText((movePosition + i + 1) + " " + cursor.getString(1) + " : "
                + cursor.getString(2), btnExit.w * 3, btnExit.h * 4
                + btnExit.w * 3 / 2 * i, paint);

    //현재 내노트에 있는 단어 5개 대한 영어단어를 삭제를 위해 wordForDelete[ ]에담는다.
                wordForDelete[i] = cursor.getString(1);
            }


            //reft, right arrow and close button in circle format
                canvas.drawBitmap(btnLeftArrow.button_img, btnLeftArrow.x,
btnLeftArrow.y, null);
                canvas.drawBitmap(btnRightArrow.button_img, btnRightArrow.x,
btnRightArrow.y, null);
                canvas.drawBitmap(btnClose.button_img, btnClose.x, btnClose.y,
null);


            int imsy;
            int x = 0;
            for (int i = 0; i < 5; i++) {
                canvas.drawText("저장된 단어수 : " + Integer.toString(numofdb),
100, 100, paint2);
                imsy = 0;
                if (numofdb == 0) {
                    canvas.drawText("단어가 없습니다!", 70, 180 + 90 * i, paint);
                    break;
                }

                canvas.drawBitmap(btnForDictionary[i].button_img,
btnForDictionary[i].x,
                    btnForDictionary[i].y + btnExit.h / 3, null);

                x = (numofdb - 1) / 5;
                if ((movePosition) / 5 < x) imsy = 1;
                else imsy = 0;

                if (imsy == 0) {
```

```java
                if (numofdb % 5 == 4 && i == 3) break;
                if (numofdb % 5 == 3 && i == 2) break;
                if (numofdb % 5 == 2 && i == 1) break;
                if (numofdb % 5 == 1 && i == 0) break;
            }
        }
        cursor.close();
        db.close();
    }
}                   // end of drawall


public void run() {
    Canvas canvas = null;
    while (canRun) {
        canvas = mHolder.lockCanvas();
        try {
            synchronized (mHolder) {
                DrawAll(canvas);
            } // sync
        } finally {
            if (canvas != null)
                mHolder.unlockCanvasAndPost(canvas);
        } // try

        synchronized (this) {
            if (isWait)
                try {
                    wait();
                } catch (Exception e) {
                    // nothing
                }
        } // sync

    } //while
} //run


public void StopThread() {
    canRun = false;
    synchronized (this) {
        this.notify();
    }
}
```

```java
    } //Thread
//터치이벤트
@Override
public boolean onTouchEvent(MotionEvent event) {
    int x = 0, y = 0;

    synchronized (mHolder) {

        if (event.getAction() == MotionEvent.ACTION_DOWN) {

            x = (int) event.getX();
            y = (int) event.getY();

        } else if (event.getAction() == MotionEvent.ACTION_MOVE) {
        } else if (event.getAction() == MotionEvent.ACTION_UP) {

        }
    }   //end of sync

if (x > btnNext.x && x < (btnNext.x + btnNext.w * 2) && y > btnNext.y
    && y < (btnNext.y + btnNext.h * 2)) {
    questionNumber -= 1;
    answerButton = 0;
    btnPreCount = 0;
    btnPressed=1;
    btnNext.btn_press();
    submenuOk = 0;
    dicOk = 0;
}
```



```java
        if (x > btnPrevious.x && x < (btnPrevious.x + btnPrevious.w * 2)
        && y > btnPrevious.y && y < (btnPrevious.y + btnPrevious.h * 2)) {
        questionNumber += 1;
        answerButton = 0;
        btnPreCount = 0;
        btnPressed=1;
        btnPrevious.btn_press();
        submenuOk = 0;
        dicOk = 0;
    }
```

```java
            if (x > btnWordSelection.x && x < (btnWordSelection.x + btnWordSelection.w * 2)
                && y > btnWordSelection.y && y < (btnWordSelection.y + btnWordSelection.h * 2)) {
            btnWordSelection.btn_press();
            questionNumber = 0;
            answerButton = 0;
            btnSelectCount = 0;
            btnPressed=1;
            submenuOk = 1;
            dicOk = 0;
            whatStudy = 0;
            submenuOk2 = 0;
        }


            if (x > btnMyNote.x && x < (btnMyNote.x + btnMyNote.w * 2) && y > btnMyNote.y
                && y < (btnMyNote.y + btnMyNote.h * 2)) {
            btnMyNote.btn_press();
            btnMyNoteCount = 0;
            btnPressed=1;
            dicOk = 1;
            submenuOk = 0;
        }

//exit button
if (dicOk != 1)
        if (x > btnExit.x && x < (btnExit.x + btnExit.w * 2) && y > btnExit.y && y
            < (btnExit.y + btnExit.h * 2)) {
            btnPressed=1;
            System.exit(0);
            submenuOk = 0;
            dicOk = 0;
        }


if (x > btnRandom.x && x < (btnRandom.x + btnRandom.w * 2)
    && y > btnRandom.y && y < (btnRandom.y + btnRandom.h * 2)) {
        rand = Math.random();
        questionNumber = (int) ((rand * (numberOfquestion + 2)));
        answerButton = 0;
        btnRanCount = 0;
        btnPressed=1;
        btnRandom.btn_press();
        submenuOk = 0;
        dicOk = 0;
```

```java
        }

if (answerButton == 0) {
    // 1,2,3,4 선택 버튼
    if (dicOk == 0 && submenuOk == 0 && submenuOk2 == 0)
        if (x > btnNum1.x && x < (btnNum1.x + btnNum1.w * 2)
                && y > btnNum1.y && y < (btnNum1.y + btnNum1.h * 2)) {

            int sss = 0;
            submenuOk = 0;
            dicOk = 0;
            answerUser = 1;
            btnNum1.btn_press();
            answerButton = 1;
            wordSave = 1;
            btnNum1Count = 0;
            btnPressed=1;
            starIng = 1;
            starX = btnNum1.x;
            starY = btnNum1.y;

            sss = Integer.parseInt(FileSplit0.questionNum[questionNumber][6].trim());

//정답이면 딩동댕 소리가 나고 오답이면 땡 소리가 나도록 하기
            if (sss == answerUser) {
                if (soundOk == 1)
                    StudyView.sdPool.play(StudyView.dingdongdaeng, 1, 1, 9, 0, 1);
                oNumber++;
            } else {
                if (soundOk == 1)
                    StudyView.sdPool.play(StudyView.taeng, 1, 1, 9, 0, 1);
                xNumber++;
            }
        }

    if (dicOk == 0 && submenuOk == 0 && submenuOk2 == 0)
        if (x > btnNum2.x && x < (btnNum2.x + btnNum2.w * 2)
            && y > btnNum2.y && y < (btnNum2.y + btnNum2.h * 2)) {

            int sss = 0;
            submenuOk = 0;
            dicOk = 0;
            btnNum2.btn_press();
            answerButton = 1;
```

```java
            wordSave = 1;
            answerUser = 2;
            btnNum2Count = 0;
            btnPressed=1;
            starIng = 1;
            starX = btnNum2.x;
            starY = btnNum2.y;

            sss = Integer.parseInt(FileSplit0.questionNum[questionNumber]
[6].trim());


            if (sss == answerUser) {
                if (soundOk == 1)
                    StudyView.sdPool.play(StudyView.dingdongdaeng, 1, 1, 9, 0, 1);
                oNumber++;
            } else {
                if (soundOk == 1)
                    StudyView.sdPool.play(StudyView.taeng, 1, 1, 9, 0, 1);xNumber++;
            }


        }



    if (dicOk == 0 && submenuOk == 0 && submenuOk2 == 0)
        if (x > btnNum3.x && x < (btnNum3.x + btnNum3.w * 2)
            && y > btnNum3.y && y < (btnNum3.y + btnNum3.h * 2)) {
            btnNum3.btn_press();
            btnPressed=1;
            answerButton = 1;
            wordSave = 1;
            answerUser = 3;

            submenuOk = 0;
            dicOk = 0;
            btnNum3Count = 0;
            starIng = 1;
            starX = btnNum3.x;
            starY = btnNum3.y;

            int sss = 0;
            sss = Integer.parseInt(FileSplit0.questionNum[questionNumber]
[6].trim());

            if (sss == answerUser) {
```

```java
                    if (soundOk == 1)
                        StudyView.sdPool.play(StudyView.dingdongdaeng, 1, 1, 9, 0, 1);
                    oNumber++;
                } else {
                    xNumber++;
                    if (soundOk == 1)
                        StudyView.sdPool.play(StudyView.taeng, 1, 1, 9, 0, 1);
                }


            }



        if (dicOk == 0 && submenuOk == 0 && submenuOk2 == 0)
            if (x > btnNum4.x && x < (btnNum4.x + btnNum4.w * 2)
                && y > btnNum4.y && y < (btnNum4.y + btnNum4.h * 2)) {

                int sss = 0;
                btnPressed=1;
                btnNum4.btn_press();
                answerButton = 1;
                wordSave = 1;
                answerUser = 4;

                btnNum4Count = 0;
                submenuOk = 0;
                dicOk = 0;
                starIng = 1;
                starX = btnNum4.x;
                starY = btnNum4.y;
                ss = Integer.parseInt(FileSplit0.questionNum[questionNumber]
[6].trim());

                if (sss == answerUser) {
                    if (soundOk == 1)
                        StudyView.sdPool.play(StudyView.dingdongdaeng, 1, 1, 9, 0, 1);
                    oNumber++;
                } else {
                    xNumber++;
                    if (soundOk == 1)
                        StudyView.sdPool.play(StudyView.taeng, 1, 1, 9, 0, 1);
                }
            }


    } // end of answerButton
```

```java
        if (answerButton == 1)
            if (x > btnNextQuestion.x && x < (btnNextQuestion.x + btnNextQuestion.w * 2)
                && y > btnNextQuestion.y && y < (btnNextQuestion.y + btnNextQuestion.h * 2)) {
                btnNextQuestion.btn_press();
                questionNumber += 1;
                answerButton = 0;
                submenuOk = 0;
            }


        if (answerButton == 1)
            if (x > btnSolveAgain.x && x < (btnSolveAgain.x + btnSolveAgain.w * 2)
                && y > btnSolveAgain.y && y < (btnSolveAgain.y + btnSolveAgain.h * 2)) {
                btnSolveAgain.btn_press();
                answerButton = 0;
                submenuOk = 0;
            }


        if (answerButton == 1 && wordSave == 1)
            if (x > btnWordSave.x && x < (btnWordSave.x + btnWordSave.w * 2)
                && y > btnWordSave.y && y < (btnWordSave.y + btnWordSave.h * 2)) {
                wordSave = 0;
                btnWordSave.btn_press();
                submenuOk = 0;


                //sss 는 정답 숫자를 입력받는다.
                int sss = Integer.parseInt(FileSplit0.questionNum[questionNumber]
[6].trim());


                dicOk = 0;
                SQLiteDatabase db = m_helper.getWritableDatabase();


                // sss+1 은 정답에 해당되는 영어단어
                //questionNum[questionNumber][1] 에서 첨자 1에 들어가는 것은 단어 뜻이다.(한글)
                String sql = String.format("INSERT INTO englishWordTable VALUES(NULL, '%s',
'%s');",
                        FileSplit0.questionNum[questionNumber][sss + 1],
                        FileSplit0.questionNum[questionNumber][1]);
                db.execSQL(sql);
                db.close();


                Toast toast = Toast.makeText(mContext, "단어가 저장되었습니다.",
                        Toast.LENGTH_SHORT);
```

```java
            toast.show();
        }

//카카오톡으로 문제 보내기
if (submenuOk == 0 && answerButton == 0)
    if (x > btnKakaoQSending.x && x < (btnKakaoQSending.x
        + btnKakaoQSending.w * 2) && y > btnKakaoQSending.y
      && y < (btnKakaoQSending.y + btnKakaoQSending.h * 2)) {

        controlButton();
    }


// submenu 1
if (submenuOk == 1)
    if (x > btnSub1.x && x < (btnSub1.x + btnSub1.w * 2) && y > btnSub1.y && y <
    (btnSub1.y +btnSub1.h * 2)) {
        btnSub1.btn_press();
        submenuOk = 0;
        whichSubject = "선택단어 1";
        int subNumber = 1;
        makeQuestion(subNumber);
    }


// submenu 2
if (submenuOk == 1)
    if (x > btnSub2.x && x < (btnSub2.x + btnSub2.w * 2) && y > btnSub2.y && y <
        (btnSub2.y + btnSub2.h * 2)) {
        whichSubject = "선택단어 2";
        btnSub2.btn_press();
        submenuOk = 0;
        int subNumber = 2;
        makeQuestion(subNumber);
    }


// submenu 3
if (submenuOk == 1)
    if (x > btnSub3.x && x < (btnSub3.x + btnSub3.w * 2) && y > btnSub3.y && y < (btnSub3.y
        + btnSub3.h * 2)) {
        whichSubject = "선택단어 3";
        btnSub3.btn_press();
        submenuOk = 0;
        int subNumber = 3;
        makeQuestion(subNumber);
    }
```

```java
if (submenuOk == 1)
    if (x > btnSub4.x && x < (btnSub4.x + btnSub4.w * 2) && y > btnSub4.y
    && y < (btnSub4.y + btnSub4.h * 2)) {
        whichSubject = "선택단어 4";
        btnSub4.btn_press();
        submenuOk = 0;
        int subNumber = 4;
        makeQuestion(subNumber);
    }

if (submenuOk == 1)
    if (x > btnSub5.x && x < (btnSub5.x + btnSub5.w * 2) && y > btnSub5.y && y <
    (btnSub5.y + btnSub5.h * 2)) {
        whichSubject = "선택단어 5";
        btnSub5.btn_press();
        submenuOk = 0;
        subNumber = 5;
        makeQuestion(subNumber);
    }

if (submenuOk == 1)
    if (x > btnSub6.x && x < (btnSub6.x + btnSub6.w * 2) && y > btnSub6.y && y <
    (btnSub6.y + btnSub6.h * 2)) {
        whichSubject = "선택단어 6";
        btnSub6.btn_press();
        submenuOk = 0;
        subNumber = 6;
        makeQuestion(subNumber);
    }
if (submenuOk == 1)
    if (x > btnSub7.x && x < (btnSub7.x + btnSub7.w * 2) && y > btnSub7.y && y <
    (btnSub7.y + btnSub7.h * 2)) {
        whichSubject = "선택단어 7";
        btnSub7.btn_press();
        submenuOk = 0;
        subNumber = 7;
        makeQuestion(subNumber);
    }

if (submenuOk == 1)
    if (x > btnSub8.x && x < (btnSub8.x + btnSub8.w * 2) && y > btnSub8.y && y <
    (btnSub8.y + btnSub8.h * 2)) {
        whichSubject = "선택단어 8";
```

```java
            btnSub8.btn_press();
            submenuOk = 0;
            subNumber = 8;
            makeQuestion(subNumber);
        }


    // left arrow button in circle
    if (dicOk == 1)
        if (x > btnLeftArrow.x && x < (btnLeftArrow.x + btnLeftArrow.w * 2)
        && y > btnLeftArrow.y && y < (btnLeftArrow.y + btnLeftArrow.h * 2)) {
{

            btnLeftArrow.btn_press();
            submenuOk = 0;
            dicOk = 1;
            movePosition -= 5;
            if (movePosition < 0) movePosition = 0;
        }


    // right arrow button in circle
    if (dicOk == 1)
        if (x > btnRightArrow.x && x < (btnRightArrow.x + btnRightArrow.w * 2)
            && y > btnRightArrow.y && y < (btnRightArrow.y + btnRightArrow.h
* 2)) {

            btnRightArrow.btn_press();
            submenuOk = 0;
            movePosition += 5;
        }


    if (dicOk == 1 || submenuOk == 1 || submenuOk2 == 1)
        if (x > btnClose.x && x < (btnClose.x + btnClose.w * 2) && y > btnClose.y
           && y < (btnClose.y + btnClose.h * 2)) {

            try {
                Thread.sleep(120);
            } catch (InterruptedException e) {
                // TODO Auto-generated catch block
                e.printStackTrace();
            }
            btnClose.btn_press();
            submenuOk = 0;
            submenuOk2 = 0;
            dicOk = 0;
        }
```

```java
        if (dicOk == 1) {
            if (x > btnForDictionary[0].x && x < (btnForDictionary[0].x + btnForDictionary[0].w * 2)
                    && y > btnForDictionary[0].y && y < (btnForDictionary[0].y +
btnForDictionary[0].h * 2)) {
                if (wordForDelete[0] != null) wordToDelete = wordForDelete[0];
            }
            if (x > btnForDictionary[1].x && x < (btnForDictionary[1].x +
btnForDictionary[1].w * 2)
                    && y > btnForDictionary[1].y && y < (btnForDictionary[1].y +
btnForDictionary[1].h * 2)) {
                if (wordForDelete[1] != null) wordToDelete = wordForDelete[1];
            }
            if (x > btnForDictionary[2].x && x < (btnForDictionary[2].x +
btnForDictionary[2].w * 2)
                    && y > btnForDictionary[2].y && y < (btnForDictionary[2].y +
btnForDictionary[2].h * 2))
                if (wordForDelete[2] != null) wordToDelete = wordForDelete[2];
            if (x > btnForDictionary[3].x && x < (btnForDictionary[3].x +
btnForDictionary[3].w * 2)
                    && y > btnForDictionary[3].y && y < (btnForDictionary[3].y +
btnForDictionary[3].h * 2))
                if (wordForDelete[3] != null) wordToDelete = wordForDelete[3];
            if (x > btnForDictionary[4].x && x < (btnForDictionary[4].x +
btnForDictionary[4].w * 2)
                    && y > btnForDictionary[4].y && y < (btnForDictionary[4].y +
btnForDictionary[4].h * 2))
                if (wordForDelete[4] != null) wordToDelete = wordForDelete[4];


            SQLiteDatabase db = m_helper.getWritableDatabase();


            String sql = String.format("DELETE FROM englishWordTable
                            WHERE eWord = '%s'", wordToDelete);
            db.execSQL(sql);


            try {
                Thread.sleep(130);
            } catch (InterruptedException e) {


            }
            db.close();
        }
```

```java
        return gestureScanner.onTouchEvent(event);
    } //End of onTouchEvent


    public void controlButton() {

        ArrayList<Map<String, String>> metaInfoArray = new ArrayList<Map<String,
String>>();
        Map<String, String> metaInfoAndroid = new Hashtable<String, String>(1);
        metaInfoAndroid.put("os", "android");
        metaInfoAndroid.put("devicetype", "phone");
        metaInfoAndroid.put("installurl", "m");
        metaInfoAndroid.put("executeurl", "csc");
        Map<String, String> metaInfoIOS = new Hashtable<String, String>(1);
        metaInfoIOS.put("os", "ios");
        metaInfoIOS.put("devicetype", "phone");
        metaInfoIOS.put("installurl", "your iOS app install url");
        metaInfoIOS.put("executeurl", "");
        metaInfoArray.add(metaInfoAndroid);
        metaInfoArray.add(metaInfoIOS);
        KakaoLink kakaoLink = KakaoLink.getLink(mContext);
        if (!kakaoLink.isAvailableIntent()) {
            return;
        }
        try {

            Intent intent = new Intent(Intent.ACTION_SEND);
            intent.setType("text/plain");
            intent.putExtra(Intent.EXTRA_SUBJECT, "친구야 영어단어문제를 풀어 보렴~" + '\n');
            intent.putExtra(Intent.EXTRA_TEXT, "(문제)  " +
                    FileSplit0.questionNum[questionNumber][1] + "?" + '\n' +
                  "1번:" + FileSplit0.questionNum[questionNumber][2] + "  " + '\n'
                  + "2번:" + FileSplit0.questionNum[questionNumber][3] + "  " + '\n'
                  + "3번:" + FileSplit0.questionNum[questionNumber][4] + "  " + '\n'
                  + "4번:" + FileSplit0.questionNum[questionNumber][5]);
            intent.setPackage("com.kakao.talk");
            mContext.startActivity(intent);
        } catch (Exception ex) {

        }
        return;

    }
```

```java
public void controlButton2() {
    ArrayList<Map<String, String>> metaInfoArray = new ArrayList<Map<String,
String>>();
    Map<String, String> metaInfoAndroid = new Hashtable<String, String>(1);
  metaInfoAndroid.put("os", "android");
  metaInfoAndroid.put("devicetype", "phone");
  metaInfoAndroid.put("installurl", "m");
  metaInfoAndroid.put("executeurl", "csc");
  Map<String, String> metaInfoIOS = new Hashtable<String, String>(1);
  metaInfoIOS.put("os", "ios");
  metaInfoIOS.put("devicetype", "phone");
  metaInfoIOS.put("installurl", "your iOS app install url");
  metaInfoIOS.put("executeurl", "");
  metaInfoArray.add(metaInfoAndroid);
  metaInfoArray.add(metaInfoIOS);
  KakaoLink kakaoLink = KakaoLink.getLink(mContext);
  if (!kakaoLink.isAvailableIntent()) {
      return;
  }
  try {

      Intent intent = new Intent(Intent.ACTION_SEND);
      intent.setType("text/plain");
      intent.putExtra(Intent.EXTRA_SUBJECT, "정답을 보내요" + '\n');
      intent.putExtra(Intent.EXTRA_TEXT, "(정답) " +
              FileSplit0.questionNum[questionNumber][1] + "?" + "  " +
              "" + FileSplit0.questionNum[questionNumber][6] + "  " + '\n'
              + "  " + FileSplit0.questionNum[questionNumber][7] + "  " + '\n'
              + "  " + FileSplit0.questionNum[questionNumber][8] + "  " + '\n'
      );
      intent.setPackage("com.kakao.talk");
      mContext.startActivity(intent);
  } catch (Exception ex) {

  }
  return;
}


@Override
public boolean onKeyDown(int keyCode, KeyEvent event) {

    synchronized (mHolder) {
        switch (keyCode) {
            case KeyEvent.KEYCODE_DPAD_LEFT:
```

```java
                break;
            case KeyEvent.KEYCODE_DPAD_RIGHT:
                break;
            case KeyEvent.KEYCODE_DPAD_UP:
                break;
            default:


        }
    }
    return false;
}


class MyDBHelper extends SQLiteOpenHelper {

    public MyDBHelper(Context context, String name, CursorFactory factory,
int version) {
        super(context, name, factory, version);
    }


    @Override
    public void onCreate(SQLiteDatabase db) {

        db.execSQL("CREATE TABLE englishWordTable (_id INTEGER PRIMARY KEY
AUTOINCREMENT,"
                + " eWord TEXT, kWord TEXT);");
    }


    @Override
        public void onUpgrade(SQLiteDatabase db, int oldVersion, int
newVersion) {

        db.execSQL("DROP TABLE IF EXISTS englishWordTable");
        onCreate(db);
    }
}          //end of MyDBHelper

@Override
public void onGesture(GestureOverlayView arg0, MotionEvent arg1) {
    // TODO Auto-generated method stub


}


@Override
public void onGestureCancelled(GestureOverlayView arg0, MotionEvent arg1) {
```

```java
        // TODO Auto-generated method stub

    }

    @Override
    public void onGestureEnded(GestureOverlayView arg0, MotionEvent arg1) {
        // TODO Auto-generated method stub

    }

    @Override
    public void onGestureStarted(GestureOverlayView arg0, MotionEvent arg1) {
        // TODO Auto-generated method stub

    }

    @Override
    public boolean onDown(MotionEvent e) {
        //return gestureScanner.onTouchEvent(me);
        return true;
    }

    @Override
    public boolean onFling(MotionEvent e1, MotionEvent e2, float velocityX, float
velocityY) {
        try {
            if (Math.abs(e1.getY() - e2.getY()) > SWIPE_MAX_OFF_PATH)
                return false;

            // right to left swipe
                if (e1.getX() - e2.getX() > SWIPE_MIN_DISTANCE && Math.
abs(velocityX)
                > SWIPE_THRESHOLD_VELOCITY) {
                questionNumber += 1;
                answerButton = 0;
            }
            // left to right swipe
            else if (e2.getX() - e1.getX() > SWIPE_MIN_DISTANCE
                    && Math.abs(velocityX) > SWIPE_THRESHOLD_VELOCITY) {
                questionNumber -= 1;
                answerButton = 0;
            }
            // down to up swipe
            else if (e1.getY() - e2.getY() > SWIPE_MIN_DISTANCE
```

```java
                    && Math.abs(velocityY) > SWIPE_THRESHOLD_VELOCITY) {

                }
            // up to down swipe
                else if (e2.getY() - e1.getY() > SWIPE_MIN_DISTANCE && Math.
abs(velocityY) > SWIPE_THRESHOLD_VELOCITY) {


                }
        } catch (Exception e) {


        }
        return true;
    }


    @Override
    public void onLongPress(MotionEvent e) {
        // TODO Auto-generated method stub


    }


    @Override
    public boolean onScroll(MotionEvent e1, MotionEvent e2, float distanceX,
                            float distanceY) {
        // TODO Auto-generated method stub
        return false;
    }


    @Override
    public void onShowPress(MotionEvent e) {
        // TODO Auto-generated method stub


    }


    @Override
    public boolean onSingleTapUp(MotionEvent e) {
        // TODO Auto-generated method stub
        return false;
    }


} // End of SurfaceView
```

(5) MyButton1.java 코드 분석하기

이미지의 크기와 위치를 설정하는 클래스 파일이다. 파라미터로 x, y, z 값을 받는다. x 와 y는 이미지의 좌표값이다. z 는 whichPic라는 MyButton1 클래스의 멤버변수 값에 대입이 된다. 파라미터로 받은 z 값에 따라 불러오는 파일명이 달라진다. 예를 들어 z값이 0이면 whichPic의 값도 0이되고 word00 파일과 word01 파일을 불러와서 buttonImage[0]에는 word00.png 그림이 저장되고 buttonImage[1]에는 word01.png 그림이 저장된다. 버튼을 터치를 안했을 경우에는 button-Image[0] 이미지가 나오고 터치를 할 경우에는 buttonImage[1] 이미지가 나오도록 하였다.

<table>
<tr><th colspan="3" align="center">본 예제에서 사용한 이미지 처리하는 방법</th></tr>
<tr>
<td>소스</td>
<td>

```
MyButton1(int x, int y, int z) {
this.whichPic = z;
}
```

</td>
<td>

```
for (int i = 0; i < 2; i++){
buttonImage[i] = BitmapFactory.decodeResource(
                StudyView.mContext.getResources(),
                R.drawable.word00 + whichPic * 2 + i);
                ...
}
```

</td>
</tr>
<tr>
<td>분석</td>
<td>매개변수로 받은 z의 값이 whichPic 멤버변수에 저장된다.</td>
<td>

예를 들어 whichPic 값이 0인 경우
· 리소스에 있는 word00 에다가 whichPic의 값을 더한 이미지를 찾아 가지고 온다.
· for 구문에 의해서 i 값이 0 일 때는 word00.png 파일을 다루고 i 값이 1일때는 word01.png 파일을 다루게 된다.
· decodeResource 메소드 첫 번째 인수 리소스 객체에서 두 번째 인수인 id를 통해 이미지 리소스를 찾는다. 그리고 디코딩하여 비트맵으로 변환시키는 역할을 한다. Context 클래스의 getResouce( )메소드를 통해서 리소스 객체를 얻을 수 있다.

</td>
</tr>
</table>

<table>
<tr><th colspan="2" align="center">이미지의 크기를 상대적으로 조절하는 방법</th></tr>
<tr>
<td>소스</td>
<td>

```
int xWidth = StudyView.Width / 11;
        int yWidth = xWidth;
buttonImage[i] = Bitmap.createScaledBitmap(button_num[i], xWidth, yWidth, true);
```

</td>
</tr>
<tr>
<td>분석</td>
<td>

· Width 값은 사용자가 사용하는 스마트기기의 가로 크기이고 Height은 세로 크기이다. 이 값들을 통해서 이미지의 크기를 설정하면 해상도가 다른 어떤 기기에서노 화면크기기 깨지지 않는다(이미지들의 크기를 상대적으로 만들었기 때문이다).
· for 구문 i 값이 0 이면 button_left[0]에는 word00.png 그림이 저장되고, button_left[1]에 word01.png 그림이 저장된다.(whichPic 값이 0인 경우)

</td>
</tr>
</table>

```java
package com.bliss.csc.englishvoca;

import android.graphics.Bitmap;
import android.graphics.BitmapFactory;

public class MyButton1 {
    public int x, y;
    public int w, h;
    public Bitmap button_img;
    private Bitmap buttonImage[] = new Bitmap[2];
```

```java
    public int whichPic;
    public MyButton1(int x, int y, int z) {     //studyview
        this.x = x;
        this.y = y;
        this.whichPic = z;

        for (int i = 0; i < 2; i++) {
            buttonImage[i] = BitmapFactory.decodeResource
                (StudyView.mContext.getResources(), R.drawable.word00 + whichPic
* 2 + i);

            //이전, 다음, 단어선택, 내노트, 랜덤, 나가기 버튼 및 단어선택에 나오는 8개 버튼들
            if (whichPic < 8 || (whichPic >= 15 && whichPic <= 22)) {
                int xWidth = StudyView.Width / 11;
                int yWidth = xWidth;

                buttonImage[i] = Bitmap.createScaledBitmap(buttonImage[i], xWidth,
yWidth, true);
            }

            //객관식 문제 선택버튼 1, 2, 3, 4
            if (whichPic > 6 && whichPic < 12) {
                int xWidth = StudyView.Width / 16;
                int yWidth = xWidth;

                buttonImage[i] = Bitmap.createScaledBitmap(buttonImage[i], xWidth,
yWidth, true);
            }

            //다음문제, 다시풀기 버튼 아이콘, 카카오톡 보내기 아이콘, 단어장등록 아이콘
            if (whichPic == 12 || whichPic == 13 || whichPic == 33 || whichPic
== 23) {
                int xWidth = StudyView.Width / 5;
                int yWidth = StudyView.Height / 7;

                buttonImage[i] = Bitmap.createScaledBitmap(buttonImage[i], xWidth,
yWidth, true);
            }

            //확인하기 버튼 : 평가 에서 사용됨
            if (whichPic == 25) {
                int xWidth = StudyView.Width / 5;
```

```java
            int yWidth = StudyView.Height / 7;
                buttonImage[i] = Bitmap.createScaledBitmap(buttonImage[i],
xWidth, yWidth, true);
            }


        // 내사전에서 왼쪽, 오른쪽 버튼
        if (whichPic == 26 || whichPic == 27 || whichPic == 28) {
            int xWidth = StudyView.Width / 16;
            int yWidth = xWidth;

            buttonImage[i] = Bitmap.createScaledBitmap(buttonImage[i], xWidth,
yWidth, true);
            }



        if (whichPic == 29) {       //단어장에서 삭제버튼
            int xWidth = StudyView.Width / 16;
            int yWidth = xWidth;

            buttonImage[i] = Bitmap.createScaledBitmap(buttonImage[i], xWidth,
yWidth, true);
            }


        }

        w = buttonImage[0].getWidth() / 2;
        h = buttonImage[0].getHeight() / 2;
        button_img = buttonImage[0];
    }


    public boolean btn_released() {
        button_img = buttonImage[0];
        return true;
    }

    //버튼이 눌리면 나오는 이미지
    public boolean btn_press() {

        button_img = buttonImage[1];

        return true;
    }

}
```

```java
package com.bliss.csc.englishvoca;
import java.io.IOException;
import java.io.InputStream;

public class FileTable {
    InputStream fi;
    private FileSplit0 word;
    private FileSplit1 word2;

    // 단어공부 파일 읽어오기
    public void loadFile(int num) {

        fi = StudyView.mContext.getResources().openRawResource(R.raw.high00 + num);
        try {
            byte[] data = new byte[fi.available()];
            fi.read(data);
            fi.close();
            String s = new String(data, "UTF-8");
            word = new FileSplit0(s);

        } catch (IOException e) {
        }
    }

    //평가에 사용할 파일을 가져온다. 본 예제에서는 text00.txt파일이 사용된다.
    public void loadFile2(int num) {
        InputStream fi = StudyView2.mContext.getResources().openRawResource(
                                    R.raw.testt00 + num);

        try {
            byte[] data = new byte[fi.available()];
            fi.read(data);
            fi.close();
            String s = new String(data, "UTF-8");
            word2 = new FileSplit1(s);
        } catch (IOException e) {
        }
    }
}
```

리소스의 파일을 읽을 때는 openRawResource 메소드를 사용한다.
수능단어(고등영어)는 raw 폴더 안에 있는 high01~high08.txt 파일들을 사용하였다.

```java
package com.bliss.csc.englishvoca;

public class FileSplit1 {
    public static String questionNum2[][] = new String[1000][10];
    public static String questionNum[][] = new String[100][10];

    public FileSplit1(String str) {
        String tmp[] = str.split("\n");
        String s;
        char ch;

        for (int i = 0; i < tmp.length; i++) {
            s = tmp[i];
            String tmp2[] = s.split(":");

            for (int j = 0; j < 10; j++) {
                tmp2[j] = tmp2[j].trim();
                questionNum2[i][j] = tmp2[j];
            }
        }
        makeHundred();
    }

    public void makeHundred() {
        int selectedQuestion;
        double randomNum;

        for (int i = 0; i < 1000; i++)
            questionNum2[i][9] = "";

        for (int i = 0; i < 100; i++) {

            do {
                randomNum = Math.random();
                selectedQuestion = (int) ((randomNum * (1000)));
            } while (questionNum2[selectedQuestion][9] == "yes");

            for (int j = 0; j < 10; j++) {
                FileSplit1.questionNum[i][j] = FileSplit1.questionNum2[selectedQuestion][j];
                FileSplit1.questionNum[i][0] = Integer.toString(i + 1);
            }
            questionNum2[selectedQuestion][9] = "yes";
        }
    }
}
```

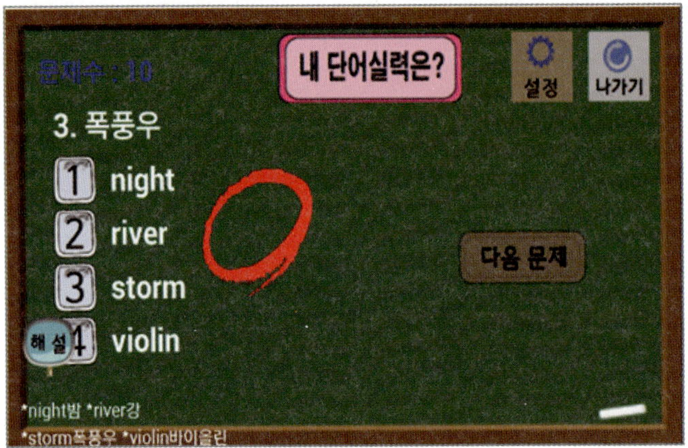

설정버튼을 터치하면 문제수를 선택할 수 있으며 실행할 때마다 문제가 랜덤으로 제시되고, 테스트 후에 자신의 성적을 확인(어떤 문제를 맞고 틀렸는지 확인)한다.

(1) 전체적인 구조

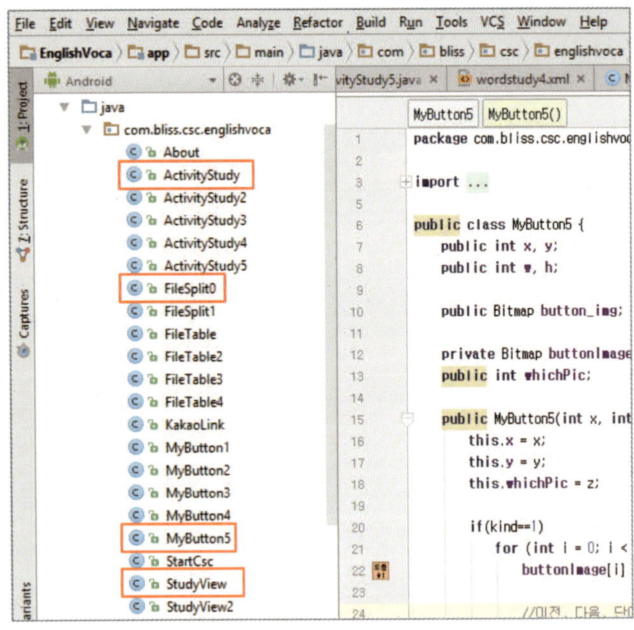

(2) 파일의 연결순서

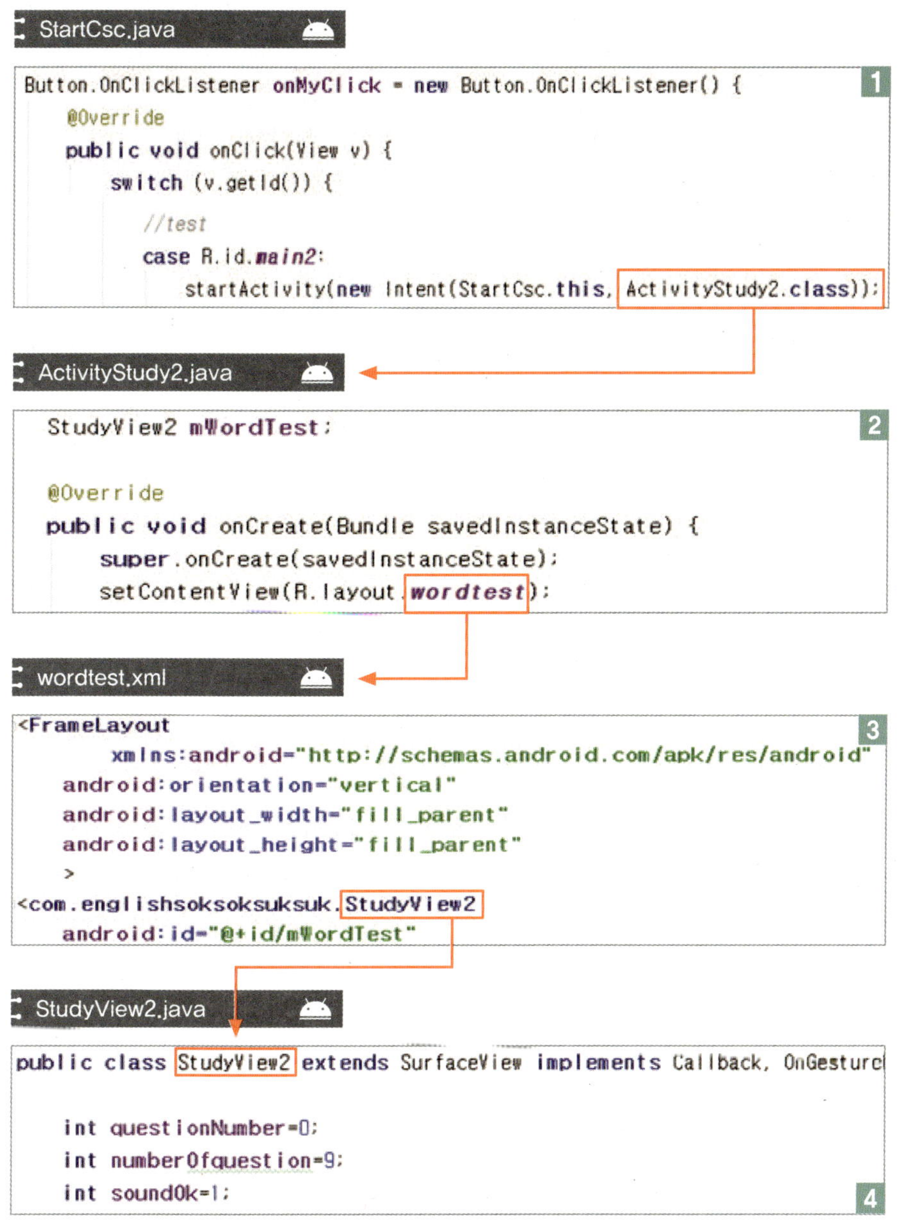

❶ StartCsc 파일을 보면 main5 버튼을 터치할 경우 startActivity 메소드에 의해서 ActivityStudy2 파일로 화면전환을 하게 된다.

❷ setContentView 메소드에 의해서 wordtest.xml 파일로 화면을 구성하게 하였다.

❸ xml 파일안에 StudyView2 클래스 파일로 화면을 구성하도록 하였다.

❹ SurfaceView를 상속받은 StudyView2 클래스 파일이 실행된다. StudyView2 파일 안에 영어단어를 평가할 수 있는 프로그램을 코딩하여 넣었다.

영어단어 평가화면과 관련된 파일이다. ActivityStudy2 파일에서 setContentView 메소드를 이용하여 wordtest.xml 파일을 화면으로 설정한다. 화면을 구성하는 wordtest.xml 파일은 FrameLayout으로 만들었으며 뷰의 일종인 StudyView를 상속한 StudyView2가 위젯으로 들어가있다. StudyView2 로 화면을 가득 채우기 위해서 layout_width 및 layout_height 속성에 fill_parent 값을 넣었다.

wordtest.xml

```xml
<?xml version="1.0" encoding="utf-8"?>
<FrameLayout
    xmlns:android="http://schemas.android.com/apk/res/android"
    android:orientation="vertical"
    android:layout_width="fill_parent"
    android:layout_height="fill_parent"
    >
<com.bliss.csc.englishvoca.StudyView2
        android:id="@+id/mWordTest"
        android:layout_width="fill_parent"
        android:layout_height="fill_parent"/>
</FrameLayout>
```

ActivityStudy2.java

```java
 package com.bliss.csc.englishvoca;
import android.app.Activity;
import android.os.Bundle;
import android.view.*;

public class ActivityStudy2 extends Activity {
    StudyView2 mWordTest;

    @Override
    public void onCreate(Bundle savedInstanceState) {
        super.onCreate(savedInstanceState);
        setContentView(R.layout.wordtest);
        mWordTest = (StudyView2) findViewById(R.id.mWordTest);
    }
    @Override
    public boolean onCreateOptionsMenu(Menu menu) {
            menu.add(0, 1, 0, "sound on");
```

```java
                menu.add(0, 2, 0, "sound off");
                return true;
        }
        @Override
        public boolean onOptionsItemSelected(MenuItem item) {
                switch (item.getItemId()) {
                        case 1: mWordTest.soundOk = 1; break;
                        case 2: mWordTest.soundOk = 0; break;
                }
          return true;
        }
        @Override
        public boolean onKeyDown(int keyCode, KeyEvent event) {
                if(keyCode==KeyEvent.KEYCODE_BACK) {
                        System.exit(0);
                        return false;  }
                return false;
        }
}
  @Override
    public boolean onKeyDown(int keyCode, KeyEvent event) {
        if (keyCode == KeyEvent.KEYCODE_BACK) {
            System.exit(0);
            return false;
        }
        return false;
    }
}
```

사용된 파일이름과 자바코드에서 생성한 객체 이름이다.

문제 10	문제 20	문제 25	문제 50	문제 100	설정
test05.png	test06.png	test07.png	test08.png	test09.png	test14.png
btn10Qusetion	btn20Qusetion	btn25Qusetion	btn50Qusetion	btn100Qusetion	btnsSetting
확인 하기	결과 보기	다음 문제	나가기	전체 삭제	삭제
word50.png	word64.png	word24.png	word10.png	word60.png	word58.png
btnMynote	btnResultConfirm	btnnextQuestion	btnExit	btnEdleteDb	btnForDictionary[]
1	2	3	4	닫기	해 설
word14.png	word16.png	word18.png	word20.png	word56.png	word62.png
btnNum1	btnNum2	btnNum3	btnNum4	btnClose	btnExplain
←	←	→	→		
word52.png	word53.png	word54.png	word55.png		
btnLeftArrow	눌렀을 때	btnRightArrow	눌렀을 때		

```java
// test
package com.bliss.csc.englishvoca;

import android.content.Context;
import android.database.Cursor;
import android.database.sqlite.SQLiteDatabase;
import android.database.sqlite.SQLiteDatabase.CursorFactory;
import android.database.sqlite.SQLiteOpenHelper;
import android.graphics.Bitmap;
import android.graphics.BitmapFactory;
import android.graphics.Canvas;
import android.graphics.Color;
import android.graphics.Paint;
import android.graphics.Typeface;
import android.media.AudioManager;
import android.media.SoundPool;
import android.util.AttributeSet;
import android.view.Display;
import android.view.KeyEvent;
import android.view.MotionEvent;
import android.view.SurfaceHolder;
import android.view.SurfaceHolder.Callback;
import android.view.SurfaceView;
import android.view.WindowManager;

public class StudyView2 extends SurfaceView implements Callback {

    static int questionNumber = 0;
    static int numberOfquestion = 9;

    static int soundOk = 1;

    int solvingOver = 0;
    int btnResultConfirmOk = 0;

    //예를 들어 1번 문제를 맞추게 되면 ox[0] 값이 1이 된다.
    //평가 후에 [결과보기]에서 ox[ ] 값이 1이면 X 가 표시되고 값이 0이면 O가 표시된다.
    //최대 문항 수가 100개이므로 ox[ ] 크기를 100으로 설정하였다.
    int[] ox = {0, 0, 0, 0, 0, 0, 0, 0, 0, 0, 0, 0, 0, 0, 0, 0, 0, 0, 0, 0, 0,
        0, 0, 0, 0, 0, 0, 0, 0, 0, 0, 0, 0, 0, 0, 0, 0, 0, 0, 0, 0, 0, 0, 0, 0,
        0, 0, 0, 0, 0, 0, 0, 0, 0, 0, 0, 0, 0, 0, 0, 0, 0, 0, 0, 0, 0, 0, 0, 0,
        0, 0, 0, 0, 0, 0, 0, 0, 0, 0, 0, 0, 0, 0, 0, 0, 0, 0, 0, 0, 0, 0, 0, 0};
```

```java
//객관식 버튼 1, 2, 3, 4 중 한 개를 터치하게 되면 answerButton 값이 1이 된다.
int answerButton = 0;
int answerUser = 0;

int starIng = 0;
int starIndex = 0;
int starX, starY;

int oNumber = 0;
int xNumber = 0;

int submenuOk = 1;
int submenuOk2 = 0;

int textSize = 49;

String[] wordForDelete = {"", "", "", "", ""};

static StudyThread mThread;
static SurfaceHolder mHolder;
static Context mContext;
FileTable mFile2;

DBHelper m_helper;

Cursor cursor;
int dicOk = 0;
int movePosition = 0;

MyButton2 btnSetting;
MyButton2 btnExit;

MyButton2 btnNum1;    //btn : number1
MyButton2 btnNum2;    //btn : number2
MyButton2 btnNum3;  //btn : number3
MyButton2 btnNum4;  //btn : number4
MyButton2 btnNum5;  //btn : number5
MyButton2 btnNextQuestion;

//sub menu
MyButton2 btn10Questioon;                      // 문제 10 버튼
MyButton2 btn20Questioon;
MyButton2 btn25Questioon;
```

```java
    MyButton2 btn50Questioon;
    MyButton2 btn100Questioon;

    MyButton2 btnMenuClose;

    MyButton2 btnResultConfirm;
    MyButton2 btnExplain;   //explain button
    int explainPressed = 0;

    // sub menu
    MyButton2 btnOx;      //평가 후 문항별 정답, 오답 확인하기

    MyButton2 btnLeftArrow;    //left
    MyButton2 btnRightArrow;    //right
    MyButton2 btnClose2;   //결과보기에서 제시되는 닫기 버튼

    MyButton2 btnDeleteDb;
    MyButton2 exitButton;

int btnPressed=0;

    int btnNum1Count = 0;
    int btnNum2Count = 0;
    int btnNum3Count = 0;
    int btnNum4Count = 0;

    static int Width, Height;
    int level;
    int score = 0;
    Bitmap chilpan;

    Bitmap answerx;
    Bitmap answero;

    Bitmap explain;
    Bitmap star[] = new Bitmap[4];

    Bitmap testtitle;

    Bitmap screenPink;

    static SoundPool sdPool;
    static int dingdongdaeng, taeng;
```

```java
public StudyView2(Context context, AttributeSet attrs) {
    super(context, attrs);
    SurfaceHolder holder = getHolder();
    holder.addCallback(this);
    mHolder = holder;
    mContext = context;
    mThread = new StudyThread(holder, context);

    initAll();
    makeQuestion(level);
    setFocusable(true);
}


private void initAll() {
    Display display = ((WindowManager) mContext.
        getSystemService(Context.WINDOW_SERVICE)).getDefaultDisplay();
    Width = display.getWidth();
    Height = display.getHeight();


    m_helper = new DBHelper(mContext, "test.db", null, 1);
    mFile2 = new FileTable();

    //본 예제에서는 4지 선다로 제작함
    btnNum1 = new MyButton2(Width / 14, Height / 3, 7);
    btnNum2 = new MyButton2(btnNum1.x, btnNum1.y + btnNum1.h * 2 + 8, 8);
    btnNum3 = new MyButton2(btnNum1.x, btnNum2.y + btnNum2.h * 2 + 8, 9);
    btnNum4 = new MyButton2(btnNum1.x, btnNum3.y + btnNum3.h * 2 + 8, 10);
    btnNum5 = new MyButton2(btnNum1.x, btnNum4.y + btnNum4.h * 2 + 8, 11);

    //설정버튼 : 문제수 선택가능
    btnSetting = new MyButton2(Width - btnNum1.w * 8, btnNum1.h, 14, 0);
    //나가기 버튼
    btnExit = new MyButton2(Width - btnSetting.w * 3, btnSetting.y, 5);
    testtitle = BitmapFactory.decodeResource(mContext.getResources(),
            R.drawable.testtitle);
    testtitle = Bitmap.createScaledBitmap(testtitle, btnSetting.w * 6,
            btnSetting.h * 2, true);

    //다음문제 버튼
    btnNextQuestion = new MyButton2(Width * 2 / 3, Height / 2, 12);

    // 문제수 선택 버튼
    btn10Questioon = new MyButton2(Width / 10, Height / 2, 5, 0);
```

```java
btn20Questioon = new MyButton2(btn10Questioon.x + btn10Questioon.w * 2,
            btn10Questioon.y, 6, 0);
btn25Questioon = new MyButton2(btn10Questioon.x + btn10Questioon.w * 4,
            btn10Questioon.y, 7, 0);
btn50Questioon = new MyButton2(btn10Questioon.x + btn10Questioon.w * 6,
            btn10Questioon.y, 8, 0);
btn100Questioon = new MyButton2(btn10Questioon.x +
            btn10Questioon.w * 8, btn10Questioon.y, 9, 0);


// 메뉴 닫기 버튼
btnMenuClose = new MyButton2(Width / 2 + btnSetting.w * 3,
            Height - btnSetting.h * 3, 24);


//확인하기 버튼
btnResultConfirm = new MyButton2(Width / 2 + btnSetting.w,
            Height - btnSetting.h * 2, 25);


//해설 버튼
btnExplain = new MyButton2(Width / 40, Height * 7 / 10, 31);


//결과보기 버튼 : 문제를 다 푼 후에 제시되는 버튼
btnOx = new MyButton2(Width / 4, btnMenuClose.y, 32);   /


// 왼쪽, 오른쪽 화살표 버튼
btnLeftArrow = new MyButton2(btnNum1.w, Height - btnNum1.h * 3, 26);
btnRightArrow = new MyButton2(btnLeftArrow.x + btnLeftArrow.w * 3,
            Height - btnNum1.h * 3, 27);


// 결과보기에서 사용되는 닫기 버튼
btnClose2 = new MyButton2(Width - btnNum1.w * 3,
            Height - btnNum1.h * 3, 28);


//전체삭제 버튼
btnDeleteDb = new MyButton2(Width * 9 / 10, 3, 30);


exitButton = new MyButton2(10, 600, 4);


int xxx = Width / 6;
answerx = BitmapFactory.decodeResource(mContext.getResources(),
            R.drawable.answerx);
answerx = Bitmap.createScaledBitmap(answerx, xxx, xxx, true);
answero = BitmapFactory.decodeResource(mContext.getResources(),
            R.drawable.answero);
```

```java
answero = Bitmap.createScaledBitmap(answero, xxx, xxx, true);
explain = BitmapFactory.decodeResource(mContext.getResources(),
            R.drawable.explain);


chilpan = BitmapFactory.decodeResource(mContext.getResources(),
            R.drawable.screen1);
chilpan = Bitmap.createScaledBitmap(chilpan, Width, Height, true);

screenPink = BitmapFactory.decodeResource(mContext.getResources(),
            R.drawable.subscreen00);
screenPink = Bitmap.createScaledBitmap(screenPink, Width ? 2,
            Height - Height / 5 - btnNum1.h / 4, true);

for (int i = 0; i < 4; i++) {
    star[i] = BitmapFactory.decodeResource(mContext.getResources(),
            R.drawable.circlewhite);
    star[i] = Bitmap.createScaledBitmap(star[i], btnNum1.w * 2 + i * 2,
            btnNum1.w * 2 + i * 2, true);
}

sdPool = new SoundPool(10, AudioManager.STREAM_MUSIC, 0);
dingdongdaeng = sdPool.load(mContext, R.raw.dingdongdaeng, 1);
taeng = sdPool.load(mContext, R.raw.taeng, 2);
btn10Questioon.pressed = 1;
} End of initAll


//문제를 새로 만들고 전에 DB에 저장된 단어를 삭제한다.
public void makeQuestion(int x) {

    mFile2.loadFile2(x);
    SQLiteDatabase db = m_helper.getWritableDatabase();
    db.delete("test", null, null);
    db.close();
}


@Override
public void surfaceCreated(SurfaceHolder holder) {
    try {
        mThread.start();
    } catch (Exception e) {
        RestartGame();
```

```java
        }
    }

    @Override
     public void surfaceChanged(SurfaceHolder arg0, int format, int width, int
height) {


    }

    @Override
    public void surfaceDestroyed(SurfaceHolder holder) {
    }

    public void RestartGame() {
        mThread.StopThread();
        mThread = null;
        mThread = new StudyThread(mHolder, mContext);
        mThread.start();
    }

    class StudyThread extends Thread {
        boolean canRun = true;
        boolean isWait = false;
        int loop;
        Paint paint = new Paint();
        Paint paint2 = new Paint();
        Paint paint3 = new Paint();
        Paint paint4 = new Paint();
        Paint paint5 = new Paint();

        public StudyThread(SurfaceHolder holder, Context context) {

            paint.setColor(Color.WHITE);
            paint.setAntiAlias(true);
            paint.setTextSize(textSize);
            paint.setTypeface(Typeface.create("", Typeface.BOLD));

            paint2.setColor(Color.BLUE);
            paint2.setAntiAlias(true);
            paint2.setTypeface(Typeface.create("", Typeface.BOLD));
            paint3.setAlpha(100);
            paint4.setColor(Color.WHITE);
            paint5.setColor(Color.RED);
        }
```

```java
    public void DrawAll(Canvas canvas) {
        canvas.drawBitmap(chilpan, 0, 0, null);
        canvas.drawBitmap(testtitle, Width / 2 - btnNum1.w * 3,
                btnSetting.y, null);
        paint.setTextSize(Width/23);      // 객관식에 나오는 영어 글씨
        paint2.setTextSize(Width / 27);   //파란색 중간크기 글씨
        paint4.setTextSize(Width/30);     //  해설글씨 크기
        paint5.setTextSize(Width/22);     //평가후 결과보기 O,X 빨간색

        //문제수 표시하기
        canvas.drawText("문제수 : " + Integer.toString(numberOfquestion
            + 1), Width / 20, Height / 6, paint2);
            canvas.drawText(FileSplit1.questionNum[questionNumber][0] + ". "
+ FileSplit1.questionNum[questionNumber][1], btnNum1.x,
                Height * 7 / 24, paint);
        canvas.drawText(FileSplit1.questionNum[questionNumber][2],
                btnNum1.x + btnNum1.w * 3 - btnNum1.w / 3, btnNum1.y
                + btnNum1.w*3/2, paint);
        canvas.drawText(FileSplit1.questionNum[questionNumber][3],
                btnNum1.x + btnNum1.w * 3 - btnNum1.w / 3, btnNum2.y
                + btnNum1.w*3/2, paint);
        canvas.drawText(FileSplit1.questionNum[questionNumber][4],
                btnNum1.x + btnNum1.w * 3 - btnNum1.w / 3, btnNum3.y
                + btnNum1.w*3/2, paint);
        canvas.drawText(FileSplit1.questionNum[questionNumber][5],
                btnNum1.x + btnNum1.w * 3 - btnNum1.w / 3, btnNum4.y
                + btnNum1.w*3/2, paint);

        canvas.drawBitmap(btnNum1.button_img, btnNum1.x, btnNum1.y, null);
        canvas.drawBitmap(btnNum2.button_img, btnNum2.x, btnNum2.y, null);
        canvas.drawBitmap(btnNum3.button_img, btnNum3.x, btnNum3.y, null);
        canvas.drawBitmap(btnNum4.button_img, btnNum4.x, btnNum4.y, null);

        canvas.drawBitmap(btnExit.button_img, btnExit.x, btnExit.y, null);
        canvas.drawBitmap(btnSetting.button_img, btnSetting.x,
                btnSetting.y, null);

        if (submenuOk2 == 1) {
            canvas.drawBitmap(btnOx.button_img, btnOx.x, btnOx.y, null);
        }

        if (answerButton == 1) {
            int sss = 0;
            sss = Integer.parseInt(FileSplit1.questionNum[questionNumber]
```

```java
[6].trim());
        if (sss == answerUser) {

            canvas.drawBitmap(answero, Width/2, btnNum1.y, null);

        } else canvas.drawBitmap(answerx, Width/2, btnNum1.y, null);



    //문제를 다 푼 후 결과확인 버튼
        if (questionNumber >= numberOfquestion) {
            canvas.drawBitmap(btnResultConfirm.button_img,
                    btnResultConfirm.x, btnResultConfirm.y, null);
            btnResultConfirmOk = 1;
        } else
            canvas.drawBitmap(btnNextQuestion.button_img,
                    btnNextQuestion.x, btnNextQuestion.y, null);

        canvas.drawBitmap(btnExplain.button_img, btnExplain.x,
                btnExplain.y, null);

        if (explainPressed == 1) {

            canvas.drawText(FileSplit1.questionNum[questionNumber][7],
                    btnNum1.w, btnNum4.y + btnNum4.h * 3 , paint4);

            canvas.drawText(FileSplit1.questionNum[questionNumber][8],
                    btnNum1.w, btnNum4.y +
                btnNum4.h * 4 +btnNum4.h/2, paint4);
        }

    }    // 끝 : answerButton 값이 1일 때

  if (starIng == 1) {

    starIndex += 1;
    if (starIndex >= 15) {
        starIng = 0;
        starIndex = 0;
    } else
        canvas.drawBitmap(star[starIndex / 4], starX - starIndex / 4,
                starY - starIndex / 4, null);

  }


    if(btnPressed==1) {
```

```java
                btnNum1Count++;
                btnNum2Count++;
                btnNum3Count++;
                btnNum4Count++;


        }


        if (btnNum1Count == 15) {
            btnNum1Count = 0;
            btnPressed=0;
            btnNum1.btn_released();
        }
        if (btnNum2Count == 15) {
            btnNum2Count = 0;
            btnPressed=0;
            btnNum2.btn_released();
        }
        if (btnNum3Count == 15) {
            btnNum3Count = 0;
            btnPressed=0;
            btnNum3.btn_released();
        }
        if (btnNum4Count == 15) {
            btnNum4Count = 0;
            btnPressed=0;
            btnNum4.btn_released();
        }


        if (submenuOk == 1) {
            canvas.drawBitmap(screenPink, 0, Height / 5, null);
            canvas.drawText("문제수를 선택하세요. ", 45, btnSetting.y
                    + btnSetting.h * 2 + 80, paint2);

            if (btn10Questioon.pressed == 1)
                canvas.drawBitmap(btn10Questioon.button_img,
                        btn10Questioon.x, btn10Questioon.y, null);
            else
                canvas.drawBitmap(btn10Questioon.button_img,
                        btn10Questioon.x, btn10Questioon.y, paint3);

            if (btn20Questioon.pressed == 1)
                canvas.drawBitmap(btn20Questioon.button_img,
                        btn20Questioon.x, btn20Questioon.y, null);
```

```java
        else
            canvas.drawBitmap(btn20Questioon.button_img,
                    btn20Questioon.x, btn20Questioon.y, paint3);


        if (btn25Questioon.pressed == 1)
            canvas.drawBitmap(btn25Questioon.button_img,
                    btn25Questioon.x, btn25Questioon.y, null);
        else
            canvas.drawBitmap(btn25Questioon.button_img,
                    btn25Questioon.x, btn25Questioon.y, paint3);


        if (btn50Questioon.pressed == 1)
            canvas.drawBitmap(btn50Questioon.button_img,
                    btn50Questioon.x, btn50Questioon.y, null);
        else
            canvas.drawBitmap(btn50Questioon.button_img,
                    btn50Questioon.x, btn50Questioon.y, paint3);


        if (btn100Questioon.pressed == 1)
            canvas.drawBitmap(btn100Questioon.button_img,
                    btn100Questioon.x, btn100Questioon.y, null);
        else
            canvas.drawBitmap(btn100Questioon.button_img,
                    btn100Questioon.x, btn100Questioon.y, paint3);


        canvas.drawBitmap(btnMenuClose.button_img, btnMenuClose.x,
                btnMenuClose.y, null);
    }

if (solvingOver == 1) {
 submenuOk = 0;
 canvas.drawBitmap(screenPink, 10, btnSetting.y + btnSetting.h * 2, null);

        switch (numberOfquestion) {
            case 9:
                score = oNumber * 10;
                break;
            case 19:
                score = oNumber * 5;
                break;
            case 24:
                score = oNumber * 4;
                break;
            case 49:
```

```java
            score = oNumber * 2;
            break;
        case 99:
            score = oNumber * 1;
            break;
        default:
            score = oNumber * 10;
            break;

    }


    canvas.drawText("SCORE = " + Integer.toString(score) + " 점",
            Width / 15, btnSetting.w * 4, paint2);
    if (score >= 90)
        canvas.drawText("단어 박사입니다. 아주 훌륭한 실력입니다. ^^",
                Width / 15, btnSetting.w * 7, paint2);
    else if (score >= 80)
        canvas.drawText("우수한 점수입니다. 조금만 더 하면 당신은
                영어박사", Width / 15, btnSetting.w * 7, paint2);
    else if (score >= 70)
        canvas.drawText("아쉽지만 좀 더 노력하세요", Width / 15,
                btnSetting.w * 7, paint2);
    else
        canvas.drawText("실망하지 마세요. 이제 다시 시작해보는 거에요^^",
                Width / 15, btnSetting.w * 7, paint2);

    //결과보기 버튼, 무엇을 맞았고 틀렸는지 확인할 수 있음
    canvas.drawBitmap(btnOx.button_img, btnOx.x, btnOx.y, null);

    //닫기 버튼
    canvas.drawBitmap(btnMenuClose.button_img, btnMenuClose.x,
            btnMenuClose.y, null);


}


//평가 결과 5개씩 확인하기
if (dicOk == 1) {
    canvas.drawBitmap(chilpan, 0, 0, null);
    SQLiteDatabase db = m_helper.getReadableDatabase();

    cursor = db.query("test", null, null, null, null, null, null);

    int numofdb = cursor.getCount();
```

```java
if (movePosition > numofdb) movePosition -= 5;
else if (movePosition == numofdb) movePosition -= 5;

if (movePosition <= 0) movePosition = 0;

for (int i = 0; i < 5; i++) {

    if (cursor.moveToPosition(movePosition + i) == false) break;
    if (ox[movePosition + i] == 1)
        canvas.drawText("O", btnNum1.w, 180 + 90 * i, paint5);
    else canvas.drawText("X", btnNum1.w, 180 + 90 * i, paint5);

    canvas.drawText((movePosition + i + 1) + " " +
            cursor.getString(1) + " : " + cursor.getString(2),
            btnNum1.w * 2, 180 + 90 * i, paint);

    wordForDelete[i] = cursor.getString(1);
}

canvas.drawBitmap(btnLeftArrow.button_img, btnLeftArrow.x,
        btnLeftArrow.y, null);
canvas.drawBitmap(btnRightArrow.button_img,
        btnRightArrow.x, btnRightArrow.y, null);
canvas.drawBitmap(btnClose2.button_img, btnClose2.x,
        btnClose2.y, null);

int x = 0;
for (int i = 0; i < 5; i++) {

    int imsy = 0;
    if (numofdb == 0) {
        canvas.drawText("", 70, 180 + 90 * i, paint);
        break;
    }

    x = (numofdb - 1) / 5;
    if ((movePosition) / 5 < x) imsy = 1;
    else imsy = 0;

    if (imsy == 0) {
        if (numofdb % 5 == 4 && i == 3) break;
        if (numofdb % 5 == 3 && i == 2) break;
        if (numofdb % 5 == 2 && i == 1) break;
        if (numofdb % 5 == 1 && i == 0) break;
```

```java
            }

        }

        canvas.drawBitmap(btnDeleteDb.button_img, btnDeleteDb.x,
            btnDeleteDb.y, null);

        cursor.close(); //반드시 닫아주도록 한다.
        db.close(); //반드시 닫아주도록 한다.
    }

}// end of drawall

public void run() {
    Canvas canvas = null;
    while (canRun) {
        canvas = mHolder.lockCanvas();
        try {
            synchronized (mHolder) {
                DrawAll(canvas);
            } // sync
        } finally {
            if (canvas != null)
                mHolder.unlockCanvasAndPost(canvas);
        } // try


        synchronized (this) {
            if (isWait)
                try {
                    wait();
                } catch (Exception e) {
                    // nothing
                }
        } // sync


    } // while
} // run


public void StopThread() {
    canRun = false;
    synchronized (this) {
        this.notify();
```

```java
        }
    }


    public void PauseNResume(boolean wait) {
        isWait = wait;
        synchronized (this) {
            this.notify();
        }
    }
}


@Override
public boolean onTouchEvent(MotionEvent event) {
    int x = 0, y = 0;

    synchronized (mHolder) {

        if (event.getAction() == MotionEvent.ACTION_DOWN) {

            x = (int) event.getX();
            y = (int) event.getY();


        } else if (event.getAction() == MotionEvent.ACTION_MOVE) {
        } else if (event.getAction() == MotionEvent.ACTION_UP) {

        }
    }   // end of sync


    if (x > btnSetting.x && x < (btnSetting.x + btnSetting.w * 2) &&
        y > btnSetting.y && y < (btnSetting.y + btnSetting.h * 2)) {

        explainPressed = 0;
        submenuOk = 1;

    }


    //exit button
    if (dicOk != 1)
        if (x > btnExit.x && x < (btnExit.x + btnExit.w * 2) &&
            y > btnExit.y && y < (btnExit.y + btnExit.h * 2)) {
```

```java
                    SQLiteDatabase db = m_helper.getWritableDatabase();
                    db.delete("test", null, null);
                    db.close();
                    btnExit.btn_press();
                System.exit(0);
                submenuOk = 0;
                dicOk = 0;
            }


        if (answerButton == 0) {
            // 1~4
            if (submenuOk == 0)
                if (x > btnNum1.x && x < (btnNum1.x + btnNum1.w * 2) &&
                    y > btnNum1.y && y < (btnNum1.y + btnNum1.h * 2)) {

                    int sss = 0;

                    submenuOk = 0;
                    answerUser = 1;
                    btnNum1.btn_press();
                    answerButton = 1;
                    btnNum1Count = 0;
                    btnPressed=1;
                    starIng = 1;
                    starX = btnNum1.x;
                    starY = btnNum1.y;

                    sss=Integer.parseInt(FileSplit1.questionNum[questionNumber][6]
                        .trim());

                    if (sss == answerUser) {
                        if (soundOk == 1)
                            StudyView2.sdPool.play(StudyView2.dingdongdaeng,
                                        1, 1, 9, 0, 1);
                        oNumber++;

                        ox[questionNumber] = 1;
                    } else {
                        if (soundOk == 1)
                            StudyView2.sdPool.play(StudyView2.taeng, 1, 1, 9, 0, 1);
                        ox[questionNumber] = 0;
                        xNumber++;

                    }
                }
```

```java
        if (dicOk == 0 && submenuOk == 0)
            if (x > btnNum2.x && x < (btnNum2.x + btnNum2.w * 2) &&
                y > btnNum2.y && y < (btnNum2.y + btnNum2.h * 2)) {

                int sss = 0;

                submenuOk = 0;
                dicOk = 0;
                btnNum2.btn_press();
                answerButton = 1;
                answerUser = 2;
                btnNum2Count = 0;
                btnPressed=1;
                starIng = 1;
                starX = btnNum2.x;
                starY = btnNum2.y;

                sss=Integer.parseInt(FileSplit1.questionNum[questionNumber]
                        .trim());

                if (sss == answerUser) {
                    if (soundOk == 1)
                        StudyView2.sdPool.play(StudyView2.dingdongdaeng,
                                1, 1, 9, 0, 1);
                    oNumber++;
                    ox[questionNumber] = 1;
                } else {
                    if (soundOk == 1)
                        StudyView2.sdPool.play(StudyView2.taeng, 1, 1, 9, 0, 1);
                    xNumber++;
                    ox[questionNumber] = 0;
                }

            }

        if (dicOk == 0 && submenuOk == 0)
            if (x > btnNum3.x && x < (btnNum3.x + btnNum3.w * 2) &&
                y > btnNum3.y && y < (btnNum3.y + btnNum3.h * 2)) {
                btnNum3.btn_press();
                answerButton = 1;
                answerUser = 3;
                submenuOk = 0;
```

[6]

```java
                dicOk = 0;
                btnNum3Count = 0;
            btnPressed=1;
                starIng = 1;
                starX = btnNum3.x;
                starY = btnNum3.y;
                int sss = 0;

                sss=Integer.parseInt(FileSplit1.questionNum[questionNumber][6]
                    .trim());
                if (sss == answerUser) {
                    if (soundOk == 1)
                        StudyView2.sdPool.play(StudyView2.dingdongdaeng,
                                1, 1, 9, 0, 1);
                    oNumber++;
                    ox[questionNumber] = 1;
                } else {
                    xNumber++;
                    if (soundOk == 1)
                        StudyView2.sdPool.play(StudyView2.taeng, 1, 1, 9, 0, 1);
                    ox[questionNumber] = 0;
                }

            }

        if (dicOk == 0 && submenuOk == 0)
            if (x > btnNum4.x && x < (btnNum4.x + btnNum4.w * 2) &&
                y > btnNum4.y && y < (btnNum4.y + btnNum4.h * 2)) {
                int sss = 0;
                btnNum4.btn_press();
                answerButton = 1;
                answerUser = 4;
                btnNum4Count = 0;
                btnPressed=1;
                submenuOk = 0;
                dicOk = 0;
                starIng = 1;
                starX = btnNum4.x;
                starY = btnNum4.y;

                sss=Integer.parseInt(FileSplit1.questionNum[questionNumber][6]
                    .trim());
                if (sss == answerUser) {
                    if (soundOk == 1)
```

```java
                    StudyView2.sdPool.play(StudyView2.dingdongdaeng,
                        1, 1, 9, 0, 1);
                oNumber++;
                ox[questionNumber] = 1;
            } else {
                xNumber++;
                if (soundOk == 1)
                StudyView2.sdPool.play(StudyView2.taeng, 1, 1, 9, 0, 1);
                ox[questionNumber] = 0;
            }


        }


} // end of answerButton



//본 예제에서는 사용안함
if (dicOk == 0 && submenuOk == 0)
    if (x > btnNum5.x && x < (btnNum5.x + btnNum5.w * 2) &&
        y > btnNum5.y && y < (btnNum5.y + btnNum5.h * 2)) {
        btnNum5.btn_press();
        submenuOk = 0;
        dicOk = 0;
    }


    if (answerButton == 1 && btnResultConfirmOk != 1)
        if (x > btnNextQuestion.x && x < (btnNextQuestion.x +
btnNextQuestion.w * 2) && y > btnNextQuestion.y
            && y < (btnNextQuestion.y + btnNextQuestion.h * 2)) {
            btnNextQuestion.btn_press();
            answerButton = 0;
            explainPressed = 0;
            submenuOk = 0;
            sss=Integer.parseInt(FileSplit1.questionNum[questionNumber][6]
                    .trim());
            dicOk = 0;
            SQLiteDatabase db = m_helper.getWritableDatabase();
            String sql = String.format("INSERT INTO test
                    VALUES(Null, '%s', '%s');",
                        FileSplit1.questionNum[questionNumber][sss + 1],
                        FileSplit1.questionNum[questionNumber][1]);


        db.execSQL(sql);
```

```java
            db.close();
            questionNumber += 1;
        }


    // submenu 1
    if (submenuOk == 1)
        if (x > btn10Questioon.x
            && x < (btn10Questioon.x + btn10Questioon.w * 2)
            && y > btn10Questioon.y
            && y < (btn10Questioon.y + btn10Questioon.h * 2)) {
            btn10Questioon.pressed = 1;
            btn20Questioon.pressed = 0;
            btn25Questioon.pressed = 0;
            btn50Questioon.pressed = 0;
            btn100Questioon.pressed = 0;
            numberOfquestion = 9;
        }


    if (submenuOk == 1)
        if (x > btn20Questioon.x
            && x < (btn20Questioon.x + btn20Questioon.w * 2)
            && y > btn20Questioon.y
            && y < (btn20Questioon.y + btn20Questioon.h * 2)) {
            btn10Questioon.pressed = 0;
            btn20Questioon.pressed = 1;
            btn25Questioon.pressed = 0;
            btn50Questioon.pressed = 0;
            btn100Questioon.pressed = 0;
            numberOfquestion = 19;
        }


    if (submenuOk == 1)
        if (x > btn25Questioon.x
            && x < (btn25Questioon.x + btn25Questioon.w * 2)
            && y > btn25Questioon.y
            && y < (btn25Questioon.y + btn25Questioon.h * 2))
            btn10Questioon.pressed = 0;
            btn20Questioon.pressed = 0;
            btn25Questioon.pressed = 1;
            btn50Questioon.pressed = 0;
            btn100Questioon.pressed = 0;
            numberOfquestion = 24;
        }
```

```
if (submenuOk == 1)
    if (x > btn50Questioon.x
        && x < (btn50Questioon.x + btn50Questioon.w * 2)
        && y > btn50Questioon.y
        && y < (btn50Questioon.y + btn50Questioon.h * 2)) {
        btn10Questioon.pressed = 0;
        btn20Questioon.pressed = 0;
        btn25Questioon.pressed = 0;
        btn50Questioon.pressed = 1;
        btn100Questioon.pressed = 0;
        numberOfquestion = 49;
    }

if (submenuOk == 1)
    if (x > btn100Questioon.x
        && x < (btn100Questioon.x + btn100Questioon.w * 2)
        && y > btn100Questioon.y
        && y < (btn100Questioon.y + btn100Questioon.h * 2)) {
        btn10Questioon.pressed = 0;
        btn20Questioon.pressed = 0;
        btn25Questioon.pressed = 0;
        btn50Questioon.pressed = 0;
        btn100Questioon.pressed = 1;
        numberOfquestion = 99;
    }

if (submenuOk == 1)
    if (x > btnMenuClose.x
        && x < (btnMenuClose.x + btnMenuClose.w * 2)
        && y > btnMenuClose.y
        && y < (btnMenuClose.y + btnMenuClose.h * 2)) {
        questionNumber = 0;
        submenuOk = 0;
        dicOk = 0;
        oNumber = 0;
        xNumber = 0;
        answerButton = 0;
        solvingOver = 0;
        SQLiteDatabase db = m_helper.getWritableDatabase();
        db.delete("test", null, null);
        db.close();
        makeQuestion(level);
    }
```

```java
// 문제를 다 푼 후 결과확인 닫기 버튼
if (solvingOver == 1)
    if (x > btnMenuClose.x
        && x < (btnMenuClose.x + btnMenuClose.w * 2)
        && y > btnMenuClose.y
        && y < (btnMenuClose.y + btnMenuClose.h * 2)) {
        solvingOver = 0;
        submenuOk = 1;
        questionNumber = 0;
        dicOk = 0;
        btnResultConfirmOk = 0;
    }


if (btnResultConfirmOk == 1)
    if (x > btnResultConfirm.x
        && x < (btnResultConfirm.x + btnResultConfirm.w * 2)
        && y > btnResultConfirm.y
        && y < (btnResultConfirm.y + btnResultConfirm.h * 2)) {
        solvingOver = 1;
        submenuOk = 0;
        btnResultConfirmOk = 0;

        int sss = Integer.parseInt(FileSplit1.
                questionNum[questionNumber][6].trim());

        dicOk = 0;
        SQLiteDatabase db = m_helper.getWritableDatabase();
        String sql = String.format("INSERT INTO test V
                ALUES(NULL, '%s', '%s');",
                FileSplit1.questionNum[questionNumber][sss + 1],
                FileSplit1.questionNum[questionNumber][1]);

        db.execSQL(sql);
        db.close();
    }


if (answerButton == 1 && dicOk == 0)
    if (x > btnExplain.x
        && x < (btnExplain.x + btnExplain.w * 2)
        && y > btnExplain.y
        && y < (btnExplain.y + btnExplain.h * 2)) {
        explainPressed = 1;
        submenuOk = 0;
```

```java
        }


    if (solvingOver == 1)
        if (x > btnOx.x && x < (btnOx.x + btnOx.w * 2)
            && y > btnOx.y && y < (btnOx.y + btnOx.h * 2)) {
            dicOk = 1;
            submenuOk = 0;
        }


    if (dicOk == 1)
        if (x > btnLeftArrow.x
            && x < (btnLeftArrow.x + btnLeftArrow.w * 2)
            && y > btnLeftArrow.y
            && y < (btnLeftArrow.y + btnLeftArrow.h * 2)) {
            btnLeftArrow.btn_press();
            submenuOk = 0;
            movePosition -= 5;
            if (movePosition < 0) movePosition = 0;
        }


    if (dicOk == 1)
        if (x > btnRightArrow.x
            && x < (btnRightArrow.x + btnRightArrow.w * 2)
            && y > btnRightArrow.y
            && y < (btnRightArrow.y + btnRightArrow.h * 2)) {
            btnRightArrow.btn_press();
            submenuOk = 0;
            movePosition += 5;
        }

if (dicOk == 1)
    if (x > btnClose2.x && x < (btnClose2.x + btnClose2.w * 2)
        && y > btnClose2.y && y < (btnClose2.y + btnClose2.h * 2)) {
        btnClose2.btn_press();
        submenuOk = 1;
        dicOk = 0;
    }
if (dicOk == 1)
    if (x > btnDeleteDb.x && x < (btnDeleteDb.x + btnDeleteDb.w * 2)
        && y > btnDeleteDb.y && y < (btnDeleteDb.y + btnDeleteDb.h * 2)) {
        SQLiteDatabase db = m_helper.getWritableDatabase();
        db.delete("test", null, null);
```

```java
                db.close();
            }


        return true;
    }  //End of onTouchEvent



    @Override
    public boolean onKeyDown(int keyCode, KeyEvent event) {

        if (keyCode == KeyEvent.KEYCODE_BACK) return true;
        synchronized (mHolder) {
            switch (keyCode) {
                case KeyEvent.KEYCODE_DPAD_LEFT:

                    break;
                case KeyEvent.KEYCODE_DPAD_RIGHT:

                    break;
                case KeyEvent.KEYCODE_DPAD_UP:

                    break;
                default:


            }
        }
        return false;
    }


    class DBHelper extends SQLiteOpenHelper {
        public DBHelper(Context context, String name, CursorFactory factory,
int version) {
            super(context, name, factory, version);
        }

        @Override
        public void onCreate(SQLiteDatabase db) {
            db.execSQL("CREATE TABLE test (_id INTEGER PRIMARY KEY
                AUTOINCREMENT," + " name TEXT, age INTEGER);");


        }

        @Override
        public void onUpgrade(SQLiteDatabase db, int oldVersion,
```

```java
                          int newVersion) {

        db.execSQL("DROP TABLE IF EXISTS test");
        onCreate(db);


    }
  }


} // SurfaceView
```



```java
package com.bliss.csc.englishvoca;    //평가


import android.graphics.Bitmap;
import android.graphics.BitmapFactory;


public class MyButton2 {
    public int x, y;
    public int w, h;

    public Bitmap button_img;
    public int pressed = 0;

    private Bitmap buttonImage[] = new Bitmap[2];
    public int whichPic;

    public MyButton2(int x, int y, int z) {
        this.x = x;
        this.y = y;
       this.whichPic = z;


        for (int i = 0; i < 2; i++) {
            buttonImage[i] = BitmapFactory.decodeResource(StudyView2.mContext.
getResources(), R.drawable.word00 + whichPic * 2 + i);


            //나가기 버튼
            if (whichPic == 5) {
                int xWidth = StudyView2.Width / 11;
                int yWidth = xWidth;
                    buttonImage[i] = Bitmap.createScaledBitmap(buttonImage[i],
xWidth, yWidth, true);
```

```java
        }

//객관식 선택 버튼 1에서 5번까지.  본 예제에서는 1~4번 까지 사용함
//객관식 버튼 크기 설정하기
        if (whichPic >= 7 && whichPic <= 11) {
            int xWidth = StudyView2.Width / 16;
            int yWidth = xWidth;
                buttonImage[i] = Bitmap.createScaledBitmap(buttonImage[i],
xWidth, yWidth, true);
        }

        //다음문제 버튼
        if (whichPic == 12) {
            int xWidth = StudyView2.Width / 5;
            int yWidth = StudyView2.Height / 7;
                buttonImage[0] = Bitmap.createScaledBitmap(buttonImage[i],
xWidth, yWidth, true);
        }

        //해설버튼
        if (whichPic == 31) {
            int xWidth = StudyView2.Width / 13;
            int yWidth = xWidth;
                buttonImage[i] = Bitmap.createScaledBitmap(buttonImage[i],
xWidth, yWidth, true);
        }

        //25: 결과확인 버튼, 32 결과보기 버튼 이미지
        if (whichPic == 25 || whichPic == 32) {
          int xWidth = StudyView2.Width / 5;
          int yWidth = StudyView2.Height / 7;
                buttonImage[i] = Bitmap.createScaledBitmap(buttonImage[i],
xWidth, yWidth, true);
        }

        //평가결과보기에서 왼쪽, 오른쪽 버튼 이미지, 닫기 버튼 , 전체 삭제버튼
        if (whichPic == 26 || whichPic == 27 || whichPic == 28 || whichPic == 30) {
            int xWidth = StudyView2.Width / 11;
            int yWidth = xWidth;
                buttonImage[i] = Bitmap.createScaledBitmap(buttonImage[i],
xWidth, yWidth, true);
        }
```

```java
        }

        w = buttonImage[0].getWidth() / 2;
        h = buttonImage[0].getHeight() / 2;
        button_img = buttonImage[0];


    }


    public MyButton2(int x, int y, int z, int w) {
        // TODO Auto-generated constructor stub
        this.x = x;
        this.y = y;
        this.whichPic = z;



        //문제수 버튼 10, 20, 25, 50, 100문제
            buttonImage[0] = BitmapFactory.decodeResource(StudyView2.mContext.
getResources(), R.drawable.test00 + whichPic);


        if (whichPic>=5 || whichPic <= 9) {

            int xWidth = StudyView2.Width / 11;
            int yWidth = xWidth;


             buttonImage[0] = Bitmap.createScaledBitmap(buttonImage[0], xWidth,
yWidth, true);
        }

        //설정 버튼
        if (whichPic == 14) {

            int xWidth = StudyView2.Width / 11;
            int yWidth = xWidth;
             buttonImage[0] = Bitmap.createScaledBitmap(buttonImage[0], xWidth,
yWidth, true);
        }

        this.w = buttonImage[0].getWidth() / 2;
        this.h = buttonImage[0].getHeight() / 2;
        button_img = buttonImage[0];
    }


    public boolean btn_released() {
```

```java
        button_img = buttonImage[0];
        return true;
    }

    public boolean btn_press() {
        button_img = buttonImage[1];
        return true;
    }

}
```

버튼이 터치되면 일정시간 나오는 이미지를 설정하는 메소드이다.


```java
package com.bliss.scs.englishvoca;

public class FileSplit1 {
    public static String questionNum2[][] = new String[1000][10];
    public static String questionNum[][] = new String[100][10];

    public FileSplit1(String str) {
        String tmp[] = str.split("\n");
        String s;
        char ch;

        for (int i = 0; i < tmp.length; i++) {
            s = tmp[i];
            String tmp2[] = s.split(":");
            for (int j = 0; j < 10; j++) {
                tmp2[j] = tmp2[j].trim();
                questionNum2[i][j] = tmp2[j];
            }
        }
        makeThousand();
    }

    public void makeThousand() {
        int selectedQuestion;
        double randomNum;

        for (int i = 0; i < 1000; i++)
            questionNum2[i][9] = "";
        for (int i = 0; i < 100; i++) {
```

```java
        do {
            randomNum = Math.random();
            selectedQuestion = (int) ((randomNum * (1000)));
        } while (questionNum2[selectedQuestion][9] == "yes");

        for (int j = 0; j < 10; j++) {
                    FileSplit1.questionNum[i][j] = FileSplit1.
questionNum2[selectedQuestion][j];
            FileSplit1.questionNum[i][0] = Integer.toString(i + 1);
        }
        questionNum2[selectedQuestion][9] = "yes";
    }
  }
}
```

04 ≫ DB를 활용한 응용 앱 만들기(2)   LOADING...

1 토익 단어 학습화면–2400개 단어를 학습

[단어선택]을 선택하면 24개의 하위 메뉴를 선택할 수 있다. 1개의 하위 메뉴에는 100개의 영어 단어가 들어 있다.

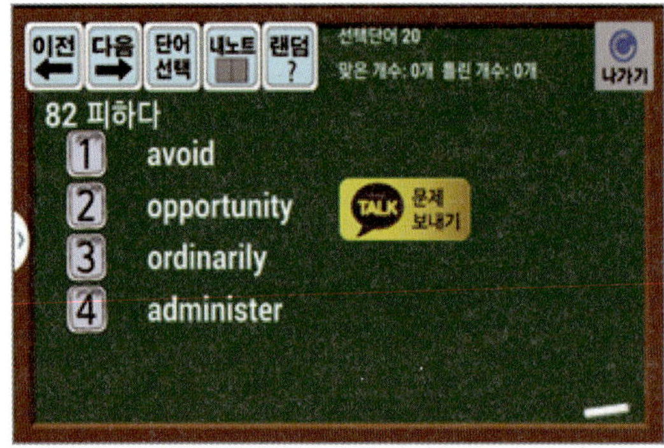

(1) 사용된 파일들

네모 칸에 있는 파일들이 토익 단어 제작에 사용된 파일들이다.

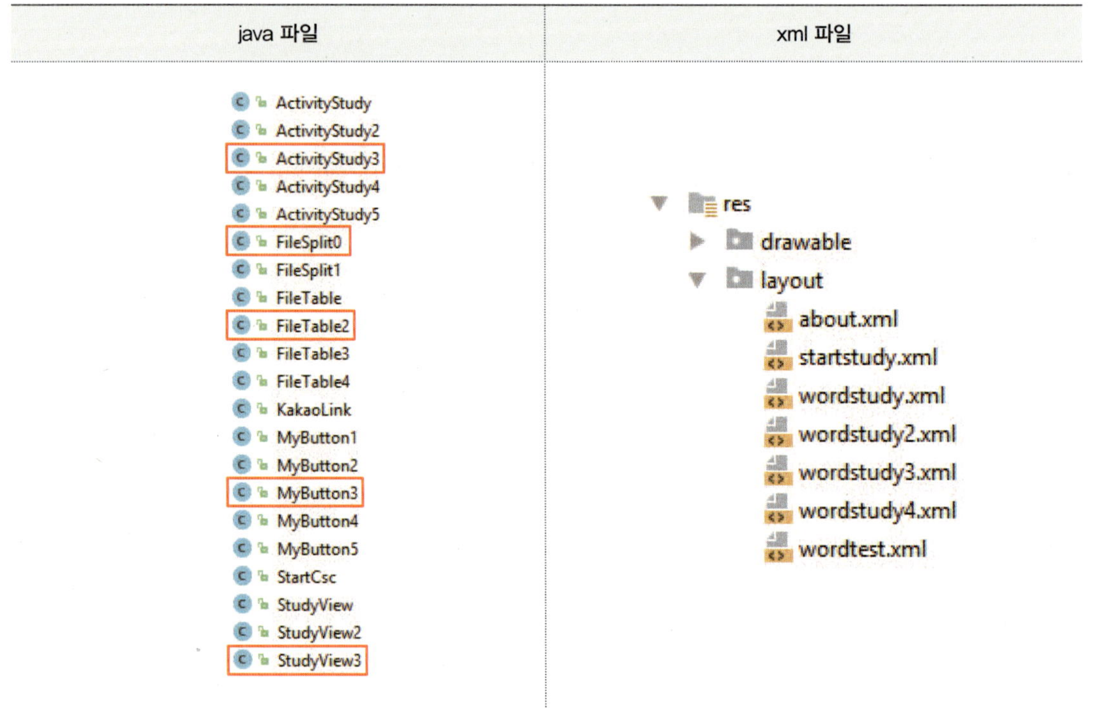

java 파일	xml 파일
ActivityStudy	
ActivityStudy2	
ActivityStudy3	
ActivityStudy4	res
ActivityStudy5	drawable
FileSplit0	layout
FileSplit1	about.xml
FileTable	startstudy.xml
FileTable2	wordstudy.xml
FileTable3	wordstudy2.xml
FileTable4	wordstudy3.xml
KakaoLink	wordstudy4.xml
MyButton1	wordtest.xml
MyButton2	
MyButton3	
MyButton4	
MyButton5	
StartCsc	
StudyView	
StudyView2	
StudyView3	

(2) 파일의 연결 순서

StartCsc.java

```java
Button.OnClickListener myClick = (v) → {
        switch (v.getId()) {

            case R.id.main2:
                startActivity(new Intent(StartCsc.this, ActivityStudy3.class));
                break;
```
1

ActivityStudy3.java

```java
public class ActivityStudy3 extends Activity {

    @Override
    public void onCreate(Bundle savedInstanceState) {
        super.onCreate(savedInstanceState);
        setContentView(R.layout.wordstudy2);

    }
```
2

wordstudy2.xml

```xml
<?xml version="1.0" encoding="utf-8"?>
<FrameLayout
        xmlns:android="http://schemas.android.com/apk/res/android"
    android:orientation="vertical"
    android:layout_width="fill_parent"
    android:layout_height="fill_parent"
    >
<com.bliss.csc.englishvoca.StudyView3
    android:layout_width="fill_parent"
    android:layout_height="fill_parent"/>
</FrameLayout>
```
3

StudyView3.java

```java
public class StudyView3 extends SurfaceView implements Callback, OnGestureListen

    static int soundOk = 1;
    int questionNumber = 0;
    int numberOfquestion = 99;

    int textSizeForG4 = 0;
    int textSizeChanging = 0;
    int textSizeChanging2 = 0;
```
4

❶ StartCsc 파일을 보면 main2 버튼을 터치할 경우 startActivity 메소드에 의해서 Activit-yStudy3 파일로 화면전환을 하게 된다.

❷ setContentView 메소드에 의해서 wordstudy2.xml 파일로 화면을 구성하게 하였다.

❸ xml 파일안에 StudyView3 클래스 파일로 화면을 구성하도록 하였다.

❹ SurfaceView를 상속받은 StudyView3 클래스 파일이 실행된다. StudyView3 파일 안에 토익단어를 공부할 수 있는 대부분의 프로그램을 코딩하여 넣었다.

수능단어 제작에 사용되었던 ActivityStudy.java 파일과 유사하다. setContentView메소드에 들어갈 부분을 wordstudy2로 고쳐준다. 또한 StudyView3 클래스 파일에 있는 soundOk 변수를 사용하기 때문에 StudyView3.soundOk로 고쳐주면 된다.

ActivityStudy3.java

```java
package com.bliss.csc.englishvoca;

import android.app.Activity;
import android.os.Bundle;
import android.view.*;
public class ActivityStudy3 extends Activity {

    StudyView mWordStudy;
    @Override
    public void onCreate(Bundle savedInstanceState) {
        super.onCreate(savedInstanceState);
        setContentView(R.layout.wordstudy3);
    }



    @Override
    public boolean onCreateOptionsMenu(Menu menu) {
        menu.add(0, 1, 0, "sound on");
        menu.add(0, 2, 0, "sound off");
        return true;
    }
@Override
    public boolean onCreateOptionsMenu(Menu menu) {
        menu.add(0, 1, 0, "sound on");
        menu.add(0, 2, 0, "sound off");
        return true;
    }
    @Override
    public boolean onOptionsItemSelected(MenuItem item) {
```

```java
        switch (item.getItemId()) {
            case 1:
                StudyView3.soundOk = 1;
                break;
            case 2:
                StudyView3.soundOk = 0;
                break;
        }
        return true;
    }


    @Override
    public boolean onKeyDown(int keyCode, KeyEvent event) {

        if (keyCode == KeyEvent.KEYCODE_BACK) {
            System.exit(0);   //이전키가 눌리면 메인화면으로 돌아가기
            return false;
        }
        return false;
    }
}
```

(3) 주요 그림 파일들

토익선택 버튼만 추가로 제작하면 된다. 나머지 이미지들은 수능단어에서 사용한 이미지와 동일
하다.

이미지
파일이름
객체명

버튼마다 똑같은 이미지가 2개 들어있다. 예를 들어 toeic00.png와 toeic01.png는 같은 이미지
이다. 원래는 버튼이 눌릴 경우 다른 이미지가 나오도록 하기 위해서 한 것이다.

토익 #1	토익 #2	토익 #3	토익 #4	토익 #5	토익 #6
toeic00.png	toeic02.png	toeic04.png	toeic06.png	toeic08.png	toeic10.png
btnSub1	btnSub2	btnSub3	btnSub4	btnSub5	btnSub6

토익 #7	토익 #8	토익 #9	토익 #10	토익 #11	토익 #12
toeic12.png	toeic14.png	toeic16.png	toeic18.png	toeic20.png	toeic22.png
btnSub7	btnSub8	btnSub9	btnSub10	btnSub11	btnSub12
토익 #13	토익 #14	토익 #15	토익 #16	토익 #17	토익 #18
toeic24.png	toeic26.png	toeic28.png	toeic30.png	toeic32.png	toeic34.png
btnSub13	btnSub14	btnSub15	btnSub16	btnSub17	btnSub18
토익 #19	토익 #20	토익 #21	토익 #22	토익 #23	토익 #24
toeic36.png	toeic38.png	toeic40.png	toeic42.png	toeic44.png	toeic46.png
btnSub19	btnSub20	btnSub21	btnSub22	btnSub23	btnSub24

다음 StudyView3.java 코드를 살펴보면 StudyView 클래스와 유사하다. 단지 서브메뉴를 8개에서 24개로 늘리고 이에 따라 버튼수도 늘렸다는 점만 다르다. 한 줄에 8개씩 3줄로 서브메뉴 버튼을 구성하였다. MyButton3 클래스를 이용해서 객체 btnSub1부터 btnSub24까지 24개의 토익선택 버튼을 생성하였다. 첫 번째 인수는 버튼의 x좌표이며, 두 번째 인수는 버튼의 y좌표이다. 세 번째 좌표의 숫자에 따라 이미지가 달라진다. 네 번째 인수로 넘겨준 값은 리소스 draw-able 디렉토리에서 사용할 파일이 toeic으로 시작되는 그림파일임을 알려주기 위해서이다.

```java
btnSub1 = new MyButton3(btnPrevious.x + 10,
                        btnWordSelection.y + btnWordSelection.h * 2 + 5, 0,1);
        btnSub2 = new MyButton3(btnSub1.x + btnSub1.w * 2, btnSub1.y, 1,1);
        btnSub3 = new MyButton3(btnSub2.x + btnSub2.w * 2, btnSub1.y, 2,1);
        btnSub4 = new MyButton3(btnSub3.x + btnSub3.w * 2, btnSub1.y, 3,1);
        btnSub5 = new MyButton3(btnSub4.x + btnSub4.w * 2, btnSub1.y, 4,1);
        btnSub6 = new MyButton3(btnSub5.x + btnSub4.w * 2 , btnSub1.y, 5,1);
        btnSub7 = new MyButton3(btnSub6.x + btnSub6.w * 2, btnSub1.y, 6,1);
        btnSub8 = new MyButton3(btnSub7.x + btnSub2.w * 2, btnSub1.y, 7,1);

        btnSub9 = new MyButton3(btnSub1.x, btnSub1.y + btnSub1.h * 2, 8,1);
        btnSub10 = new MyButton3(btnSub2.x, btnSub1.y + btnSub1.h * 2, 9,1);
        btnSub11 = new MyButton3(btnSub3.x, btnSub1.y + btnSub1.h * 2, 10,1);
        btnSub12 = new MyButton3(btnSub4.x, btnSub1.y + btnSub1.h * 2, 11,1);
        btnSub13 = new MyButton3(btnSub5.x, btnSub1.y + btnSub1.h * 2, 12,1);
        btnSub14 = new MyButton3(btnSub6.x, btnSub1.y + btnSub1.h * 2, 13,1);
        btnSub15 = new MyButton3(btnSub7.x, btnSub1.y + btnSub1.h * 2, 14,1);
        btnSub16 = new MyButton3(btnSub8.x, btnSub1.y + btnSub1.h * 2, 15,1);

        btnSub17 = new MyButton3(btnSub1.x, btnSub1.y + btnSub1.h * 4, 16,1);
        btnSub18 = new MyButton3(btnSub2.x, btnSub1.y + btnSub1.h * 4, 17,1);
        btnSub19 = new MyButton3(btnSub3.x, btnSub1.y + btnSub1.h * 4, 18,1);
        btnSub20 = new MyButton3(btnSub4.x, btnSub1.y + btnSub1.h * 4, 19,1);
        btnSub21 = new MyButton3(btnSub5.x, btnSub1.y + btnSub1.h * 4, 20,1);
        btnSub22 = new MyButton3(btnSub6.x, btnSub1.y + btnSub1.h * 4, 21,1);
        btnSub23 = new MyButton3(btnSub7.x, btnSub1.y + btnSub1.h * 4, 22,1);
        btnSub24 = new MyButton3(btnSub8.x, btnSub1.y + btnSub1.h * 4, 23,1);


        // 단어선택 submenu 1
        if (submenuOk == 1)
            if (x > btnSub1.x && x < (btnSub1.x + btnSub1.w * 2) && y > btnSub1.y
                && y < (btnSub1.y + btnSub1.h * 2)) {
                btnSub1.btn_press();
                submenuOk = 0;
                whichSubject = "선택단어 1";
                int subNumber = 1;
                makeQuestion(subNumber);
            }

        // submenu 2
        if (submenuOk == 1)
            if (x > btnSub2.x && x < (btnSub2.x + btnSub2.w * 2) && y >
```

```java
btnSub2.y && y < (btnSub2.y + btnSub2.h * 2)) {
            whichSubject = "선택단어 2";
            btnSub2.btn_press();
            submenuOk = 0;
            int subNumber = 2;
            makeQuestion(subNumber);
        }



        // submenu 3
    if (submenuOk == 1)
        if (x > btnSub3.x && x < (btnSub3.x + btnSub3.w * 2) && y >
btnSub3.y && y < (btnSub3.y + btnSub3.h * 2)) {
            whichSubject = "선택단어 3";
            btnSub3.btn_press();
            submenuOk = 0;
            int subNumber = 3;
          makeQuestion(subNumber);
        }


    if (submenuOk == 1)
            if (x > btnSub4.x && x < (btnSub4.x + btnSub4.w * 2) && y >
            btnSub4.y && y < (btnSub4.y + btnSub4.h * 2)) {
            whichSubject = "선택단어 4";
            btnSub4.btn_press();
            submenuOk = 0;
            int subNumber = 4;
            makeQuestion(subNumber);
        }


    if (submenuOk == 1)
            if (x > btnSub5.x && x < (btnSub5.x + btnSub5.w * 2) && y >
            btnSub5.y && y < (btnSub5.y + btnSub5.h * 2)) {
            whichSubject = "선택단어 5";
            btnSub5.btn_press();
            submenuOk = 0;
            subNumber = 5;
            makeQuestion(subNumber);
        }


    if (submenuOk == 1)
            if (x > btnSub6.x && x < (btnSub6.x + btnSub6.w * 2) && y >
            btnSub6.y && y < (btnSub6.y + btnSub6.h * 2)) {
            whichSubject = "선택단어 6";
```

```java
            btnSub6.btn_press();
            submenuOk = 0;
            subNumber = 6;
            makeQuestion(subNumber);
    }

if (submenuOk == 1)
        if (x > btnSub7.x && x < (btnSub7.x + btnSub7.w * 2) && y >
        btnSub7.y && y < (btnSub7.y + btnSub7.h * 2)) {
        whichSubject = "선택단어 7";
        btnSub7.btn_press();
        submenuOk = 0;
        subNumber = 7;
        makeQuestion(subNumber);
    }

if (submenuOk == 1)
        if (x > btnSub8.x && x < (btnSub8.x + btnSub8.w * 2) && y >
        btnSub8.y && y < (btnSub8.y + btnSub8.h * 2)) {
        whichSubject = "선택단어 8";
        btnSub8.btn_press();
        submenuOk = 0;
        subNumber = 8;
        makeQuestion(subNumber);
    }

if (submenuOk == 1)
        if (x > btnSub9.x && x < (btnSub9.x + btnSub9.w * 2) && y >
        btnSub9.y && y < (btnSub9.y + btnSub9.h * 2)) {
        whichSubject = "선택단어 9";
        btnSub9.btn_press();
        submenuOk = 0;
        subNumber = 9;
        makeQuestion(subNumber);
    }

if (submenuOk == 1)
        if (x > btnSub10.x && x < (btnSub10.x + btnSub10.w * 2) && y >
        btnSub10.y && y < (btnSub10.y + btnSub10.h * 2)) {
        whichSubject = "선택단어 10";
        btnSub8.btn_press();
        submenuOk = 0;
        subNumber = 10;
        makeQuestion(subNumber);
```

```java
        }

    if (submenuOk == 1)
            if (x > btnSub11.x && x < (btnSub11.x + btnSub11.w * 2) && y >
            btnSub11.y && y < (btnSub11.y + btnSub11.h * 2)) {
            whichSubject = "선택단어 11";
        btnSub11.btn_press();
            submenuOk = 0;
            subNumber = 11;
            makeQuestion(subNumber);
        }
    if (submenuOk == 1)
            if (x > btnSub12.x && x < (btnSub12.x + btnSub12.w * 2) && y >
            btnSub12.y && y < (btnSub12.y + btnSub12.h * 2)) {
            whichSubject = "선택단어 12";
            btnSub12.btn_press();
            submenuOk = 0;
            subNumber = 12;
            makeQuestion(subNumber);
        }

    if (submenuOk == 1)
            if (x > btnSub13.x && x < (btnSub13.x + btnSub13.w * 2) && y >
            btnSub13.y && y < (btnSub13.y + btnSub13.h * 2)) {
            whichSubject = "선택단어 13";
            btnSub13.btn_press();
            submenuOk = 0;
            subNumber = 13;
            makeQuestion(subNumber);
        }

    if (submenuOk == 1)
            if (x > btnSub14.x && x < (btnSub14.x + btnSub14.w * 2) && y >
            btnSub14.y && y < (btnSub14.y + btnSub14.h * 2)) {
            whichSubject = "선택단어 14";
            btnSub14.btn_press();
            submenuOk = 0;
            subNumber = 14;
            makeQuestion(subNumber);
        }

    if (submenuOk == 1)
            if (x > btnSub15.x && x < (btnSub15.x + btnSub15.w * 2) && y >
            btnSub15.y && y < (btnSub15.y + btnSub15.h * 2)) {
```

```
            whichSubject = "선택단어 15";
            btnSub15.btn_press();
        btnSub11.btn_press();
            submenuOk = 0;
            subNumber = 15;
            makeQuestion(subNumber);
        }
    if (submenuOk == 1)
            if (x > btnSub16.x && x < (btnSub16.x + btnSub16.w * 2) && y >
            btnSub16.y && y < (btnSub16.y + btnSub16.h * 2)) {
            whichSubject = "선택단어 16";
            btnSub16.btn_press();
            submenuOk = 0;
            subNumber = 16;
            makeQuestion(subNumber);
        }


    if (submenuOk == 1)
            if (x > btnSub17.x && x < (btnSub17.x + btnSub17.w * 2) && y >
            btnSub17.y && y < (btnSub17.y + btnSub17.h * 2)) {
            whichSubject = "선택단어 17";
            btnSub17.btn_press();
            submenuOk = 0;
            subNumber = 17;
            makeQuestion(subNumber);
        }


    if (submenuOk == 1)
            if (x > btnSub18.x && x < (btnSub18.x + btnSub18.w * 2) && y >
            btnSub18.y && y < (btnSub18.y + btnSub18.h * 2)) {
            whichSubject = "선택단어 18";
            btnSub18.btn_press();
            submenuOk = 0;
            subNumber = 18;
            makeQuestion(subNumber);
        }


    if (submenuOk == 1)
            if (x > btnSub19.x && x < (btnSub19.x + btnSub19.w * 2) && y >
            btnSub19.y && y < (btnSub19.y + btnSub19.h * 2)) {
            whichSubject = "선택단어 19";
            btnSub19.btn_press();
        submenuOk = 0;
            subNumber = 19;
```

```java
            makeQuestion(subNumber);
        }
    if (submenuOk == 1)
            if (x > btnSub20.x && x < (btnSub20.x + btnSub20.w * 2) && y >
            btnSub20.y && y < (btnSub20.y + btnSub20.h * 2)) {
            whichSubject = "선택단어 20";
            btnSub20.btn_press();
            submenuOk = 0;
            subNumber = 20;
            makeQuestion(subNumber);
        }

    if (submenuOk == 1)
            if (x > btnSub21.x && x < (btnSub21.x + btnSub21.w * 2) && y >
            btnSub21.y && y < (btnSub21.y + btnSub21.h * 2)) {
            whichSubject = "선택단어 21";
            btnSub21.btn_press();
            submenuOk = 0;
            subNumber = 21;
            makeQuestion(subNumber);
        }

    if (submenuOk == 1)
            if (x > btnSub22.x && x < (btnSub22.x + btnSub22.w * 2) && y >
            btnSub22.y && y < (btnSub22.y + btnSub22.h * 2)) {
            whichSubject = "선택단어 22";
            btnSub22.btn_press();
            submenuOk = 0;
            subNumber = 22;
            makeQuestion(subNumber);
        }

    if (submenuOk == 1)
            if (x > btnSub23.x && x < (btnSub23.x + btnSub23.w * 2) && y >
            btnSub23.y && y < (btnSub23.y + btnSub23.h * 2)) {
            whichSubject = "선택단어 23";
            btnSub23.btn_press();
            submenuOk = 0;
        subNumber = 23;
            makeQuestion(subNumber);
        }
    if (submenuOk == 1)
            if (x > btnSub24.x && x < (btnSub24.x + btnSub24.w * 2) && y >
            btnSub24.y && y < (btnSub24.y + btnSub24.h * 2)) {
```

```
                whichSubject = "선택단어 24";
                btnSub24.btn_press();
                submenuOk = 0;
                subNumber = 24;
                makeQuestion(subNumber);
        }
```

각 이미지의 크기와 위치를 설정하는 클래스 파일이다. 파라미터로 받은 x, y, z, kind 값을 받는 다. x 와 y는 이미지의 좌표값이다. z는 whichPic라는 MyButton3 클래스의 멤버변수값에 대입이 된다. 파라미터로 받은 z 값에 따라 이미지가 달라진다. kind 값이 0일 경우에는 word로 시작되는 그림파일이 비트맵으로 만들어지고 kind 값이 1일 경우 toeic으로 시작되는 그림파일이 비트맵으로 만들어 진다.

예를 들어 z값이 0이고 kind 값이 1인 경우 whickPic의 값도 0이 되고 toeic00 파일과 toeic01 파일을 불러와서 buttonImage[0]에는 toeic00.png 그림이 저장되고 buttonImage[1]에는 toeic01.png 그림이 저장된다. 터치를 안했을 경우에는 buttonImage[0] 이미지가 나오고 터치를 할 경우에는 buttonImage[1] 이미지가 나오도록 하였다. 그 밖에 자세한 사용법은 MyButton. java 설명을 참고하기 바란다. 전체 소스는 다음과 같다.

MyButton3.java 전체 코드

```java
package com.bliss.csc.englishvoca;      // 토익단어에 사용되는 버튼

import android.graphics.Bitmap;
import android.graphics.BitmapFactory;

public class MyButton3 {
    public int x, y;
    public int w, h;
    public Bitmap button_img;
    private Bitmap buttonImage[] = new Bitmap[2];
    public int whichPic;

    public MyButton3(int x, int y, int z, int kind) {
        this.x = x;
        this.y = y;
        this.whichPic = z;

        if(kind==1)
            for (int i = 0; i < 2; i++) {
                buttonImage[i] = BitmapFactory.decodeResource(StudyView3.
```

```java
                                mContext.getResources(), R.drawable.toeic00 + whichPic
* 2 + i);

                //이전, 다음, 단어선택, 내노트, 랜덤, 나가기 버튼 및 단어선택에 나오는 8개 버튼들
                if (whichPic <60) {  //15-22 submenu
                    int xWidth = StudyView3.Width / 11;
                    int yWidth = xWidth;
                    buttonImage[i] = Bitmap.createScaledBitmap(buttonImage[i],
xWidth, yWidth, true);
                }
            }


        if(kind==0)
        for (int i = 0; i < 2; i++) {
            buttonImage[i] = BitmapFactory.decodeResource(StudyView3.
                        mContext.getResources(), R.drawable.word00 + whichPic *
2 + i);

                //이전, 다음, 단어선택, 내노트, 랜덤, 나가기 버튼 및 단어선택에 나오는 8개 버튼들
                if (whichPic < 7) {
                    int xWidth = StudyView3.Width / 11;
                    int yWidth = xWidth;
                        buttonImage[i] = Bitmap.createScaledBitmap(buttonImage[i],
xWidth, yWidth, true);
                }

                //다음문제, 다시풀기 버튼 아이콘, 카카오톡 보내기 아이콘, 단어장등록 아이콘
                if (whichPic == 12 || whichPic == 13 || whichPic == 33 || whichPic
== 23) {
                    int xWidth = StudyView3.Width / 5;
                    int yWidth = StudyView3.Height / 7;
                        buttonImage[i] = Bitmap.createScaledBitmap(buttonImage[i],
xWidth, yWidth, true);
                }

                //객관식 선택 버튼 1에서 5번까지. 본 예제에서는 1~4번 까지 사용함
                if (whichPic >= 7 && whichPic <= 10) {
                    int xWidth = StudyView3.Width / 16;
                    int yWidth = xWidth;
                        buttonImage[i] = Bitmap.createScaledBitmap(buttonImage[i],
xWidth, yWidth, true);

                }
```

```java
//해설버튼
if (whichPic == 31) {
    int xWidth = StudyView3.Width / 13;
    int yWidth = xWidth;
        buttonImage[i] = Bitmap.createScaledBitmap(buttonImage[i],
xWidth, yWidth, true);
}

//25: 결과확인 버튼, 32 결과보기 버튼 이미지
if (whichPic == 25 || whichPic == 32) {
    int xWidth = StudyView3.Width / 5;
    int yWidth = StudyView3.Height / 7;
        buttonImage[i] = Bitmap.createScaledBitmap(buttonImage[i],
xWidth, yWidth, true);
}

//평가결과보기에서 왼쪽, 오른쪽 버튼 이미지, 닫기 버튼 , 전체 삭제버튼
if (whichPic == 26 || whichPic == 27 || whichPic == 28 ||  whichPic
== 30) {
    int xWidth = StudyView3.Width / 11;
    int yWidth = xWidth;
        buttonImage[i] = Bitmap.createScaledBitmap(buttonImage[i],
xWidth, yWidth, true);
}

//단어 삭제버튼
if (whichPic == 29 ) {
    int xWidth = StudyView3.Width / 16;
    int yWidth = xWidth;
        buttonImage[i] = Bitmap.createScaledBitmap(buttonImage[i],
xWidth, yWidth, true);

}
}

w = buttonImage[0].getWidth() / 2;
h = buttonImage[0].getHeight() / 2;
button_img = buttonImage[0];

}


public boolean btn_released() {
    button_img = buttonImage[0];
```

```java
        return true;
    }


    public boolean btn_press() {
        button_img = buttonImage[1];
        return true;
    }
}
```



```java
package com.bliss.csc.englishvoca;     //토익 단어
import java.io.IOException;
import java.io.InputStream;

public class FileTable2 {

    InputStream fi;
    FileSplit0 word;

    // 단어공부 파일 읽어오기
    public void loadFile(int num) {
        fi = StudyView3.mContext.getResources().openRawResource(R.raw.toeic01 +
num-1);

        try {
            byte[] data = new byte[fi.available()];
            fi.read(data);
            fi.close();
            String s = new String(data, "UTF-8");
            word = new FileSplit0(s);

        } catch (IOException e) {
        }
    }
}
```

05 » DB를 활용한 응용 앱 만들기(3)   LOADING...

1 공무원 단어 학습화면 – 2800개 단어를 학습

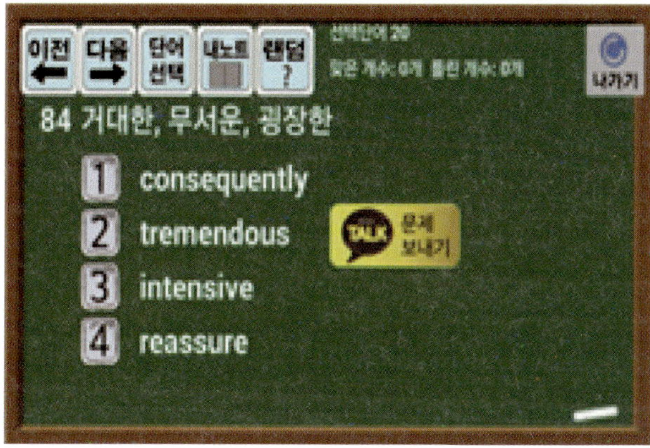

(1) 사용된 파일들

빨간색 네모 칸에 있는 파일들이 공무원단어 제작에 사용된 파일들이다.

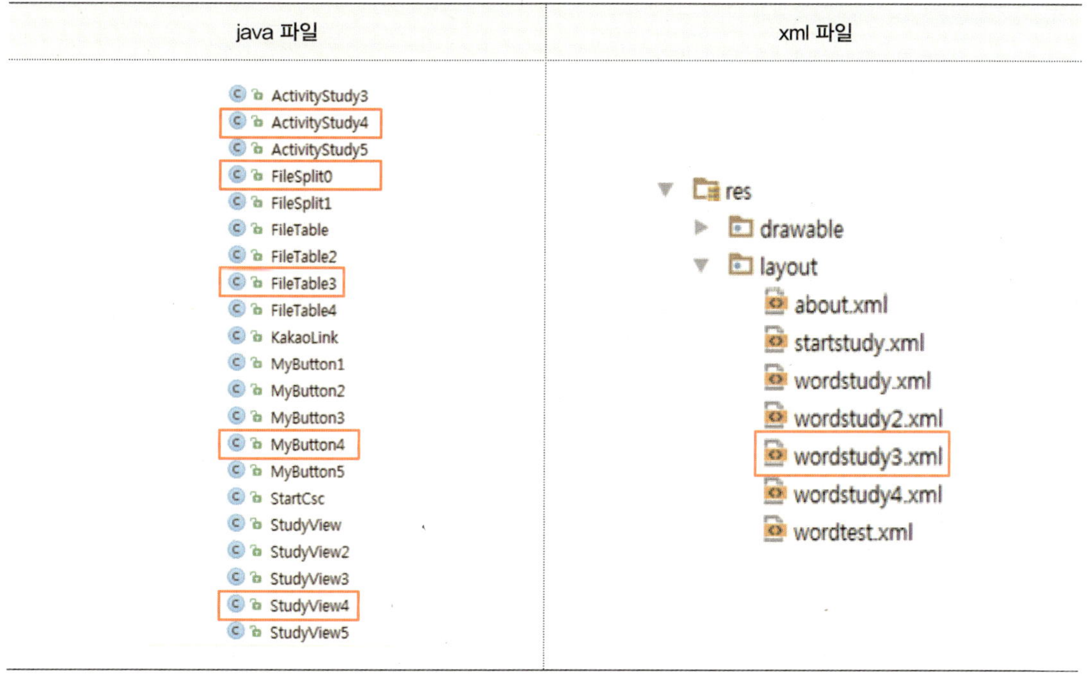

java 파일	xml 파일
ActivityStudy3	
ActivityStudy4	
ActivityStudy5	
FileSplit0	
FileSplit1	res
FileTable	▶ drawable
FileTable2	▼ layout
FileTable3	about.xml
FileTable4	startstudy.xml
KakaoLink	wordstudy.xml
MyButton1	wordstudy2.xml
MyButton2	wordstudy3.xml
MyButton3	wordstudy4.xml
MyButton4	wordtest.xml
MyButton5	
StartCsc	
StudyView	
StudyView2	
StudyView3	
StudyView4	
StudyView5	

(2) 파일의 연결 순서

StartCsc.java

```java
Button.OnClickListener myClick = new Button.OnClickListener() {      1

    @Override
    public void onClick(View v) {
        switch (v.getId()) {

            case R.id.main3:
                startActivity(new Intent(StartCsc.this, ActivityStudy4.class));
                break;
```

ActivityStudy4.java

```java
public class ActivityStudy4 extends Activity {                       2


    @Override
    public void onCreate(Bundle savedInstanceState) {
        super.onCreate(savedInstanceState);
        setContentView(R.layout.wordstudy3);

    }
```

wordstudy3.xml

```xml
<?xml version="1.0" encoding="utf-8"?>                               3
<FrameLayout
        xmlns:android="http://schemas.android.com/apk/res/android"
    android:orientation="vertical"
    android:layout_width="fill_parent"
    android:layout_height="fill_parent"
    >
<com.bliss.csc.englishvoca.StudyView4
    android:layout_width="fill_parent"
    android:layout_height="fill_parent"/>
</FrameLayout>
```

StudyView4.java

```java
public class StudyView4 extends SurfaceView implements Callback, OnGestureListener,

    static int soundOk = 1;
    int questionNumber = 0;
    int numberOfquestion = 99;
                                                                     4
```

❶ StartCsc 파일을 보면 main3 버튼을 터치할 경우 startActivity 메소드에 의해서 Activit-yStudy4 파일로 화면전환을 하게 된다.

❷ setContentView 메소드에 의해서 wordstudy3.xml 파일로 화면을 구성하게 하였다.

❸ xml 파일안에 StudyView4 클래스 파일로 화면을 구성하도록 하였다.

❹ SurfaceView를 상속받은 StudyView4 클래스 파일이 실행된다. StudyView4 파일 안에 공무원단어를 공부할 수 있는 대부분의 프로그램을 코딩하여 넣었다.

setContentView 메소드에 들어갈 부분을 wordstudy3으로 설정한다. 또한 StudyView4 클래스 파일에 있는 soundOk 변수를 사용하기 때문에 StudyView4.soundOk로 설정해 준다.

ActivityStudy4.java

```java
package com.bliss.csc.englishvoca;

import android.app.Activity;
import android.os.Bundle;
import android.view.*;
public class ActivityStudy4 extends Activity {

    StudyView mWordStudy;
    @Override
    public void onCreate(Bundle savedInstanceState) {
        super.onCreate(savedInstanceState);
        setContentView(R.layout.wordstudy3);
    }



    @Override
    public boolean onCreateOptionsMenu(Menu menu) {
        menu.add(0, 1, 0, "sound on");
        menu.add(0, 2, 0, "sound off");
        return true;
    }
@Override
    public boolean onCreateOptionsMenu(Menu menu) {
        menu.add(0, 1, 0, "sound on");
        menu.add(0, 2, 0, "sound off");
        return true;
    }
    @Override
    public boolean onOptionsItemSelected(MenuItem item) {
        switch (item.getItemId()) {
```

```java
            case 1:
                StudyView4.soundOk = 1;
                break;
            case 2:
                StudyView4.soundOk = 0;
                break;
        }
        return true;
    }


    @Override
    public boolean onKeyDown(int keyCode, KeyEvent event) {

        if (keyCode == KeyEvent.KEYCODE_BACK) {
            System.exit(0);    //이전키가 눌리면 메인화면으로 돌아가기
            return false;
        }
        return false;
    }
}
```

(4) 주요 그림 파일들

공무원 단어 선택 버튼을 추가로 제작하면 된다. 나머지 이미지들은 수능단어에서 사용한 이미지와 동일하다.

공무원 #1	공무원 #2	공무원 #3	공무원 #4
official00.png	official02.png	official04.png	official06.png
btnSub1	btnSub2	btnSub3	btnSub4

공무원 #5	공무원 #6	공무원 #7	공무원 #8	공무원 #9	공무원 #10
official08.png	official10.png	official12.png	official14.png	official16.png	official18.png
btnSub5	btnSub6	btnSub7	btnSub8	btnSub9	btnSub10

공무원 #11	공무원 #12	공무원 #13	공무원 #14	공무원 #15	공무원 #16
official20.png	official22.png	official24.png	official26.png	official28.png	official30.png
btnSub11	btnSub12	btnSub13	btnSub14	btnSub15	btnSub16
공무원 #17	공무원 #18	공무원 #19	공무원 #20	공무원 #21	공무원 #22
official32.png	official34.png	official36.png	official38.png	official40.png	official42.png
btnSub17	btnSub18	btnSub19	btnSub20	btnSub21	btnSub22
공무원 #23	공무원 #24	공무원 #25	공무원 #26	공무원 #27	공무원 #28
official44.png	official46.png	official48.png	official50.png	official52.png	official54.png
btnSub23	btnSub24	btnSub25	btnSub26	btnSub27	btnSub28

서브메뉴를 28개 만들었다. 화면상에 한 줄에 8개씩 배치하고 마지막 4번째 줄에는 4개를 배치하였다. MyButton4 클래스를 이용해서 객체 btnSub1부터 btnSub28까지 28개의 공무원단어 선택비튼을 생성하였다. 첫 번째 인수는 버튼의 x좌표이며, 두 번째 인수는 버튼의 y좌표이다. 세 번째 좌표의 숫자에 따라 이미지가 달라진다. 네 번째 인수로 넘겨준 값은 리소스 drawable 디렉토리에서 사용할 파일이 official로 시작되는 그림파일임을 알려주기 위해서이다.

StudyView4.java

```java
btnSub1 = new MyButton4(btnPrevious.x + 10, btnWordSelection.y
                + btnWordSelection.h * 2 + 5, 0,1);
        btnSub2 = new MyButton4(btnSub1.x + btnSub1.w * 2, btnSub1.y, 1,1);
        btnSub3 = new MyButton4(btnSub2.x + btnSub2.w * 2, btnSub1.y, 2,1);
        btnSub4 = new MyButton4(btnSub3.x + btnSub3.w * 2, btnSub1.y, 3,1);
        btnSub5 = new MyButton4(btnSub4.x + btnSub4.w * 2, btnSub1.y, 4,1);
        btnSub6 = new MyButton4(btnSub5.x + btnSub4.w * 2 , btnSub1.y, 5,1);
```

```java
btnSub7 = new MyButton4(btnSub6.x + btnSub6.w * 2, btnSub1.y, 6,1);
btnSub8 = new MyButton4(btnSub7.x + btnSub2.w * 2, btnSub1.y, 7,1);


btnSub9 = new MyButton4(btnSub1.x, btnSub1.y + btnSub1.h * 2, 8,1);
btnSub10 = new MyButton4(btnSub2.x, btnSub1.y + btnSub1.h * 2, 9,1);
btnSub11 = new MyButton4(btnSub3.x, btnSub1.y + btnSub1.h * 2, 10,1);
btnSub12 = new MyButton4(btnSub4.x, btnSub1.y + btnSub1.h * 2, 11,1);
btnSub13 = new MyButton4(btnSub5.x, btnSub1.y + btnSub1.h * 2, 12,1);
btnSub14 = new MyButton4(btnSub6.x, btnSub1.y + btnSub1.h * 2, 13,1);
btnSub15 = new MyButton4(btnSub7.x, btnSub1.y + btnSub1.h * 2, 14,1);
btnSub16 = new MyButton4(btnSub8.x, btnSub1.y + btnSub1.h * 2, 15,1);


btnSub17 = new MyButton4(btnSub1.x, btnSub1.y + btnSub1.h * 4, 16,1);
btnSub18 = new MyButton4(btnSub2.x, btnSub1.y + btnSub1.h * 4, 17,1);
btnSub19 = new MyButton4(btnSub3.x, btnSub1.y + btnSub1.h * 4, 18,1);
btnSub20 = new MyButton4(btnSub4.x, btnSub1.y + btnSub1.h * 4, 19,1);
btnSub21 = new MyButton4(btnSub5.x, btnSub1.y + btnSub1.h * 4, 20,1);
btnSub22 = new MyButton4(btnSub6.x, btnSub1.y + btnSub1.h * 4, 21,1);
btnSub23 = new MyButton4(btnSub7.x, btnSub1.y + btnSub1.h * 4, 22,1);
btnSub24 = new MyButton4(btnSub8.x, btnSub1.y + btnSub1.h * 4, 23,1);


btnSub25 = new MyButton4(btnSub1.x, btnSub1.y + btnSub1.h * 6, 24,1);
btnSub26 = new MyButton4(btnSub2.x, btnSub1.y + btnSub1.h * 6, 25,1);
btnSub27 = new MyButton4(btnSub3.x, btnSub1.y + btnSub1.h * 6, 26,1);
btnSub28 = new MyButton4(btnSub4.x, btnSub1.y + btnSub1.h * 6, 27,1);


// 단어선택
// submenu 1
    if (submenuOk == 1)
        if (x > btnSub1.x && x < (btnSub1.x + btnSub1.w * 2) &&
            y > btnSub1.y && y < (btnSub1.y + btnSub1.h * 2)) {
            btnSub1.btn_press();
            submenuOk = 0;
            whichSubject = "선택단어1";
            int subNumber = 1;
            makeQuestion(subNumber);
        }


    // submenu 2
    if (submenuOk == 1)
        if (x > btnSub2.x && x < (btnSub2.x + btnSub2.w * 2) &&
            y > btnSub2.y && y < (btnSub2.y + btnSub2.h * 2)) {
            whichSubject = "선택단어2";
            btnSub2.btn_press();
```

```
            submenuOk = 0;
            int subNumber = 2;
            makeQuestion(subNumber);
        }


// submenu 3
if (submenuOk == 1)
    if (x > btnSub3.x && x < (btnSub3.x + btnSub3.w * 2) &&
        y > btnSub3.y && y < (btnSub3.y + btnSub3.h * 2)) {
        whichSubject = "선택단어 3";
        btnSub3.btn_press();
        submenuOk = 0;
        int subNumber = 3;
        makeQuestion(subNumber);
    }


if (submenuOk == 1)
    if (x > btnSub4.x && x < (btnSub4.x + btnSub4.w * 2) &&
        y > btnSub4.y && y < (btnSub4.y + btnSub4.h * 2)) {
        whichSubject = "선택단어 4";
        btnSub4.btn_press();
        submenuOk = 0;
        int subNumber = 4;
        makeQuestion(subNumber);
    }


if (submenuOk == 1)
    if (x > btnSub5.x && x < (btnSub5.x + btnSub5.w * 2) &&
        y > btnSub5.y && y < (btnSub5.y + btnSub5.h * 2)) {
        whichSubject = "선택단어 5";
        btnSub5.btn_press();
        submenuOk = 0;
        subNumber = 5;
        makeQuestion(subNumber);
    }


if (submenuOk == 1)
    if (x > btnSub6.x && x < (btnSub6.x + btnSub6.w * 2) &&
        y > btnSub6.y && y < (btnSub6.y + btnSub6.h * 2)) {
        whichSubject = "선택단어 6";
        btnSub6.btn_press();
        submenuOk = 0;
```

```
            subNumber = 6;
            makeQuestion(subNumber);
        }


    if (submenuOk == 1)
        if (x > btnSub7.x && x < (btnSub7.x + btnSub7.w * 2) &&
            y > btnSub7.y && y < (btnSub7.y + btnSub7.h * 2)) {
            whichSubject = "선택단어 7";
            btnSub7.btn_press();
            submenuOk = 0;
            subNumber = 7;
            makeQuestion(subNumber);
        }


    if (submenuOk == 1)
        if (x > btnSub8.x && x < (btnSub8.x + btnSub8.w * 2) &&
            y > btnSub8.y && y < (btnSub8.y + btnSub8.h * 2)) {
            whichSubject = "선택단어 8";
            btnSub8.btn_press();
            submenuOk = 0;
            subNumber = 8;
            makeQuestion(subNumber);
        }


    if (submenuOk == 1)
        if (x > btnSub9.x && x < (btnSub9.x + btnSub9.w * 2) &&
            y > btnSub9.y && y < (btnSub9.y + btnSub9.h * 2)) {
            whichSubject = "선택단어 9";
            btnSub9.btn_press();
            submenuOk = 0;
            subNumber = 9;
            makeQuestion(subNumber);
        }


    if (submenuOk == 1)
        if (x > btnSub10.x && x < (btnSub10.x + btnSub10.w * 2) &&
            y > btnSub10.y && y < (btnSub10.y + btnSub10.h * 2)) {
            whichSubject = "선택단어 10";
            btnSub10.btn_press();
            submenuOk = 0;
            subNumber = 10;
            makeQuestion(subNumber);
        }
```

```
    if (submenuOk == 1)
        if (x > btnSub11.x && x < (btnSub11.x + btnSub11.w * 2) &&
            y > btnSub11.y && y < (btnSub11.y + btnSub11.h * 2)) {
            whichSubject = "선택단어 11";
            btnSub11.btn_press();
            submenuOk = 0;
            subNumber = 11;
            makeQuestion(subNumber);
        }




    if (submenuOk == 1)
        if (x > btnSub12.x && x < (btnSub12.x + btnSub12.w * 2) &&
            y > btnSub12.y && y < (btnSub12.y + btnSub12.h * 2)) {
            whichSubject = "선택단어 12";
            btnSub12.btn_press();
            submenuOk = 0;
            subNumber = 12;
            makeQuestion(subNumber);
        }




    if (submenuOk == 1)
        if (x > btnSub13.x && x < (btnSub13.x + btnSub13.w * 2) &&
            y > btnSub13.y && y < (btnSub13.y + btnSub13.h * 2)) {
            whichSubject = "선택단어 13";
            btnSub13.btn_press();
            submenuOk = 0;
            subNumber = 13;
            makeQuestion(subNumber);
        }

    if (submenuOk == 1)
        if (x > btnSub14.x && x < (btnSub14.x + btnSub14.w * 2) &&
            y > btnSub14.y && y < (btnSub14.y + btnSub14.h * 2)) {
            whichSubject = "선택단어 14";
            btnSub14.btn_press();
            submenuOk = 0;
            subNumber = 14;
            makeQuestion(subNumber);
        }

    if (submenuOk == 1)
        if (x > btnSub15.x && x < (btnSub15.x + btnSub15.w * 2) &&
```

```java
                y > btnSub15.y && y < (btnSub15.y + btnSub15.h * 2)) {
            whichSubject = "선택단어 15";
            btnSub15.btn_press();
            submenuOk = 0;
            subNumber = 15;
            makeQuestion(subNumber);
        }


    if (submenuOk == 1)
        if (x > btnSub16.x && x < (btnSub16.x + btnSub16.w * 2) &&
            y > btnSub16.y && y < (btnSub16.y + btnSub16.h * 2)) {
            whichSubject = "선택단어 16";
            btnSub16.btn_press();
            submenuOk = 0;
            subNumber = 16;
            makeQuestion(subNumber);
        }


    if (submenuOk == 1)
        if (x > btnSub17.x && x < (btnSub17.x + btnSub17.w * 2) &&
            y > btnSub17.y && y < (btnSub17.y + btnSub17.h * 2)) {
            whichSubject = "선택단어 17";
            btnSub17.btn_press();
            submenuOk = 0;
            subNumber = 17;
            makeQuestion(subNumber);
        }


    if (submenuOk == 1)
        if (x > btnSub18.x && x < (btnSub18.x + btnSub18.w * 2) &&
            y > btnSub18.y && y < (btnSub18.y + btnSub18.h * 2)) {
            whichSubject = "선택단어 18";
            btnSub18.btn_press();
            submenuOk = 0;
            subNumber = 18;
            makeQuestion(subNumber);
        }


    if (submenuOk == 1)
        if (x > btnSub19.x && x < (btnSub19.x + btnSub19.w * 2) &&
            y > btnSub19.y && y < (btnSub19.y + btnSub19.h * 2)) {
            whichSubject = "선택단어 19";
            btnSub19.btn_press();
```

```
            submenuOk = 0;
            subNumber = 19;
            makeQuestion(subNumber);
        }

    if (submenuOk == 1)
        if (x > btnSub20.x && x < (btnSub20.x + btnSub20.w * 2) &&
            y > btnSub20.y && y < (btnSub20.y + btnSub20.h * 2)) {
            whichSubject = "선택단어 20";
            btnSub20.btn_press();
            submenuOk = 0;
            subNumber = 20;
            makeQuestion(subNumber);
        }

    if (submenuOk == 1)
        if (x > btnSub21.x && x < (btnSub21.x + btnSub21.w * 2) &&
            y > btnSub21.y && y < (btnSub21.y + btnSub21.h * 2)) {
            whichSubject = "선택단어 21";
            btnSub21.btn_press();
            submenuOk = 0;
            subNumber = 21;
            makeQuestion(subNumber);
        }

    if (submenuOk == 1)
        if (x > btnSub22.x && x < (btnSub22.x + btnSub22.w * 2) &&
            y > btnSub22.y && y < (btnSub22.y + btnSub22.h * 2)) {
            whichSubject = "선택단어 22";
            btnSub22.btn_press();
            submenuOk = 0;
            subNumber = 22;
            makeQuestion(subNumber);
        }

    if (submenuOk == 1)
        if (x > btnSub23.x && x < (btnSub23.x + btnSub23.w * 2) &&
            y > btnSub23.y && y < (btnSub23.y + btnSub23.h * 2)) {
            whichSubject = "선택단어 23";
            btnSub23.btn_press();
            submenuOk = 0;
            subNumber = 23;
            makeQuestion(subNumber);
        }
```

```java
    if (submenuOk == 1)
        if (x > btnSub24.x && x < (btnSub24.x + btnSub24.w * 2) &&
            y > btnSub24.y && y < (btnSub24.y + btnSub24.h * 2)) {
            whichSubject = "선택단어 24";
            btnSub24.btn_press();
            submenuOk = 0;
            subNumber = 24;
            makeQuestion(subNumber);
        }


    if (submenuOk == 1)
        if (x > btnSub25.x && x < (btnSub25.x + btnSub25.w * 2) &&
            y > btnSub25.y && y < (btnSub25.y + btnSub25.h * 2)) {
            whichSubject = "선택단어 25";
            btnSub25.btn_press();
            submenuOk = 0;
            subNumber = 25;
            makeQuestion(subNumber);
        }


    if (submenuOk == 1)
        if (x > btnSub26.x && x < (btnSub26.x + btnSub26.w * 2) &&
            y > btnSub26.y && y < (btnSub26.y + btnSub26.h * 2)) {
            whichSubject = "선택단어 26";
            btnSub26.btn_press();
            submenuOk = 0;
            subNumber = 26;
            makeQuestion(subNumber);
        }


    if (submenuOk == 1)
        if (x > btnSub27.x && x < (btnSub27.x + btnSub27.w * 2) &&
            y > btnSub27.y && y < (btnSub27.y + btnSub27.h * 2)) {
            whichSubject = "선택단어 27";
            btnSub27.btn_press();
            submenuOk = 0;
            subNumber = 27;
            makeQuestion(subNumber);
        }


    if (submenuOk == 1)
        if (x > btnSub28.x && x < (btnSub28.x + btnSub28.w * 2) &&
            y > btnSub28.y && y < (btnSub28.y + btnSub28.h * 2)) {
```

```
                    whichSubject = "선택단어 28";
                    btnSub28.btn_press();
                    submenuOk = 0;
                    subNumber = 28;
                    makeQuestion(subNumber);
                }


            }
```

각 이미지의 크기와 위치를 설정하는 클래스 파일이다. 파라미터로 x, y, z, kind 값을 받는다. x 와 y 는 이미지의 좌표값이다. z 는 whichPic라는 MyButton4 클래스의 멤버변수값에 대입이 된다. 파라미터로 받은 z 값에 따라 이미지는 달라진다. kind 값이 0일 경우에는 word로 시작되는 그림파일이 비트맵으로 만들어지고 kind 값이 1일 경우 official로 시작되는 그림파일이 비트맵으로 만들어 진다. 예를 들어 z값이 0이고 kind 값이 1인 경우 whickPic의 값도 0이 되고 official00 파일과 official01파일을 불러와서 buttonImage[0]에는 official00.png 그림이 저장되고 buttonImage[1]에는 official01.png 그림이 저장된다. 터치를 안했을 경우에는 buttonImage[0] 이미지가 나오고 터치를 할 경우에는 buttonImage[1] 이미지가 나오도록 하였다. 그밖에 자세한 사용법은 MyButton.java 설명을 참고하기 바란다.

MyButton4.java

```java
package com.bliss.csc.englishvoca;      //공무원 단어 공부

import android.graphics.Bitmap;
import android.graphics.BitmapFactory;

public class MyButton4 {
    public int x, y;
    public int w, h;

    public Bitmap button_img;

    private Bitmap buttonImage[] = new Bitmap[2];
    public int whichPic;

    public MyButton4(int x, int y, int z, int kind) {
        this.x = x;
        this.y = y;
        this.whichPic = z;
```

```java
if(kind==1)
    for (int i = 0; i < 2; i++) {
        buttonImage[i] = BitmapFactory.decodeResource(StudyView4.mContext.
            getResources(), R.drawable.official00 + whichPic * 2 + i);


        //공무원 선택 버튼 28개
        if (whichPic <60) {
            int xWidth = StudyView4.Width / 11;
            int yWidth = xWidth;
            buttonImage[i] = Bitmap.createScaledBitmap(buttonImage[i],
                                xWidth, yWidth, true);

        }
    }


if(kind==0)
for (int i = 0; i < 2; i++) {
    buttonImage[i] = BitmapFactory.decodeResource(StudyView4.mContext.
            getResources(), R.drawable.word00 + whichPic * 2 + i);


    //이전, 다음, 단어 선택, 내노트, 랜덤, 나가기 버튼
    if (whichPic < 7)) {
        int xWidth = StudyView4.Width / 11;
        int yWidth = xWidth;

        buttonImage[i] = Bitmap.createScaledBitmap(buttonImage[i],
                                xWidth, yWidth, true);
    }


    //다음문제, 다시풀기 버튼 아이콘, 카카오톡 보내기 아이콘, 단어장등록 아이콘
    if (whichPic == 12 || whichPic == 13 || whichPic == 33 || whichPic == 23) {
        int xWidth = StudyView4.Width / 5;
        int yWidth = StudyView4.Height / 7;

        buttonImage[i] = Bitmap.createScaledBitmap(buttonImage[i],
                            xWidth, yWidth, true);
    }


    //객관식 선택 버튼 1에서 5번까지. 본 예제에서는 1~4번 까지 사용함
    if (whichPic >= 7 && whichPic <= 10) {
        int xWidth = StudyView4.Width / 16;
        int yWidth = xWidth;
        buttonImage[i] = Bitmap.createScaledBitmap(buttonImage[i],
                            xWidth, yWidth, true);
```

```java
            }

            //해설버튼
            if (whichPic == 31) {
                int xWidth = StudyView4.Width / 13;
                int yWidth = xWidth;
                buttonImage[i] = Bitmap.createScaledBitmap(buttonImage[i],
                                    xWidth, yWidth, true);
            }

            //25: 결과확인 버튼, 32 결과보기 버튼 이미지
            if (whichPic == 25 || whichPic == 32) {
                int xWidth = StudyView4.Width / 5;
                int yWidth = StudyView4.Height / 7;
                buttonImage[i] = Bitmap.createScaledBitmap(buttonImage[i],
                                    xWidth, yWidth, true);
            }

            //평가결과보기에서 왼쪽, 오른쪽 버튼 이미지, 닫기 버튼 , 전체 삭제버튼
            if (whichPic == 26 || whichPic == 27 || whichPic == 28 ||  whichPic == 30) {
                int xWidth = StudyView4.Width / 11;
                int yWidth = xWidth;
                buttonImage[i] = Bitmap.createScaledBitmap(buttonImage[i],
                                    xWidth, yWidth, true);
            }

            //단어 삭제버튼
            if (whichPic == 29 ) {
                int xWidth = StudyView4.Width / 16;
                int yWidth = xWidth;
                buttonImage[i] = Bitmap.createScaledBitmap(buttonImage[i],
                xWidth, yWidth, true);

            }
        }

    w = buttonImage[0].getWidth() / 2;
    h = buttonImage[0].getHeight() / 2;
    button_img = buttonImage[0];


}


public boolean btn_released() {
    button_img = buttonImage[0];
    return true;
```

```java
    }

    public boolean btn_press() {
        button_img = buttonImage[1];
        return true;
    }
}
```



```java
package com.bliss.csc.englishvoca;    //공무원 단어 공부

import java.io.IOException;
import java.io.InputStream;

public class FileTable3 {

    InputStream fi;

    FileSplit0 word;

    // 단어공부 파일 읽어오기
    public void loadFile(int num) {

        fi = StudyView4.mContext.getResources().openRawResource(R.raw.official01
+ num-1);

        try {
            byte[] data = new byte[fi.available()];
            fi.read(data);
            fi.close();
            String s = new String(data, "UTF-8");
            word = new FileSplit0(s);

        } catch (IOException e) {
        }

    }

}
```

1 토플 단어 학습화면 – 1400개 단어를 학습

(1) 사용된 파일들

네모 칸에 있는 파일들이 토플단어 제작에 사용된 파일들이다.

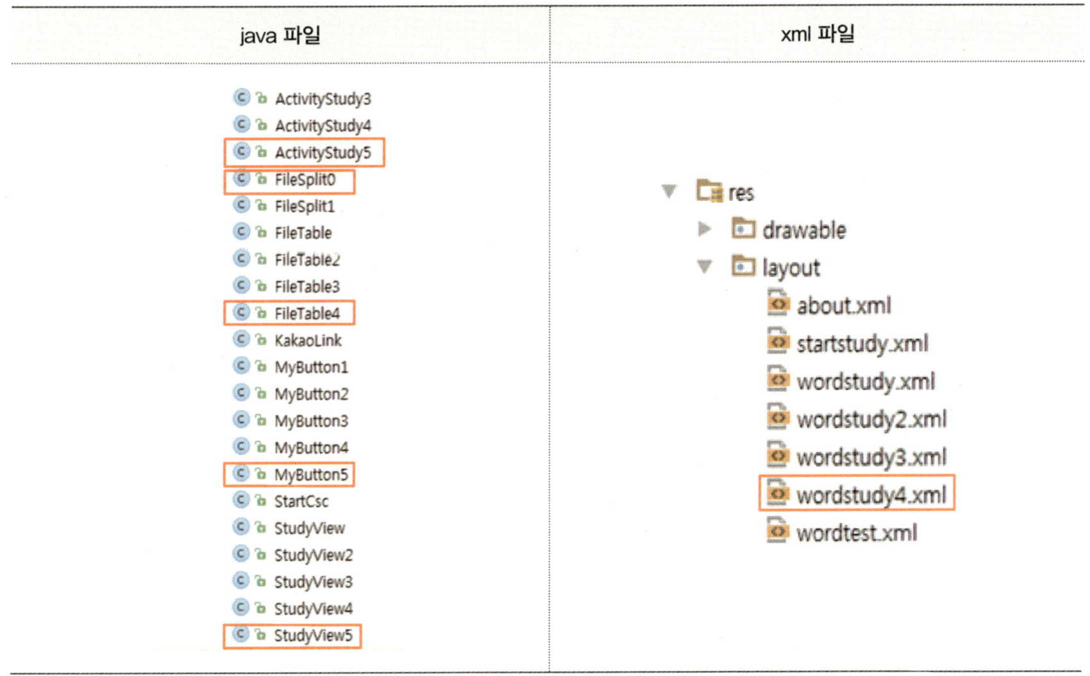

java 파일	xml 파일
ActivityStudy3	
ActivityStudy4	
ActivityStudy5	
FileSplit0	
FileSplit1	▼ 📁 res
FileTable	▶ 📁 drawable
FileTable2	▼ 📁 layout
FileTable3	about.xml
FileTable4	startstudy.xml
KakaoLink	wordstudy.xml
MyButton1	wordstudy2.xml
MyButton2	wordstudy3.xml
MyButton3	wordstudy4.xml
MyButton4	wordtest.xml
MyButton5	
StartCsc	
StudyView	
StudyView2	
StudyView3	
StudyView4	
StudyView5	

(2) 파일의 연결순서


```java
Button.OnClickListener myClick = new Button.OnClickListener() {
    @Override
    public void onClick(View v) {
        switch (v.getId()) {

            case R.id.main4:
                startActivity(new Intent(StartCsc.this, ActivityStudy5 .class));
                break;
```



```java
public class ActivityStudy5 extends Activity {

    @Override
    public void onCreate(Bundle savedInstanceState) {
        super.onCreate(savedInstanceState);
        setContentView(R.layout.wordstudy4);
    }
```



```xml
<?xml version="1.0" encoding="utf-8"?>
<FrameLayout
        xmlns:android="http://schemas.android.com/apk/res/android"
    android:orientation="vertical"
    android:layout_width="fill_parent"
    android:layout_height="fill_parent"
    >
<com.bliss.csc.englishvoca.StudyView5
    android:layout_width="fill_parent"
    android:layout_height="fill_parent"/>
</FrameLayout>
```



```java
public class StudyView5 extends SurfaceView implements Callback,

    static int soundOk = 1;
    int questionNumber = 0;
    int numberOfquestion = 99;
```

❶ StartCsc 파일을 보면 main4 버튼을 터치할 경우 startActivity메소드에 의해서 ActivityStudy5 파일로 화면전환을 하게 된다.

❷ setContentView 메소드에 의해서 wordstudy4.xml 파일로 화면을 구성하게 하였다.

❸ xml 파일안에 StudyView5 클래스 파일로 화면을 구성하도록 하였다.

❹ SurfaceView를 상속받은 StudyView5 클래스 파일이 실행된다. StudyView5 파일 안에 토플단어를 공부할 수 있는 프로그램을 코딩하여 넣었다.

setContentView 메소드에 들어갈 부분을 wordstudy4으로 설정한다. 또한 StudyView5 클래스 파일에 있는 soundOk 변수를 사용하기 때문에 StudyView5.soundOk로 설정해 준다.

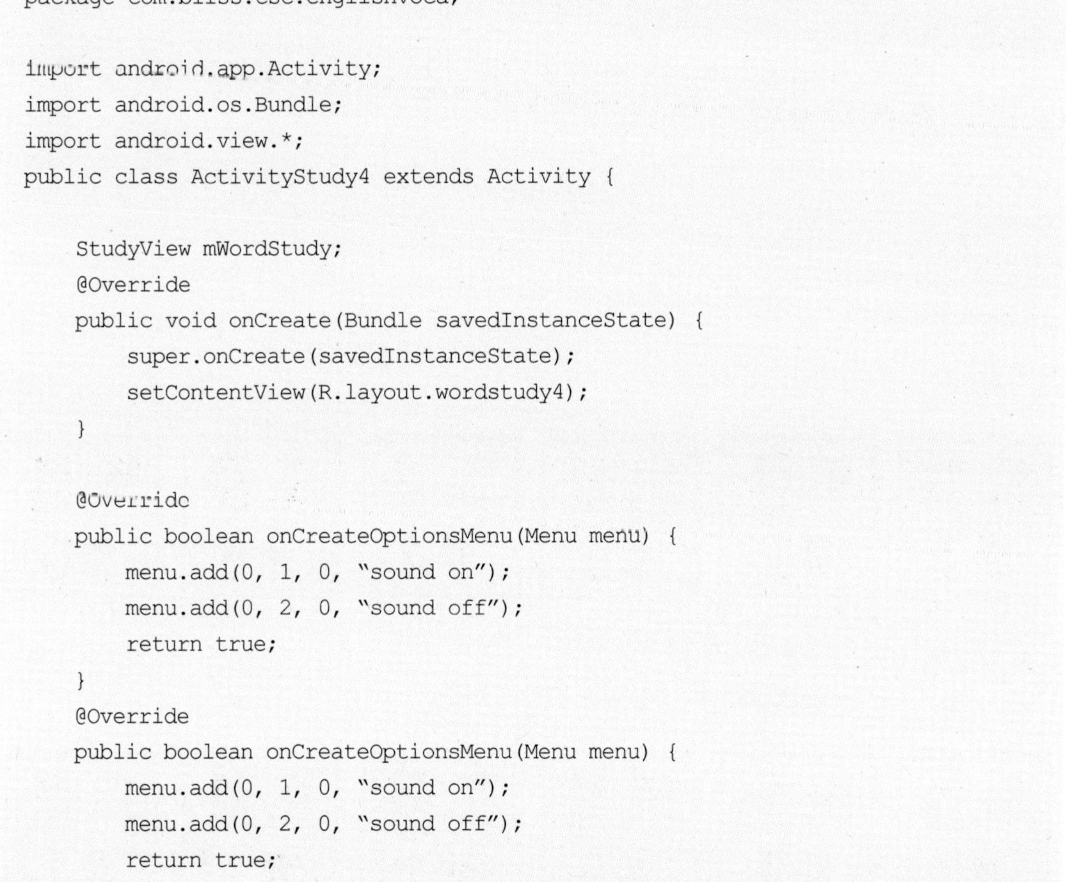


```java
package com.bliss.csc.englishvoca;

import android.app.Activity;
import android.os.Bundle;
import android.view.*;
public class ActivityStudy4 extends Activity {

    StudyView mWordStudy;
    @Override
    public void onCreate(Bundle savedInstanceState) {
        super.onCreate(savedInstanceState);
        setContentView(R.layout.wordstudy4);
    }

    @Override
    public boolean onCreateOptionsMenu(Menu menu) {
        menu.add(0, 1, 0, "sound on");
        menu.add(0, 2, 0, "sound off");
        return true;
    }
    @Override
    public boolean onCreateOptionsMenu(Menu menu) {
        menu.add(0, 1, 0, "sound on");
        menu.add(0, 2, 0, "sound off");
        return true;
    }
    @Override
    public boolean onOptionsItemSelected(MenuItem item) {
        switch (item.getItemId()) {
```

```java
                case 1:
                    StudyView5.soundOk = 1;
                    break;
                case 2:
                    StudyView5.soundOk = 0;
                    break;
            }
        return true;
    }

    @Override
    public boolean onKeyDown(int keyCode, KeyEvent event) {

        if (keyCode == KeyEvent.KEYCODE_BACK) {
            System.exit(0);   //이전 키가 눌리면 메인화면으로 돌아가기
            return false;
        }
        return false;
    }
}
```

(3) 주요 그림 파일들

토플단어 선택버튼을 추가로 제작하면 된다. 나머지 이미지들은 수능단어에서 사용한 이미지와
동일하다.

토플 #1	토플 #2	토플 #3	토플 #4	토플 #5	토플 #6
toefl00.png	toefl02.png	toefl04.png	toefl06.png	toefl08.png	toefl10.png
btnSub1	btnSub2	btnSub3	btnSub4	btnSub5	btnSub6
토플 #7	토플 #8	토플 #9	토플 #10	토플 #11	토플 #12
toefl12.png	toefl14.png	toefl16.png	toefl18.png	toefl20.png	toefl22.png
btnSub7	btnSub8	btnSub9	btnSub10	btnSub11	btnSub12

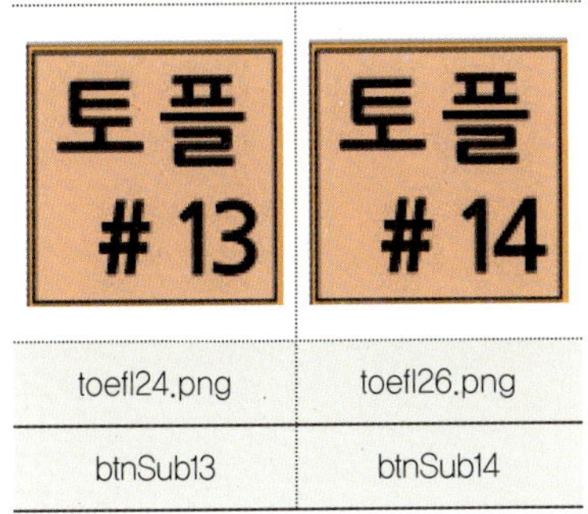

toefl24.png	toefl26.png
btnSub13	btnSub14

서브메뉴를 14개 만들었다. 첫 줄에 8개를 배치하고, 두 번째 줄에 6개를 배치하였다. 하나의 메뉴 안에는 100개의 토플단어를 학습할 수 있는 내용이 들어 있다. MyButton5 클래스를 이용해서 객체 btnSub1 부터 btnSub14까지 14개의 토플단어 선택버튼을 생성하였다. 첫 번째 인수는 버튼의 x좌표이며, 두 번째 인수는 버튼의 y좌표이다. 세 번째 좌표의 숫자에 따라 이미지가 달라진다. 네 번째 인수로 넘겨준 값은 리소스 drawable 디렉토리에서 사용할 파일이 official으로 시작되는 그림 파일임을 알려주기 위해서이다.


```java
btnSub1 = new MyButton5(btnPrevious.x + 10, btnWordSelection.y
        + btnWordSelection.h * 2 + 5, 0,1);
btnSub2 = new MyButton5(btnSub1.x + btnSub1.w * 2, btnSub1.y, 1,1);
btnSub3 = new MyButton5(btnSub2.x + btnSub2.w * 2, btnSub1.y, 2,1);
btnSub4 = new MyButton5(btnSub3.x + btnSub3.w * 2, btnSub1.y, 3,1);
btnSub5 = new MyButton5(btnSub4.x + btnSub4.w * 2, btnSub1.y, 4,1);
btnSub6 = new MyButton5(btnSub5.x + btnSub4.w * 2 , btnSub1.y, 5,1);
btnSub7 = new MyButton5(btnSub6.x + btnSub6.w * 2, btnSub1.y, 6,1);
btnSub8 = new MyButton5(btnSub7.x + btnSub2.w * 2, btnSub1.y, 7,1);

btnSub9 = new MyButton5(btnSub1.x, btnSub1.y + btnSub1.h * 2, 8,1);
btnSub10 = new MyButton5(btnSub2.x, btnSub1.y + btnSub1.h * 2, 9,1);
btnSub11 = new MyButton5(btnSub3.x, btnSub1.y + btnSub1.h * 2, 10,1);
btnSub12 = new MyButton5(btnSub4.x, btnSub1.y + btnSub1.h * 2, 11,1);
btnSub13 = new MyButton5(btnSub5.x, btnSub1.y + btnSub1.h * 2, 12,1);
btnSub14 = new MyButton5(btnSub6.x, btnSub1.y + btnSub1.h * 2, 13,1);
```

```java
package com.bliss.csc.englishvoca;      //토플, 텝스, 공무원 심화 단어 공부

import android.graphics.Bitmap;
import android.graphics.BitmapFactory;

public class MyButton5 {
    public int x, y;
    public int w, h;

    public Bitmap button_img;

    private Bitmap buttonImage[] = new Bitmap[2];
    public int whichPic;

    public MyButton5(int x, int y, int z, int kind) {
        this.x = x;
        this.y = y;
        this.whichPic = z;

        if(kind==1)
            for (int i = 0; i < 2; i++) {
                buttonImage[i] = BitmapFactory.decodeResource
(StudyView5.mContext. getResources(), R.drawable.toefl00 + whichPic * 2 + i);

                //이전, 다음, 단어선택, 내노트, 랜덤, 나가기 버튼 및 단어선택에 나오는 8개 버튼들
                if (whichPic <60) {   //15-22 submenu
                    int xWidth = StudyView5.Width / 11;
                    int yWidth = xWidth;

                    buttonImage[i] = Bitmap.createScaledBitmap(buttonImage[i],
xWidth, yWidth, true);
                }
            }

        if(kind==0)
        for (int i = 0; i < 2; i++) {
            buttonImage[i] = BitmapFactory.decodeResource(StudyView5.mContext.
                        getResources(), R.drawable.word00 + whichPic * 2 + i);

            //이전, 다음, 단어선택, 내노트, 랜덤, 나가기 버튼 및 단어선택에 나오는 8개 버튼들
            if (whichPic < 7) {   //15-22 submenu
                int xWidth = StudyView5.Width / 11;
                int yWidth = xWidth;
```

```java
            buttonImage[i] = Bitmap.createScaledBitmap(buttonImage[i],
xWidth, yWidth, true);
        }


        //다음문제, 다시풀기 버튼 아이콘, 카카오톡 보내기 아이콘, 단어장등록 아이콘
        if (whichPic == 12 || whichPic == 13 || whichPic == 33 || whichPic
== 23) {
            int xWidth = StudyView5.Width / 5;
            int yWidth = StudyView5.Height / 7;

            buttonImage[i] = Bitmap.createScaledBitmap(buttonImage[i],
xWidth, yWidth, true);
        }


        //객관식 선택 버튼 1에서 5번까지. 본 예제에서는 1~4번 까지 사용함
        if (whichPic >= 7 && whichPic <= 10) {
            int xWidth = StudyView5.Width / 16;
            int yWidth = xWidth;

            buttonImage[i] = Bitmap.createScaledBitmap(buttonImage[i],
xWidth, yWidth, true);

        }


        //해설버튼
        if (whichPic == 31) {
            int xWidth = StudyView5.Width / 13;
            int yWidth = xWidth;

            buttonImage[i] = Bitmap.createScaledBitmap(buttonImage[i],
xWidth, yWidth, true);
        }


        //25: 결과확인 버튼, 32 결과보기 버튼 이미지
        if (whichPic == 25 || whichPic == 32) {
            int xWidth = StudyView5.Width / 5;
            int yWidth = StudyView5.Height / 7;

            buttonImage[i] = Bitmap.createScaledBitmap(buttonImage[i],
xWidth, yWidth, true);
```

```java
        }

                //평가결과보기에서 왼쪽, 오른쪽 버튼 이미지, 닫기 버튼 , 전체 삭제버튼
                if (whichPic == 26 || whichPic == 27 || whichPic == 28 ||  whichPic
== 30) {

                        int xWidth = StudyView5.Width / 11;
                        int yWidth = xWidth;

                        buttonImage[i] = Bitmap.createScaledBitmap(buttonImage[i],
xWidth, yWidth, true);
                }

                //단어 삭제버튼
                if (whichPic == 29 ) {
                        int xWidth = StudyView5.Width / 16;
                        int yWidth = xWidth;

                        buttonImage[i] = Bitmap.createScaledBitmap(buttonImage[i],
xWidth, yWidth, true);
                }
        }

        w = buttonImage[0].getWidth() / 2;
        h = buttonImage[0].getHeight() / 2;
        button_img = buttonImage[0];

    }

    public boolean btn_released() {
        button_img = buttonImage[0];
        return true;
    }

    public boolean btn_press() {
        button_img = buttonImage[1];
        return true;
    }

}
```

06

2인용 게임 앱 만들기

- 직사각형과 직사각형 충돌 처리하기
- 2인용 게임 제작하기
  - 우주선게임
  - Air Hockey 게임

2인용 게임 앱 만들기

View 클래스를 상속받아 2인용 게임 앱을 제작해 본다.

01 ≫ 우주선 게임 앱 만들기   LOADING...

1 우주선 게임 제작하기

| 프로젝트 Spaceship |

2명이서 함께 플레이 할 수 있는 우주선 게임을 제작하겠다. 미사일로 풍선을 터뜨리면 점수를 얻을 수 있고 상대방 우주선을 미사일로 맞추게 되면 상대방 점수가 10점 감소되도록 제작하겠다. 멀티터치 개념 및 사각형과 사각형의 충돌 처리방법을 학습하게 될 것이며 SurfaceView가 아닌 View 클래스를 상속받아서 제작하겠다.

시작화면	게임화면
우주선게임 아이콘을 클릭하면 게임을 할 수 있다.	게임을 하면서 자신의 점수를 확인할 수 있다.

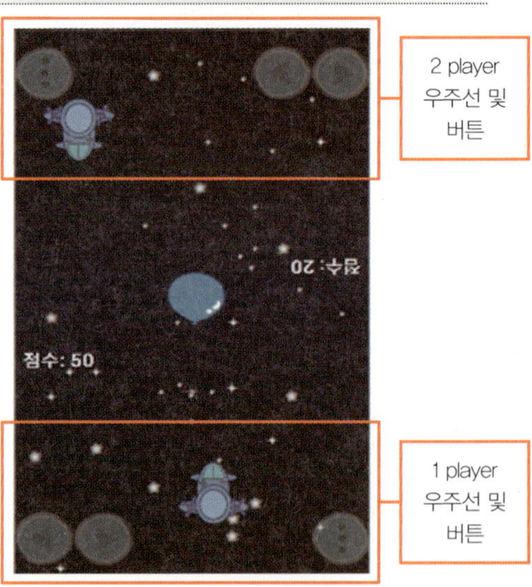

	우주선을 왼쪽으로 움직인다.
	우주선을 오른쪽으로 움직인다.
	미사일 발사버튼이다.

(1) 우주선 게임 제작에 사용된 파일들

관련 이미지	java 파일	xml 파일
	MainActivity.java	startgame.xml
	SpaceActivity.java SpaceshipGameView.java Button.java Spaceship1.java Spaceship2.java	spaceshipgame.xml

(2) 파일구조

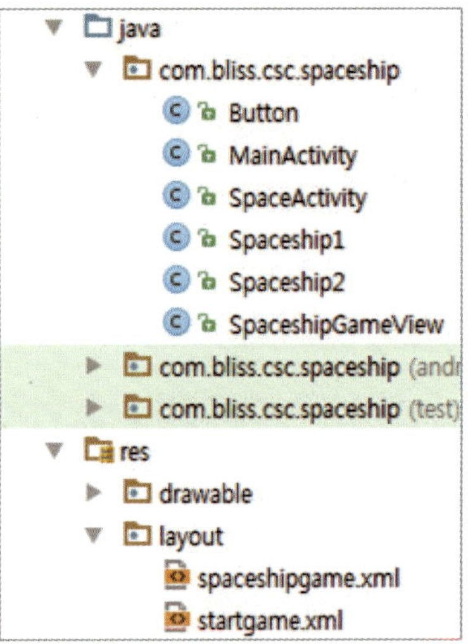

java 파일	코딩 내용
MainActivity.java	첫 화면이 나오는 파일이다. 아이콘을 클릭하면 intent 메소드를 사용하여 SpaceActivity로 화면전환하도록 한다.
SpaceActivity.java	setContentView(R.layout.main) 메소드를 호출하여 spaceshipgame.xml으로 화면을 구성하게 한다.
SpaceshipGameView.java	View 클래스를 상속받아 화면을 구성하며 이미지 표시, 버튼 터치 등 대부분의 중요한 코드가 이곳에서 작성된다.
Button.java	왼쪽 버튼, 오른쪽 버튼, 미사일 버튼을 위한 클래스이다.
Spaceship1.java	1player 우주선의 위치, 비트맵 이미지 및 움직임에 대한 메소드가 담겨있다.
Spaceship2.java	2player 우주선의 위치, 비트맵 이미지 및 움직임에 대한 메소드가 담겨있다.

(3) 주요 그림파일들

spaceship1

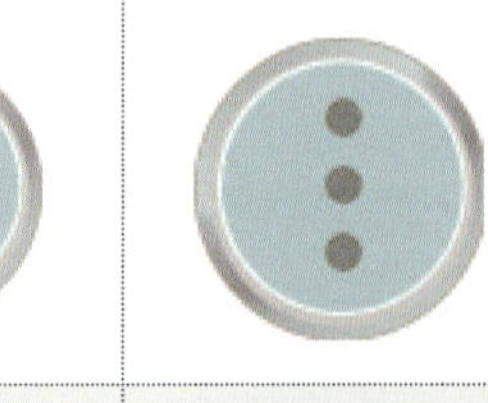

| btnleft.png | btnright | btnMissile | main | miss00 |

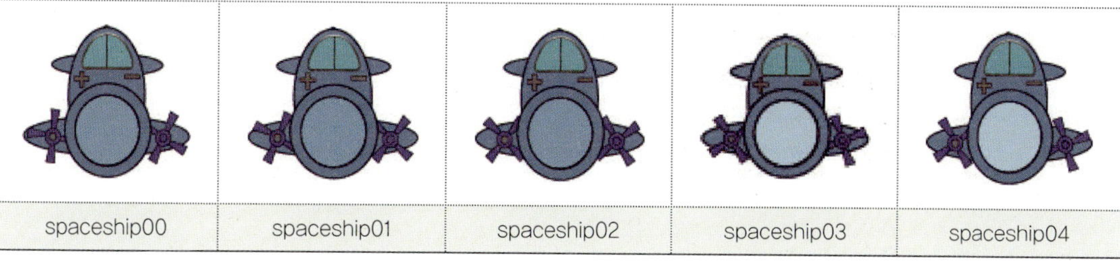

2 파일 연결 구조

AndroidManifest.xml

```xml
<activity android:name="com.bliss.csc.spaceship.MainActivity"    1
    android:screenOrientation="portrait">
    <intent-filter>
        <action android:name="android.intent.action.MAIN" />
        <category android:name="android.intent.category.LAUNCHER" />
    </intent-filter>
</activity>
```

MainActivity.java

```java
Button.OnClickListener OnMyClick = new Button.OnClickListener() {    2
    public void onClick(View v) {
        switch (v.getId()) {
            case R.id.main:
                startActivity(new Intent(MainActivity.this, SpaceActivity.class));
                break;
```

SpaceActivity.java

```java
public class SpaceActivity extends AppCompatActivity {    3
    protected void onCreate(Bundle savedInstanceState) {
        super.onCreate(savedInstanceState);
        supportRequestWindowFeature(Window.FEATURE_NO_TITLE);
        setRequestedOrientation (ActivityInfo.SCREEN_ORIENTATION_PORTRAIT);
        setContentView(R.layout.spaceshipgame);
    }
```

Spaceshipgame.xml

```xml
<com.bliss.csc.spaceship.SpaceshipGameView    4
    android:layout_width="match_parent"
    android:layout_height="match_parent" />
</RelativeLayout>
```

```java
public class SpaceshipGameView extends View {                            5
    static Context context;
    private GameThread mThread;
    static int Width, Height;

    static public Spaceship1 spaceship1;
    static public Spaceship2 spaceship2;
```

❶ manifest.xml 파일에는 어플리케이션에 사용된 컴포넌트에 대한 정보를 가지고 있다. 이 안에 Activity에 대한 정보를 넣어주어야 한다(본 예제는 2개의 Activity가 있다).

```xml
<?xml version="1.0" encoding="utf-8"?>
<manifest xmlns:android="http://schemas.android.com/apk/res/android"
    package="com.bliss.csc.spaceship">

    <application
        android:allowBackup="true"
        android:icon="@mipmap/main"
        android:label="@string/app_name"
        android:supportsRtl="true"
        android:theme="@style/AppTheme">
        <activity android:name="com.bliss.csc.spaceship.MainActivity"
            android:screenOrientation="portrait">
            <intent-filter>
                <action android:name="android.intent.action.MAIN" />
                <category android:name="android.intent.category.LAUNCHER" />
            </intent-filter>
        </activity>
        <activity android:name="com.bliss.csc.spaceship.SpaceActivity">
        </activity>
    </application>

</manifest>
```

2개의 Activity 중에서 MAIN이 들어가 있는 MainActivity가 먼저 실행된다.

❷ MainActivity 파일에는 main 버튼을 터치할 경우 startActivity 메소드에 의해서 SpaceActivity.java 파일로 화면전환(인텐트)을 하게 된다.

❸ setContentView 메소드에 의해서 spaceshipgame.xml 파일로 화면을 구성하게 하였다.

❹ xml 파일 안에 SpaceshipGameView 클래스 파일로 화면을 구성하도록 하였다.

❺ View를 상속받은 SpaceshipGameView 클래스 파일에서 대부분의 중요한 코딩작업이 이루어진다.

③ 시작화면 제작하기

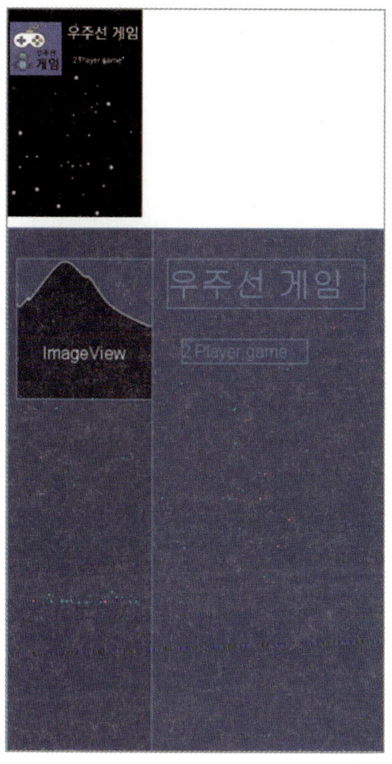

레이아웃 안에는 1개의 이미지 뷰와 2개의 텍스트 뷰가 수평(horizontal)으로 들어 있다. 2개의
텍스트 뷰는 내부 레이아웃 안에서 수직으로 배치하였다. 즉, 이러한 배치를 위해서 레이아웃 안
에 레이아웃을 추가로 사용하였다(레이아웃은 뷰들을 담는 그릇이다).

startgame.xml

```xml
<?xml version="1.0" encoding="utf 0"?>
<LinearLayout
    xmlns:android="http://schemas.android.com/apk/res/android"
    xmlns:app="http://schemas.android.com/apk/res-auto"
    xmlns:tools="http://schemas.android.com/tools"
    android:layout_width="match_parent"
    android:layout_height="match_parent"
    android:background="@drawable/universe"
    >

    <ImageView
        android:id="@+id/main"
        android:layout_width="wrap_content"
        android:layout_height="wrap_content"
        android:layout_marginTop="30dp"
```

```xml
            android:layout_marginLeft="10dp"
            app:srcCompat="@drawable/main"
            tools:layout_editor_absoluteX="25dp"
            tools:layout_editor_absoluteY="16dp" />

    <LinearLayout
            android:layout_width="match_parent"
            android:layout_height="match_parent"
            android:orientation="vertical"
            >
            <TextView
                android:layout_width="wrap_content"
                android:layout_height="wrap_content"
                android:layout_marginTop="30dp"
                android:layout_marginLeft="15dp"
                android:textSize="40dp"
                android:textColor="#FFFFFF"
                android:text="우주선 게임" />
```



```xml
    <TextView
                android:layout_width="wrap_content"
                android:layout_height="wrap_content"
                android:layout_marginTop="30dp"
                android:layout_marginLeft="30dp"
                android:textSize="20dp"
                android:textColor="#D4F4FA"
                android:text="2 Player game" />


    </LinearLayout>
</LinearLayout>
```



```java
package com.bliss.csc.spaceship;
import ... 생략

public class MainActivity extends AppCompatActivity {
```

```java
@Override
protected void onCreate(Bundle savedInstanceState) {
    super.onCreate(savedInstanceState);
    supportRequestWindowFeature(Window.FEATURE_NO_TITLE);
    setRequestedOrientation(ActivityInfo.SCREEN_ORIENTATION_PORTRAIT);
    setContentView(R.layout.startgame);
    findViewById(R.id.main).setOnClickListener(OnMyClick);
}

Button.OnClickListener OnMyClick = new Button.OnClickListener() {
    public void onClick(View v) {
        switch (v.getId()) {
            case R.id.main:
                startActivity(new Intent(MainActivity.this, SpaceActivity.class));
                break;
        }
    }
};
}
```

상단의 타이틀(제목) 없애기

setContentView 메소드는 리소스에 있는 startmath.
xml 파일 내용이 화면을 구성하도록 한다.

startActivity 메소드를 이용해서 현재 화면에서
SpaceActivity로 화면을 전환하게 한다.

4 직사각형과 직사각형 충돌 처리하기

(1) 가로축 충돌 비교하기

2가지 조건을 만족하면 2개의 직사각형은 충돌하게 된다.

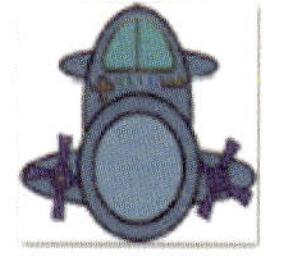

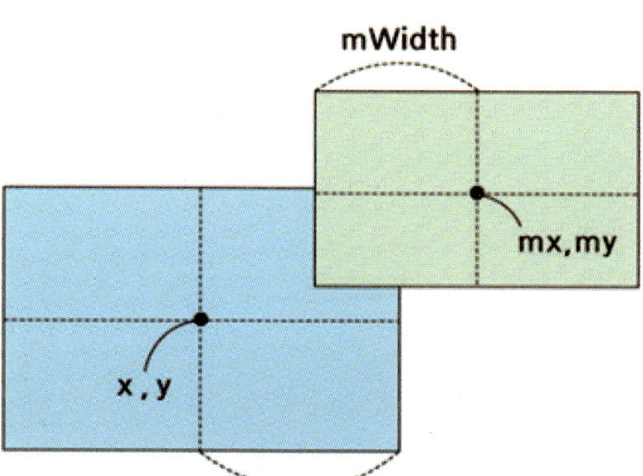

우주선의 가로중앙(x)과 미사일의 가로중앙(mx) 사이의 거리가 우주선 가로폭의 절반(width)과 미사일 가로폭의 절반의 합보다 작으면 가로축으로는 겹치게 된다. 이것을 식으로 나타내면 다음과 같다.

$$(width + mWidth) > Math.abs(x - mx)$$

(2) 세로축 충돌 비교하기

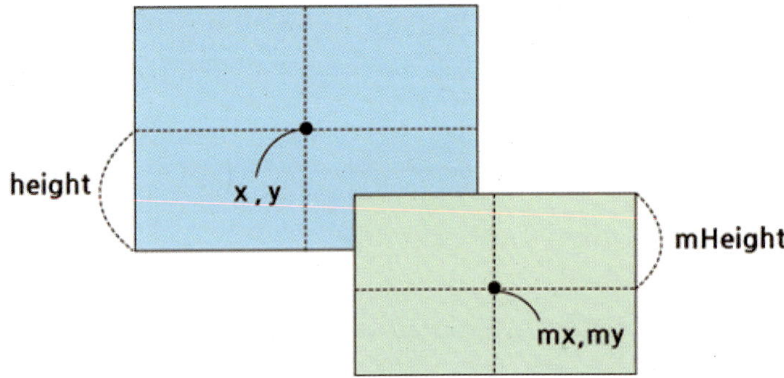

우주선의 세로중앙(y)과 미사일의 세로중앙(my) 사이의 거리가 우주선 세로폭의 절반(height)과 미사일 세로폭의 절반(mHeight)의 합보다 작으면 세로축으로 겹치게 된다. 이것을 식으로 나타내면 다음과 같다.

$$(height + mHeight) > Math.abs(y - my)$$

2가지 조건을 모두 만족시키기 위해서는 && 연산자를 사용해서 다음과 같이 작성하면 된다.

```java
if ((width + mWidth) > Math.abs(x - mx) &&
    (height + mHeight) > Math.abs(y - my)) {


}
```

5 게임화면 제작하기

SpaceActivity.java

```java
package com.bliss.csc.spaceship;
        import android.content.pm.ActivityInfo;
        import android.os.Bundle;
```

```java
import android.support.v7.app.AppCompatActivity;
import android.view.Window;

public class SpaceActivity extends AppCompatActivity {

    protected void onCreate(Bundle savedInstanceState) {
        super.onCreate(savedInstanceState);
        supportRequestWindowFeature(Window.FEATURE_NO_TITLE);
        setRequestedOrientation (ActivityInfo.SCREEN_ORIENTATION_PORTRAIT);
        setContentView(R.layout.spaceshipgame);
    }
}
```

setContentView 메소드를 사용하여
리소스에 있는 spaceshipgame.xml
파일 내용이 화면을 구성하도록 한다.

화면을 세로방향으로
고정시킨다.

spaceshipgame.xml

```xml
<?xml version="1.0" encoding="utf-8"?>
<RelativeLayout xmlns:android="http://schemas.android.com/apk/res/android"
    xmlns:tools="http://schemas.android.com/tools"
    android:layout_width="match_parent"
    android:layout_height="match_parent"
    tools:context="com.bliss.csc.spaceship.MainActivity">
    <com.bliss.csc.spaceship.SpaceshipGameView
        android:layout_width="match_parent"
        android:layout_height="match_parent" />
</RelativeLayout>
```

SpaceShipGameView가 화면을
구성하게 된다.

Button.java

```java
package com.bliss.csc.spaceship;

import android.graphics.Bitmap;
import android.graphics.RectF;

public class Button {

    public Bitmap img;
    public int x, y;
    int w,h;

    private int myId = -1;
    private RectF rect;

    public boolean isTouch;
```

```java
public Button(Bitmap bitmap, int x, int y) {
    this.x=x;
    this.y=y;


    bitmap = Bitmap.createScaledBitmap(bitmap, SpaceshipGameView.Width/6,
            SpaceshipGameView.Width/6, true);

    w = bitmap.getWidth();
    h = bitmap.getHeight();
    img = bitmap;


    rect = new RectF(x, y,  x + w, y + h);

    this.x = x;

    this.y = y;
}

public void processButton(float x, float y,int id, boolean isDown) {

    if ( isDown && rect.contains(x, y) ) {
        isTouch = true;
        myId = id;
    }

    if ( !isDown && id == myId) {
        isTouch = false;
    }
}

}
```


'비행기 애니메이션 만들기'는 비행기 이미지 5개를 다르게 제작하여 비행기가 비행하는 모습처럼 보이도록 하였다. 배열 Bitmap 객체로 저장하여 사용하였다.

imgSpaceship[0]	imgSpaceship[1]	imgSpaceship[2]	imgSpaceship[3]	imgSpaceship[4]

```java
package com.bliss.csc.spaceship;

import android.content.Context;
import android.graphics.Bitmap;
import android.graphics.BitmapFactory;
import android.graphics.Matrix;

public class Spaceship1 {

    Bitmap imgSpaceship[] = new Bitmap[5];

    public int x, y;
    public Bitmap image;
    public int w, h;
    int imageNum;

    public Spaceship1(int x, int y) {

        this.x = x;
        this.y = y;

        for (int i = 0; i < 5; i++) {

            imgSpaceship[i] = BitmapFactory.decodeResource
                (SpaceshipGameView.context.getResources(), R.drawable.spaceship00
+ i);
            int xWidth = SpaceshipGameView.Width / 5;
            int yWidth = xWidth;

            imgSpaceship[i] = Bitmap.createScaledBitmap(imgSpaceship[i], xWidth,
                    yWidth, true);

        }

        w = imgSpaceship[0].getWidth() / 2;    // 우주선 가로 크기의 반
        h = imgSpaceship[0].getHeight() / 2;     // 우주선 세로 크기의 반

        image = imgSpaceship[0]; //실제 화면에 표시되는 비트맵 이미지


    }
```

```java
public void moveSpaceship(boolean btnLeft, boolean btnRight, boolean
btnMissile) {

    imageNum++;
    if (imageNum > 4) imageNum = 0;

    image = imgSpaceship[imageNum];

    if (btnLeft) {
        x -= 2;
    }

    if (btnRight) {
        x += 2;
    }

    if (btnMissile {
        SpaceshipGameView.missileOk = 1;

    }
} //end of moveSpaceship

}
```



```java
while (operation) {
  try {
      spaceship1.moveSpaceship(btnLeft1P.isTouch,
btnRight1P.isTouch, btnMissile1P.isTouch);
         —— 생략 ——
         }
```

```java
package com.bliss.csc.spaceship;

import android.content.Context;
import android.graphics.Bitmap;
import android.graphics.BitmapFactory;
import android.graphics.Matrix;

public class Spaceship2 {
    Bitmap imgSpaceship[] = new Bitmap[5];

    public int x, y;

    public Bitmap image;
    public int w, h;
    int imageNum;
    public Spaceship2(int x, int y) {




        this.x = x;
        this.y = y;
        Matrix matrix = new Matrix();


    for (int i = 0; i < 5; i++) {
        imgSpaceship[i] = BitmapFactory.decodeResource(SpaceshipGameView.
            context.getResources(), R.drawable.spaceship00 + i);
        int xWidth = SpaceshipGameView.Width / 5;
        int yWidth = xWidth;

        imgSpaceship[i] = Bitmap.createScaledBitmap(imgSpaceship[i], xWidth, yWidth,
        true);

    }


    w = imgSpaceship[0].getWidth() / 2;


    h = imgSpaceship[0].getHeight() / 2;


    matrix.preRotate(180f, w, h);


        for (int i = 0; i < 5; i++) {
```

Matrix 클래스를 사용하면 이미지를 회전시킬 수 있다. Matrix 클래스의 preRotate 메소드를 사용하기 위해서 Matrix 객체 matrix를 생성하였다.

preRotate 메소드를 사용해서 이미지를 180도 바꿀 수 있도록 설정한다. w는 이미지의 가로중심이고 h는 이미지의 세로중심이다.

```java
        imgSpaceship[i] = Bitmap.createBitmap(imgSpaceship[i], 0, 0, w * 2,
h * 2, matrix, true);


    }

    image = imgSpaceship[0];
}
```



```java
    public void moveSpaceship(boolean btnLeft, boolean btnRight, boolean
btnMissile) {

        imageNum++;
        if (imageNum > 4) imageNum = 0;

        image = imgSpaceship[imageNum];

        if (btnLeft) {
            x -= 2;
        }

        if (btnRight) {
            x += 2;
        }

        if (btnMissile) {
            SpaceshipGameView.missileOk2 = 1;
        }
    }
}
```

SpaceshipGameView.java

```java
package com.bliss.csc.spaceship;

import android.content.Context;
import android.graphics.Bitmap;
import android.graphics.BitmapFactory;
import android.graphics.Canvas;
import android.graphics.Color;
import android.graphics.Paint;
import android.graphics.Typeface;
import android.support.v4.view.MotionEventCompat;
```

```java
import android.util.AttributeSet;
import android.view.Display;
import android.view.MotionEvent;
import android.view.View;
import android.view.WindowManager;
import java.util.Random;

public class SpaceshipGameView extends View {
    static Context context;
    private GameThread mThread;
    static int Width, Height;

    static public Spaceship1 spaceship1;
    static public Spaceship2 spaceship2;

    // 버튼
    Button btnLeft1P;
    Button btnRight1P;

    Button btnLeft2P;
    Button btnRight2P;

    Bitmap missile;
    static int missileOk = 0;  // 값이 00이면 미사일을 발사 할 수 있다.
    int missile_x = -100;
    int missile_y = 100;
    int mWidth;    //미사일의 가로 크기의 절반

    static int missileOk2 = 0;  // 값이 00이면 미사일을 발사 할 수 있다.
    int missile_x2;
    int missile_y2;

    Bitmap balloon;
    int balloon_x, balloon_y;
    int bWidth;

    int player1Score = 0;
    int player2Score = 0;

    Button btnMissile1P;
    Button btnMissile2P;

    Paint paint = new Paint();
```

```java
Bitmap backImage;

public SpaceshipGameView(Context context, AttributeSet attrs) {
    super(context, attrs);
    this.context = context;
}


@Override
protected void onSizeChanged(int w, int h, int oldw, int oldh) {
    super.onSizeChanged(w, h, oldw, oldh);

    Display display = ((WindowManager) context.
            getSystemService(Context.WINDOW_SERVICE)).getDefaultDisplay();
    Width = display.getWidth();
    Height = display.getHeight();

    Bitmap imgLeft = BitmapFactory.decodeResource(getResources(),
                    R.drawable.btnleft);
    Bitmap imgRight = BitmapFactory.decodeResource(getResources(),
                    R.drawable.btnright);
    Bitmap imgJump = BitmapFactory.decodeResource(getResources(),
                    R.drawable.btnmissile);

    //화면배치등에 사용된 버튼크기의 기본값 설정
    int basicUnit = imgLeft.getWidth();

    // 1player 버튼 만들기
    btnLeft1P = new Button(imgLeft, 0, Height - basicUnit - basicUnit / 4);
    btnRight1P = new Button(imgRight, btnLeft1P.w,
                Height - basicUnit - basicUnit / 4);
    btnMissile1P = new Button(imgJump, Width ? btnLeft1P.w,
                Height - basicUnit - basicUnit / 4);

    // 2player 버튼 만들기
    btnLeft2P = new Button(imgLeft, Width - btnLeft1P.w * 2, basicUnit / 4);
    btnRight2P = new Button(imgRight, Width - btnLeft1P.w, basicUnit / 4);
    btnMissile2P = new Button(imgJump, 0, basicUnit / 4);

    missile = BitmapFactory.decodeResource(context.getResources(),
            R.drawable.miss00);
    missile = Bitmap.createScaledBitmap(missile, Width / 20, Width / 20, true);
    mWidth = missile.getWidth() / 2;

    balloon = BitmapFactory.decodeResource(context.getResources(),
```

```java
                        R.drawable.balloon);
        balloon = Bitmap.createScaledBitmap(balloon, Width / 6, Width / 6, true);
        bWidth = balloon.getWidth() / 2;


        backImage = BitmapFactory.decodeResource(context.getResources(),
                    R.drawable.universe2);
        backImage = Bitmap.createScaledBitmap(backImage, Width , Height, true);


        spaceship1 = new Spaceship1(Width / 2, Height - basicUnit * 2);
        spaceship2 = new Spaceship2(Width / 2, basicUnit);
        missile_x = spaceship1.x + spaceship1.w;
        missile_y = spaceship1.y;


        missile_x2 = spaceship2.x + spaceship2.w;
        missile_y2 = spaceship2.y + spaceship2.h * 2;


        initBalloon();


        if (mThread == null) {
            mThread = new GameThread();
            mThread.start();
        }


    }


    @Override
    protected void onDetachedFromWindow() {
        mThread.operation = false;
        super.onDetachedFromWindow();
    }


    @Override
    protected void onDraw(Canvas canvas) {
        // 우주선1이 미사일을 발사하고 우주선2을 맞추었는지 체크
        canvas.drawBitmap(backImage, 0, 0, null);


        if (isCollision(spaceship2.x + spaceship2.w, spaceship2.y + spaceship2.h,
            spaceship2.w, spaceship2.h, missile_x + mWidth, missile_y + mWidth,
            mWidth, mWidth)) {


            missileOk = 0;
            missile_y = spaceship1.y;
            player2Score -= 10;
```

```java
        }

        // 우주선2가 미사일을 발사하고 우주선1을 맞추었는지 체크
        if (isCollision(spaceship1.x + spaceship1.w, spaceship1.y + spaceship1.h,
          spaceship1.w, spaceship1.h, missile_x2 + mWidth, missile_y2 + mWidth,
           mWidth, mWidth)) {

            missileOk2 = 0;
            missile_y2 = spaceship2.y + spaceship2.h * 2;
            player1Score -= 10;

        }


        if (isCollision(balloon_x + bWidth, balloon_y + bWidth, bWidth, bWidth,
            missile_x2 + mWidth, missile_y2 + mWidth, mWidth, mWidth)) {

            initBalloon();
            missileOk2 = 0;
            missile_y2 = spaceship2.y + spaceship2.h * 2;
            player2Score += 10;

        }


        if (isCollision(balloon_x + bWidth, balloon_y + bWidth, bWidth, bWidth,
            missile_x + mWidth, missile_y + mWidth, mWidth, mWidth)) {

            initBalloon();
            missileOk = 0;
            missile_y = spaceship1.y;
            player1Score += 10;
        }

        canvas.drawBitmap(spaceship1.image, spaceship1.x, spaceship1.y, null);
        canvas.drawBitmap(spaceship2.image, spaceship2.x, spaceship2.y, null);

        canvas.drawBitmap(balloon, balloon_x, balloon_y, null);

        if (missileOk == 1) {
            missile_x = spaceship1.x + spaceship1.w - mWidth;

            missile_y -= 15;

            canvas.drawBitmap(missile, missile_x, missile_y, null);
```

```java
        if (missile_y < 0) {
            missileOk = 0;
            missile_y = spaceship1.y;
        }

    }


    if (missileOk2 == 1) {
        missile_x2 = spaceship2.x + spaceship2.w - mWidth;

        missile_y2 += 15;

        canvas.drawBitmap(missile, missile_x2, missile_y2, null);

        if (missile_y2 > Height) {
            missileOk2 = 0;
            missile_y2 = spaceship2.y + spaceship2.h * 2;
        }

    }

    //1 player, 2 player 좌우버튼 및 미사일 버튼
    canvas.drawBitmap(btnLeft1P.img, btnLeft1P.x, btnLeft1P.y, null);
    canvas.drawBitmap(btnRight1P.img, btnRight1P.x, btnRight1P.y, null);
    canvas.drawBitmap(btnMissile1P.img, btnMissile1P.x, btnMissile1P.y, null);

    canvas.drawBitmap(btnLeft2P.img, btnLeft2P.x, btnLeft2P.y, null);
    canvas.drawBitmap(btnRight2P.img, btnRight2P.x, btnRight2P.y, null);
    canvas.drawBitmap(btnMissile2P.img, btnMissile2P.x, btnMissile2P.y, null);

    //점수 표시
    canvas.drawText("점수: " + player1Score + "", mWidth, Height / 2 +
                    btnLeft1P.h, paint);
    canvas.rotate(180, Width / 2, Height / 2);
    canvas.drawText("점수: " + player2Score + "", mWidth, Height / 2 +
                    btnLeft1P.h, paint);
    canvas.rotate(180, Width / 2, Height / 2);
}


boolean isCollision(int x, int y, int width, int height, int mx, int my,
                int mWidth, int mHeight) {

    if ((width + mWidth) > Math.abs(x - mx) && (height + mHeight) >
      Math.abs(y - my)) {
```

```java
            return true;

        } else return false;
    }

    void initBalloon() {

        Random r1 = new Random();
        balloon_x = r1.nextInt(Width) - bWidth;
        balloon_y = r1.nextInt(bWidth) - r1.nextInt(bWidth) + Height / 2 - bWidth;


    }
    @Override
    public boolean onTouchEvent(MotionEvent event) {
        boolean isTouch = false;

        int action = MotionEventCompat.getActionMasked(event);
        switch (action) {
            case MotionEvent.ACTION_DOWN:
            case MotionEvent.ACTION_POINTER_DOWN:
                isTouch = true;
                break;
            case MotionEvent.ACTION_UP:
            case MotionEvent.ACTION_POINTER_UP:
                isTouch = false;
                break;
            default:
                return true;
        }

        // 터치 index, id
        int pIndex = MotionEventCompat.getActionIndex(event);
        int id = MotionEventCompat.getPointerId(event, pIndex);

        // 터치 좌표
        float x = MotionEventCompat.getX(event, pIndex);
        float y = MotionEventCompat.getY(event, pIndex);

        btnLeft1P.processButton(x, y, id, isTouch);
        btnRight1P.processButton(x, y, id, isTouch);
        btnMissile1P.processButton(x, y, id, isTouch);

        btnLeft2P.processButton(x, y, id, isTouch);
        btnRight2P.processButton(x, y, id, isTouch);
```

```java
        btnMissile2P.processButton(x, y, id, isTouch);
        return true;
    }
    class GameThread extends Thread {
        public boolean operation = true;


        GameThread() {

            paint.setColor(Color.WHITE);
            paint.setAntiAlias(true);
            paint.setTypeface(Typeface.create("", Typeface.BOLD));
            paint.setTextSize(62);


        }


        @Override
        public void run() {
            while (operation) {
                try {
                    spaceship1.moveSpaceship(btnLeft1P.isTouch,
                    btnRight1P.isTouch, btnMissile1P.isTouch);
                    spaceship2.moveSpaceship(btnLeft2P.isTouch,
                    btnRight2P.isTouch, btnMissile2P.isTouch);

                    //postInvalidate( )는 onDraw( )를 호출하여 화면을 갱신한다.
                    //invalidate( )는 thread에서는 사용할 수 없기에 postInvalidate( )를 사용한다.
                    postInvalidate();
                    sleep(8);
                } catch (Exception e) {

                }
            }
        }
    } //Thread


}
```

1 Air Hockey 게임 제작하기

| 프로젝트 TwoPlayerGame |

Air Hockey 게임은 스틱(Air hockey striker)으로 퍽(puck)을 쳐서 상대방이 받지 못하게 하는 게임이다. 게임장에서 누구나 재미있게 했었던 놀이를 스마트폰에서 할 수 있도록 제작해보자.

시작화면 우주선 게임 아이콘을 클릭하면 게임을 할 수 있다.	게임화면 게임을 하면서 자신의 점수를 확인할 수 있다.

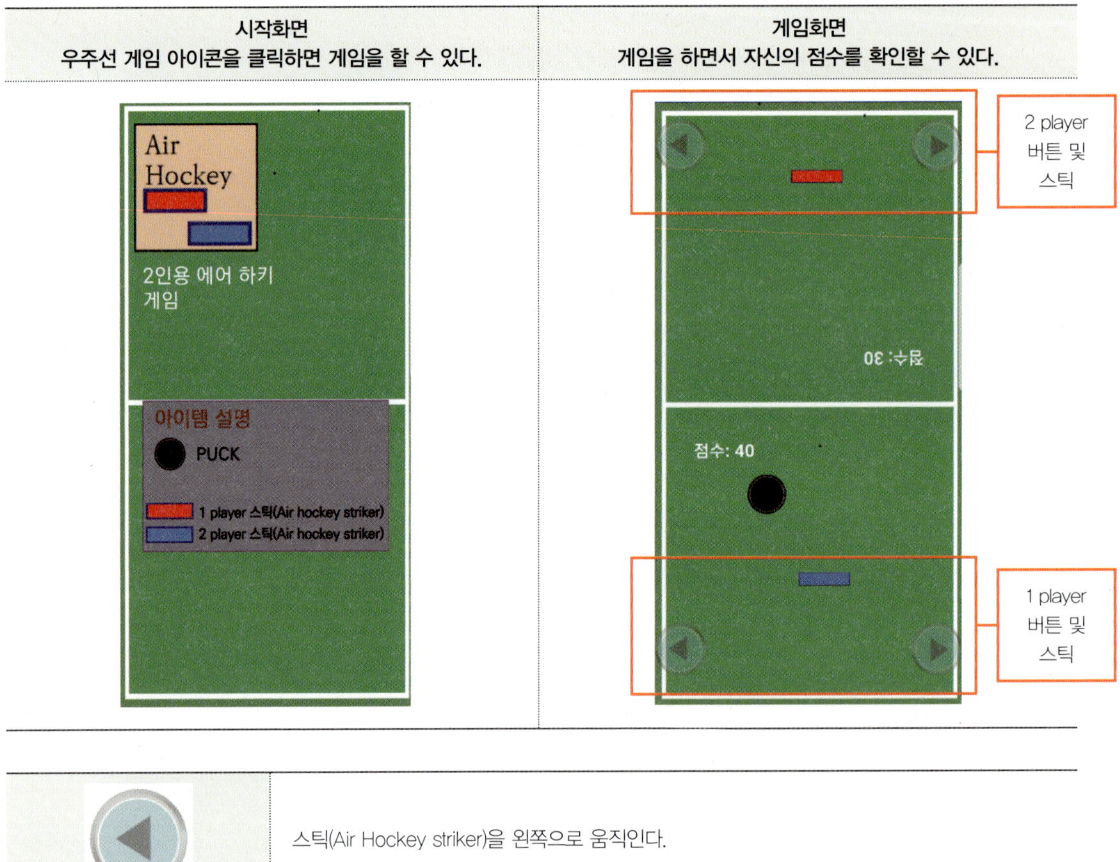

◀	스틱(Air Hockey striker)을 왼쪽으로 움직인다.
▶	스틱(Air Hockey striker)을 오른쪽으로 움직인다.

(1) Air Hockey 게임 제작에 사용되는 파일들

관련 이미지	java 파일	xml 파일
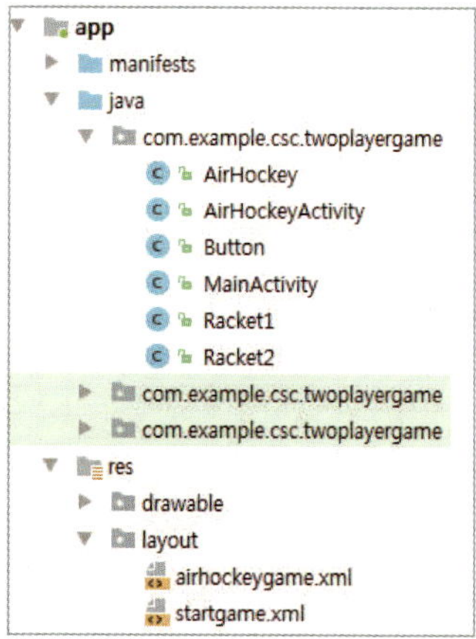	MainActivity.java	startgame.xml
	AirHockeyActivity.java AirHockey.java Button.java Racket1.java Racket2.java	airhockeygame.xml

(2) 파일구조

```
▼  app
  ▶  manifests
  ▼  java
    ▼  com.example.csc.twoplayergame
      ©  AirHockey
      ©  AirHockeyActivity
      ©  Button
      ©  MainActivity
      ©  Racket1
      ©  Racket2
    ▶  com.example.csc.twoplayergame
    ▶  com.example.csc.twoplayergame
  ▼  res
    ▶  drawable
    ▼  layout
        airhockeygame.xml
        startgame.xml
```

java 파일	코딩 내용
MainActivity.java	첫 화면을 설계한 Activity이다. setContentView(R.layout.startgame.xml) 메소드를 호출하여 startgame.xml으로 화면을 구성하게 한다. 첫 화면에서 Air Hockey 아이콘을 클릭하면 intent 메소드를 사용하여 AirHockeyActivity로 화면전환하도록 한다.
AirHockeyActivity.java	setContentView(R.layout.main) 메소드를 호출하여 airhockeygame.xml으로 화면을 구성하게 한다.
AirHockey.java	View 클래스를 상속받아 화면을 구성하며 이미지 표시, 버튼 터치, 퍽의 움직임 등 대부분의 중요한 코드가 이 곳에서 작성된다.
Button.java	왼쪽 버튼, 오른쪽 버튼 생성에 사용되는 클래스이다.
Racket1.java	1player : 스틱(Air Hockey striker) 의 위치와 비트맵 변수 및 움직임에 대한 메소드가 담겨 있다.
Racket2.java	2player : 스틱(Air Hockey striker) 의 위치와 비트맵 변수 및 움직임에 대한 메소드가 담겨 있다.

(3) 주요 그림파일들

btnLeft.png	btnRight1.png	playground.png	racket1.png	racket2.png
puck.png	mail.png	item.png		

Tip

invalidate와 postInvalidate

	invalidate	postInvalidate
공통점	onDraw 메소드를 호출한다.	
차이점	invalidate는 thread 내부에서는 작동을 할 수 없다.	thread 안에서 onDraw를 호출하려면 postInvalidate를 사용해야 한다.

```xml
<activity android:name="com.example.csc.twoplayergame.MainActivity"
    android:screenOrientation="portrait">
    <intent-filter>
        <action android:name="android.intent.action.MAIN" />
        <category android:name="android.intent.category.LAUNCHER" />
    </intent-filter>
</activity>
```
1

MainActivity.java

```java
Button.OnClickListener OnMyClick = new Button.OnClickListener() {
    public void onClick(View v) {
        switch (v.getId()) {
            case R.id.main:
                startActivity(new Intent(MainActivity.this, AirHockeyActivity.class));
                break;
```
2

AirHockeyActivity.java

```java
public class AirHockeyActivity extends AppCompatActivity {
    protected void onCreate(Bundle savedInstanceState) {
        super.onCreate(savedInstanceState);
        supportRequestWindowFeature(Window.FEATURE_NO_TITLE);
        setRequestedOrientation (ActivityInfo.SCREEN_ORIENTATION_PORTRAIT);
        setContentView(R.layout.airhockeygame);
    }
```
3

airhockeygame.xml

```xml
    <com.example.csc.twoplayergame.AirHockey
        android:layout_width="match_parent"
        android:layout_height="match_parent" />
</RelativeLayout>
```
4

AirHockey.java

```java
public class AirHockey extends View {
    static Context context;
    private GameThread mThread;
    static int Width, Height;

    static public Racket1 racket1;
    static public Racket2 racket2;
```
5

❶ AndroidManifest.xml 파일에는 어플리케이션에 사용된 컴포넌트에 대한 정보를 가지고 있다. 이 안에 Activity에 대한 정보를 넣어주어야 한다(본 예제는 2개의 Activity가 있다).

AndriodManifest.xml

```xml
<?xml version="1.0" encoding="utf-8"?>
<manifest xmlns:android="http://schemas.android.com/apk/res/android"
    package="com.example.csc.twoplayergame">

    <application
        android:allowBackup="true"
        android:icon="@drawable/main"
        android:label="@string/app_name"
        android:supportsRtl="true"
        android:theme="@style/AppTheme"
        android:name="android.support.multidex.MultiDexApplication">
        <activity android:name="com.example.csc.twoplayergame.MainActivity"
            android:screenOrientation="portrait">
            <intent-filter>
                <action android:name="android.intent.action.MAIN" />
                <category android:name="android.intent.category.LAUNCHER" />
            </intent-filter>
        </activity>
        <activity android:name="com.example.csc.twoplayergame.
AirHockeyActivity">
        </activity>
    </application>
</manifest>
```


- icon속성에 속성값으로 리소스 drawable 디렉토리 안에 있는 main.png 파일명을 넣었다.

- label 속성에 속성값으로 리소스 values 디렉토리 안에 있는 strings.xml 파일을 참조한다. 파일안에 다음과 같이 적으면 된다.
- strings.xml 파일 안에 다음과 같이 적는다.

label="@string/app_name"

<string name="app_name">Air Hockey</string>

❷ MainActivity 파일에는 main 버튼을 터치할 경우 startActivity메소드에 의해서 AirHock-eyActivity.java 파일로 화면전환(인텐트)을 하게 된다.

❸ setContentView 메소드에 의해서 airhockeygame.xml 파일로 화면을 구성하게 하였다.

❹ xml 파일 안에 AirHockey.java 클래스 파일로 화면을 구성하도록 하였다.

❺ View를 상속받은 AirHockey.java 파일에서 대부분의 중요한 코드가 작성된다.

③ 시작화면 제작하기

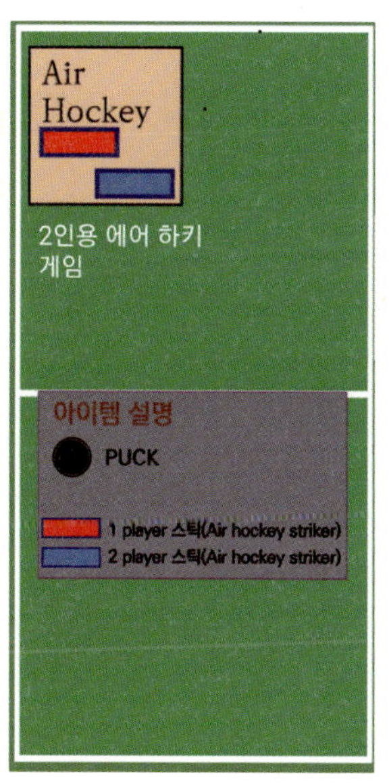

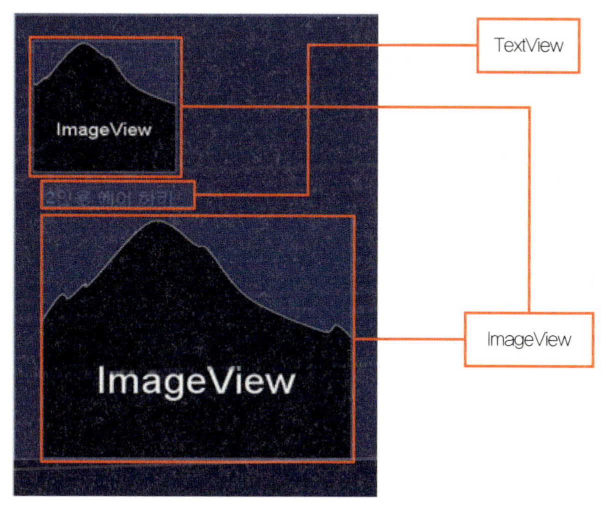

레이아웃 안에는 2개의 이미지뷰와 1개의 텍스트뷰가 들어 있다. 3개의 뷰들을 수직(vertical)으로 배치하였다.

```xml
<?xml version="1.0" encoding="utf-8"?>
<LinearLayout xmlns:android="http://schemas.android.com/apk/res/android"
    xmlns:app="http://schemas.android.com/apk/res-auto"
    xmlns:tools="http://schemas.android.com/tools"
    android:layout_width="match_parent"
    android:layout_height="match_parent"
    android:background="@drawable/playground"
    android:orientation="vertical">


    <ImageView
        android:id="@+id/main"
        android:layout_width="wrap_content"
        android:layout_height="wrap_content"
        android:layout_marginLeft="20dp"
        android:layout_marginTop="30dp"
        app:srcCompat="@drawable/main" />


    <TextView
        android:layout_width="161dp"
        android:layout_height="wrap_content"
        android:layout_marginLeft="30dp"
        android:layout_marginTop="10dp"
        android:text="2인용 에어 하키 게임"
        android:textColor="#FFFFFF"
        android:textSize="25dp" />

    <ImageView
        android:layout_width="wrap_content"
        android:layout_height="wrap_content"
        android:layout_marginLeft="30dp"
        android:layout_marginRight="30dp"
        android:layout_marginTop="10dp"
        app:srcCompat="@drawable/item" />

</LinearLayout>
```

```java
package com.example.csc.twoplayergame;

import android.content.Intent;
import android.content.pm.ActivityInfo;
import android.os.Bundle;
import android.support.v7.app.AppCompatActivity;
import android.view.View;
import android.view.Window;
import android.widget.Button;

public class MainActivity extends AppCompatActivity {
    @Override
    protected void onCreate(Bundle savedInstanceState) {

        super.onCreate(savedInstanceState);
        supportRequestWindowFeature(Window.FEATURE_NO_TITLE);

        setRequestedOrientation(ActivityInfo.SCREEN_ORIENTATION_PORTRAIT);
        setContentView(R.layout.startgame);
        findViewById(R.id.main).setOnClickListener(OnMyClick);
    }

    Button.OnClickListener OnMyClick = new Button.OnClickListener() {
        public void onClick(View v) {
            switch (v.getId()) {
                case R.id.main:
                    startActivity(new Intent(MainActivity.this, AirHockeyActivity.
class));
                    break;
            }
        }
    };
}
```

AirHockeyActivity.java

```java
package com.example.csc.twoplayergame;
import android.content.pm.ActivityInfo;
import android.os.Bundle;
import android.support.v7.app.AppCompatActivity;
import android.view.Window;

public class AirHockeyActivity extends AppCompatActivity {
    protected void onCreate(Bundle savedInstanceState) {
        super.onCreate(savedInstanceState);
        supportRequestWindowFeature(Window.FEATURE_NO_TITLE);
        setRequestedOrientation (ActivityInfo.SCREEN_ORIENTATION_PORTRAIT);
        setContentView(R.layout.airhockeygame);
    }
}
```

setContentView 메소드를 사용하여 리소스에 있는 airhockeygame.xml 파일 내용이 화면을 구성하도록 한다.

화면을 세로 방향으로 고정시킨다.

airhockeygame.xml

```xml
<?xml version="1.0" encoding="utf-8"?>
<RelativeLayout xmlns:android="http://schemas.android.com/apk/res/android"
    xmlns:tools="http://schemas.android.com/tools"
    android:layout_width="match_parent"
    android:layout_height="match_parent"
    tools:context="com.example.csc.twoplayergame.MainActivity">
    <com.example.csc.twoplayergame.AirHockey
        android:layout_width="match_parent"
        android:layout_height="match_parent" />
</RelativeLayout>
```

View를 상속받은 AirHockey.java 파일로 화면을 구성하게 된다.

```java
package com.example.csc.twoplayergame;

import android.graphics.Bitmap;
import android.graphics.RectF;

public class Button {

    public Bitmap img;
    public int x, y;
    int w,h;

    private int myId = -1;
    private RectF rect;

    public boolean isTouch;

    public Button(Bitmap bitmap, int x, int y) {
        this.x=x;
        this.y=y;

        bitmap = Bitmap.createScaledBitmap(bitmap, AirHockey.Width/6,
        AirHockey.Width/6, true);

        w = bitmap.getWidth();
        h = bitmap.getHeight();
        img = bitmap;

        rect = new RectF(x, y,  x + w, y + h);

        this.x = x;
        this.y = y;
    }

    public void processButton(float x, float y,int id, boolean isDown) {

        if ( isDown && rect.contains(x, y) ) {
            isTouch = true;
            myId = id;
        }

        if ( !isDown && id == myId) {
            isTouch = false;
        }
    }
}
```

AirHockey 클래스 파일에서 아래 방법으로 객체를 생성할 때 생성자를 호출한다.
new Button(imgLeft, 0, Height − basicUnit − basicUnit / 4)

스마트 기기의 가로 크기를 6으로 나눈 값을 버튼의 크기로 설정하였다. 버튼의 세로 크기는 가로 크기와 같게 하였다.

화면에서 터치가 일어나면 호출된다.

```java
package com.example.csc.twoplayergame;

import android.graphics.Bitmap;
import android.graphics.BitmapFactory;

public class Racket1 {

    Bitmap image;
    int x, y;

    static int btn_direction = 0;
    public int w, h;

    public Racket1(int x, int y) {

        this.x = x;
        this.y = y;

        image = BitmapFactory.decodeResource(AirHockey.context.getResources(),
                R.drawable.racket1);
        int xWidth = AirHockey.Width / 6;
        int yWidth = xWidth / 4;

        image = Bitmap.createScaledBitmap(image, xWidth, yWidth, true);


        w = image.getWidth() / 2;
        h = image.getHeight() / 2;
    }
    public void movePuck(boolean btnLeft, boolean btnRight) {

      if (btnLeft) {
         btn_direction = 0;
         x -= AirHockey.Width / 80;   //숫자가 클수록 퍽의 속도가 작아진다.
      }


      if (btnRight) {
         btn_direction = 1;
         x += AirHockey.Width / 80;
      }
    }
}
```

• while 구문을 통해 반복해서 실행되는 메소드이다.
• AirHockey.java 파일 안에 다음과 같은 코드가 들어 있다.

```java
while (operation) {
try {
   racket1.moveBall(btnLeft1P.
   isTouch, btnRight1P.isTouch);
   —— 생략 ——
   }
```

```java
package com.example.csc.twoplayergame;

import android.graphics.Bitmap;
import android.graphics.BitmapFactory;

public class Racket2 {

    Bitmap image;
    int x, y;

    static int btn_direction = 0;
    public int w, h;

    public Racket2(int x, int y) {

        this.x = x;
        this.y = y;

        image = BitmapFactory.decodeResource(AirHockey.context.getResources(),
                R.drawable.racket2);
        int xWidth = AirHockey.Width / 6;
        int yWidth = xWidth / 4;

        image = Bitmap.createScaledBitmap(image, xWidth, yWidth, true);

        w = image.getWidth() / 2;
        h = image.getHeight() / 2;
    }
    public void movePuck(boolean btnLeft, boolean btnRight) {

        if (btnLeft) {
            btn_direction = 0;
            x -= AirHockey.Width / 80;    //숫자가 클수록 퍽의 속도가 작아진다.
        }

        if (btnRight) {
            btn_direction = 1;
            x += AirHockey.Width / 80;
        }
    }
}
```

• while 구문을 통해 반복해서 실행되는 메소드이다.
• AirHockey.java 파일안에 다음과 같은 코드가 들어 있다.

```java
while (operation) {
try {
racket2.movePuck(btnLeft2P.isTouch,
btnRight2P.isTouch);
—— 생략 ——

}
```

(1) AirHockey.java 코드 분석하기

❶ 볼의 움직임 처리하기

```java
int puck_direction = 1;    //값이 0 이면 왼쪽으로 볼이 이동하고 값이 1 이면 오른쪽으로 볼이 이동한다.


  if(puck_direction==0) {


        puck_x -= puck_x_speed;
        puck_y -= puck_y_speed;
    } else {


        puck_x += puck_x_speed;
        puck_y -= puck_y_speed;
    }
```

사용자가 ◀ 버튼 또는 ▶ 버튼을 클릭하게 되면 Racket1.java 파일에 있는 다음 코드가 실행된다.

```java
        if (btnLeft) {
            btn_direction = 0;
            x -= AirHockey.Width / 80;
        }

        if (btnRight) {
            btn_direction = 1;
            x += AirHockey.Width / 80;
        }
```

이 정보를 바탕으로 스틱(▬)이 퍽(●) 과 부딪히게 되면 다음 구문이 실행된다.

```java
  if(Racket1.btn_direction==0){
            puck_direction = 0;
        } else puck_direction = 1;
```

❷ 스틱(■■■)과 퍽(●) 충돌 체크하기

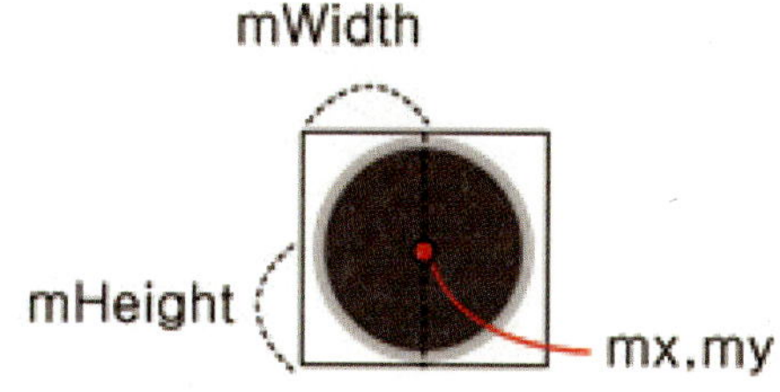

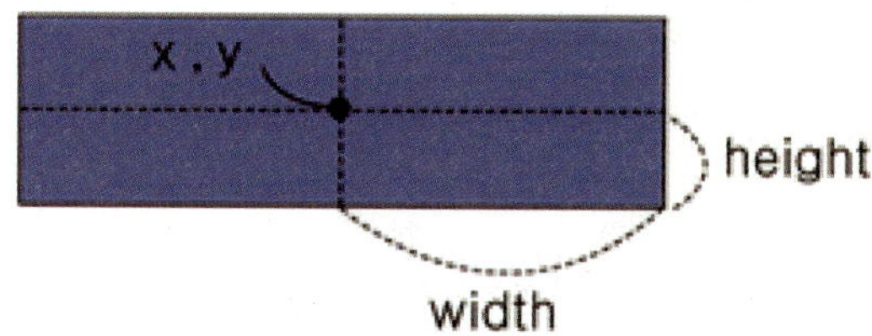

스틱의 가로중앙(x)과 퍽의 가로중앙(mx) 사이의 거리가 스틱 가로폭의 절반(width)과
가로폭 절반의 합보다 작으면 가로축으로는 겹치게 된다. 이것을 식으로 나타내면 다음과 같다.

$$(width + mWidth) > Math.abs(x - mx)$$

스틱의 세로중앙(y)과 퍽의 세로중앙(my) 사이의 거리가 스틱 세로폭 절반(height)과
세로폭 절반의 합보다 작으면 세로축으로 겹치게 된다. 이것을 식으로 나타내면 다음과 같다.

$$(height + mHeight) > Math.abs(y - my)$$

2가지 조건을 모두 만족시키기 위해서는 && 연산자를 사용해서 다음과 같이 작성하면 된다.

```
if ((width + mWidth) > Math.abs(x - mx) &&
        (height + mHeight) > Math.abs(y - my)) {

            처리할 내용

    }
```

```java
package com.example.csc.twoplayergame;

import android.content.Context;
import android.graphics.Bitmap;
import android.graphics.BitmapFactory;
import android.graphics.Canvas;
import android.graphics.Color;
import android.graphics.Paint;
import android.graphics.Typeface;
import android.support.v4.view.MotionEventCompat;
import android.util.AttributeSet;
import android.view.Display;
import android.view.MotionEvent;
import android.view.View;
import android.view.WindowManager;

import java.util.Random;

public class AirHockey extends View {
    static Context context;
    private GameThread mThread;
    static int Width, Height;

    public Racket1 racket1;
    public Racket2 racket2;

    // 조작 버튼
    Button btnLeft1P;
    Button btnRight1P;
    int puck_direction = 1;    //값이 0 이면 왼쪽으로 퍽이 이동하고
                               //값이 1 이면 오른쪽으로 퍽이 이동한다.

    Button btnLeft2P;
    Button btnRight2P;

    Bitmap puck;
    int puck_x;
    int puck_y;
    int mWidth;    //퍽의 크기의 절반값

    int puck_x_speed ;
    int puck_y_speed ;
    int player1Score = 0;
    int player2Score = 0;
```

```java
Paint paint = new Paint();

Bitmap backImage;

public AirHockey(Context context, AttributeSet attrs) {
    super(context, attrs);
    this.context = context;
}

@Override
protected void onSizeChanged(int w, int h, int oldw, int oldh) {
    super.onSizeChanged(w, h, oldw, oldh);

    Display display = ((WindowManager) context.getSystemService(Context
                    .WINDOW_SERVICE)).getDefaultDisplay();
    Width = display.getWidth();
    Height = display.getHeight();

    Bitmap imgLeft = BitmapFactory.decodeResource(getResources(),
R.drawable.btnleft);
    Bitmap imgRight = BitmapFactory.decodeResource(getResources(),
R.drawable.btnright);

    //화면배치등에 사용된 버튼크기의 기본값 설정
    int basicUnit = imgLeft.getWidth();

    //퍽의 속도
    //Width 값은 기기의 가로 해상도로 기기마다 다르다. Width 값을 이용하면 기기의 종류에 영향을 받지 않고
    //퍽의 속도를 비슷하게 해줄 수 있다. 만약에 Width 값을
    //사용하지 않고 어떤 숫자를 속도에 넣게 되면 해상도가 큰 기기에서 퍽은 아주 느리게 움직이게 될 것이다.
    puck_x_speed = Width/60;
    puck_y_speed = Width/42;

    // 1player 버튼 만들기
    btnLeft1P = new Button(imgLeft, 0, Height - basicUnit - basicUnit / 4);
    btnRight1P = new Button(imgRight, Width - btnLeft1P.w,
                        Height - basicUnit - basicUnit / 4);

    // 2player 버튼 만들기
    //사용자 입장에서는 btnLeft2P는 2player의 오른쪽 키 버튼이다.
    btnLeft2P = new Button(imgLeft, 0, basicUnit / 4);

    btnRight2P = new Button(imgRight, Width - btnLeft1P.w, basicUnit / 4);

    puck = BitmapFactory.decodeResource(context.getResources(), R.drawable.puck);
```

```java
        puck = Bitmap.createScaledBitmap(puck, Width / 16, Width / 16, true);
        mWidth = puck.getWidth() / 2;

        backImage = BitmapFactory.decodeResource(context.getResources(),
                    R.drawable.playground);
        backImage = Bitmap.createScaledBitmap(backImage, Width, Height, true);

        racket1 = new Racket1(Width / 2, Height - basicUnit * 2);
        racket2 = new Racket2(Width / 2, basicUnit);
        puck_x = racket1.x + racket1.w;
        puck_y = racket1.y;

        if (mThread == null) {
            mThread = new GameThread();
            mThread.start();
        }
    }
    @Override
    protected void onDetachedFromWindow() {
        mThread.operation = false;
        super.onDetachedFromWindow();
    }

    @Override
    protected void onDraw(Canvas canvas) {

        canvas.drawBitmap(backImage, 0, 0, null);

        if (isCollision(racket1.x + racket1.w, racket1.y + racket1.h, racket1.w,
            racket1.h, puck_x + mWidth, puck_y + mWidth, mWidth, mWidth)) {

            puck_y_speed = -puck_y_speed;
            puck_y -= 10;

            if(Racket1.btn_direction==0){
                puck_direction = 0;
            } else puck_direction = 1;
        }


        if (isCollision(racket2.x + racket2.w, racket2.y + racket2.h, racket2.w,
            racket2.h, puck_x + mWidth, puck_y + mWidth, mWidth, mWidth)) {

            puck_y_speed = -puck_y_speed;
            puck_y += 10;
```

```java
        if(Racket2.btn_direction2==0){
            puck_direction = 0;
        } else puck_direction = 1;

    }


    canvas.drawBitmap(racket1.image, racket1.x, racket1.y, null);
    canvas.drawBitmap(racket2.image, racket2.x, racket2.y, null);


    if (puck_x < 0 || puck_x > Width) {

        if (puck_direction == 1) puck_direction = 0;
        else if (puck_direction == 0) puck_direction = 1;
    }


    if(puck_direction==0) {

        puck_x -= puck_x_speed;
        puck_y -= puck_y_speed;

    } else {

        puck_x += puck_x_speed;
        puck_y -= puck_y_speed;

    }


    canvas.drawBitmap(puck, puck_x, puck_y, null);


    if (puck_y < 0) {
        puck_y = Height / 2;
        puck_x = 0;
        player1Score += 10;
    }
    if (puck_y > Height) {
        puck_y = Height / 2;
        puck_x = 0;
        player2Score += 10;
    }

    //1 player, 2 player 좌우버튼
    canvas.drawBitmap(btnLeft1P.img, btnLeft1P.x, btnLeft1P.y, null);
    canvas.drawBitmap(btnRight1P.img, btnRight1P.x, btnRight1P.y, null);


    canvas.drawBitmap(btnLeft2P.img, btnLeft2P.x, btnLeft2P.y, null);
```

```java
        canvas.drawBitmap(btnRight2P.img, btnRight2P.x, btnRight2P.y, null);


        //점수 표시
        canvas.drawText("점수: " + player1Score + "", mWidth*2, Height / 2 + btnLeft1P.h, paint);
        canvas.rotate(180, Width / 2, Height / 2);
        canvas.drawText("점수: " + player2Score + "", mWidth*2, Height / 2 + btnLeft1P.h, paint);
        canvas.rotate(180, Width / 2, Height / 2);

    }   //onDraw 메소드 끝


    boolean isCollision(int x, int y, int width, int height, int mx, int my,
                        int mWidth, int mHeight) {

        if ((width + mWidth) > Math.abs(x - mx) && (height + mHeight) > Math.
abs(y - my)) {
            return true;

        } else return false;
    }


    @Override
    public boolean onTouchEvent(MotionEvent event) {
        boolean isTouch = false;

        int action = MotionEventCompat.getActionMasked(event);
        switch (action) {
            case MotionEvent.ACTION_DOWN:
            case MotionEvent.ACTION_POINTER_DOWN:
                isTouch = true;
                break;
            case MotionEvent.ACTION_UP:
            case MotionEvent.ACTION_POINTER_UP:
                isTouch = false;
                break;
            default:
                return true;
        }

        // 터치 index, id
        int pIndex = MotionEventCompat.getActionIndex(event);
        int id = MotionEventCompat.getPointerId(event, pIndex);

        // 터치 좌표
        float x = MotionEventCompat.getX(event, pIndex);
        float y = MotionEventCompat.getY(event, pIndex);
```

```java
        btnLeft1P.processButton(x, y, id, isTouch);
        btnRight1P.processButton(x, y, id, isTouch);


        btnLeft2P.processButton(x, y, id, isTouch);
        btnRight2P.processButton(x, y, id, isTouch);



        return true;
    }

class GameThread extends Thread {
    public boolean operation = true;

    GameThread() {

        paint.setColor(Color.WHITE);
        paint.setAntiAlias(true);
        paint.setTypeface(Typeface.create("", Typeface.BOLD));
        paint.setTextSize(62);


    }


    @Override
    public void run() {
        while (operation) {
            try {
                racket1.movePuck(btnLeft1P.isTouch, btnRight1P.isTouch);
                racket2.movePuck(btnLeft2P.isTouch, btnRight2P.isTouch);

                //화면 그리기
                //postInvalidate( )는 onDraw( )를 호출하여 화면을 갱신한다.
                postInvalidate();
                sleep(10);
            } catch (Exception e) {


            }
        }
    } //run( ) 메소드 끝


    }   //쓰레드 끝


}
```

07

자동차 게임 앱 만들기

- 점프키를 터치하면 점프하는 자동차 만들기
- 자동차에서 미사일을 발사해서 풍선을 맞추기
- 설정에서 덧셈 문제, 뺄셈 문제을 선택할 수 있는 기능 제작하기

자동차 게임 앱 만들기

—

게임을 하면서 수학문제를 푸는 자동차 게임 앱을 제작한다.

01 ≫ 자동차 게임 앱 만들기(1)　　　　　LOADING...

1 자동차 게임 앱 설계하기

| 프로젝트 carstudygame |

본 예제에서는 자동차 게임을 하면서 덧셈, 뺄셈 문제를 학습하는 앱을 제작하겠다. 자동차에서 미사일이 발사되고 점프도 할 수 있도록 설계할 것이다.

시작화면은 버튼 하나 [Game1]로 구성되어 있다.

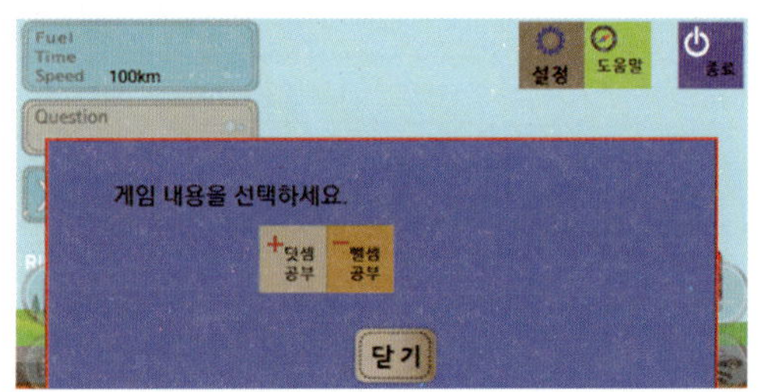

[Game1] 버튼을 클릭하면 나오는 화면이다.
옵션창에서 덧셈 문제 또는 뺄셈 문제를 선택할 수 있다.

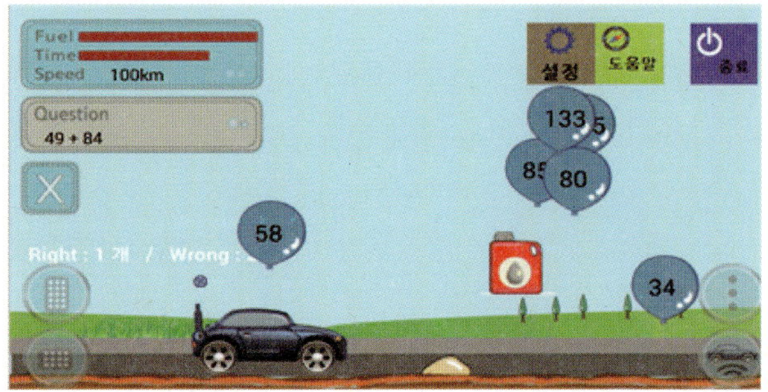

Question 창에 있는 문제를 보고 정답 숫자가 들어 있는 풍선을 미사일로 맞추는 게임이다.

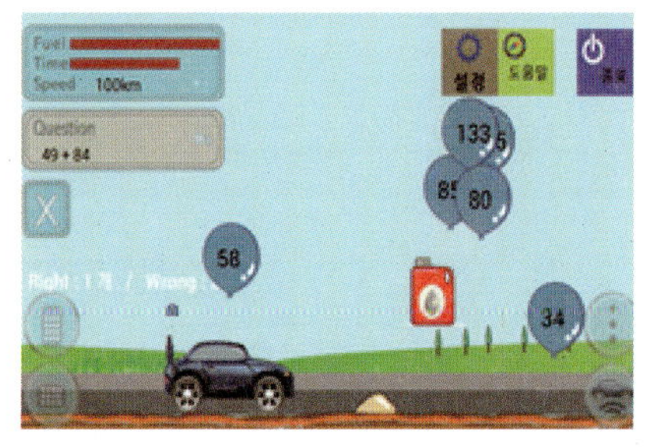

미사일 발사 모습

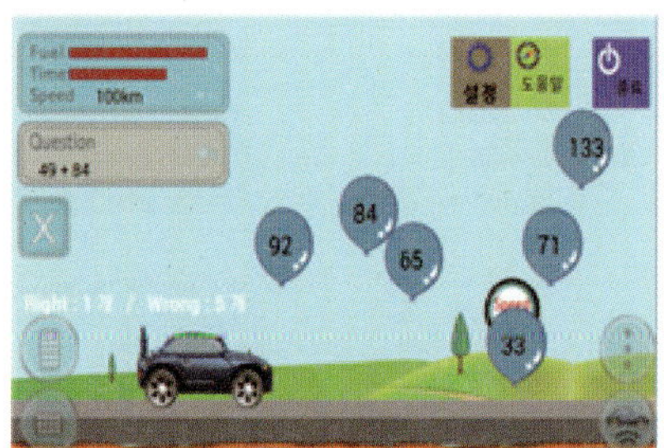

자동차 점프하는 모습

(1) [자동차 게임 앱] 제작에 사용된 파일들

관련 이미지	java 파일	xml 파일
	StartCsc.java	startmath.xml
	ActivityStudy.java StudyView.java ButtonClass.java CarBallon.java Carhero.java CarMissile.java	main.xml

(2) 파일 구조

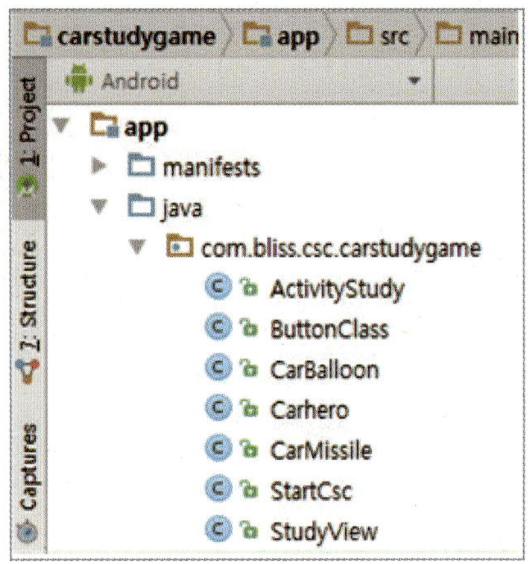

java 파일	코딩 내용
StartCsc.java	시작화면과 관련된 파일이다. 첫 화면에서 게임아이콘을 클릭하면 ActivityStudy.java 파일을 불러오게 하였다.
ActivityStudy.java	Activity 클래스를 상속받았으며 setContentView(R.layout.main) 메소드를 호출하여 main.xml 파일로 화면을 구성하게 한다.
StudyView.java	main.xml 파일 안에 SurfaceView 클래스를 상속받은 StudyView로 화면을 구성하게 하였다. 버튼 터치 등 대부분의 중요한 코드는 이 곳에서 작성된다.
ButtonClass.java	사용되는 버튼의 x좌표, y좌표 등 정보를 가지고 있다. 또한 버튼의 크기를 조절하는 기능을 가지고 있다.
CarBallon.java	풍선들의 위치가 2차원 배열로 정리되어 있다.
Carhero.java	자동차의 x좌표, y좌표 등 정보를 가지고 있다. move( ) 메소드를 사용해서 자동차 이미지를 바꾸어 자동차가 움직이는 것처럼 하였다.
CarMissile.java	자동차에서 발사되는 미사일의 x좌표, y좌표 정보를 가지고 있다.

(3) 주요 그림파일들

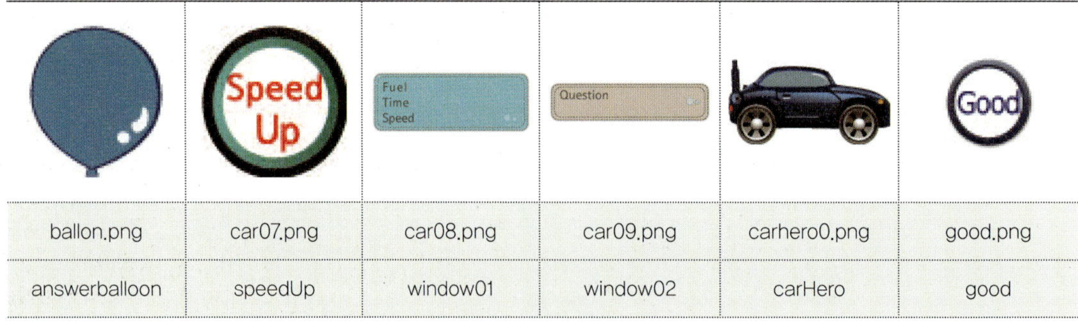

ballon.png	car07.png	car08.png	car09.png	carhero0.png	good.png
answerballoon	speedUp	window01	window02	carHero	good

word24.png	word22.png	menu.png	missile0.png	word00.png	word01.png
btnMissile	btnJump	menu1	carMiss	windowClose Button	windowClose Button
word03.png	word04.png	word06.png	word08.png	word10.png	word12.png
btnPlusGame	btnMinusGame	btnSetting	help00	btnExit	fuel
word14.png	word26.png	word16.png	word18.png	word20.png	
stone	btnGameAgain	btnClose	btnAccel	btnBrake	

AndroidManifest.xml

```xml
<activity android:name=".StartCsc"
    android:screenOrientation="landscape">
    <intent-filter>
        <action android:name="android.intent.action.MAIN" />
        <category android:name="android.intent.category.LAUNCHER" />
    </intent-filter>
</activity>
```

StartCsc.java

```java
Button.OnClickListener OnMyClick = new Button.OnClickListener() {
    @Override
    public void onClick(View v) {
        switch (v.getId()) {
            case R.id.menu1:
                startActivity(new Intent(StartCsc.this, ActivityStudy.class));
                break;
```

ActivityStudy.java

```java
public class ActivityStudy extends Activity {
    @Override
    public void onCreate(Bundle savedInstanceState) {
        super.onCreate(savedInstanceState);
        setContentView(R.layout.main);
    }
```

main.xml

```xml
<com.bliss.csc.carstudygame.StudyView
    android:id="@+id/mGameView"
    android:layout_width="fill_parent"
    android:layout_height="fill_parent"/>
```

StudyView.java

```java
public class StudyView extends SurfaceView implements Callback {

    static Carhero carHero;
    MediaPlayer mPlayer;
    int carJumping = 0;
```

❶ AndroidManifest.xml 파일은 애플리케이션에 사용된 컴포넌트에 대한 정보를 가지고 있다. 이 안에 Activity에 대한 정보를 넣어주어야 한다.


```xml
<?xml version="1.0" encoding="utf-8"?>
<manifest xmlns:android="http://schemas.android.com/apk/res/android"
    package="com.bliss.csc.carstudygame">

    <application
        android:allowBackup="true"
        android:icon="@drawable/icon"
        android:label="@string/app_name"
        android:supportsRtl="true"
        android:theme="@style/AppTheme">
        <activity android:name=".StartCsc"
            android:theme="@style/Theme.AppCompat.NoActionBar">
            <intent-filter>
                <action android:name="android.intent.action.MAIN" />
                <category android:name="android.intent.category.LAUNCHER" />
            </intent-filter>
        </activity>
        <activity android:name=".ActivityStudy"
            android:theme="@style/Theme.AppCompat.NoActionBar"
            android:screenOrientation="landscape"/>
    </application>

</manifest>
```

• icon 속성에 속성 값으로 리소스 drawable 디렉토리 안에 icon.png 파일명을 넣었다.

• label 속성에 속성 값으로 리소스 values 디렉토리 안에 strings.xml 파일을 참조한다.

```xml
<resources>
<string name="app_name">carstudygame</string>
</resources>
```

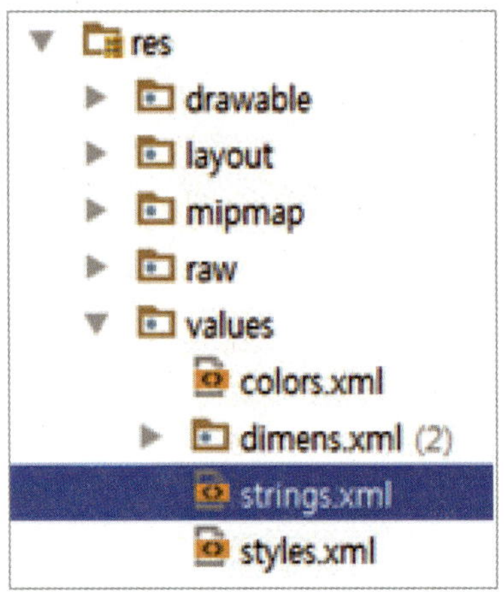

• strings.xml 파일안에 다음과 같이 적는다.

```
<resources>
    <string name="app_name">carstudygame</string>
</resources>
```

❷ StartCsc 파일을 보면 menu1 버튼을 터치할 경우 startActivity 메소드에 의해서 ActivityStudy.java 파일로 화면전환(인텐트)을 하게 된다.

❸ setContentView 메소드에 의해서 main.xml 파일로 화면을 구성하게 하였다.

❹ xml 파일 안에 StudyView 클래스 파일로 화면을 구성하도록 하였다.

❺ SurfaceView를 상속받은 StudyView 클래스 파일이 실행된다. StudyView.java 파일 안에 대부분의 소스를 코딩하여 넣었다.

3 시작화면 제작하기

startmath.xml

```xml
<?xml version="1.0" encoding="utf-8"?>
<LinearLayout xmlns:android="http://schemas.android.com/apk/res/android"
    android:layout_width="wrap_content"
    android:layout_height="fill_parent"
    android:background="@drawable/background"
    android:orientation="horizontal" >

    <ImageView
        android:id="@+id/menu1"
        android:layout_width="wrap_content"
        android:layout_height="wrap_content"
        android:layout_marginTop="10dip"
        android:clickable="true"
        android:focusable="true"
        android:src="@drawable/menu" />

</LinearLayout>
```

StartCsc.java

```java
package com.bliss.csc.carstudygame;

import android.content.Intent;
import android.os.Bundle;
import android.support.v7.app.AppCompatActivity;
import android.view.View;
import android.view.Window;
import android.view.WindowManager;
import android.widget.Button;

public class StartCsc extends AppCompatActivity {


    @Override
    public void onCreate(Bundle savedInstanceState) {
        super.onCreate(savedInstanceState);

        setContentView(R.layout.startgame);


        getWindow().setFlags(WindowManager.LayoutParams.FLAG_FULLSCREEN,
```

```java
                WindowManager.LayoutParams.FLAG_FULLSCREEN);


        findViewById(R.id.menu1).setOnClickListener(OnMyClick);
    }


    Button.OnClickListener OnMyClick = new Button.OnClickListener() {
        @Override
        public void onClick(View v) {
            switch (v.getId()) {
                case R.id.menu1:
                    startActivity(new Intent(StartCsc.this, ActivityStudy.
class));
                    break;
            }
        }
    };


}
```

setContentView 메소드을 사용해 리소스에 있는 startmath.xml 파일로 화면을 설정하도록 한다. [Game1] 버튼을 터치하면 intent 객체와 startActivity 메소드를 이용해서 ActivityStudy로 화면을 전환하게 한다.


```java
package com.bliss.csc.carstudygame;

import android.support.v7.app.AppCompatActivity;
import android.os.Bundle;
import android.view.KeyEvent;
import android.view.Menu;
import android.view.MenuItem;

public class ActivityStudy extends AppCompatActivity {

    @Override
    public void onCreate(Bundle savedInstanceState) {
        super.onCreate(savedInstanceState);
        setContentView(R.layout.main);
        getWindow().setFlags(WindowManager.LayoutParams.FLAG_FULLSCREEN,
                WindowManager.LayoutParams.FLAG_FULLSCREEN);
```

```java
    }

    @Override
    public boolean onCreateOptionsMenu(Menu menu) {
        menu.add(0, 1, 0, "sound on");
        menu.add(0, 2, 0, "sound off");
        return true;
    }

    @Override
    public boolean onOptionsItemSelected(MenuItem item) {
        switch (item.getItemId()) {
            case 1: StudyView.soundOk=1;
                break;
            case 2: StudyView.soundOk=0;
                break;
        }
        return true;
    }

    @Override
    public boolean onKeyDown(int keyCode, KeyEvent event) {
        if (keyCode == KeyEvent.KEYCODE_BACK) {
            System.exit(0);
            return false;
        }
        return false;
    }
}
```

1 StudyView.java 코드 분석하기

(1) 자동차 점프하기

carNowPlace 변수에는 carJumpPlace 배열의 인덱스 값이 저장된다. 인덱스의 범위는 0부터 49이다. 배열 carJumpPlace는 50개의 정수형 숫자를 저장하도록 하였다.

```java
//carNowPlace 인덱스 값이 24가 되면 자동차가 최고 높이로 된다.
int carNowPlace = 0;
int carJumpIng =0;
int[] carJumpPlace = {16, 14, 12, 12, 10, 9, 8, 7, 6, 6, 5, 4, 4, 4, 4, 4,
        4, 4, 4, 3, 3, 3, 2, 2, 0, 0, -2, -2, -3, -3, -3, -4, -4, -4,
        -4, -4, -4, -4, -4, -5, -6, -6, -7, -8, -9, -10, -12, -12,
        -14, -16};
```

자동차 점프 버튼을 터치하게 되면 carJumpIng 값이 1이 된다. carJumpIng 값이 1이면 carNowPlace 인덱스 값이 0에서 49까지 증가하도록 하였다. carNowPlace 인덱스 값을 통해 자동차는 위로 올라 갔다가 땅으로 내려오게 된다.

```java
//자동차 점프 버튼을 터치하면 carJumping 값이 1 이되어 실행된다.
    if (carJumpIng == 1) {
        //carNowPlace가 가리키는 인덱스 값만큼 자동차의 y좌표를 조절
        carHero.y -= carJumpPlace[carNowPlace];
        carNowPlace += 1;
    }
//carNowPlace 값이 500이 되면 자동차는 다시 도로에 착지하게 된다.
    if (carNowPlace == 50) {
        carJumpIng = 0;
        carNowPlace = 0;
    }
```

(2) 문제 만들기

![덧셈공부]을 터치하면 operater 값이 0이 되고 ![뺄셈공부]을 터치하면 operater 값이 1이 된다.


```java
public void makeQuestion() {

    if (operater == 0) {
        rand = Math.random();
        num1 = (int) ((rand * (100)));
        rand = Math.random();
        num2 = (int) ((rand * (100)));
        answerballoon.bNumber = num1 + num2 + "";
        rand = Math.random();
    }

    if (operater == 1) {
        rand = Math.random();
        num1 = (int) ((rand * (100)));
        rand = Math.random();
        num2 = (int) ((rand * (100)));

        if (num2 > num1) {
            int tmp = num2;
            num2 = num1;
            num1 = tmp;
        }
        answerballoon.bNumber = num1 - num2 + "";
    }
    //정답 풍선 x, y 위치를 랜덤값으로 초기화하기
    rand = Math.random();
    answerballoon.x = Width + (int) rand * (Width/2);
    answerballoon.y = Height - (int) ((rand * (btnExit.h * 6))) - btnExit.h * 5;

}
```

num2 값이 num1 값보다 크면 num1-num2의 값이 음수이므로 num1과 num2를 바꾸는 코드이다.

(3) 오답 숫자 만들기

정답 숫자와 비슷한 오답 숫자를 만들기 위해 if ~ else if 문을 사용하였다.

```java
int imsyAnswerNum = Integer.parseInt(answerballoon.bNumber);

if (imsyAnswerNum < 30)
{
    while(true) {
        imsy = (int) ((rand * (10))) + 20 + "";
        if(imsy != answerballoon.bNumber)  break;
    }
} else if (imsyAnswerNum < 60)
{
    while(true) {
        imsy = (int) ((rand * (20))) + 40 + "";
        if(imsy != answerballoon.bNumber) break;
    }
} else if (imsyAnswerNum < 90)
{
    while(true) {
        imsy = (int) ((rand * (20))) + 70 + "";
        if(imsy != answerballoon.bNumber) break;
    }
}
else if (imsyAnswerNum < 110)
{
    while(true) {
        imsy = (int) ((rand * (30))) + 80 + "";
        if(imsy != answerballoon.bNumber) break;
    }
}
else {
    while(true) {
        imsy = (int) ((rand * (60))) + 100 + "";
        if(imsy != answerballoon.bNumber) break;
    }
}
```

(4) 미사일 정답 풍선 충돌 처리하기

```java
//자동차에서 발사한 미사일이 정답 풍선을 맞추게 되면
for (int i = carMiss.size() - 1; i >= 0; i--)
    if (carMiss.get(i).x > answerballoon.x
        && carMiss.get(i).x < (answerballoon.x + answerballoon.w * 2)
        && carMiss.get(i).y > answerballoon.y
        && carMiss.get(i).y < (answerballoon.y + answerballoon.h * 2)) {

//미사일의 위치를 화면 밖으로 설정한다. 다른 풍선과의 충돌을 방지하기 위해서.
        carMiss.get(i).y = -10;
        oNumber++;   //맞은 개수가 하나 증가한다.
        carEnergy += 5; //자동차 연료(fuel)가 증가한다.
        score += 100;  //점수가 100점 증가한다.
    //goodShow값이 1이면 이미지가 화면에 나오게 된다.


        goodShow = 1;
        //makeQuestion 메소드를 호출하여 정답풍선 문제를 새로 만든다.
        makeQuestion();
        }
```

(5) 미사일 오답 풍선 충돌 처리하기

```java
for (int j = balloon.size() - 1; j >= 0; j--) { //오답 풍선 개수만큼 for구문 실시한다.
        if (carMiss.get(i).x > balloon.get(j).x
            && carMiss.get(i).x < (balloon.get(j).x + balloon.get(j).w * 2)
            && carMiss.get(i).y > balloon.get(j).y
            && carMiss.get(i).y < (balloon.get(j).y + balloon.get(j).h * 2)) {
                balloon.remove(j); //오답 풍선을 제거한다.
                carMiss.get(i).y = -10; //미사일의 위치를 화면 밖으로 설정한다.
                xNumber++; //오답개수 하나씩 증가하기
            }
```

(6) 자동차와 정답 풍선 충돌 처리하기

다음은 자동차 점프키를 누르면 자동차가 위로 올라가게 되고 정답 풍선과 부딪힐 경우 처리되는
코드이다.

```
if (answerballoon.x + answerballoon.w > carHero.x
        && answerballoon.x + answerballoon.w < (carHero.x + carHero.w * 2)
        && answerballoon.y + +answerballoon.h > carHero.y
        && answerballoon.y + answerballoon.h < (carHero.y + carHero.h * 2)) {
    goodShow = 1;
    oNumber += 1;
    score += 20;   //점수 20점 증가
    makeQuestion();
    }
```

(7) 자동차와 오답 풍선 충돌 처리하기

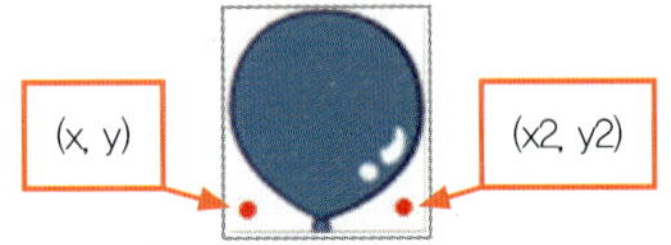

오답 풍선이 자동차와 충돌하는 체크 포인트를 2개로 제작하였다. 이 2개의 빨간색 좌표값이 자
동차 안에 들어오면 충돌한 것으로 처리하였다.

```
좌표 (x, y)
    int x = balloon.get(i).x + balloon.get(i).w * 1 / 10;
    int y = balloon.get(i).y + balloon.get(i).h * 9 / 10;
```

```
좌표 (x2, y2)
 int x2 = x + balloon.get(i).w * 2 - balloon.get(i).w * 1 / 10;
 int y2 = y;
```

```java
//오답 풍선 개수만큼 for문을 수행한다.
        for (int i = balloon.size() - 1; i >= 0; i--) {

        int x = balloon.get(i).x + balloon.get(i).w * 1 / 10;
        int y = balloon.get(i).y + balloon.get(i).h * 9 / 10;
        int x2 = x + balloon.get(i).w * 2 - balloon.get(i).w * 1 / 10;
        int y2 = y;

        if (x > carHero.x && x < (carHero.x + carHero.w * 2) && y > carHero.y
                && y < (carHero.y + carHero.h * 2)) {
                    carEnergy -=3;      //자동차 연료가 감소한다.
                    balloon.remove(i); //오답풍선 제거된다.
                    carHero.x -= 12; //자동차가 충격으로 뒤로 조금 이동한다.
                    xNumber++; //오답 개수가 하나 증가한다.

        }else  if (x2 > carHero.x && x2 < (carHero.x + carHero.w * 2) &&
                y2 > carHero.y && y2 < (carHero.y + carHero.h * 2)) {
                    carEnergy -=3;      //자동차 연료가 감소한다.
                    balloon.remove(i);  //오답 풍선 제거된다.
                    carHero.x -= 12; //자동차가 충격으로 뒤로 조금 이동한다.
                    xNumber++;    //오답 개수가 하나 증가한다.
            }

        }   //end of for
```

(8) 자동차와 돌(stone) 충돌 처리하기

자동차가 돌과 충돌을 하게 되면 자동차가 뒤로 약간 밀리도록 설정하고 돌은 화면에서 사라지도록 하였다.

```java
    if ((stone.x + stone.w) > carHero.x &&
                    (stone.x + stone.w) < (carHero.x + carHero.w * 2) &&
                    (stone.y + stone.h) > carHero.y &&
                    (stone.y + stone.h) < (carHero.y + carHero.h * 2)) {

    //stone.crash 값이 0일 겨우 자동차가 뒤로 움직이고 자동차 연료가 줄어들게한다.

        if (stone.crash == 0) {
                carHero.x -= 20;
                carEnergy -= 20;
            }
    //stone객체의 btn_press( ) 메소드를 실행하게 되면 stone.crash값이 1이 되고
    // 부서진 돌 이미지가 나오도록한다.
```

```java
            stone.btn_press();
        }


        //돌이 화면을 벗어나게 되면  stone.crash 값이 0이 되고
        //stone 객체의 btnDelayed( ) 메소드를 실행하게 되면 부서지긴 전의 돌의
        // 이미지를 가지게 되도록 한다.
        if (stone.x < -100) {

            int csc = (int) ((rand * (250))) + 6000;
            stone.x = Width + csc;
            stone.crash = 0;
            stone.buttonDelayed();
        }
```

(9) 선택화면 제작하기

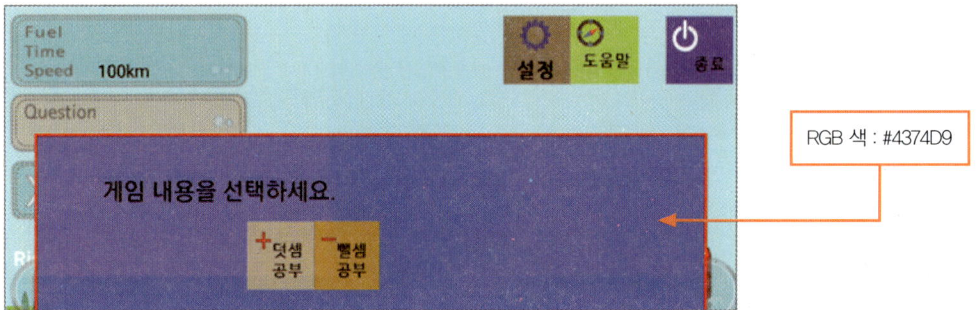

RGB 색상을 찾기 위해선 네이버 검색어에 "RGB 색상표"를 입력하면 RGB 색상 팔레트를 볼 수 있다.

```java
if (submenuOk == 1) { //submenuOk 값이 1이면 [덧셈공부], [뺄셈공부] 선택 화면이 제시된다.
        //파란색(#4374D9) 사각형 그리기
                paintWindow.setColor(Color.parseColor("#4374D9"));
        //사각형 면을 채우기 속성지정
                paintWindow.setStyle(Paint.Style.FILL);
                canvas.drawRect(0 + btnExit.w, Height / 3, Width -
                        btnExit.w, Height, paintWindow);

        //사각형 테두리 색을 빨간색으로 설정한다.
                paintWindow.setColor(Color.RED);
        //테두리에 적용하겠다는 의미
                 paintWindow.setStyle(Paint.Style.STROKE);
         //사각형 테두리 두께 설정한다.
                paintWindow.setStrokeWidth(8);

                canvas.drawRect(0 + btnExit.w, Height / 3, Width ? btnExit.w,
                        Height, paintWindow);

                canvas.drawText("게임 내용을 선택하세요.", btnExit.w * 3, Height / 2,
                        paintText3);
                canvas.drawBitmap(btnPlusGame.button_img, btnPlusGame.x,
                         btnPlusGame.y, null);
                canvas.drawBitmap(btnMinusGame.button_img, btnMinusGame.x,\
                        btnMinusGame.y, null);
                canvas.drawBitmap(btnClose.button_img, btnClose.x, btnClose.y,
                        null);
        }
```

(10) 게임설명 제작하기

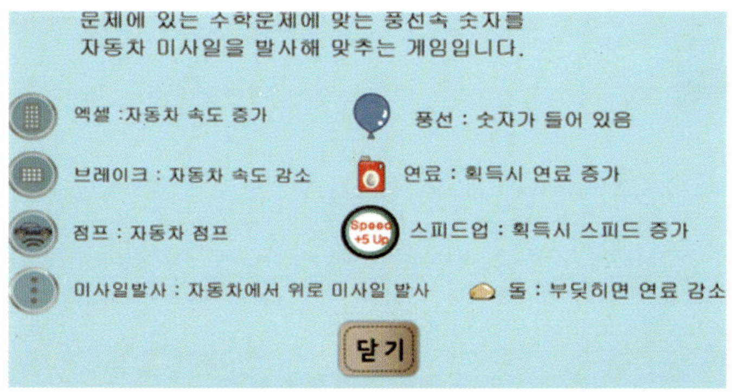 을 터치하면 도움말 화면이 나오도록 제작하였다.

 버튼을 터치하면 도움 화면창이 사라지도록 하였다. 도움말 이미지 아래에 보여지는 바탕색을 연한파란색(#B2EBF4)으로 하였다.

helpWindow값이 1이면 도움말 화면이 나타나도록 하였다.

```
paintRect.setColor(Color.parseColor("#B2EBF4"));
paintRect.setAntiAlias(true);
paintRect.setTypeface(Typeface.create("", Typeface.BOLD));

if (helpWindow == 1) {
        canvas.drawRect(0, 0, Width, Height, paintRect);

        //도움말 이미지
        canvas.drawBitmap(help00, 0, 0, null);

        //닫가 버튼
        canvas.drawBitmap(btnClose.button_img, btnClose.x, btnClose.y, null);
}
```

(11) 게임결과 화면 제작하기

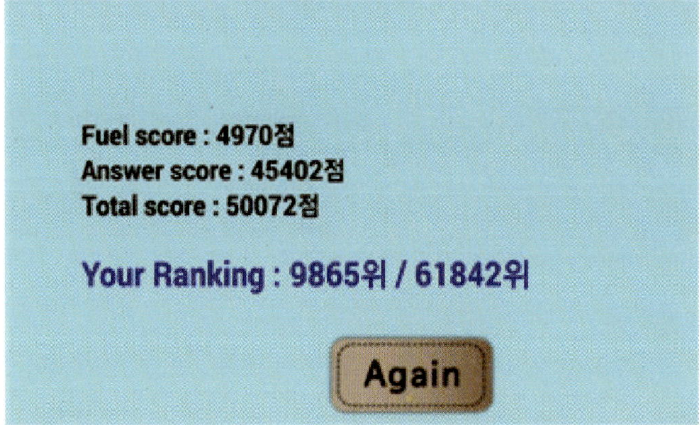

시간에너지가 없어지거나 자동차연료가 없어지게 되면 gameOver 값을 1로 하여 게임이 종료되게 하였다.

```
if (timeEnergy < -1 || carEnergy <= 0) gameOver = 1;
```

```java
if (gameOver == 1) {
        gameStart = 0;  //게임이 진행되지 않도록 설정
//전체순위에 랜덤값을 부여하여 순위를 약간 무작위로 나오도록 csc, csc2 사용.
        int csc = (int) ((rand * (3000))) + 60000; //총 참가자수를 랜덤으로
        int csc2 = (int) ((rand * (100))) + 2;
        canvas.drawRect(0, 0, Width, Height, paintRect);
//    [Again] 버튼이 화면에 제시되도록 한다.
        canvas.drawBitmap(btnGameAgain.button_img, btnGameAgain.x, btnGameAgain.y, null);
//  남아있는 시간에 50을 곱한 값을 점수에 넣는다.
        int jumsu = timeEnergy * 50;
    /남아있는 자동차연료에 150을 곱한 값을 점수에 넣는다.
        int jumsu2 = carEnergy * 150;
        canvas.drawText("Fuel score : " + Integer.toString(jumsu2) + "□",
            btnExit.w * 2 + 30, Height / 3, paintText2);


//맞은 개수에 35를 곱해서 점수에 넣는다.
        int jumsu3 = score * 35;


//틀린 개수에 7를 곱해서 점수에 넣는다.
        int jumsu4 = xNumber * 7;
//맞은 점수에서 틀린점수를 빼준다.
        jumsu3 = jumsu3 - jumsu4;
        canvas.drawText("Answer score : " + Integer.toString(jumsu3) + "점",
            btnExit.w * 2 + 30, Height / 3 + btnExit.h, paintText2);
        canvas.drawText("Total score : " + Integer.toString(jumsu + jumsu2
            + jumsu3) + "점", btnExit.w * 2 + 30, Height / 3 + btnExit.h * 2,
            paintText2);
//나의 순위는 전체참가자 수에서 내가 얻은 점수 만큼 빼서 계산되도록 하였다.
        int yourrank = 60000 - (jumsu + jumsu2 + jumsu3 + csc2);
//yourrank 값이 0보다 작은 경우 1등으로 되게 한다.
        if (yourrank <= 0) yourrank = 1;
//나의 랭킹이 전체 참여자수보다 많은 경우 참여자 수로 한다. 꼴찌를 의미한다.
        if (yourrank >= csc) yourrank = csc;
//나의 등수를 표시한다. yourrank 나의 등수.  csc : 전체참가자 인원수
        canvas.drawText("Your Ranking : " + Integer.toString(yourrank) + "위 / " +
            Integer.toString(csc) + "위", btnExit.w * 2 + 30, Height / 3 +
            btnExit.h * 4, paintText5);

}
```

(12) 엑셀 버튼 처리하기

```java
if (gameStart == 1)
        if (x > btnAccel.x && x < (btnAccel.x + btnAccel.w * 2) && y >
            btnAccel.y && y < (btnAccel.y + btnAccel.h * 2)) {
            hero_direction = 2;
            place_num = 0;
            btnAccel.btn_press();
            submenuOk = 0;
            btnAccelKeepPressing = 1;    //값이 1이면 엑셀의 이미지가 진해진다.

        } else if (event.getAction() == MotionEvent.ACTION_MOVE) {

            x = (int) event.getX();
            y = (int) event.getY();

            btnAccel.btn_press();

            if (x > btnAccel.x && x < (btnAccel.x + btnAccel.w * 2) && y >
                btnAccel.y && y < (btnAccel.y + btnAccel.h * 2)) {
                btn_press = 1;
                btnAccel.btn_press();
                btnAccelKeepPressing = 1;
            } else {
                btn_press = 0;
                btnAccelKeepPressing = 0;
                btnAccel.buttonDelayed();
            }

        }
```

(13) btnAccelKeepPressing

btnAccelKeepPressing 값은 엑셀버튼을 누르고 있으면 1이 된다. 이 값이 1이면 btn_press 값
이 1이 되도록 하였다. 또한 btnAccel.btn_press( )를 호출하여 눌려진 엑셀 버튼 이미지가 나오
도록 하였다.

```java
if (btnAccelKeepPressing == 1) btn_press = 1;
```

```java
if (btnAccelKeepPressing == 1) btnAccel.btn_press();
```

btn_press 값이 1이면 다음 switch 문이 실행되고 자동차가 이동하게 된다. 물론 다른 방법으로
도 다양하게 코딩할 수 있다.

```
//자동차 brake를 터치하고 있으면 btn_press2 값이 1이다.
    if (btn_press == 1 || btn_press2 == 1) {

                switch (hero_direction) {
                    case 1:
                        break;  //사용안함
                    case 2:
                        carHero.x += carNowSpeed;
                        break;
                    case 3:
                        break;  //사용안함
                    case 4:
                        carHero.x -= carNowSpeed;
                        break;
                    default:
                        break;
                }
    }
```

(14) 화면창 줄이기

X 버튼을 클릭하면 창이 사라지도록 하였다. ▶ 버튼을 클릭하면 창이 나오도록 하였다.

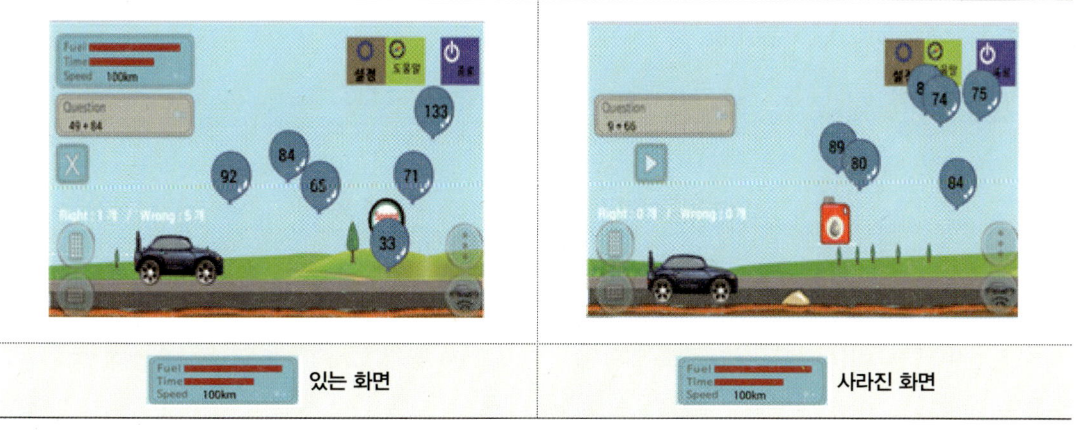

있는 화면

사라진 화면

window01.button_img 가 나타내는 이미지는 이고, 변수 windowClose 값이 0이면 X 이미지가 나오도록 하였다.

```
if (windowClose == 0) {
        canvas.drawBitmap(window01.button_img, window01.x, window01.y, null);
    }
```

의 객체명은 windowCloseButton이다. windowCloseButton.btn_press( ) 메소드가 호출되면 이미지가 선택되고, windowCloseButton.buttonDelayed( ) 메소드가 호출되면 이미지가 선택된다.

```
if (x > windowCloseButton.x && x < (windowCloseButton.x
        + windowCloseButton.w * 2) && y > windowCloseButton.y
        && y < (windowCloseButton.y + windowCloseButton.h * 2)) {

        if (windowClose == 0) {
            windowClose = 1;
            windowCloseButton.btn_press();
            windowCloseButton.x += windowCloseButton.w * 2;
        } else if (windowClose == 1) {
            windowClose = 0;
            windowCloseButton.buttonDelayed();
            windowCloseButton.x -= windowCloseButton.w * 2;
        }

    }
```

(15) 자동차 연료 및 시간 표시하기

```
if (windowClose == 0) {
    for (int i = 0; i < carEnergy; i++)
        canvas.drawBitmap(carEnergyBar.button_img, window01.x + window01.w * 2 / 4 + i * 2,
        window01.y + window01.h * 1 / 3 + window01.h * 1 / 10, null);
    for (int i = 0; i < timeEnergy; i++)
        canvas.drawBitmap(carEnergyBar.button_img, window01.x + window01.w * 2 / 4 + i * 2,
        window01.y + window01.h * 2 / 3 + window01.h * 1 / 4, null);
            }
```

```java
package com.bliss.csc.carstudygame;

import android.content.Context;
import android.graphics.Bitmap;
import android.graphics.BitmapFactory;
import android.graphics.Canvas;
import android.graphics.Color;
import android.graphics.Paint;
import android.graphics.Typeface;
import android.media.AudioManager;
import android.media.MediaPlayer;
import android.media.SoundPool;
import android.util.AttributeSet;
import android.view.Display;
import android.view.KeyEvent;
import android.view.MotionEvent;
import android.view.SurfaceHolder;
import android.view.SurfaceHolder.Callback;
import android.view.SurfaceView;
import android.view.WindowManager;

import java.util.ArrayList;

public class StudyView extends SurfaceView implements Callback {

    static Carhero carHero;

    MediaPlayer mPlayer;
    int carJumpIng = 0;
    int[] carJumpPlace = {16, 14, 12, 12, 10, 9, 8, 7, 6, 6, 5, 4, 4, 4, 4, 4,
            4, 4, 4, 3, 3, 3, 2, 2, 0, 0, -2, -2, -3, -3, -3, -4, -4, -4, -4,
            -4, -4, -4, -4, -5, -6, -6, -7, -8, -9, -10, -12, -12, -14, -16};
    int carNowPlace = 0;
    int carEnergy = 130;
    int timeEnergy = 100;   //timeCount값이 80보다 크면 1씩 감소
    int timeCount = 0;
    int textSizeChanging = 0;
    int textSizeChanging2 = 0;
    int textSizeChanging3 = 0;
    int textSizeChanging4 = 0;
```

```java
int helpWindow;
int carRunnedDistance = 0;
int carRunnedDistanceShort = 0;
int carNowSpeed = 5;
int carFuelDec = 0;  // if car move  fuel will reduce

int cloudGravity = 0;  //구름 속도 가중치

int pointerCount;

int btnAccelKeepPressing = 0;
int btnBrakeKeepPressing = 0;

ArrayList<CarBalloon> balloon;
int balloonAnswer;
int balloonAnswerOkay = 1;  //값이 1이면 정답을 맞혔을 경우 정답이미지가 나옴

int btn_press = 0;    //자동차 엑셀 버튼을 터치하고 있으면 값이 1이된다.
int btn_press2 = 0;   //자동차 브레이크 버튼을 터치하고 있으면 값이 1이된다.
int place_num = 0;

int hero_direction = 0;

int xBasePosition;  //위치 선정을 위한 좌표
int yBasePosition;
int operater = 0;  //0 덧셈, 1 뺄셈, 2 곱셈


static int oNumber = 0;
static int xNumber = 0;

int submenuOk = 1;
int gameStart = 0;
int gameOver = 0;

double rand;
int textSize = 49;

static GameThread mThread;              // GameThread
static SurfaceHolder mHolder;           // SurfaceHolder
static Context mContext;                // Context

static boolean isMusic = true;
```

```java
static ArrayList<CarMissile> carMiss;

ButtonClass btnSetting;
ButtonClass btnHelp;
ButtonClass btnExit;


//sub menu
ButtonClass btnPlusGame; //덧셈 설정 버튼
ButtonClass btnMinusGame; //뺄셈 설정 버튼
ButtonClass btnGameAgain;
ButtonClass btnClose;    //close button in circle
int windowClose = 0;

//carHero button
ButtonClass btnAccel;
ButtonClass btnBrake;
ButtonClass btnJump;
ButtonClass btnMissile;

ButtonClass fuel;

ButtonClass stone;    //stone

CarBalloon answerballoon; //정답 풍선
int num1, num2; // 수학문제

ButtonClass carEnergyBar;
ButtonClass roadGray;
ButtonClass roadRed;
int roadSpeed;    //붉은 도로 움직이는 속도

ButtonClass forest01;
ButtonClass forest02;
ButtonClass forest03;

ButtonClass window01;
ButtonClass window02;

ButtonClass windowCloseButton;
ButtonClass speedUp;

static ButtonClass btn_shooting;
static ButtonClass exitButton;
```

```java
static int Width, Height;
int score = 0;

Bitmap imgBack;
Bitmap help00;

//문제를 맞추면 나오는 이미지
Bitmap good;

int goodShow = 0;  //값이 1 이면 Good 이미지 등장
int goodCount = 0;  //good 이미지가 나오는 시간을 설정

static int soundOk = 1;
static MediaPlayer player;

public StudyView(Context context, AttributeSet attrs) {
    super(context, attrs);
    SurfaceHolder holder = getHolder();
    holder.addCallback(this);

    mHolder = holder;
    mContext = context;
    mThread = new GameThread(holder, context);

    InitGame();
    makeQuestion();
    setFocusable(true);
}

private void InitGame() {
    Display display = ((WindowManager) mContext
            .getSystemService(Context.WINDOW_SERVICE)).getDefaultDisplay();
    Width = display.getWidth();
    Height = display.getHeight();

    carMiss = new ArrayList<CarMissile>();
    balloon = new ArrayList<CarBalloon>();

    xBasePosition = Width / 40;
    yBasePosition = Height / 40;
    btnExit = new ButtonClass(Width - xBasePosition * 4, 14 + 20, 5);  //exit
    btnSetting = new ButtonClass(Width - btnExit.w * 7, 14 + 20, 3);
```

```
btnHelp = new ButtonClass(Width - btnExit.w * 5, 14 + 20, 4);  // help


//환경설정 : 문제선택하기
//덧셈
btnPlusGame = new ButtonClass(Width / 3, btnSetting.y + btnSetting.h * 6, 1);
//뺄셈
btnMinusGame = new ButtonClass(btnPlusGame.x + btnPlusGame.w * 2,
                  btnPlusGame.y, 2);


btnGameAgain = new ButtonClass(Width / 2 ? btnSetting.w,
                  Height - btnSetting.h * 3, 13);   // game restart
btnClose = new ButtonClass(Width / 2 ? btnSetting.w,
          Height - btnSetting.h * 2 - btnSetting.h / 4, 8);
//브레이크 패달
btnBrake = new ButtonClass(20, Height - btnExit.h * 2, 10); //break


//가속 패달
btnAccel = new ButtonClass(20, Height - btnExit.h * 4 - btnExit.h / 10, 9);


//자동차 점프 버튼
btnJump = new ButtonClass(Width - btnExit.w * 2, Height - btnBrake.h * 2, 11);
btnMissile = new ButtonClass(Width - btnExit.w * 2, Height - btnBrake.h * 4
              - btnExit.h / 10, 12);   // carHero shooting missile


answerballoon = new CarBalloon(Width + 40, Height - btnExit.h * 2, 3, "40");


//회색 도로
roadGray = new ButtonClass(0, Height - btnExit.h / 2, 0, 0);


//황토 도로
roadRed = new ButtonClass(0, Height - btnExit.h / 2, 2, 0);
roadSpeed = Width / 140;


carHero = new Carhero(btnExit.w * 3, 10);
carHero.y = roadGray.y + roadGray.h - carHero.h * 3 + carHero.h / 2;
btnExit = new ButtonClass(Width - xBasePosition * 4, 14 + 20, 5);  //
stone = new ButtonClass(Width + 200, carHero.y + carHero.h, 7);
stone.y = roadGray.y + roadGray.h - stone.h * 2 - 10;


fuel = new ButtonClass(Width + 300, carHero.y - carHero.h * 2, 6);


carEnergyBar = new ButtonClass(13, 13, 6, 0);


forest01 = new ButtonClass(0, Height - 250, 1, 0);
```

```java
        forest01.y = roadGray.y - forest01.h * 2 - btnExit.h / 2;
        forest02 = new ButtonClass(forest01.x + forest01.w * 2, forest01.y, 4, 0);
        forest03 = new ButtonClass(forest02.x + forest02.w * 2, forest01.y, 5, 0);

        window01 = new ButtonClass(10, 20, 8, 0);
        window02 = new ButtonClass(10, window01.y + window01.h * 2, 9, 0);

        windowCloseButton = new ButtonClass(10, window02.y + window02.h * 2, 0);

        speedUp = new ButtonClass(Width * 3, carHero.y - carHero.h * 2, 7, 0);

        help00 = BitmapFactory.decodeResource(mContext.getResources(),
                R.drawable.help00);
        help00 = Bitmap.createScaledBitmap(help00, Width, Height * 8 / 10, true);

        btn_shooting = new ButtonClass(5, Height - 80, 1);
        exitButton = new ButtonClass(10, 600, 4);

        good = BitmapFactory.decodeResource(mContext.getResources(),
                R.drawable.good);
        good = Bitmap.createScaledBitmap(good, Width / 9, Width / 9, true);

        mPlayer = MediaPlayer.create(mContext, R.raw.song);
        mPlayer.setVolume(0.3f, 0.3f);
        mPlayer.setLooping(true);
        if (soundOk == 1) mPlayer.start();

    }

    //정답 풍선에 들어가는 숫자
    public void makeQuestion() {

        if (operater == 0) {
            rand = Math.random();
            num1 = (int) ((rand * (100)));
            rand = Math.random();
            num2 = (int) ((rand * (100)));
            answerballoon.bNumber = num1 + num2 + "";
            rand = Math.random();
        }

        if (operater == 1) {
            rand = Math.random();
            num1 = (int) ((rand * (100)));
```

```java
            rand = Math.random();
            num2 = (int) ((rand * (100)));

            if (num2 > num1) {
                int tmp = num2;
                num2 = num1;
                num1 = tmp;
            }
            answerballoon.bNumber = num1 - num2 + "";
        }

        rand = Math.random();
        answerballoon.x = Width + (int) rand * (Width / 2);
        answerballoon.y = Height - (int) ((rand * (btnExit.h * 6))) - btnExit.h * 5;


    }


    @Override
    public void surfaceCreated(SurfaceHolder holder) {
        try {
            mThread.start();
        } catch (Exception e) {
            RestartGame();
            if (isMusic) player.start();
        }
    }


    @Override
    public void surfaceChanged(SurfaceHolder arg0, int format, int width, int height) {

    }


    @Override
    public void surfaceDestroyed(SurfaceHolder holder) {
    }

    public void RestartGame() {
        mThread.StopThread();
        mThread = null;
        mThread = new GameThread(mHolder, mContext);
        mThread.start();
    }
```

```java
class GameThread extends Thread {
    boolean canRun = true;
    boolean isWait = false;

    Paint paintText1 = new Paint();
    Paint paintText2 = new Paint();
    Paint paintText3 = new Paint();
    Paint paintText4 = new Paint();
    Paint paintText5 = new Paint();
    Paint paintRect = new Paint();
    Paint paintWindow = new Paint();

    public GameThread(SurfaceHolder holder, Context context) {

        paintText1.setColor(Color.WHITE);
        paintText1.setAntiAlias(true);
        paintText1.setTypeface(Typeface.create("", Typeface.BOLD));

        paintText2.setColor(Color.BLACK);
        paintText2.setAntiAlias(true);
        paintText2.setTypeface(Typeface.create("", Typeface.BOLD));

        paintText3.setColor(Color.BLACK);
        paintText3.setAntiAlias(true);

        paintText4.setColor(Color.BLACK);
        paintText4.setAntiAlias(true);

        paintText5.setColor(Color.BLUE);
        paintText5.setAntiAlias(true);
        paintText5.setTypeface(Typeface.create("", Typeface.BOLD));

        paintWindow.setAntiAlias(true);
        paintWindow.setTypeface(Typeface.create("", Typeface.BOLD));

        paintRect.setColor(Color.parseColor("#B2EBF4"));
        paintRect.setAntiAlias(true);
        paintRect.setTypeface(Typeface.create("", Typeface.BOLD));
    }

    public void initVariable() {
        carEnergy = 130;
        timeEnergy = 130;
        timeCount = 0;
```

```java
            carRunnedDistance = 0;
            carRunnedDistanceShort = 0;
            carNowSpeed = 5;
            score = 0;

    }

    public void carFire() {
        if (carMiss.size() > 0) return;

        carMiss.add(new CarMissile(carHero.x, carHero.y));
    }

    public void balloonMove() {

        if (submenuOk == 1) return;

        if (balloonAnswerOkay == 1) {
            rand = Math.random();
            answerballoon.x - Width + (int) rand * (Width / 2);
         answerballoon.y = Height - (int) ((rand * (btnExit.h * 6))) - btnExit.h * 5;

            balloonAnswerOkay = 0;
        }

        rand = Math.random();
        String imsy;

        if (balloon.size() > 4) return;

        int kindBalloon = (int) ((rand * (7)));
        int balloonX = Width + (int) rand * (370);
        int balloonY = Height - (int) ((rand * (btnExit.h * 6))) - btnExit.h * 5;

        rand = Math.random();
        int imsyAnswerNum = Integer.parseInt(answerballoon.bNumber);

        if (imsyAnswerNum < 30) {
            while (true) {
                imsy = (int) ((rand * (10))) + 20 + "";
                if (imsy != answerballoon.bNumber) break;
            }
        } else if (imsyAnswerNum < 60) {
```

```java
        while (true) {
            imsy = (int) ((rand * (20))) + 40 + "";
            if (imsy != answerballoon.bNumber) break;
        }

    } else if (imsyAnswerNum < 90) {
        while (true) {
            imsy = (int) ((rand * (20))) + 70 + "";
            if (imsy != answerballoon.bNumber) break;
        }

    } else if (imsyAnswerNum < 110) {
        while (true) {
            imsy = (int) ((rand * (30))) + 80 + "";
            if (imsy != answerballoon.bNumber) break;
        }
    } else {
        while (true) {
            imsy = (int) ((rand * (60))) + 100 + "";
            if (imsy != answerballoon.bNumber) break;
        }
    }

    balloon.add(new CarBalloon(balloonX, balloonY, kindBalloon, imsy));

}

//오답 풍선에 정답 숫자가 들어가지 않도록 설정한다.
public void checkNumber() {

    for (int i = balloon.size() - 1; i >= 0; i--)
        while (true) {
            if (answerballoon.bNumber == balloon.get(i).bNumber) {
                rand = Math.random();
                String imsy;
                int imsyNum = Integer.parseInt(answerballoon.bNumber);
                if (imsyNum < 20)
                    imsy = (int) ((rand * (20))) + 1 + "";
                else if (imsyNum < 40)
                    imsy = (int) ((rand * (40))) + 1 + "";
                else if (imsyNum < 60)
                    imsy = (int) ((rand * (60))) + 1 + "";
```

```java
                    else if (imsyNum < 60)
                        imsy = (int) ((rand * (60))) + 1 + "";
                    else imsy = (int) ((rand * (60))) + 1 + "";

                balloon.set(i, new CarBalloon(balloon.get(i).x, balloon.get(i).y,
                balloon.get(i).kind, imsy));

                } else break;
        }

}

public void moveEverything() {
    if (gameOver == 1) return;
    checkNumber();
    balloonMove();
    carHero.Move();

    for (int i = carMiss.size() - 1; i >= 0; i--)
        for (int j = balloon.size() - 1; j >= 0; j--) {

            if (carMiss.get(i).x > balloon.get(j).x
                && carMiss.get(i).x < (balloon.get(j).x + balloon.get(j).w * 2)
                && carMiss.get(i).y > balloon.get(j).y
                && carMiss.get(i).y < (balloon.get(j).y + balloon.get(j).h * 2)) {
                carEnergy -= 3;
                balloon.remove(j);
                carMiss.get(i).y = -10;
                xNumber++;

            }
        }

    //미사일이 정답을 맞추면
    for (int i = carMiss.size() - 1; i >= 0; i--)
        if (carMiss.get(i).x > answerballoon.x
            && carMiss.get(i).x < (answerballoon.x + answerballoon.w * 2)
            && carMiss.get(i).y > answerballoon.y
            && carMiss.get(i).y < (answerballoon.y + answerballoon.h * 2))     {
            rand = Math.random();
            carMiss.get(i).y = -10;
            oNumber++;
            carEnergy += 3;
            score += 100;
```

```java
            goodShow = 1;
            makeQuestion();
        }


    for (int i = carMiss.size() - 1; i >= 0; i--) {
        if (carMiss.get(i).Move()) carMiss.remove(i);


    }


    for (int i = balloon.size() - 1; i >= 0; i--) {
        if (balloon.get(i).Move(cloudGravity))
            balloon.remove(i);
    }


    // when spaceship hits planets.
    for (int i = balloon.size() - 1; i >= 0; i--) {

        int x = balloon.get(i).x + balloon.get(i).w * 1 / 10;
        int y = balloon.get(i).y + balloon.get(i).h * 9 / 10;

        int x2 = x + balloon.get(i).w * 2 - balloon.get(i).w * 1 / 10;
        int y2 = y;


        if (x > carHero.x && x < (carHero.x + carHero.w * 2) && y
            > carHero.y && y < (carHero.y + carHero.h * 2)) {
            carEnergy -= 3;
            balloon.remove(i);
            carHero.x -= 12;
            xNumber++;


        } else if (x2 > carHero.x && x2 < (carHero.x + carHero.w * 2) &&
                y2 > carHero.y
                && y2 < (carHero.y + carHero.h * 2)) {
            carEnergy -= 3;
            balloon.remove(i);
            carHero.x -= 12;
            xNumber++;
        }
    }


    if (answerballoon.x + answerballoon.w > carHero.x
```

```java
                    && answerballoon.x + answerballoon.w < (carHero.x + carHero.w * 2)
                    && answerballoon.y + +answerballoon.h > carHero.y
                    && answerballoon.y + answerballoon.h < (carHero.y + carHero.h * 2)) {

            goodShow = 1;
            oNumber += 1;
            score += 20;
            rand = Math.random();
            makeQuestion();

        }


    }   // end of moveEverything


public void soundCheck() {

    if (soundOk == 1) mPlayer.setVolume(0.3f, 0.3f);
    if (soundOk == 0) mPlayer.setVolume(0.0f, 0.0f);
}



public void DrawEverything(Canvas canvas) {

    soundCheck();
    canvas.drawRect(0, 0, Width, Height, paintRect);
    textSizeChanging = (int) (Width * 35 / 1280);
    textSizeChanging2 = (int) (Width * 30 / 1280);
    textSizeChanging3 = (int) (Width * 45 / 1280);
    textSizeChanging4 = (int) (Width * 55 / 1280);


    paintText1.setTextSize(textSizeChanging);
    paintText2.setTextSize(textSizeChanging3);
    paintText3.setTextSize(Width / 30);   //text in clouds
    paintText4.setTextSize(textSizeChanging2); //question text
    paintText5.setTextSize(textSizeChanging4);   //파란색 큰 글씨

    canvas.drawBitmap(btnSetting.button_img, btnSetting.x, btnSetting.y, null);
    canvas.drawBitmap(btnHelp.button_img, btnHelp.x, btnHelp.y, null);
    canvas.drawBitmap(btnExit.button_img, btnExit.x, btnExit.y, null);

    canvas.drawText("Right : " + Integer.toString(oNumber) + " 개  /  Wrong : " +
            Integer.toString(xNumber) + " 개 ", 30, Height * 2 / 3, paintText1);

    if (windowClose == 0) {
```

```java
            canvas.drawBitmap(window01.button_img, window01.x, window01.y, null);
            canvas.drawText(Integer.toString(carNowSpeed * 20) + "km",
                    window01.x + window01.w * 3 / 4,
                    window01.y + window01.h * 3 / 3 + window01.h / 2 +
                    window01.h / 5, paintText4);
        }



        canvas.drawBitmap(window02.button_img, window02.x, window02.y, null);

        canvas.drawBitmap(windowCloseButton.button_img, windowCloseButton.
                x, windowCloseButton.y, null);

        if (gameOver == 0 && submenuOk != 1) {

            if (windowClose == 0) {
                for (int i = 0; i < carEnergy; i++)
                    canvas.drawBitmap(carEnergyBar.button_img, window01.x +
                        window01.w * 2 / 4 + i * 2,
                        window01.y + window01.h * 1 / 3 + window01.h * 1 / 10, null);
                for (int i = 0; i < timeEnergy; i++)
                    canvas.drawBitmap(carEnergyBar.button_img, window01.x +
                        window01.w * 2 / 4 + i * 2,
                        window01.y + window01.h * 2 / 3 + window01.h * 1 / 4, null);
            }

            timeCount += 1;
            if (timeCount > 80) {
                timeCount = 0;
                timeEnergy -= 1;
            }
            if (timeEnergy < -1 || carEnergy <= 0) gameOver = 1;

        }


        carRunnedDistanceShort += carNowSpeed;
        if (gameOver == 0)
            if (carRunnedDistanceShort > 5) {
                carRunnedDistanceShort = 0;
                carRunnedDistance += 1;

                carFuelDec += 1;
                if (carFuelDec > 150) {
                    carFuelDec = 0;
```

```java
                    carEnergy -= 1;
                }
            }
    if (forest01.x < -forest01.w * 2) {
        forest01.x = forest03.x + forest03.w * 2;
    }
    if (forest02.x < -forest02.w * 2) {

        forest02.x = forest01.x + forest01.w * 2;
    }
    if (forest03.x < -forest03.w * 2) {

        forest03.x = forest02.x + forest02.w * 2;
    }


    cloudGravity = carNowSpeed / 6;


    forest01.x -= 1;
    forest02.x -= 1;
    forest03.x -= 1;
    canvas.drawBitmap(forest01.button_img, forest01.x, forest01.y, null);
    canvas.drawBitmap(forest02.button_img, forest02.x, forest02.y, null);
    canvas.drawBitmap(forest03.button_img, forest03.x, forest03.y, null);


    if (btnAccelKeepPressing == 1) btn_press = 1;


    if (btn_press == 1 || btn_press2 == 1) {

        switch (hero_direction) {
            case 1:
                break; //사용안함
            case 2:
                carHero.x += carNowSpeed;
                break;
            case 3:
                break; //사용안함
            case 4:
                carHero.x -= carNowSpeed;
                break;
            default:
                break;
        }

        if (carHero.x > Width * 4 / 5) carHero.x = Width * 4 / 5;
```

```java
        place_num++;
    if (place_num == 9) {
        place_num = 0;
    }
}


canvas.drawBitmap(roadGray.button_img, roadGray.x, roadGray.y - carHero.h, null);


if (gameStart == 1)
    if (gameOver == 0 && submenuOk == 0) {

        if (carEnergy >= 0) {
            if (btnAccelKeepPressing == 1) btnAccel.btn_press();

            canvas.drawBitmap(carHero.carImage, carHero.x, carHero.y, null);
        }


    }


if (goodShow == 1) {
    goodCount += 1;
    canvas.drawBitmap(good, Width * 2 / 3, Height / 2, null);
    if (goodCount == 20) {

        goodCount = 0;
        goodShow = 0;
    }
}


if (carJumpIng == 1) {
    carHero.y -= carJumpPlace[carNowPlace];
    carNowPlace += 1;
}


if (carNowPlace == 50) {
    carJumpIng = 0;
    carNowPlace = 0;
}


if (gameOver == 0) {
    if ((stone.x + stone.w) > carHero.x &&
            (stone.x + stone.w) < (carHero.x + carHero.w * 2) &&
            (stone.y + stone.h) > carHero.y &&
```

```java
                    (stone.y + stone.h) < (carHero.y + carHero.h * 2)) {

        if (stone.crash == 0) {
            carHero.x -= 20;
            carEnergy -= 20;
        }
        stone.btn_press();

    }


    //돌 위치 처리하기
    if (stone.x < -100) {

        int csc = (int) ((rand * (Width))) + Width * 6;
        stone.x = Width + csc;
        stone.crash = 0;
        stone.buttonDelayed();

    }
    stone.x = stone.x - Math.abs(carNowSpeed / 3);


    canvas.drawBitmap(stone.button_img, stone.x, stone.y, null);


    //연료통 처리하기
    if ((fuel.x + fuel.w) > carHero.x
            && (fuel.x + fuel.w) < (carHero.x + carHero.w * 2)
            && (fuel.y + fuel.h) > carHero.y
            && (fuel.y + fuel.h) < (carHero.y + carHero.h * 2)) {
        carEnergy += 5;
        fuel.x = -200;
    }


    if (fuel.x < -100) {
        int csc = (int) ((rand * (5000))) + 7000;
        fuel.x = Width + csc;
        fuel.crash = 0;
        fuel.buttonDelayed();
    }


    fuel.x -= carNowSpeed / 3;
    if (carNowSpeed == 2 || carNowSpeed == 1) fuel.x -= 1;
    canvas.drawBitmap(fuel.button_img, fuel.x, fuel.y, null);


    if ((speedUp.x + speedUp.w) > carHero.x
```

```java
                && (speedUp.x + speedUp.w) < (carHero.x + carHero.w * 2)
                && (speedUp.y + speedUp.h) > carHero.y
                && (speedUp.y + speedUp.h) < (carHero.y + carHero.h * 2)) {


            carNowSpeed += 3;
            speedUp.x = -200;
        }



        if (speedUp.x < -100) {

            int csc = (int) ((rand * (5000))) + 7000;
            speedUp.x = Width + csc;
            speedUp.crash = 0;
            speedUp.buttonDelayed();
        }

        speedUp.x -= carNowSpeed / 8;
        if (carNowSpeed > 0 && carNowSpeed <= 8) speedUp.x -= 1;
            canvas.drawBitmap(speedUp.button_img, speedUp.x, speedUp.y, null);

        roadRed.x -= roadSpeed;
        if (roadRed.x < -800) roadRed.x = 0;
            canvas.drawBitmap(roadRed.button_img, roadRed.x, roadRed.y, null);

        speedUp.x -= carNowSpeed / 3;
        if (carNowSpeed == 2 || carNowSpeed == 1) speedUp.x -= 1;
        canvas.drawBitmap(speedUp.button_img, speedUp.x, speedUp.y, null);
    }



    if (carEnergy < 0) {
        canvas.drawBitmap(imgBack, 0, 0, null);
        canvas.drawText("움직인 거리   " + Integer.toString(carRunnedDistance)
                + " m", 30, 160, paintText2);
        carNowSpeed = 0;


    }


    //오답 풍선
    if (gameStart == 1 && submenuOk == 0)
        for (CarBalloon tmp : balloon) {
            canvas.drawBitmap(tmp.imgBalloon, tmp.x, tmp.y, null);
```

```java
            canvas.drawText(tmp.bNumber, tmp.x + btnExit.w / 2, tmp.y
                    + tmp.h + 12, paintText3);
        }


        //정답 풍선 나타내기
    if (gameStart == 1 && submenuOk == 0) {
        answerballoon.x = answerballoon.x - 2 - cloudGravity;
        if (answerballoon.x < -100) answerballoon.x = Width + 150;
        canvas.drawBitmap(answerballoon.imgBalloon, answerballoon.x,
                answerballoon.y, null);

        canvas.drawText(answerballoon.bNumber, answerballoon.x + +btnExit.
w / 2, answerballoon.y + answerballoon.h + 12, paintText3);


        //question
        if (operater == 0)
            canvas.drawText(num1 + " + " + num2 + "", btnExit.w,
            window02.y + window02.h + window02.h / 2 + window02.h / 8,
paintText4);
        else if (operater == 1)
            canvas.drawText(num1 + " - " + num2 + "", btnExit.w,
             window02.y + window02.h + window02.h / 2 + window02.h / 8,
paintText4);
        else
            canvas.drawText(num1 + " X " + num2 + "", btnExit.w,
            window02.y + window02.h + window02.h / 2 + window02.h / 8,
paintText4);
        }


    for (CarMissile tmp : carMiss)
    canvas.drawBitmap(tmp.imgGun, tmp.x - tmp.w, tmp.y - tmp.h, null);

    canvas.drawBitmap(btnAccel.button_img, btnAccel.x, btnAccel.y, null);
    canvas.drawBitmap(btnBrake.button_img, btnBrake.x, btnBrake.y, null);
    canvas.drawBitmap(btnJump.button_img, btnJump.x, btnJump.y, null);
    canvas.drawBitmap(btnMissile.button_img, btnMissile.x, btnMissile.y,
null);


    if (submenuOk == 1) {

        paintWindow.setColor(Color.parseColor("#4374D9"));
        paintWindow.setStyle(Paint.Style.FILL);
        canvas.drawRect(0 + btnExit.w, Height / 3, Width - btnExit.w,
Height, paintWindow);
```

```java
            paintWindow.setColor(Color.RED);
            paintWindow.setStyle(Paint.Style.STROKE);
            paintWindow.setStrokeWidth(8);
            canvas.drawRect(0 + btnExit.w, Height / 3, Width - btnExit.w, Height,
                    paintWindow);

            canvas.drawText("게임 내용을 선택하세요.", btnExit.w * 3, Height / 2,
                    paintText3);
            canvas.drawBitmap(btnPlusGame.button_img, btnPlusGame.x,
                    btnPlusGame.y, null);
            canvas.drawBitmap(btnMinusGame.button_img, btnMinusGame.x,
                    btnMinusGame.y, null);

        //close button
            canvas.drawBitmap(btnClose.button_img, btnClose.x, btnClose.y, null);
        }


        if (helpWindow == 1) {
            canvas.drawRect(0, 0, Width, Height, paintRect);
            canvas.drawBitmap(help00, 0, 0, null);
            //close button
            canvas.drawBitmap(btnClose.button_img, btnClose.x, btnClose.y, null);
        }

        if (gameOver == 1) {
            gameStart = 0;

            int csc = (int) ((rand * (3000))) + 60000;
            int csc2 = (int) ((rand * (100))) + 2;
            canvas.drawRect(0, 0, Width, Height, paintRect);
            canvas.drawBitmap(btnGameAgain.button_img, btnGameAgain.x,
                    btnGameAgain.y, null);
            int jumsu = timeEnergy * 150;
            int jumsu2 = carEnergy * 70;
            canvas.drawText("Fuel score : " + Integer.toString(jumsu2) + "점",
                    btnExit.w * 2 + 30, Height / 3, paintText2);

            int jumsu3 = score * 35;
            int jumsu4 = xNumber * 7;
            jumsu3 = jumsu3 - jumsu4;

            canvas.drawText("Answer score : " + Integer.toString(jumsu3) +
```

```
"점", btnExit.w * 2 + 30, Height / 3 + btnExit.h, paintText2);
                canvas.drawText("Total score : " + Integer.toString(jumsu +
jumsu2 + jumsu3) + "점", btnExit.w * 2 + 30, Height / 3 + btnExit.h * 2, paintText2);
                int yourrank = 60000 - (jumsu + jumsu2 + jumsu3 + csc2);
                if (yourrank <= 0) yourrank = 1;
                if (yourrank >= csc) yourrank = csc;

                canvas.drawText("Your Ranking : " + Integer.toString(yourrank)
+ "위/" + Integer.toString(csc) + "위", btnExit.w * 2 + 30
, Height / 3 + btnExit.h * 4, paintText5);
            }
        }                       // end of drawall
    public void run() {
        Canvas canvas = null;
        while (canRun) {
            canvas = mHolder.lockCanvas();
            try {
                synchronized (mHolder) {

                    moveEverything();
                    DrawEverything(canvas);

                } // sync
            } finally {
                if (canvas != null)
                    mHolder.unlockCanvasAndPost(canvas);
            } // try

            synchronized (this) {
                if (isWait)
                    try {
                        wait();
                    } catch (Exception e) {
                        // nothing
                    }
            } // sync

        } // while
    } // run


    public void StopThread() {
        canRun = false;
        synchronized (this) {
```

```java
            this.notify();
        }
    }

    public void PauseNResume(boolean wait) {
        isWait = wait;
        synchronized (this) {
            this.notify();
        }
    }
} // End of Thread

@Override
public boolean onTouchEvent(MotionEvent event) {

    int x = 0, y = 0, x2 = 0, y2 = 0;
    pointerCount = event.getPointerCount();


    if (event.getAction() == MotionEvent.ACTION_DOWN || event.getAction()
        == MotionEvent.ACTION_MOVE) {

        int touchCount = event.getPointerCount();


        if (touchCount > 1) {

            x2 = (int) event.getX(1);
            y2 = (int) event.getY(1);

        } else {

            x = (int) event.getX(0);
            y = (int) event.getY(0);

        }

    }

    if (gameStart == 1)
        if (x > btnAccel.x && x < (btnAccel.x + btnAccel.w * 2) && y
            > btnAccel.y && y < (btnAccel.y + btnAccel.h * 2)) {
            hero_direction = 2;
```

```java
                place_num = 0;
                btnAccel.btn_press();
                submenuOk = 0;
                btnAccelKeepPressing = 1;

        } else if (event.getAction() == MotionEvent.ACTION_MOVE) {

                x = (int) event.getX();
                y = (int) event.getY();

                btnAccel.btn_press();

                if (x > btnAccel.x && x < (btnAccel.x + btnAccel.w * 2) && y
                    > btnAccel.y && y < (btnAccel.y + btnAccel.h * 2)) {
                    btn_press = 1;
                    btnAccel.btn_press();
                    btnAccelKeepPressing = 1;
                } else {
                    btn_press = 0;
                    btnAccelKeepPressing = 0;
                    btnAccel.buttonDelayed();
                }

        }


    if (event.getAction() == MotionEvent.ACTION_UP) {
        btn_press = 0;
        btnAccelKeepPressing = 0;
        btnAccel.buttonDelayed();
    }


    if (gameStart == 1)
        if (x > btnBrake.x && x < (btnBrake.x + btnBrake.w * 2) && y
            > btnBrake.y && y < (btnBrake.y + btnBrake.h * 2)) {
            btn_press2 = 1;
            hero_direction = 4;
            place_num = 0;
            btnBrake.btn_press();
            btnBrakeKeepPressing = 1;
            submenuOk = 0;

        } else if (event.getAction() == MotionEvent.ACTION_MOVE) {
```

```java
            x = (int) event.getX();
            y = (int) event.getY();

            btnBrake.btn_press();

            if (x > btnBrake.x && x < (btnBrake.x + btnBrake.w * 2) &&
                y > btnBrake.y && y < (btnBrake.y + btnBrake.h * 2)) {
                btn_press2 = 1;
                btnBrake.btn_press();
                btnBrakeKeepPressing = 1;
                carHero.x -= 3;
            } else {
                btn_press2 = 0;
                btnBrakeKeepPressing = 0;
                btnBrake.buttonDelayed();
            }
        }

    if (event.getAction() == MotionEvent.ACTION_UP) {
        btn_press2 = 0;
        btnBrakeKeepPressing = 0;
      btnBrake.buttonDelayed();
        hero_direction = 0;
    }

    //car jump
    if (gameStart == 1)
        if (x > btnJump.x && x < (btnJump.x + btnJump.w * 2) && y
            > btnJump.y && y < (btnJump.y + btnJump.h * 2)) {
            carJumpIng = 1;
            submenuOk = 0;
        }

    if (x2 > btnJump.x && x2 < (btnJump.x + btnJump.w * 2) && y2
        > btnJump.y && y2 < (btnJump.y + btnJump.h * 2)) {
        carJumpIng = 1;
        submenuOk = 0;
    }

    //now
    if (gameStart == 1)
        if (x > btnMissile.x && x < (btnMissile.x + btnMissile.w * 2) &&
            y > btnMissile.y && y < (btnMissile.y + btnMissile.h * 2)) {
```

```java
        x = -100;
        mThread.carFire();
        submenuOk = 0;
    }


if (x2 > btnMissile.x && x2 < (btnMissile.x + btnMissile.w * 2) &&
    y2 > btnMissile.y && y2 < (btnMissile.y + btnMissile.h * 2)) {
    x = -100;
    mThread.carFire();
    submenuOk = 0;
}


if (x > windowCloseButton.x && x < (windowCloseButton.x
    + windowCloseButton.w * 2) && y > windowCloseButton.y && y
    < (windowCloseButton.y + windowCloseButton.h * 2)) {

    if (windowClose == 0) {
        windowClose = 1;
        windowCloseButton.btn_press();
        windowCloseButton.x += windowCloseButton.w * 2;
    } else if (windowClose == 1) {
        windowClose = 0;
        windowCloseButton.buttonDelayed();
        windowCloseButton.x -= windowCloseButton.w * 2;
    }
}



if (x > btnSetting.x && x < (btnSetting.x + btnSetting.w * 2)
        && y > btnSetting.y && y < (btnSetting.y + btnSetting.h * 2)) {
    btn_press = 1;
    place_num = 0;
    btnSetting.btn_press();
    gameStart = 0;
    submenuOk = 1;
}


if (x > btnHelp.x && x < (btnHelp.x + btnHelp.w * 2) && y > btnHelp.y
    && y < (btnHelp.y + btnHelp.h * 2)) {
    helpWindow = 1;
}


//exit button
if (x > btnExit.x && x < (btnExit.x + btnExit.w * 2) && y > btnExit.y
```

```java
                && y < (btnExit.y + btnExit.h * 2)) {

        btn_press = 1;
        place_num = 0;
        btnExit.btn_press();
        btnExit.btn_exit();
        submenuOk = 0;


    }


// submenu 1
if (submenuOk == 1)
    if (x > btnPlusGame.x && x < (btnPlusGame.x + btnPlusGame.w * 2)
        && y > btnPlusGame.y && y < (btnPlusGame.y + btnPlusGame.h * 2)) {
        btn_press = 1;
        operater = 0;
        submenuOk = 0;
        gameStart = 1;
        makeQuestion();

    }




if (submenuOk == 1)
    if (x > btnMinusGame.x && x < (btnMinusGame.x + btnMinusGame.w * 2)
        && y > btnMinusGame.y && y < (btnMinusGame.y + btnMinusGame.h * 2)) {
        btn_press = 1;
        operater = 1;
        submenuOk = 0;
        gameStart = 1;
        makeQuestion();

    }


if (gameOver == 1)
    if (x > btnGameAgain.x && x < (btnGameAgain.x + btnGameAgain.w * 2)
        && y > btnGameAgain.y && y < (btnGameAgain.y + btnGameAgain.h * 2)) {
        btn_press = 1;

        btnGameAgain.btn_press();
        gameOver = 0;
        gameStart = 1;
        mThread.initVariable();
        oNumber = 0;
```

```java
                xNumber = 0;


        }

        if (submenuOk == 1 || helpWindow == 1)
            if (x > btnClose.x && x < (btnClose.x + btnClose.w * 2) &&
                y > btnClose.y && y < (btnClose.y + btnClose.h * 2)) {
                btn_press = 1;
                btnClose.btn_press();
                submenuOk = 0;
                helpWindow = 0;
                gameStart = 1;


            }



        if (x > btn_shooting.x && x < (btn_shooting.x + btn_shooting.w * 2)
            && y > btn_shooting.y && y < (btn_shooting.y + btn_shooting.h * 2)) {
            btn_shooting.btn_press();
        }

        return true;
    }  //end of onTouchEvent


    @Override
    public boolean onKeyDown(int keyCode, KeyEvent event) {
        synchronized (mHolder) {
            switch (keyCode) {
                case KeyEvent.KEYCODE_DPAD_LEFT:
                    break;
                case KeyEvent.KEYCODE_DPAD_RIGHT:
                    break;
                case KeyEvent.KEYCODE_DPAD_UP:
                    break;
                default:
            }
        }
        return false;
    }


} // end of SurfaceView
```

```java
package com.bliss.csc.carstudygame;

import android.graphics.Bitmap;
import android.graphics.BitmapFactory;

public class ButtonClass {
    public int x, y;
    public int w, h;
    public Bitmap button_img;

    private Bitmap button_left[] = new Bitmap[2];

    public int whichPic;
    public int crash = 0;

    public ButtonClass(int x, int y, int z) {
        this.x = x;
        this.y = y;
        this.whichPic = z;

        for (int i = 0; i < 2; i++) {
            button_left[i] = BitmapFactory.decodeResource
                (StudyView.mContext.getResources(), R.drawable.word00 + whichPic * 2 + i);

            //accel, brake, jump, missile shooting button
            if (whichPic == 9 || whichPic ==10 || whichPic ==11 || whichPic ==12) {

                int xWidth = StudyView.Width / 11;
                int yWidth = xWidth;

                button_left[i] = Bitmap.createScaledBitmap(button_left[i], xWidth,
                            yWidth, true);
            }
            if (whichPic >= 0 && whichPic <= 5) {

                int xWidth = StudyView.Width / 11;
                int yWidth = xWidth;

                button_left[i] = Bitmap.createScaledBitmap(button_left[i], xWidth,
                            yWidth, true);
            }
```

```java
//game again button
if (whichPic == 13 ) {

    int xWidth = StudyView.Width / 4;
    int yWidth = StudyView.Height / 5;

    button_left[i] = Bitmap.createScaledBitmap(button_left[i], yWidth,
                xWidth, true);
}


//fuel icon
if (whichPic == 6 ) {
    int xWidth = StudyView.Width / 10;
    int yWidth =  StudyView.Height / 6;

    button_left[i] = Bitmap.createScaledBitmap(button_left[i], xWidth,
                yWidth, true);
}


//stone icon
if (whichPic == 7 ) {

    int xWidth = StudyView.Width / 15;
    int yWidth =  StudyView.Height / 12;;

    button_left[i] = Bitmap.createScaledBitmap(button_left[i], xWidth,
                yWidth, true);
}

//닫기 버튼
if (whichPic == 8 ) {

    int xWidth = StudyView.Width / 8;
    int yWidth =  StudyView.Height / 6;;

    button_left[i] = Bitmap.createScaledBitmap(button_left[i], xWidth,
                yWidth, true);
}


if (whichPic == 39) {

    int xWidth = StudyView.Width / 9;
    int yWidth = StudyView.Height / 10;
    button_left[i] = Bitmap.createScaledBitmap(button_left[i], xWidth,
```

```java
                        yWidth, true);

        }
    }

    w = button_left[0].getWidth() / 2;
    h = button_left[0].getHeight() / 2;
    button_img = button_left[0];
}


public ButtonClass(int x, int y, int z, int w) {

    // TODO Auto-generated constructor stub
    this.x = x;
    this.y = y;
    this.whichPic = z;

    button_left[0] = BitmapFactory.decodeResource(StudyView.mContext
                    .getResources(), R.drawable.car00 + whichPic);

    //회색 도로
    if (whichPic == 0) {

        int xWidth = StudyView.Width;
        int yWidth = StudyView.Height / 10;
        button_left[0] = Bitmap.createScaledBitmap(button_left[0], xWidth, yWidth,
true);

    }


    if (whichPic == 2) {
        //y=studyView2.Height/2;
        int xWidth = StudyView.Width * 2;
        int yWidth = StudyView.Height / 15;
        button_left[0] = Bitmap.createScaledBitmap(button_left[0], xWidth, yWidth,
true);

    }


    if (whichPic > 2 && whichPic < 8) {

        int xWidth = StudyView.Width;
        int yWidth = StudyView.Height / 10;
```

```java
        button_left[0] = Bitmap.createScaledBitmap(button_left[0], xWidth,
yWidth, true);

    }

    if (whichPic == 8) {

        int xWidth = StudyView.Width / 3;
        int yWidth = StudyView.Height / 5;
        button_left[0] = Bitmap.createScaledBitmap(button_left[0], xWidth,
yWidth, true);

    }

//에너지막대
    if (whichPic == 6) {

        int xWidth = StudyView.Width / 30;
        int yWidth = StudyView.Height / 40;
        button_left[0] = Bitmap.createScaledBitmap(button_left[0], xWidth,
                        yWidth, true);

    }


    //speedUp icon
    if (whichPic == 7) {

        int xWidth = StudyView.Width / 12;
        int yWidth = xWidth;
        button_left[0] = Bitmap.createScaledBitmap(button_left[0], xWidth,
                        yWidth, true);

    }

    //경치 숲, 나무
    if (whichPic == 1 || whichPic == 4 || whichPic == 5) {

        int xWidth = StudyView.Width * 2;
        int yWidth = StudyView.Height / 4;
        button_left[0] = Bitmap.createScaledBitmap(button_left[0], xWidth,
                        yWidth, true);

    }
```

```java
//Question Window
        if (whichPic == 9) {

            int xWidth = StudyView.Width / 3;
            int yWidth = StudyView.Height / 6;
            button_left[0] = Bitmap.createScaledBitmap(button_left[0], xWidth, yWidth,
true);

        }

        this.w = button_left[0].getWidth() / 2;
        this.h = button_left[0].getHeight() / 2;
        button_img = button_left[0];
    }


    public void buttonDelayed() {

        button_img = button_left[0];
    }

    public void btn_press() {

        button_img = button_left[1];
        crash = 1;
    }

    public void btn_exit() {
        System.exit(0);
    }


}
```

```java
package com.bliss.csc.carstudygame;

import android.graphics.Bitmap;
import android.graphics.BitmapFactory;

public class CarBalloon {
    public int x, y;
    public int w, h;
    public Bitmap imgBalloon;
  static int thisPosition=0;
    private int position_x[][] = {
                    {-2,-2,-2,-2,-2,-2,-2,-2,-2,-2,-2,-2,-2,-2,-2,-2,-2,-2,-2,-2,
                    -2,-2,-2,-2,-2,-2,-2,-2,-2,-2,-2,-2,-2,-2,-2,-2,-2,-2,-2,-2,},
                    {-3,-3,-3,-3,-3,-3,-3,-3,-3,-3,-3,-2,-2,-2,-2,-2,-2,-2,-2,-2,
                    -2,-2,-2,-2,-2,-2,-2,-2,-2,-2,-2,-2,-2,-2,-2,-2,-2,-2,-2,-2,},
                    {-3,-2,-2,-2,-2,-2,-2,-2,-2,-2,-2,0,-0,-0,-0,-0,-0,-0,-0,-0,-0,-0,
                    -0,-0,-0,-2,-2,-2,-2,-2,-2,-2,-2,-2,-2,-2,-2,-2,-2,-2,-2,},
                    {-2,-2,-2,-2,-2,-2,-2,-2,-2,-2,-2,-2,-2,-2,-2,-2,-2,-2,-2,-2,-2,
                    -2,-2,-2,-2,-2,-2,-2,-2,-2,-2,-2,-2,-2,-2,-2,-2,-2,-2,-2,},
                    {-3,-3,-4,-4,-3,-3,-4,-4,-2,-2,-2,-2,-2,-2,-2,-2,-2,-2,-2,-2,-2,
                    -2,-2,-2,-2,-2,-2,-2,-2,-2,-2,-2,-2,-2,-2,-2,-2,-2,-2,-2,},
                    {-2,-2,-2,-2,-2,-2,-2,-2,-2,-2,-2,-2,-2,-2,-2,-2,-2,-2,-2,-2,-2,
                    -2,-2,-2,-2,-2,-2,-2,-2,-2,-2,-2,-2,-2,-2,-2,-2,-2,-2,-2,},
                    {-4,-4,-3,-2,-2,-2,-2,-0,-0,-0,-0,-0,-0,-2,-2,-2,-2,-2,-2,-2,-2,-2,
                    -2,-2,-2,-2,-2,-2,-2,-2,-2,-2,-2,-2,-2,-2,-2,-2,-2,-2,}

    };

  private int position_y[][] = {
            {0,0,0,0,0,-0,-0,-0,-0,-0,0,0,0,0,-0,-0,-0,0,0,0,0,0,
            0,0,0,0,-0,-0,-0,-0,-0,0,0,0,0,-0,-0,-0,0,0,0,0,0},
            {0,0,0,0,0,-0,-0,-0,-0,-0,0,0,0,0,-0,-0,-0,0,0,0,0,0,
            0,0,0,0,-0,-0,-0,-0,-0,0,0,0,0,-0,-0,-0,0,0,0,0,0},
            {0,0,0,0,0,-0,-0,-0,-0,-0,0,0,0,0,-0,-0,-0,0,0,0,0,0,
            0,0,0,0,-0,-0,-0,-0,-0,0,0,0,0,-0,-0,-0,0,0,0,0,0},
            {0,0,0,0,0,-0,-0,-0,-0,-0,0,0,0,0,-0,-0,-0,0,0,0,0,0,
            0,0,0,0,-0,-0,-0,-0,-0,0,0,0,0,-0,-0,-0,0,0,0,0,0},
            {3,3,3,3,3,3,3,3,3,3,3,3,3,3,3,3,3,3,3,3,-3,-3,-3,-3,
            -3,-3,-3,-3,-3,-3,-3,-3,-3,-3,-3,-3,-3,-3,-3,-3,},
            {0,0,0,0,0,-0,-0,-0,-0,-0,0,0,0,0,-0,-0,-0,0,0,2,2,2,0,0,0,
            0,0,-0,-0,-0,-0,-0,0,0,0,0,-0,-0,-0,0,0,2,2,2},
            {3,3,3,3,3,3,3,3,3,3,3,3,3,3,3,3,3,3,3,3,-3,-3,-3,-3,-3,-3,
```

```java
                -3,-3,-3,-3,-3,-3,-3,-3,-3,-3,-3,-3,-3,-3,-3,},

        };

        String bNumber;
        int kindBalloon;

        public int kind;

        public CarBalloon(int x, int y, int z, String bNumber) {
                this.x = x;
                this.y = y;
                this.kindBalloon = z;
                this.bNumber = bNumber;

                imgBalloon = BitmapFactory.decodeResource(StudyView.mContext.
getResources(), R.drawable.balloon);


                w = imgBalloon.getWidth() / 2;
                h = imgBalloon.getHeight() / 2;
                Move(0);
        }


        //--------------------------------
        // Move
        //--------------------------------
        public boolean Move(int cloudGravity) {
                thisPosition+=1;
                if(thisPosition==40) thisPosition=0;

                if(this.x<-100) this.x= StudyView.Width+50;;

        this.x = this.x + position_x[kindBalloon][thisPosition] - cloudGravity;

        this.y = this.y + position_y[kindBalloon][thisPosition];

                return (x < -30);
        }

}
```

```java
package com.bliss.csc.carstudygame;

import android.graphics.Bitmap;
import android.graphics.BitmapFactory;
public class Carhero {

    public int x, y;
    public int w, h;
    public int dir;

    public Bitmap carImage;
    private Bitmap imgTemp[] = new Bitmap[8];

    private int imgNum = 0;

    public Carhero(int x, int y) {
        this.x = x;
        this.y = y;
        for (int i = 0; i < 8; i++)
                imgTemp[i] = BitmapFactory.decodeResource(StudyView.mContext.
                    getResources(), R.drawable.carhero0 + i);

        w = imgTemp[0].getWidth() / 2;
        h = imgTemp[0].getHeight() / 2;
        carImage = imgTemp[1];
        Move();
    }

    public boolean Move() {
        imgNum++;
        if (imgNum > 3)  imgNum = 0;

        carImage = imgTemp[imgNum];

        if (x < w) {
            x = w;
            dir = 0;
        } else if (x > StudyView.Width - w) {
            x = StudyView.Width - w;
            dir = 0;
        }
        return (y < -32);
    }
```

```java
package com.bliss.csc.carstudygame;

import android.graphics.Bitmap;
import android.graphics.BitmapFactory;

public class CarMissile {
    public int x, y;
    public int w, h;
    public Bitmap imgGun;

    private float mY;

    public CarMissile(int x, int y) {
        this.x = x;
        this.y = y;

        imgGun = BitmapFactory.decodeResource(StudyView.mContext.
getResources(), R.drawable.missile0);

        w = imgGun.getWidth() / 2;
        h = imgGun.getHeight() / 2;
        mY = -20;
        Move();
    }

    public boolean Move() {
        y += mY;
        return (y < 0);
    }
}
```

08

ListView, RecyclerView를 활용한 앱 만들기

- Adapter 개념 이해하기
- ListView와 RecyclerView의 개념을 살펴보고 간단한 예제 만들기

ListView, Recyclerview를 활용한 앱 만들기

Adapter, ListView, Recyclerview를 학습한다.

01 ≫ ListView를 활용한 앱 만들기   LOADING...

1 간단한 ListView 만들기

(1) 어댑터뷰(AdapterView)

어댑터뷰는 ViewGroup의 하위 클래스이다. 어댑터뷰는 하위에 ListView, GridView, Spinner, Gallery 등을 가지고 있다. ListView, GridView, Spinner, Gallery들을 묶어서 어댑터뷰라고 한다. 이러한 어댑터뷰는 표시할 항목데이터(원본 데이터)를 어댑터(Adapter) 객체로부터 공급을 받는다. 이번 장에서는 ListView에 대해서 살펴보겠다.

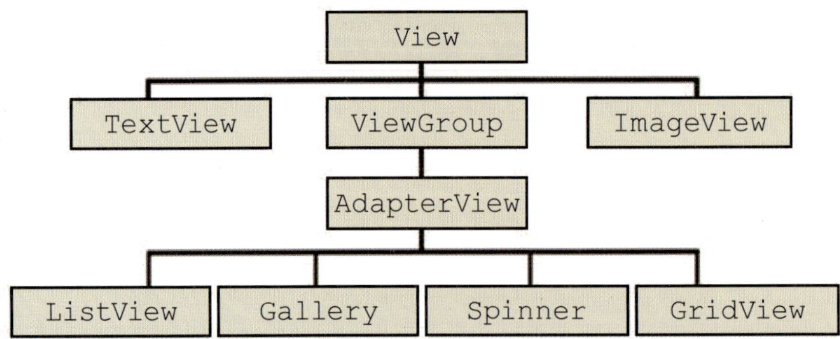

(2) Adapter 종류

여러 가지 아이템 중에서 하나를 선택하는 기능을 만들 때 많이 사용되는 클래스이며 세로로 스크롤되면서 리스트를 보여준다. 이러한 위젯을 선택위젯이라고도 한다. 선택위젯은 어댑터(객체)를 사용하고, 어댑터는 원본데이터를 읽어서 어댑터뷰에 제공하며 어댑터뷰는 화면에 데이터를 나타내는 역할을 한다. 어댑터는 데이터를 관리하고 뷰 객체를 만들어 리턴한다. 그리고 나서 어댑터뷰에 항목으로 표시가 된다.

Adapter 종류	
ArrayAdapter	배열에서 데이터를 가져온다.
CursorAdapter	데이터베이스(DB)에서 데이터를 가져온다.
SimpleAdapter	xml 파일에 있는 데이터를 사용한다.

어댑터를 사용하기 위해서는 어댑터 객체를 생성해야 한다. 이번 예제에서는 배열에서 데이터를 가져오는 ArrayAdapter를 활용한 간단한 ListView를 제작해 보겠다.

(3) ArrayAdapter 생성자

ArrayAdapter를 생성할 때 3개의 파라미터를 사용한다.

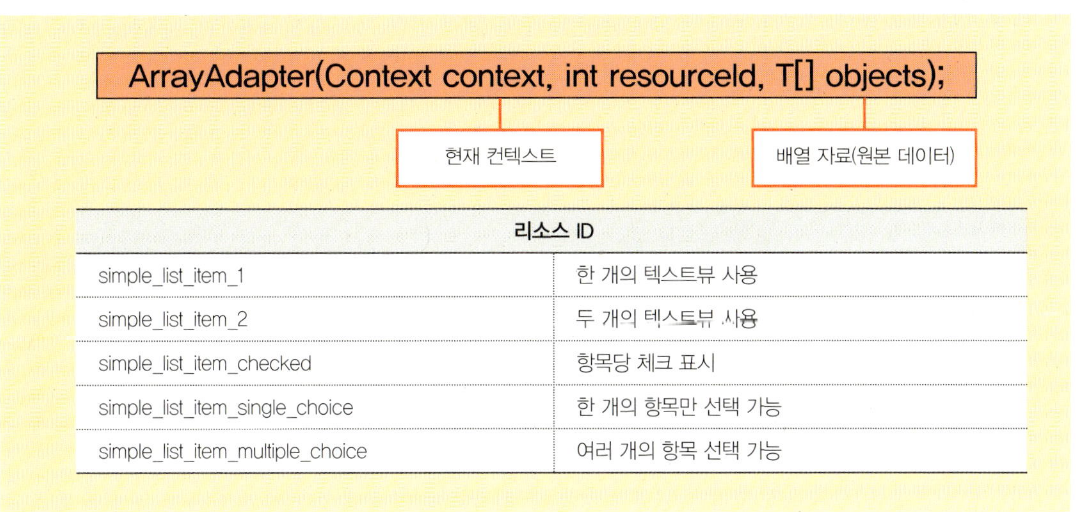

리소스 ID	
simple_list_item_1	한 개의 텍스트뷰 사용
simple_list_item_2	두 개의 텍스트뷰 사용
simple_list_item_checked	항목당 체크 표시
simple_list_item_single_choice	한 개의 항목만 선택 가능
simple_list_item_multiple_choice	여러 개의 항목 선택 가능

(4) 사용된 파일 및 실행화면

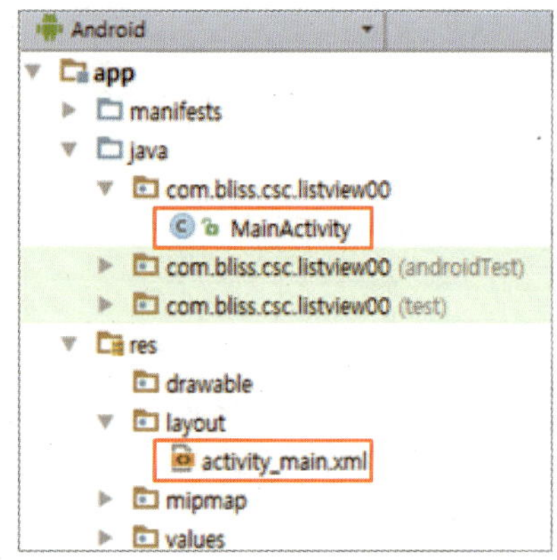

(5) 리스트뷰 만드는 순서

❶ 원본 데이터를 String(문자열)로 만든다.

```
String[] list = {"이순신", "광개토대왕", "신사임당", "세종대왕", "이성계", "윤봉길",
                 "안중근", "을지문덕", "강감찬", "이황", "이이", "장영실", "에디슨",
                 "슈바이처", "모짜르트", "나폴레옹", "링컨", "공자", "맹자"};
```

❷ 어댑터를 생성한다(어댑터 역할 : 원본데이터를 가지고 가공을 해서 어떻게, 무엇을 보여줄지 정한다).

```
adapter = new ArrayAdapter<String>(this,
              android.R.layout.simple_list_item_1, list);
```

❸ xml에 저장된 리스트뷰를 findViewById 메소드를 이용해서 ListView 객체에 대응시킨다.

```
ListView listview = (ListView) findViewById(R.id.ListView);
```

❹ 리스트뷰 객체에 어댑터를 설정한다. 이 작업을 통해서 화면에 데이터가 보여진다.

```
listview.setAdapter(adapter);
```

❺ 항목을 터치했을 때 처리되는 이벤트를 넣는다.

```
listview.setOnItemClickListener(new AdapterView.OnItemClickListener() {
    public void onItemClick(AdapterView<?> adapterView, View view, int i, long l) {
        //   처리할 내용
        }
    });
```

```java
package com.bliss.csc.listview00;

import android.app.Activity;
import android.os.Bundle;
import android.widget.ArrayAdapter;
import android.widget.ListView;

public class MainActivity extends Activity {

    @Override
    protected void onCreate(Bundle savedInstanceState) {
        super.onCreate(savedInstanceState);

        setContentView(R.layout.activity_main);

        String[] list = {"이순신", "광개토대왕", "신사임당", "세종대왕", "이성계", "윤봉길",
                "안중근", "을지문덕", "강감찬", "이황", "이이", "장영실", "에디슨",
                "슈바이처", "모짜르트", "나폴레옹", "링컨", "공자", "맹자"};

        ArrayAdapter<String> adapter;
        //어댑터 생성하기
        adapter = new ArrayAdapter<String>(this,
                android.R.layout.simple_list_item_1, list); //한 개의 텍스트뷰 사용

        ListView listview = (ListView) findViewById(R.id.ListView);

        //리스트 뷰에 어댑터 설정하기
        listview.setAdapter(adapter);
    }
}
```

```xml
<?xml version="1.0" encoding="utf-8"?>
<LinearLayout xmlns:android="http://schemas.android.com/apk/res/android"
    android:layout_width="fill_parent"
    android:layout_height="fill_parent"
    android:orientation="vertical" >

    <ListView
        android:id="@+id/ListView"
        android:layout_width="fill_parent"
        android:layout_height="fill_parent" />

</LinearLayout>
```

〈TextView〉, 〈Button〉 위젯처럼 〈ListView〉를 넣으면 된다. id는 ListView로 하였으며 자바코드에서 사용된다.

Tip

API 정보를 얻는 방법

API를 보고자 하는 클래스나 메소드위에서 `Ctrl` + `Q`를 누르면 자세한 설명을 볼 수 있다.

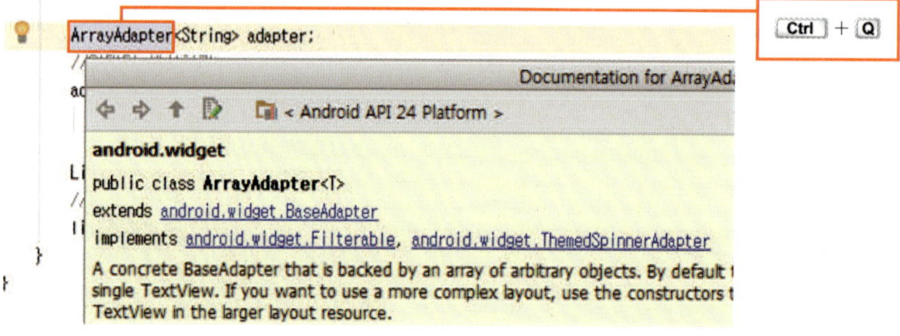

2 이벤트를 처리한 ListView 만들기

| 프로젝트 listview01 |

(1) OnItemClickListener( ) 인터페이스

앞에서 제작한 listview00 프로젝트를 사용해서 리스트뷰 어플을 제작해 보았다. 하지만 항목을 클릭하더라도 아무런 반응(변화)이 없었다. 이벤트를 처리하기 위해서는 OnItemClickListener( ) 인터페이스가 필요하다. 배열에 저장된 데이터(위인이름)를 클릭했을 때 위인에 대해 소개하는 인물사전을 만들도록 하겠다.

버튼에 무명 클래스를 이용해서 리스너를 등록하는 방법과 같다. OnItemClickListener는 1개의 메소드(onItemClick)를 가지고 있다. onItemClick 메소드는 사용자가 하나의 항목을 터치했을 때 자동으로 실행되는 콜백 메소드이며 4개의 파라미터를 받는다.

아래와 같이 소스를 입력하면 된다.

```java
listview.setOnItemClickListener(new AdapterView.OnItemClickListener() {
@Override
public void onItemClick(AdapterView<?> adapterView, View view, int i, long l) {
//하나의 항목을 터치했을 때 처리되는 내용 기입
}
});
```

항목을 터치했을 때 항목에 대해 설명하는 창이 나오도록 배열데이터를 하나 더 만들어야 한다.

```java
String[] list_explain = {
        " : 조선시대의 장군. 임진왜란에서 삼도수군통제사로 수군을 이끌고" +
            " 왜군을 물리치는 데 큰 공을 세웠다.",
        " : 소수림왕의 정치적 안정을 기반으로 최대의 영토를 확장한 " +
            "고구려 19대 왕이다. ",
        " : 조선시대 화가이자 문인으로 율곡 이이의 어머니이다. 신사임당은" +
            " 시(詩) · 서(書) · 화(畵)에 뛰어났다. 5만원 지폐의 주인공이다."
```

사용자가 하나의 항목을 터치했을 때 자동으로 실행되는 onItemClick 안에 Toast클래스를 이용해서 list와 list_explain 배열에 있는 데이터가 화면에 제시되도록 만들면 된다.

```java
public void onItemClick(AdapterView<?> adapterView, View view, int i, long l) {
    Toast.makeText(getApplicationContext(), ((TextView) view).getText()
                    + list_explain[i], Toast.LENGTH_LONG).show();
}
// i 값은 Listview의 선택된 항목의 위치이다.
```

```java
package com.bliss.csc.listveiw01;
import android.app.Activity;
import android.support.v7.app.AppCompatActivity;
import android.os.Bundle;
import android.view.View;
import android.widget.AdapterView;
import android.widget.ArrayAdapter;
import android.widget.ListView;
import android.widget.TextView;
import android.widget.Toast;


public class MainActivity extends Activity {
  @Override
  protected void onCreate(Bundle savedInstanceState) {
      super.onCreate(savedInstanceState);
      setContentView(R.layout.activity_main);
      String[] list = {"이순신", "광개토대왕", "신사임당", "세종대왕", "이성계", "윤봉길",
                  "안중근", "을지문덕", "강감찬", "이황", "이이", "장영실"};
    final String[] list_explain = {
        ": 조선시대의 장군, 임진왜란에서 삼도수군통제사로 수군을 이끌고" +
              " 왜군을 물리치는 데 큰 공을 세웠다.",
        ": 소수림왕의 정치적 안정을 기반으로 최대의 영토를 확장한 " +
              "고구려 19대 왕이다. ",
        ": 조선시대 화가이자 문인으로 율곡 이이의 어머니이다. 신사임당은" +
              " 시(詩)·서(書)·화(畵)에 뛰어났다. 5만원 지폐의 주인공이다.",
        ": 조선왕조 제4대 왕(재위 1418~1450)이며 할아버지가 조선을 건국한 " +
              "이성계이다. 훈민정음을 만들고 다양한 과학 기구 제작을 통해 백성들의" +
              " 생활에 실질적으로 도움이 되는 일을 많이 하셨다. 만원 지폐의 주인공.",
        ": 요동정벌을 위해 북진하다가 위화도에서 회군하여 최영장군을 물리치고" +
              " 조선을 세움.",
        ": 충청남도 예산 출신이며 1932년 일왕의 생일날 행사장에 폭탄을 던져" +
              "  일본대장을 즉사시키는 거사를 일으킴.",
        ": 조선 말기의 교육가이자 의병장. 만주 하얼빈에서 침략의 원흉 " +
              "이토 히로부미를 사살하고 순국하였다.",
        ": 고구려 영양왕 23년에 중국의 수나라와의 전쟁에서 큰 승리를 거둔 " +
              "살수대첩의 지휘관이다.",
        ": 고려시대의 명장. 1010년과 1018년에 걸친 거란의 침략을 막아낸 " +
              "우리나라의 영웅이다.",
        ": 조선 중기의 유학자로 주자의 사상을 깊게 연구함. 조선 성리학 발달의" +
              " 기초를 형성했다. ",
        ": 조선중기의 유학자. 어려서부터 똑똑했으며 9번이나 장원 급제를 함. " +
              "임진왜란 이전에 나라가 어지러울 것을 예상함.",
```

```java
    ": 조선 세종대 과학자로 세계 최초의 우량계인 측우기를 발명함.",
};

ArrayAdapter<String> adapter;
adapter = new ArrayAdapter<String>(this,
        android.R.layout.simple_list_item_1, list);

ListView listview = (ListView) findViewById(R.id.ListView);
listview.setAdapter(adapter);

listview.setOnItemClickListener(new AdapterView.OnItemClickListener() {
@Override
public void onItemClick(AdapterView<?> adapterView, View view, int i, long l) {

  Toast.makeText(getApplicationContext(), ((TextView) view).getText() +
                      list_explain[i], Toast.LENGTH_LONG).show();

    }
});
    }
}
```

(2) 실행모습–리소스 ID에 따른

simple_list_item_1	simple_list_item_checked

simple_list_item_single_choice	simple_list_item_multiple_choice
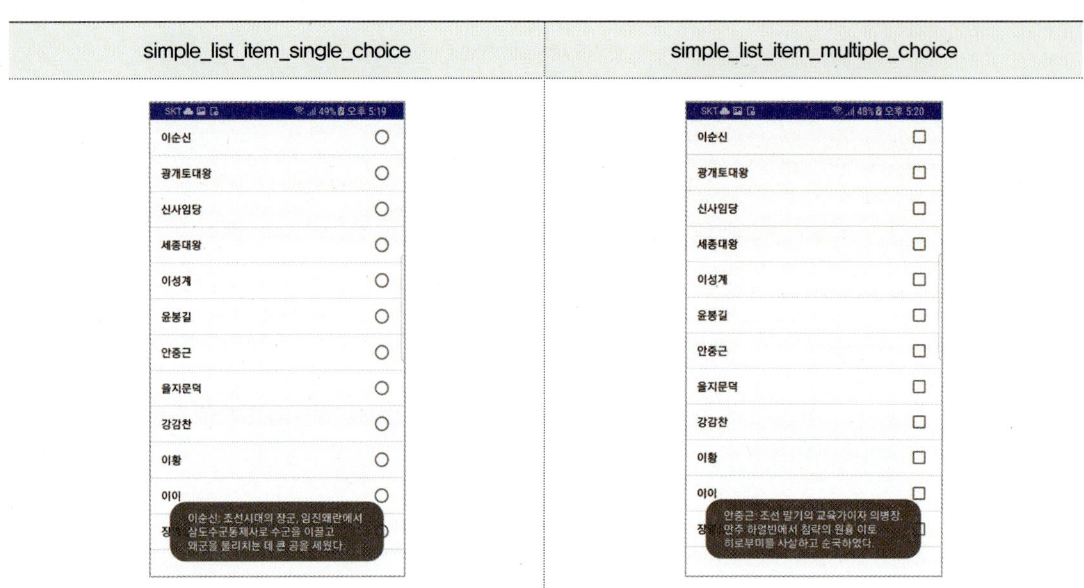	

3 원본데이터를 xml 파일에서 사용하기

이번 예제에서는 자바코드 안에 넣었던 데이터들을 xml파일 안에 넣도록 하겠다. 데이터는 자바코드 안에서 작성하는 것보다는 리소스 xml파일로 관리하는게 더 바람직하다./res/values/data.xml 파일을 만들고 다음과 같이 내용을 입력한다.

(1) data.xml 파일 생성하기

/res/values에서 마우스 오른쪽을 클릭한다. [New]-[XML]-[Values XML File]을 선택한 후 창이 생기면 파일명으로 data를 입력한다.

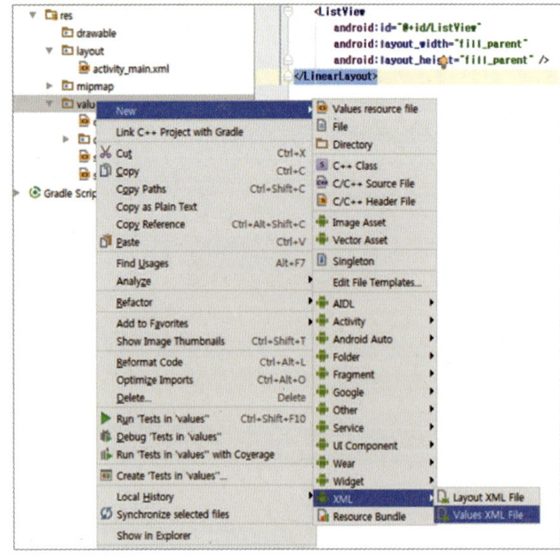

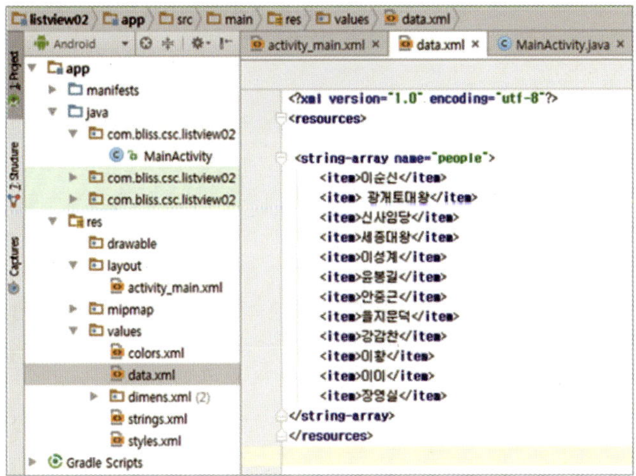

(2) data.xml 파일에 데이터 입력하기

(3) data2.xml 파일 생성 및 데이터 입력하기

data.xml 파일을 생성한 것과 같은 방법으로 data2.xml 파일을 만든다. /res/values에서 마우스 오른쪽을 클릭한 후 [New]-[XML]-[Values XML File]을 선택한다. 창이 생기면 파일명으로 data2를 입력한다.

```
<?xml version="1.0" encoding="utf-8"?>
<resources>
    <string-array name="achievement">
        <item>: 조선시대의 장군. 임진왜란에서 삼도수군통제사로 수군을 이끌고 왜군을
            물리치는 데 큰 공을 세웠다. </item>
        <item>: 소수림왕의 정치적 안정을 기반으로 최대의 영토를 확장한 고구려 19대
            왕이다. </item>
        <item>: 조선시대 화가이자 문인으로 율곡 이이의 어머니이다. 신사임당은
            시(詩)·서(書)·화(畵)에 뛰어났다. 5만원 지폐의 주인공이다. </item>
        <item>: 조선왕조 제4대 왕(재위 1418~1450)이며 할아버지가 조선을 건국한
```

```
                        이성계이다. 훈민정음을 만들고 다양한 과학 기구 제작을 통해 백성들의
                        생활에 실질적으로 도움이 되는 일을 많이 하셨다. 만원 지폐의 주인공. </item>
                    <item>: 요동정벌을 위해 북진하다가 위화도에서 회군하여 최영장군을 물리치고
                        조선을 세움. </item>
                    <item>: 충청남도 예산 출신이며 1932년 일왕의 생일날 행사장에 폭탄을 던져
                        일본대장을 즉사시키는 거사를 일으킴. </item>
                    <item>: 조선 말기의 교육가이자 의병장. 만주 하얼빈에서 침략의 원흉 이토
                        히로부미를 사살하고 순국하였다. </item>
                    <item>: 고구려 영양왕 23년에 중국의 수나라와의 전쟁에서 큰 승리를 거둔
                        살수대첩의 지휘관이다. </item>
                    <item>: 고려시대의 명장. 1010년과 1018년에 걸친 거란의 침략을 막아낸
                        우리나라의 영웅이다. </item>
                    <item>: 조선 중기의 유학자로 주자의 사상을 깊게 연구함. 조선 성리학 발달의
                        기초를 형성했다. </item>
                    <item>: 조선중기의 유학자. 어려서부터 똑똑했으며 9번이나 장원 급제를 함.
                        임진왜란 이전에 나라가 어지러울 것을 예상함. </item>
                    <item>: 조선 세종대 과학자로 세계 최초의 우량계인 측우기를 발명함. </item>
            </string-array>
    </resources>
```

이제 listview01 프로젝트에서 만들었던 MainActivity 파일에서 소스를 변경해야 한다. 리소스 데이터 xml 파일을 2개 만든 것을 코드에서 불러오는 문장을 넣어야 한다.

⌁ MainActivity.java 🤖

```java
package com.bliss.csc.listview02;

import android.app.Activity;
import android.os.Bundle;
import android.view.View;
import android.widget.AdapterView;
import android.widget.ArrayAdapter;
import android.widget.ListView;
import android.widget.TextView;
import android.widget.Toast;
import static android.R.layout.simple_list_item_1;

public class MainActivity extends Activity {
    @Override
    protected void onCreate(Bundle savedInstanceState) {
        super.onCreate(savedInstanceState);
        setContentView(R.layout.activity_main);
```

```java
//getResources를 이용해서 data2.xml 에 저장된 데이터를 가지고 와서 list_explain 변수에 담는다.
    final String[] list_explain = getResources().getStringArray(R.array.achievement);

        ArrayAdapter adapter = ArrayAdapter.createFromResource(this,
                          R.array.people,simple_list_item_1);
        ListView listview = (ListView) findViewById(R.id.ListView);
        listview.setAdapter(adapter);
        listview.setOnItemClickListener(new AdapterView.OnItemClickListener() {
            @Override
            public void onItemClick(AdapterView<?> adapterView, View view, int i,
long l) {
                    Toast.makeText(getApplicationContext(), ((TextView) view).getText()
                     + list_explain[i], Toast.LENGTH_LONG).show();
            }
        });
    }
}
```

4 ListActivity를 사용한 리스트뷰 만들기

Activity 클래스를 상속하는 대신에 ListActivity 클래스를 상속받아서 리스트뷰를 작성해 보겠다. ListActivity를 이용하면 setContentView를 사용하지 않고 리스트뷰를 만들 수 있다. 또한 리스트뷰 객체를 만들 필요도 없다. setListAdapter를 이용하면 내부의 리스트뷰와 원본 데이터를 쉽게 연결할 수 있다. onListItemClick 메소드를 사용하면 항목을 클릭했을 때 리스너 등록 없이 쉽게 이벤트처리를 해결할 수 있다. onListItemClick 메소드는 리스트뷰의 항목이 선택되면 자동으로 호출된다.

(1) 사용된 파일

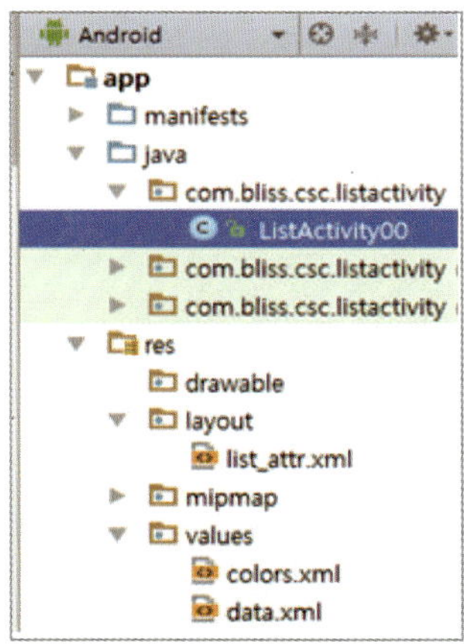

(2) 실행 화면

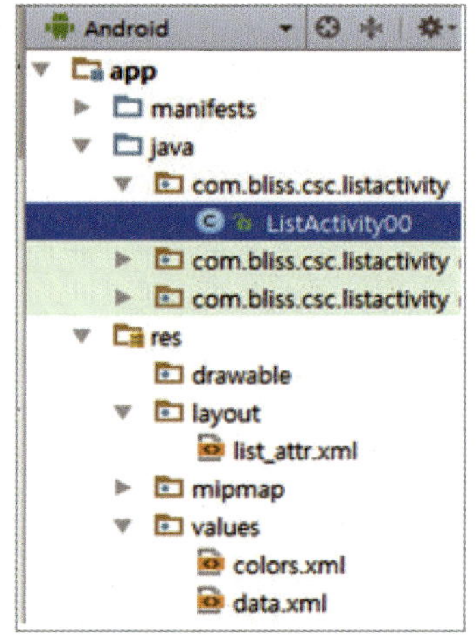 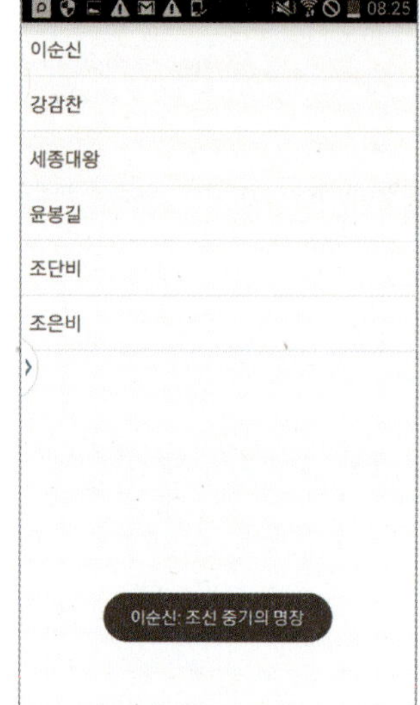

ListActivity00.java

```java
package com.bliss.csc.listactivity00;

import android.app.ListActivity;
import android.support.v7.app.AppCompatActivity;
import android.os.Bundle;
import android.view.View;
import android.widget.ArrayAdapter;
import android.widget.ListView;
import android.widget.Toast;

import java.util.ArrayList;

public class MainActivity extends ListActivity {

    ArrayList<String> people;
    String explain[] = {"조선 중기의 명장", "거란의 침략을 막아냄", "훈민정음 창제", "일제강점기의
독립운동가", "이쁜 공주1", "이쁜 공주2"};

    @Override
    protected void onCreate(Bundle savedInstanceState) {
        super.onCreate(savedInstanceState);

        people = new ArrayList<String>();
```

```java
        people.add("이순신");
        people.add("강감찬");
        people.add("세종대왕");
        people.add("윤봉길");
        people.add("조단비");
        people.add("조은비");

    ArrayAdapter<String> mAdapter;

        mAdapter = new ArrayAdapter<String>(this, android.R.layout.simple_list_
    item_1, people);

        setListAdapter(mAdapter);

    }

    public void onListItemClick(ListView l, View v, int position, long id) {
        String message;
        message = people.get(position) + ": " + explain[position];
        Toast.makeText(MainActivity.this, message, Toast.LENGTH_SHORT).show();
        ;
    }

}
```

5 BaseAdapter를 사용한 커스텀 리스트뷰 만들기 | 프로젝트 BaseAdapter |

지금까지는 하나의 텍스트뷰로만 구성되어 있는 항목만 다루어 보았다. 이번 예제에서는 하나의 항목에 1개의 이미지와 여러 개의 텍스트뷰가 들어 갈 수 있도록 제작해 보겠다. 일반적으로 BaseAdapter를 상속해서 사용한다. 상속을 하게 되면 몇 개의 메소드를 사용할 수 있는데 특히 다음 2개의 메소드를 기억해야 한다.

메소드	기능
getCount( )	항목의 개수를 리턴해준다.
getView( ) 메소드	각 항목에서 보여질 뷰를 리턴해준다. 항목의 개수만큼 반복처리된다. 3개의 파라미터를 받는데 첫 번째 파라미터는 항목(아이템)의 인덱스이다. 두 번째 파라미터는 현재 인덱스에 해당하는 뷰 객체이다. 세 번째 파라미터는 뷰를 포함하고 있는 부모 컨테이너 객체이다. 즉, getView( ) 메소드는 Adapter가 가지고 있는 데이터를 어떻게 보여줄지를 정의하는데 사용된다.

(1) 사용된 파일 및 실행화면

본 예제에서는 10개의 나라를 소개하는 어플을 제작하였다. 리스트를 터치하면 나라와 수도이름
이 나오도록 제작하였다. 데이터들은 〈string-array name..〉을 이용해서 strings.xml 파일 안
에 넣어두었다. 세로방향 스크롤을 통해서 10개의 나라를 살펴볼 수 있다. 나라 개수를 늘리고
싶은 경우에는 strings.xml에 데이터를 추가로 넣고 MainActivity 파일 안에서 addItem( ) 메소
드를 이용해서 추가하면 된다. getView개념과 데이터를 관리하고 처리하는 어댑터 개념을 이해
해야 한다. 본 예제는 이해하기 쉽지 않으므로 여러 번 책을 읽어 보기 바란다.

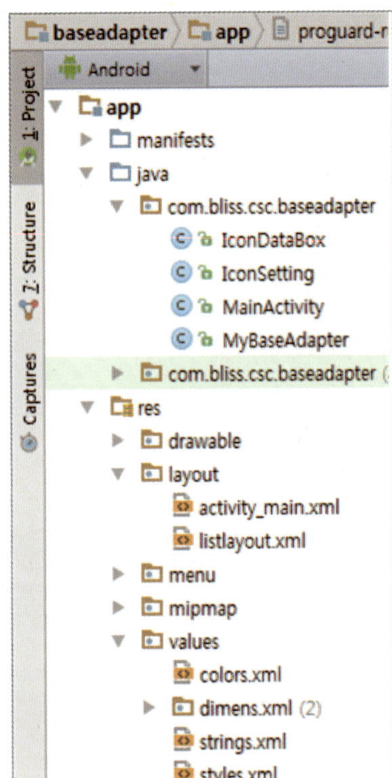

(2) activity_main.xml과 MainActivity.java 코드 분석하기

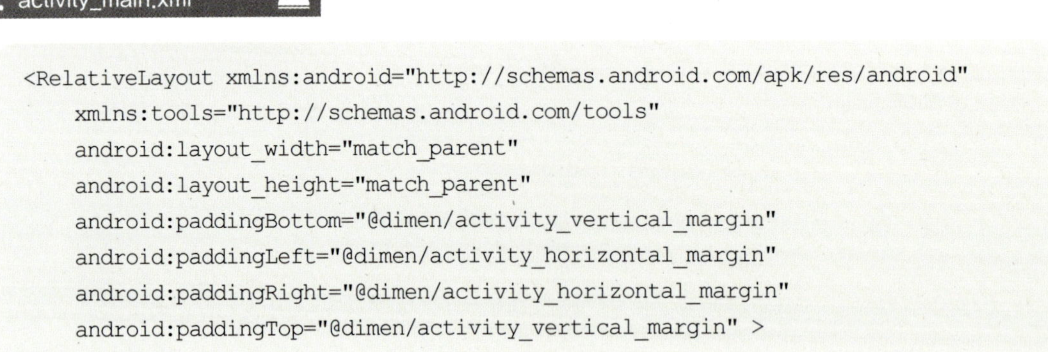


```xml
<RelativeLayout xmlns:android="http://schemas.android.com/apk/res/android"
    xmlns:tools="http://schemas.android.com/tools"
    android:layout_width="match_parent"
    android:layout_height="match_parent"
    android:paddingBottom="@dimen/activity_vertical_margin"
    android:paddingLeft="@dimen/activity_horizontal_margin"
    android:paddingRight="@dimen/activity_horizontal_margin"
    android:paddingTop="@dimen/activity_vertical_margin" >
```

```xml
    <ListView
        android:id="@+id/listView"
        android:layout_width="match_parent"
        android:layout_height="match_parent" />

</RelativeLayout>
```

ListView를 작성하였고 ListView가 들어있는 레이아웃을 화면으로 설정할 수 있도록 MainAc-
tivity.java 파일에서는 setContentView(R.layout.activity_main) 메소드를 사용하였다.
다음 MainActivity.java 코드를 보면 이곳에서 이미지와 텍스트 데이터를 어댑터에 추가하고 사
용자가 항목을 터치했을 때 처리되는 내용을 AdapterView.OnItemClickListener( )를 사용해서
처리한다.


```java
package com.bliss.csc.baseadapter;

import android.content.res.Resources;
import android.os.Bundle;
import android.support.v7.app.ActionBarActivity;
import android.view.Menu;
import android.view.MenuItem;
import android.view.View;
import android.widget.AdapterView;
import android.widget.ListView;
import android.widget.Toast;

public class MainActivity extends ActionBarActivity {
    ListView listView;
    MyBaseAdapter adapter;

    @Override
    protected void onCreate(Bundle savedInstanceState) {
        super.onCreate(savedInstanceState);
        setContentView(R.layout.activity_main);

        // 리스트뷰 객체 참조
        listView = (ListView) findViewById(R.id.listView);

        // 어댑터 객체 생성
        adapter = new MyBaseAdapter(this);
```

```java
        Resources res = getResources();
        //Srings.xml 안에 있는 데이터들을 가져와서 String 배열에 넣기
        final String[] nation = getResources().getStringArray(R.array.nation);
        String[] explain = getResources().getStringArray(R.array.explain);
        String[] population = getResources().getStringArray(R.array.population);
        final String[] capital = getResources().getStringArray(R.array.capital);

        //항목별 이미지 한 개와, 텍스트 3개를 어댑터(데이터 관리 및 처리)에 넣는다.
        adapter.addItem(new IconDataBox(res.getDrawable(R.drawable.nation00),
                    nation[0], explain[0], population[0]));
        adapter.addItem(new IconDataBox(res.getDrawable(R.drawable.nation01),
                    nation[1], explain[1], population[1]));
        adapter.addItem(new IconDataBox(res.getDrawable(R.drawable.nation02),
                    nation[2], explain[2], population[2]));
        adapter.addItem(new IconDataBox(res.getDrawable(R.drawable.nation03),
                    nation[3], explain[3], population[3]));
        adapter.addItem(new IconDataBox(res.getDrawable(R.drawable.nation04),
                    nation[4], explain[4], population[4]));
        adapter.addItem(new IconDataBox(res.getDrawable(R.drawable.nation05),
                    nation[5], explain[5], population[5]));
        adapter.addItem(new IconDataBox(res.getDrawable(R.drawable.nation06),
                    nation[6], explain[6], population[6]));
        adapter.addItem(new IconDataBox(res.getDrawable(R.drawable.nation07),
                    nation[7], explain[7], population[7]));
        adapter.addItem(new IconDataBox(res.getDrawable(R.drawable.nation08),
                    nation[8], explain[8], population[8]));
        adapter.addItem(new IconDataBox(res.getDrawable(R.drawable.nation09),
                    nation[9], explain[9], population[9]));

// 리스트뷰에 어댑터 설정
    listView.setAdapter(adapter);

//리스트뷰에서 한 항목이 터치 되면 처리하기
    listView.setOnItemClickListener(new AdapterView.OnItemClickListener() {

        @Override
        public void onItemClick(AdapterView<?> parent, View view, int position,
long id) {
            IconDataBox currentItem = (IconDataBox) adapter.getItem(position);
            String[] currentData = currentItem.getData();

        //화면에 터치한 나라이름과 수도 나타내기
            Toast.makeText(getApplicationContext(), nation[position] + ": "+
```

```java
                capital[position], Toast.LENGTH_LONG).show();
        }
    });
}


@Override
public boolean onCreateOptionsMenu(Menu menu) {

    getMenuInflater().inflate(R.menu.menu_main, menu);

    return true;
}

@Override
public boolean onOptionsItemSelected(MenuItem item) {
    int id = item.getItemId();

    if (id == R.id.action_settings) {
        return true;
    }

    return super.onOptionsItemSelected(item);
}
}
```

(3) 아이템(항목)을 위한 레이아웃 만들기

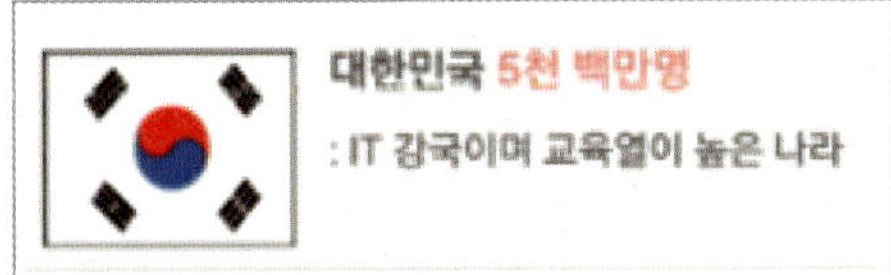

listlayout.xml

```xml
<LinearLayout xmlns:android="http://schemas.android.com/apk/res/android"
    xmlns:tools="http://schemas.android.com/tools"
    android:layout_width="match_parent"
    android:layout_height="match_parent"
    android:orientation="horizontal"
    >
```

```xml
<ImageView
    android:id="@+id/imageItem"
    android:layout_width="wrap_content"
    android:layout_height="wrap_content"
    android:padding="8dp"
    android:layout_gravity="center_vertical"
    />

<LinearLayout
    android:layout_width="wrap_content"
    android:layout_height="wrap_content"
    android:orientation="vertical"
    >

    <LinearLayout
        android:layout_width="wrap_content"
        android:layout_height="wrap_content"
        android:orientation="horizontal"
        >
    <TextView
        android:id="@+id/dataItem01"
      android:layout_width="wrap_content"
      android:layout_height="wrap_content"
      android:textStyle="bold"
      android:textSize="16dp"
      android:padding="4dp"
        />
    <TextView
        android:id="@+id/dataItem03"
        android:layout_width="wrap_content"
        android:layout_height="wrap_content"
        android:layout_alignParentRight="true"
        android:textColor="#ccf88888"
        android:textSize="16dp"
        android:textStyle="bold"
        android:paddingRight="4dp"
        />
    </LinearLayout>
    <LinearLayout
        android:layout_width="wrap_content"
        android:layout_height="wrap_content"
        android:padding="4dp"
        >
        <TextView
```

```
                              android:id="@+id/dataItem02"
                              android:layout_width="wrap_content"
                              android:layout_height="wrap_content"
                              />
            </LinearLayout>

        </LinearLayout>

        </LinearLayout>
```

아이디는 본 예제 IconSetting 클래스 파일에서 사용된다.

	위젯	아이디
이미지	ImageView	imageItem
텍스트1	TextView1	dataItem01
텍스트2	TextView2	dataItem02
텍스트3	TextView3	dataItem03

❶ 처음에 크게 LinearLayout을 horizontal(수평)으로 하였다. 이미지 1개와 텍스트 3개를 수평으로 배치한 것이다.

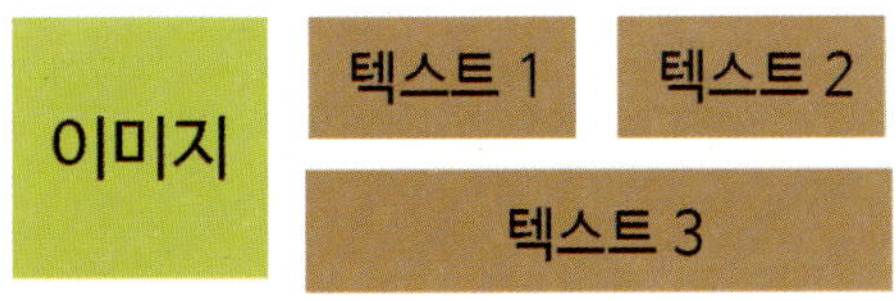

❷ 두번째 LinearLayout을 만들고 [텍스트1]과 [텍스트2]를 히니로 묶이시 [딕스트3]과 vertical(수직)으로 배치하였다.

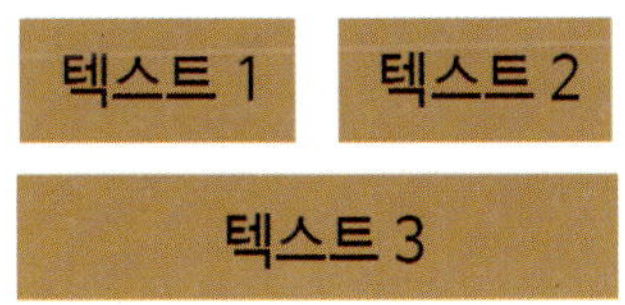

❸ 두번째 리니어레이아웃 안에 리니어레이아웃을 하나 더 만들고 [텍스트1]과 [텍스트2]를 horizontal(수평)으로 배치하였다.

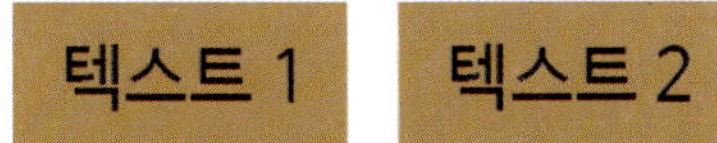

6 inflate 개념 이해하기

xml 파일(listlayout.xml)로 레이아웃을 만들었다. LinearLayout을 상속한 ItemView클래스를 만들고 xml 파일을 inflate 해서 사용하도록 하겠다. getSystemService는 Context 클래스의 메소드이다. 파라미터로 어떤 값을 전달하느냐에 따라 다른 객체를 리턴해 주는데 본 예제에서는 LAYOUT_INFLATER_ SERVICE를 파라미터로 전달하고 레이아웃 리소스를 inflate 하는 LayoutInflater 객체를 반환 받게 된다.

더 알아보기 🔍

Inflate

xml 안에 있는 버튼, 이미지뷰 등 여러 위젯들을 LayoutInflater 객체를 이용해서 inflate 하면 메모리에 객체화 되어 저장된다.

```java
LayoutInflater inflater = (LayoutInflater) context.getSystemService
                                (Context. LAYOUT_INFLATER_SERVICE);
inflater.inflate(R.layout.listlayout, this, true);
```

getSystemService은 Context 클래스의 메소드이다. 파라미터로 어떤 값을 전달하느냐에 따라 다른 객체를 리턴해준다. 본 예제에서는 LAYOUT_INFLATER_SERVICE를 파라미터로 전달했으며 레이아웃 리소스를 inflate하는 LayoutInflater 객체를 반환하게 된다.

ItemView.java

```java
package com.bliss.csc.baseadapter;

import android.content.Context;
import android.graphics.drawable.Drawable;
import android.view.LayoutInflater;
import android.widget.ImageView;
import android.widget.LinearLayout;
import android.widget.TextView;

public class ItemView extends LinearLayout {

    ImageView myImage;
    TextView myText1;
    TextView myText2;
    TextView myText3;

    public ItemView(Context context, ItemDataBox aItem) {
        super(context);
```

```java
            LayoutInflater inflater = (LayoutInflater) context.
            getSystemService(Context. LAYOUT_INFLATER_SERVICE);
            inflater.inflate(R.layout.listlayout, this, true);

            myImage = (ImageView) findViewById(R.id.imageItem);
            myImage.setImageDrawable(aItem.getImage());

            myText1 = (TextView) findViewById(R.id.dataItem01);
            myText1.setText(aItem.getData(0));

            myText2 = (TextView) findViewById(R.id.dataItem02);
            myText2.setText(aItem.getData(1));

            myText3 = (TextView) findViewById(R.id.dataItem03);
            myText3.setText(aItem.getData(2));
        }
    public void setText(int index, String data) {
            if (index == 0) {
                    myText1.setText(data);
            } else if (index == 1) {
                    myText2.setText(data);
            } else if (index == 2) {
                    myText3.setText(data);
            } else {
                    throw new IllegalArgumentException();
            }
        }

        public void setIcon(Drawable icon) {
                myImage.setImageDrawable(icon);
        }

} //end of Class
```

7 파일간의 관계 살펴보기

본 예제에서 사용된 파일간의 관계를 이해하는 것이 중요하다. MyBaseAdapter 클래스는 ArrayList 형태의 ItemDataBox 클래스를 사용하였다. 다음 내용을 MyBaseAdapter 클래스 안에 적어야 한다.

(1) MyBaseAdapter.java : ArrayList를 이용해서 데이터를 저장하는데 사용하였다.

```
                생략
ArrayList<ItemDataBox> mItems = new ArrayList<ItemDataBox>();
                생략
public void addItem(ItemDataBox item) {

        mItems.add(item);   //ArrayList에 데이터를 추가한다.
}
```

(2) 어댑터에 항목 등록하기

MainActivity 클래스에서는 총 10개의 항목(이미지 1개, 텍스트 3개)을 ItemDataBox 객체형태로 만든 후에 어댑터에 항목으로 추가 등록한다. ArrayList 형태인 ItemDataBox에 모든 데이터를 넣도록 했다.

```
adapter.addItem(new  ItemDataBox(res.getDrawable(R.drawable.nation00),
            nation[0], population[0], explain[0]));
                              •
                              •
                              •
adapter.addItem(new  ItemDataBox(res.getDrawable(R.drawable.nation00),
            nation[0], population[0], explain[0]));
```

(3) getView 메소드

MyBaseAdapter 클래스는 BaseAdapter 클래스를 상속받아서 getView 메소드를 가지고 있다. getView 메소드는 어댑터에 있는 모든 항목들을 화면에 나타나게 하는 역할을 한다. getCount 메소드를 통해 항목의 개수를 얻을 수 있으며 그 개수만큼 getView 메소드가 자동으로 실행된다.

```
public int getCount() {
        return mItems.size();
    }


public View getView(int position, View convertView, ViewGroup parent) {
        ItemView dataView;    //화면에 항목들을 보여주기 위해 ItemView 클래스 활용

        if (convertView == null) {
            dataView = new ItemView(mContext, mItems.get(position));
        } else {
            dataView = (ItemView) convertView;
            dataView.setIcon(mItems.get(position).getImage());
            dataView.setText(0, mItems.get(position).getData(0));
```

```java
            dataView.setText(1, mItems.get(position).getData(1));
            dataView.setText(2, mItems.get(position).getData(2));
        }
        return dataView;
    }
```

(4) ItemDataBox.java와 MyBaseAdapter.java 코드 분석하기


```java
package com.bliss.csc.baseadapter;

import android.graphics.drawable.Drawable;

public class ItemDataBox {
    Drawable myImage;
    String[] myData;

     public ItemDataBox(Drawable myImage, String text1, String text2, String
text3) {
        this.myImage = myImage;
        myData = new String[3];
        myData[0] = text1;
        myData[1] = text2;
        myData[2] = text3;
    }

    public String[] getData() {
        return myData;
    }



    public String getData(int index) {
        if (myData == null || index >= myData.length) {
            return null;
        }

        return myData[index];
    }

    public Drawable getImage() {
        return myImage;
    }
```

어댑터의 역할은 원본데이터를 가지고 와서 관리하고 화면에 보여주는 역할을 한다.


```java
package com.bliss.csc.baseadapter;

import android.content.Context;
import android.view.View;
import android.view.ViewGroup;
import android.widget.BaseAdapter;

import java.util.ArrayList;
import java.util.List;

public class MyBaseAdapter extends BaseAdapter {

    Context mContext;
    ArrayList<ItemDataBox> mItems = new ArrayList<ItemDataBox>();

    public MyBaseAdapter(Context context) {
        mContext = context;
    }

    public void addItem(ItemDataBox item) {
        mItems.add(item);
    }

    public int getCount() {
        return mItems.size();
    }

    public Object getItem(int position) {
        return mItems.get(position);
    }
    public long getItemId(int position) {
        return position;
    }
public View getView(int position, View convertView, ViewGroup parent) {
        ItemView dataView;
        if (convertView == null) {
            dataView = new ItemView(mContext, mItems.get(position));
        } else {
            dataView = (ItemView) convertView;
```

```java
        dataView.setIcon(mItems.get(position).getImage());
        dataView.setText(0, mItems.get(position).getData(0));
        dataView.setText(1, mItems.get(position).getData(1));
        dataView.setText(2, mItems.get(position).getData(2));
    }
    return dataView;


    }
}
```

스크롤(scroll, 표시 화면 내용을 순차적으로 올리거나 내리는 것)로 새로운 리스트가 보여질 때는 그 위치를 알아낸 다음 getView 메소드를 호출해서 뷰를 생성하고 화면에 보여주게 된다. 이때 스크롤되서 사라진 항목을 다시 스크롤해서 보고자 할 때 그 해당 항목을 매번 새로 생성한다면 자원관리 차원에서 비효율적이다. 이에 안드로이드는 생성된 뷰에 대한 정보를 가지고 있다가 해당 리스트가 보여져야 한다면 자동으로 이미 생성되어 있는 항목을 getView에 전달해주어서 같은 것을 다시 생성하지 않게 한다. 이러한 역할을 convertView가 한다. convertView는 안드로이드가 전달해주는 해당 리스트 항목의 뷰이다. convertView 값이 null이라는 것은 저음으로 항목이 제시된다는 의미이다. 처음으로 리스트가 보여지기 때문에 new 연산자를 활용해서 새로 생성을 해야 하는 것이다.

convertView 값이 null 값이 아니면 생성되었다가 그 후 스크롤 때문에 화면에서 사라졌다가 다시 나타나는 경우이기 때문에 이미 생성된 객체가 전달되며 이 객체에 필요한 데이터를 넣어서 리턴 시키면 된다.

(5) strings.xml 코드 분석하기

`strings.xml`

```xml
<?xml version="1.0" encoding="utf-8"?>
<resources>

    <string name="app_name">세계여러나라 탐방</string>
    <string name="hello_world">Hello world!</string>
    <string name="action_settings">Settings</string>


    <string-array name="nation">
        <item>대한민국</item>
        <item>중국</item>
        <item>스웨덴</item>
        <item>태국</item>
```

```xml
        <item>프랑스</item>
        <item>러시아</item>
        <item>이탈리아</item>
        <item>일본</item>
        <item>베트남</item>
        <item>나이지리아</item>
</string-array>

<string-array name="explain">
        <item>: IT 강국이며 교육열이 높은 나라 </item>
        <item>: 인구가 세계 1위인 국가. 진(秦)나라의 시황제(始皇帝)가 처음으로 중국을 통일함.</item>
        <item>: 유럽 북부 스칸디나비아반도 위치함. 게르만족인 스웨덴인이 95%를 차지하며 핀란드인이
                4% 정도를 차지함.</item>
        <item>: 관광대국이며  1939년 국호를 시암(Siam)에서 타이로 변경하였다. 동남아시아에서 유럽
                국가의 식민 지배를 받지 않은 유일한 나라이다.</item>
        <item>: 유럽에서 3번째로 큰 나라이며 에펠탑으로 유명하다. 종교는 가톨릭(83–88%)인이 제일
                많다. </item>
        <item>: 세계에서 영토가 제일 큰 나라이며 1991년 12월 31일 소련이 해체, 독립국가가
                되었다..</item>
        <item>: 5세기 서로마제국의 멸망 이후 국토가 분열되었다가 1870년 통일을 이루었다.</item>
        <item>: 1615년 도쿠가와 이에야스가 전국을 통일하였으며 세계 제 2차대전을 일으켰다.</item>
        <item>: 동남아시아에 있는 국가. 1884년 프랑스 식민지가 되었다가 1945년 2차 세계대전 후
                독립을 선언함. </item>
        <item>: 아프리카 국가이며 인구가 세계 8위이며 영어를 사용하고 있음. 1900년 이후 영국의
                통치를 받다가 1960년 10월 영국 연방으로 독립함.</item>
</string-array>

<string-array name="population">
        <item>5천 백만명</item>
        <item>13억 7천만명</item>
        <item>9백 8십만명</item>
        <item>6천 8백만명</item>
        <item>6천 6백만명</item>
        <item>1억 4천만명</item>
        <item>6천 2백만명</item>
        <item>1억 2천만명</item>
        <item>9천 5백만명</item>
        <item>1억 8천만명</item>
</string-array>

<string-array name="capital">
        <item>서울</item>
        <item>베이징</item>
        <item>스톡홀름</item>
```

```xml
        <item>방콕</item>
        <item>파리</item>
        <item>모스코바</item>
        <item>로마</item>
        <item>도쿄</item>
        <item>하노이</item>
        <item>아부자</item>
    </string-array>

</resources>
```

더 알아보기

BaseAdapter를 상속하게 되면 4개의 메소드를 오버라이딩 해야한다. 특히 getCount 메소드와 getView 메소드가 중요하다.

① public int getCount( )

② public Object getItem( )

③ public long getItemId( )

④ public View getView( )

02 » RecyclerView를 활용한 그림 영어단어장 만들기 ‖ LOADING...

1 완성작품 모습　| 프로젝트 RecyclerViewWork, RecyclerViewWork2 |

앞에서 ListView를 사용한 앱을 만들어 보았다. 하지만 ListView는 findViewById 메소드를 많이 사용하여 시간을 많이 잡아 먹는 단점이 있다. 이번 예제에서는 ListView보다 속도와 기능이 향상된 RecyclerView를 사용한 앱을 제작해 보겠다. RecyclerView를 활용하면 아래처럼 다양한 형태로 리스트를 화면에 보여줄 수 있다.

2 ViewHolder, Adapter, LayoutManager, RecyclerView 살펴보기

본 앱을 제작하기 위해 ViewHolder, Adapter, LayoutManager, RecyclerView 개념을 이해할 필요가 있다.

(1) ViewHolder – MyAdapter.java

ViewHolder는 View를 보존하여 재사용을 가능하게 한다. ViewHolder에 각 뷰들을 저장하고 필요할 때 꺼내서 사용하기 때문에 View 리소스를 많이 잡아 먹는 findViewById( ) 메소드 사용을 줄일 수 있다. 즉, View가 ViewHolder에 저장되어 있다면 findViewById( ) 메소드를 호출하지 않도록 해준다. 중요한 점은 onCreateViewHolder 메소드 안에서 ViewHolder 객체를 생성해서 사용해야 한다.

(2) Adapter – MyAdapter.java

View에 데이터를 공급하는 역할을 하는 클래스이다. RecyclerView는 Adapter 클래스를 상속하여 사용하는데 다음 3가지 인터페이스를 반드시 구현해야 한다. 2개의 부분을 이어주는 역할을 한다. 즉, Adapter가 하는 역할은 사용자 원본데이터를 입력받아 View를 생성하는 것이다. Adapter에서 생성되는 View는 ListView 내 하나의 아이템 영역에 표시된다. 뷰 객체를 생성하는 역할은 Adapter의 getView( ) 메소드 안에서 이루어진다.

❶ onCreateViewHolder(ViewGroup parent, int viewType)

View를 만들고 View를 관리하기 위해 ViewHolder를 생성한다. 그리고 생성된 ViewHolder를 onBindViewHolder에 넘겨준다.

항목들에 대한 뷰홀더 객체들을 만들고 각 뷰홀더를 통해 항목들의 레이아웃들을 만든다.

❷ public void onBindViewHolder(ViewHolder holder, int position)

스크롤이 움직일 때 호출되며 재활용 가능한 뷰가 있으면 실행되는 메소드이다.

뷰 홀더에 position에 있는 데이터를 넣는 작업을 수행한다. 이것을 ViewHolder에 데이터들을 바인딩한다고 한다.

· holder: 주어진 위치에 있는 아이템의 내용을 표현하기 위해 업데이트가 이루어져야 하는 뷰 홀더

· position: 어댑터 데이터세트에 있는 아이템의 위치

❸ getItemCount( ) : 아이템의 개수를 반환한다.

Adapter 하는 일

1. onCreateViewHolder( ) 메소드 안에서 ViewHolder 객체를 만들고 viewholder를 inflate 한다.

   (inflate: xml에 있는 view들을 실제 view 객체로 만드는 역할을 한다.)

2. 화면에 표시해야 할 item이 몇 개가 있는지 반환한다.

3. item의 data와 각각의 item Viewholder와 bind 해준다(묶어준다).

---

(3) LayoutManager – MainActivity.java

LayoutManager는 orientation을 가지고 있어서 가로와 세로 모드를 지원한다.

또한 LayoutManager를 통해 다음과 같이 아이템들의 뷰 형태를 선택해서 사용할 수 있다.

LinearLayoutManager은 리스트뷰와 유사하게 만들 수 있으며 수평/수직의 스크롤 형태를 선택할 수 있다. GridLayoutManager은 그리드 레이아웃 형태, StaggeredGridLayoutManager은 높이가 불규칙하고 다양한 형태의 그리드 리스트이다.

```java
//LinearLayoutManager을 사용한 예
RecyclerView.LayoutManager layoutManager =new LinearLayoutManager(this,
                              LinearLayoutManager.VERTICAL, false);
recyclerView.setLayoutManager(layoutManager); //레이아웃 관리자 설정
```

(4) RecyclerView – MainActivity.java

위젯 RecyclerView를 사용하려면 RecyclerView 객체에 어댑터와 레이아웃 관리자를 설정해야 한다. 그러기 위해서는 먼저 Adapter 객체를 생성하고 layoutManager를 생성해야 한다.

```java
MyAdapter mAdapter;   //어댑터 선언
mAdapter = new MyAdapter(); //어댑터 객체 생성


//layoutManager 생성하기
RecyclerView.LayoutManager layoutManager =  new LinearLayoutManager(
                           this, LinearLayoutManager.VERTICAL, false);


//recyclerView은 activity_main.xml 파일에 있는 식별자(ID)가 view를 가져와 담는다.
//view 는 activity_xml에서 사용된 RecyclerView 위젯의 ID 이다.

recyclerView = (RecyclerView) findViewById(R.id.view);
RecyclerView containerView;
recyclerView = (RecyclerView) findViewById(R.id.view);
recyclerView.setLayoutManager(layoutManager);  //레이아웃 관리자 설정
recyclerView.setAdapter(mAdapter);   //어댑터 설정
```

RecyclerView 사용을 위한 라이브러리 설정하기

RecyclerView을 사용하기 위해서는 build.gradle(Module) 안에 있는 dependencies에 다음 문구를 삽입해야 한다.

> compile 'com.android.support:recyclerview−v7:24.2.1'

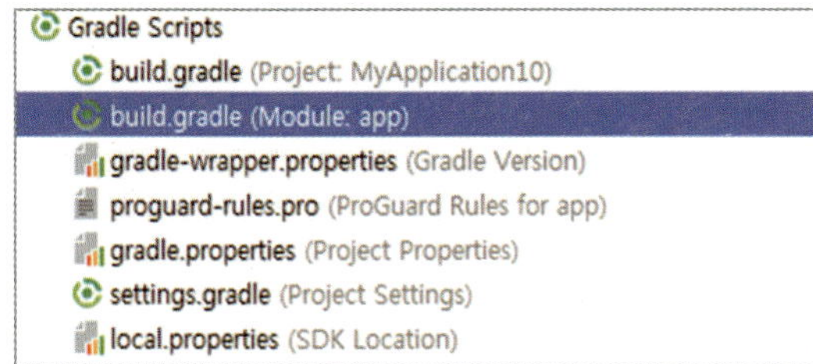

3 [그림영어 단어장 앱] 제작에 사용된 파일들

기본석으로 하나의 화면을 구성하기 위해서는 하나의 Activity 파일과 하나의 xml 파일이 필요하다. 하지만 Fragment를 사용하면 하나의 Activity를 가지고 여러 개의 화면을 구성할 수 있다. Activity를 위한 xml 레이아웃 위에 Fragment를 위한 xml 레이아웃이 위에 올라가는 원리로 구성된다. Activity와 Fragment 사이의 의사소통을 위해서는 FragmentManager 객체를 사용하면 된다.

java 파일	주요 내용
MainActivity.java	OriginalData 클래스를 활용해서 데이터를 만든다. 리스트의 한 아이템을 터치했을 경우 발생하는 이벤트를 처리한다.
OriginalData.java	데이터 멤버변수로 String과 Drawable을 가지고 있는 클래스이다. RecyclerView에 들어갈 Data 클래스이다.
MyAdapter.java	Adapter 클래스를 상속하고 3개의 메소드를 구현해야 한다.

xml 파일	주요 내용
activity_main.xml	위젯인 RecyclerView으로 구성되어 있다.
item.xml	하나의 이미지 뷰와 하나의 텍스트 뷰로 이루어져 있다.

아이템을 클릭하는 이벤트를 처리하기 위해서 눌렀다가 뗄 때 한번만 인식하게 만들 필요가 있다. 이를 위해서 GestureDetector클래스의 onSingleTapUp을 사용하였다.

그리고 RecyclerView.OnItemTouchListener를 활용하여 RecyclerView 안에서 발생한 터치 이벤트를 처리하도록 하였다.

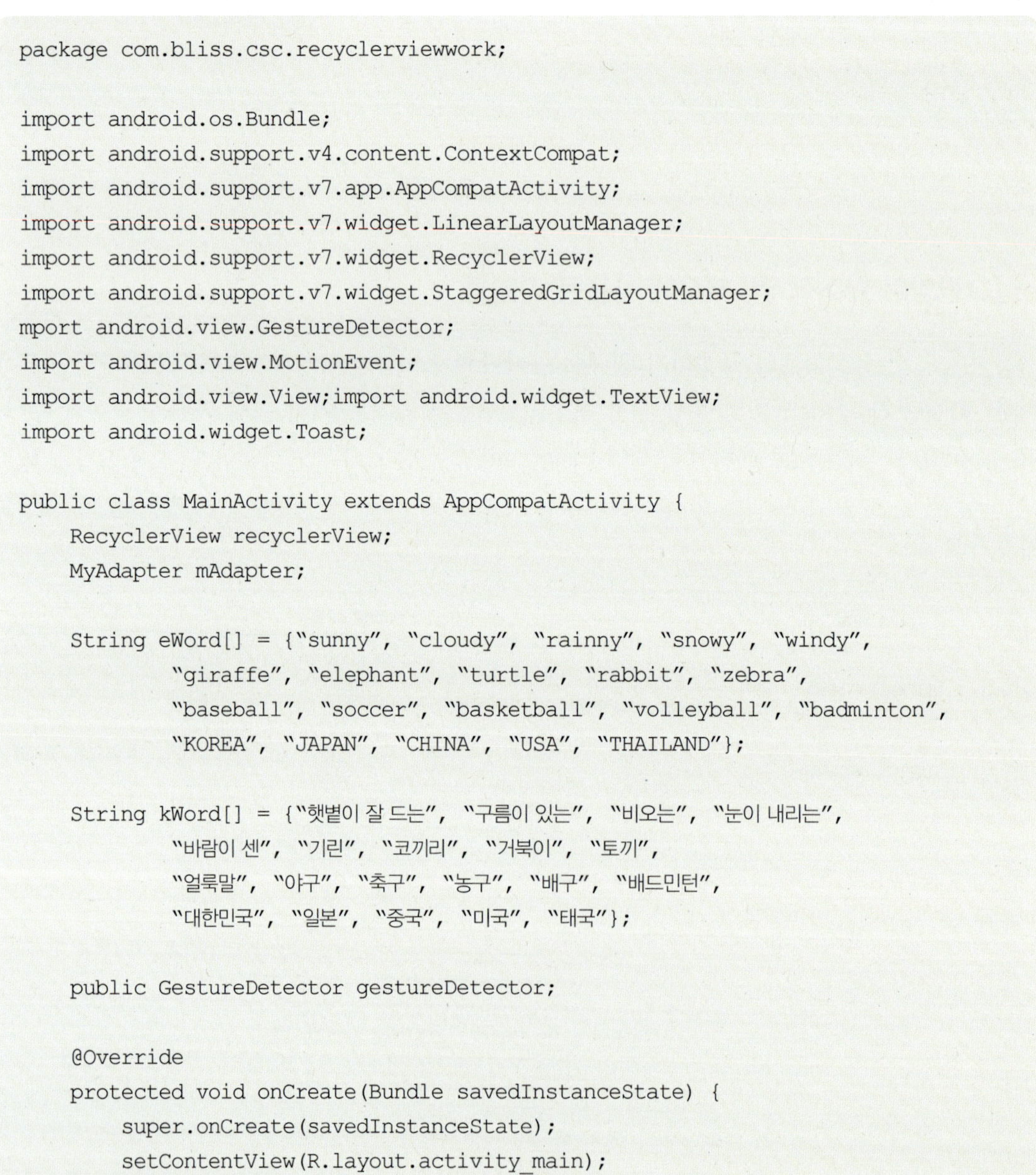

```java
package com.bliss.csc.recyclerviewwork;

import android.os.Bundle;
import android.support.v4.content.ContextCompat;
import android.support.v7.app.AppCompatActivity;
import android.support.v7.widget.LinearLayoutManager;
import android.support.v7.widget.RecyclerView;
import android.support.v7.widget.StaggeredGridLayoutManager;
mport android.view.GestureDetector;
import android.view.MotionEvent;
import android.view.View;import android.widget.TextView;
import android.widget.Toast;

public class MainActivity extends AppCompatActivity {
    RecyclerView recyclerView;
    MyAdapter mAdapter;

    String eWord[] = {"sunny", "cloudy", "rainny", "snowy", "windy",
            "giraffe", "elephant", "turtle", "rabbit", "zebra",
            "baseball", "soccer", "basketball", "volleyball", "badminton",
            "KOREA", "JAPAN", "CHINA", "USA", "THAILAND"};

    String kWord[] = {"햇볕이 잘 드는", "구름이 있는", "비오는", "눈이 내리는",
            "바람이 센", "기린", "코끼리", "거북이", "토끼",
            "얼룩말", "야구", "축구", "농구", "배구", "배드민턴",
            "대한민국", "일본", "중국", "미국", "태국"};

    public GestureDetector gestureDetector;

    @Override
    protected void onCreate(Bundle savedInstanceState) {
        super.onCreate(savedInstanceState);
        setContentView(R.layout.activity_main);
```

```java
        recyclerView = (RecyclerView) findViewById(R.id.view);

        RecyclerView.LayoutManager layoutManager =
                new LinearLayoutManager(this, LinearLayoutManager.VERTICAL,
                                        false);

        recyclerView.setLayoutManager(layoutManager);

        mAdapter = new MyAdapter();
        recyclerView.setAdapter(mAdapter);

        makeData();
//다음 구문을 통해 아이템을 터치하게 되면 true 값이 리턴된다.
        gestureDetector = new GestureDetector(getApplicationContext(),
                new GestureDetector.SimpleOnGestureListener() {

            public boolean onSingleTapUp(MotionEvent e) {
                return true;



            }
        });
        recyclerView.addOnItemTouchListener(onItemTouchListener);



    }


public void makeData() {
    for (int i = 0; i < 20; i++) {
        OriginalData item = new OriginalData();
        item.image = ContextCompat.getDrawable(this, R.drawable.pic00 + i);
        item.text = eWord[i];
        mAdapter.add(item);
    }
}


RecyclerView.OnItemTouchListener onItemTouchListener = new
                            RecyclerView.OnItemTouchListener() {
    @Override
    public boolean onInterceptTouchEvent(RecyclerView rv, MotionEvent e) {
        View childView = rv.findChildViewUnder(e.getX(), e.getY());

        if (childView != null && gestureDetector.onTouchEvent((e))) {

            int currentPos = rv.getChildAdapterPosition(childView);
```

```java
            Toast.makeText(MainActivity.this, kWord[currentPos],
                    Toast.LENGTH_SHORT).show();
            return true;
        }


        return false;
    }


    @Override
    public void onTouchEvent(RecyclerView rv, MotionEvent e) {


    }


    @Override
    public void onRequestDisallowInterceptTouchEvent(boolean disallowIntercept) {


    }
};


}
```

5 activity_main.xml 코드 분석하기

위젯인 RecyclerView 가 들어가 있으며 식별자 view는 MainActivity.java에서 사용된다.


```xml
<?xml version="1.0" encoding="utf-8"?>
<LinearLayout xmlns:android="http://schemas.android.com/apk/res/android"
    xmlns:tools="http://schemas.android.com/tools"
    android:layout_width="match_parent"
    android:layout_height="wrap_content"
  >

    <android.support.v7.widget.RecyclerView
        android:layout_width="wrap_content"
        android:layout_height="wrap_content"
        android:id="@+id/view"
    />

</LinearLayout>
```

6 OriginalData.java 코드 분석하기

항목을 정의하며 하나의 문자열과 하나의 이미지로 구성하였다.

```java
package com.bliss.csc.recyclerviewwork;


import android.graphics.drawable.Drawable;


public class OriginalData {
    String text;
    Drawable image;
}
```

7 MyAdapter.java 코드 분석하기

notifyDataSetChanged( ) 메소드는 RecyclerView를 새롭게 만들기 위해 호출하는 함수이다.
Adapter은 멤버변수로 item(항목)의 개수와 내부 클래스 안에 ViewHolder를 가지고 있다. 또한
OnCreateViewHolder( ), onBindViewHolder( ), getItemCount( ) 메소드를 구현해주어야 한
다. Adapter Class 구현하기 위해서 RecyclerView.Adapter를 상속 받고 Adapter안에 View-
Holder 클래스를 제네릭으로 받도록 해야한다.

```java
 package com.bliss.csc.recyclerviewwork;

import android.support.v7.widget.RecyclerView;
import android.view.LayoutInflater;
import android.view.MotionEvent;
import android.view.View;
import android.view.ViewGroup;
import android.widget.ImageView;
import android.widget.TextView;

import java.util.ArrayList;
import java.util.List;


public class MyAdapter extends RecyclerView.Adapter<MyAdapter.ViewHolder>{

    List<OriginalData> items = new ArrayList<OriginalData>();

    static class ViewHolder extends RecyclerView.ViewHolder {
```

```java
        TextView text1;
        ImageView picture;


        //Item이 정의된 View를 받아서 설정을 해준다.
        public ViewHolder(View itemView) {
            super(itemView);
            text1 = (TextView)itemView.findViewById(R.id.text1);
            picture = (ImageView)itemView.findViewById(R.id.image);
        }

        public void setData(OriginalData data) {
            text1.setText(data.text);
            picture.setImageDrawable(data.image);
        }
    }

//데이터를 추가하는 메소드를 만들고 notifyDataSetChanged를 활용해서 변경된 내용을 보여주게 한다.
    public void add(OriginalData item) {
        items.add(item);
        notifyDataSetChanged();
    }



    @Override
    public ViewHolder onCreateViewHolder(ViewGroup parent, int viewType) {
        View view = LayoutInflater.from(parent.getContext())
                                .inflate(R.layout.item,parent, false);
        return new ViewHolder(view);
    }

// onBindViewHolder는 position에 있는 아이템을 반영하기 위해 뷰홀더의 내용을 업데이트 해준다.
This method should update the contents of the RecyclerView.ViewHolder.itemView
to reflect the item at the given position.
    @Override
    public void onBindViewHolder(ViewHolder holder, int position) {
        holder.setData(items.get(position));
    }

    //아이템 개수 전달하기
    @Override
    public int getItemCount() {
        return items.size();
    }
```

```
RecyclerView.OnItemTouchListener onItemTouchListener = new RecyclerView
                                        .OnItemTouchListener() {
    @Override
    public boolean onInterceptTouchEvent(RecyclerView rv, MotionEvent e) {
        return false;
    }

    @Override
    public void onTouchEvent(RecyclerView rv, MotionEvent e) {

    }

    @Override
        public void onRequestDisallowInterceptTouchEvent(boolean
disallowIntercept) {

    }
};
}
```

8 item.xml 코드 분석하기

하나의 항목(아이템)을 2개의 뷰(이미지뷰, 텍스트뷰)로 구성하였다.

```xml
<?xml version="1.0" encoding="utf-8"?>
<LinearLayout xmlns:android="http://schemas.android.com/apk/res/android"
    android:layout_width="match_parent"
    android:layout_height="wrap_content"
    android:orientation="horizontal"
    android:background="#E4F7BA"
    android:layout_margin="4dp">

    <ImageView
        android:id="@+id/image"
        android:layout_width="60dp"
        android:layout_height="60dp"
        />

    <TextView
```

```
            android:id="@+id/text1"
            android:layout_width="wrap_content"
            android:layout_height="wrap_content"
            android:textSize="22dp" />
     />

</LinearLayout>
```

9 StaggeredGridLayoutManager 사용하기

(1) StaggeredGridLayoutManager를 사용하면 그리드 형태로 항목들을 보여줄 수 있다. 본
   예제에서는 2개의 칸으로 수직으로 항목들을 배치하였다.

여러 개의 항목들

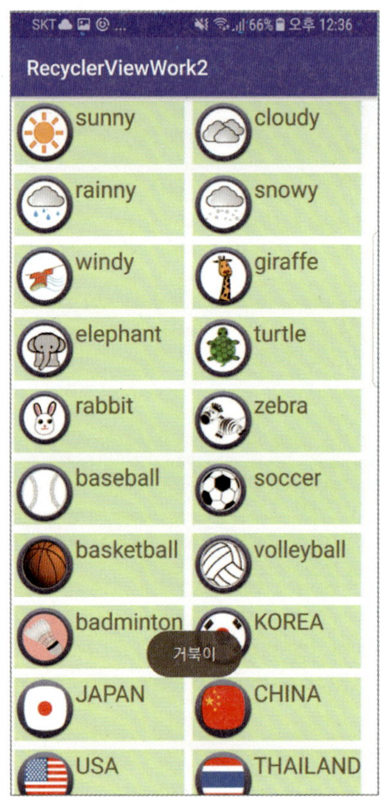

항목을 터치하게 되면 단어 뜻이 나온다.

(2)MainActivity.java 파일에서 다음 코드만 수정하면 된다.

```
RecyclerView.LayoutManager layoutManager =  new LinearLayoutManager(this,
                              LinearLayoutManager.VERTICAL, false);
```

```
StaggeredGridLayoutManager layoutManager = new StaggeredGridLayoutManager(2,
                              StaggeredGridLayoutManager.VERTICAL);
layoutManager.setGapStrategy(StaggeredGridLayoutManager.GAP_HANDLING_MOVE_
              ITEMS_BETWEEN_SPANS);
```

09

Video 플레이어 앱 만들기

- MediaController 클래스를 활용해서 동영상을 플레이 시키는 방법 알아보기
- drawable shape 개념 이해하기

Video 플레이어 앱 만들기

가족 동영상 앨범 앱을 만들어본다.

0%   100%

01 ≫ 비디오 앨범 만들기(1)   LOADING...

1 전체 구조 살펴보기

| 프로젝트 Videowork |

MediaController 클래스를 활용해서 동영상을 플레이 시키는 법을 살펴보겠다. 이벤트 처리방법은 xml 파일에서 onClick 속성을 사용하도록 하겠다. onClick 속성값으로 이벤트를 처리하는 메소드 이름을 적어주면 된다.

	java 파일	xml 파일
관련 이미지		
자바	MainActivity.java	PlayVideo.java
레이아웃 파일	activity_main.xml	video_play.xml

다른 Activity를 시작하려면 intent를 사용하면 된다. PlayVideo라는 이름의 새로운 Activity를 시작하려면 다음과 같이 입력하면 된다.

```
Intent intent = new Intent(this, PlayVideo.class);
startActivity(intent);
```

다른 액티비티에 현재의 어떤 정보를 넘겨줄 수 있다. 다음은 data라는 곳에 tag값을 넘겨주는 코드이다. tag값은 xml 파일 안에 정의된 값이고 이 값에 따라 PlayVideo Activity는 사용자가 터치한 비디오를 재생해준다.

```
intent.putExtra("data", tag);
```

MainActivity 전체 소스

```java
package com.example.sec.videowork;

import android.content.Intent;
import android.os.Bundle;
import android.support.v7.app.AppCompatActivity;
import android.view.View;
import android.widget.LinearLayout;

public class MainActivity extends AppCompatActivity {

    @Override
    protected void onCreate(Bundle savedInstanceState) {
        super.onCreate(savedInstanceState);
        setContentView(R.layout.activity_main);

        setTitle("Video Album");
    }
    public void showVideo(View v) {
        int id = v.getId();
        String tag;
        Intent intent;
        switch (id) {

            case R.id.video1:
```

```java
                tag = "1";
                break;

            case R.id.video2:
                tag = "2";
                break;

            case R.id.video3:
                tag = "3";
                break;

            case R.id.video4:
                tag = "4";
                break;

            case R.id.video5:
                tag = "5";
                break;

            default:
                tag = "0";
                break;
        }
        intent = new Intent(this, PlayVideo.class);
        intent.putExtra("data", tag);
        startActivity(intent);
    }
}
```

3 drawable shape 이해하기

(1) drawable shape

Shape Drawable 기능을 사용하면 XML로 쉽게 배경이미지나 도형을 만들 수 있다. 비트맵을
사용하지 않아도 되기 때문에 앱의 용량도 줄일 수 있다. 루트 엘리먼트로 shape을 사용하여 만
든다. 본 예제에서는 drawable 디렉토리에 shape_attr.xml와 shape_back.xml 파일을 만들어
서 사용하였다.

(2) shape_attr.xml와 shape_back.xml 위치 및 기능

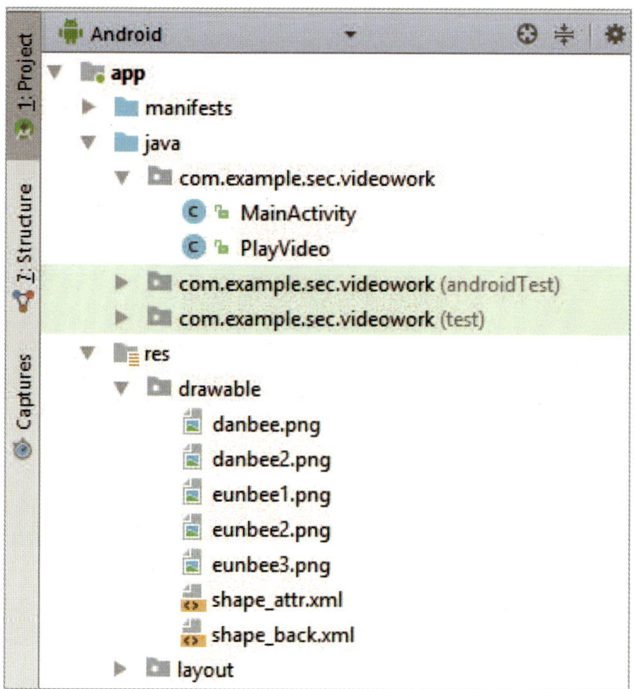

drawable shape. xml	기능
shape_attr.xml	activity_main.xml 에서 각 뷰그룹들의 면과 선에 사용한다. video_play.xml에서 타이틀(텍스트뷰)에서 사용한다.
shape_back.xml	video_play.xml에서 뷰그룹의 면과 선에 사용한다.

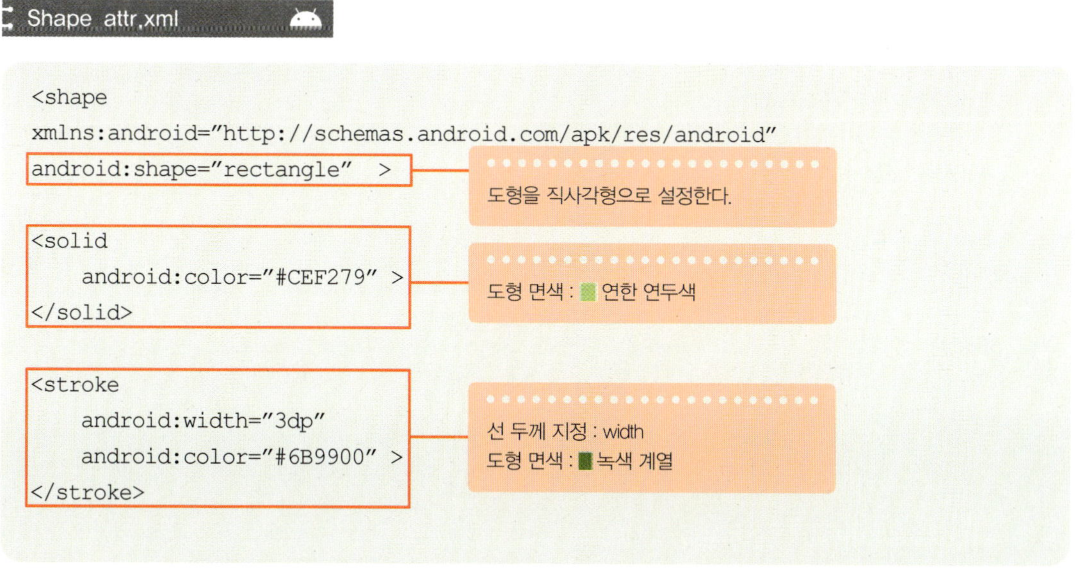


```xml
<shape
xmlns:android="http://schemas.android.com/apk/res/android"
android:shape="rectangle"  >

<solid
    android:color="#CEF279" >
</solid>

<stroke
    android:width="3dp"
    android:color="#6B9900" >
</stroke>
```

```xml
<padding
    android:left="12dp"
    android:top="5dp"
    android:right="10dp"
    android:bottom="5dp"     >
</padding>

<corners
    android:radius="8dp"     >
</corners>

</shape>
```


shape_back.xml

```xml
<shape
xmlns:android="http://schemas.android.com/apk/res/android"
android:shape="rectangle"   >

<solid
    android:color="#BBB271" >
</solid>

<stroke
    android:width="6dp"
    android:color="#662500" >
</stroke>

<padding
    android:left="12dp"
    android:top="5dp"
    android:right="10dp"
    android:bottom="5dp"     >
</padding>

<corners
    android:radius="0dp"     >
</corners>

</shape>
```

첫 화면을 구성하는 레이아웃이다. LinearLayout 뷰그룹에 텍스트 뷰 1개와 5개의 LinearLay-
out 뷰그룹이 수직으로 배치되어 있다. 내부 LinearLayout은 2개의 텍스트 뷰와 이미지 뷰로 구
성되어 있다.


```xml
<?xml version="1.0" encoding="utf-8"?>
<LinearLayout xmlns:android="http://schemas.android.com/apk/res/android"
    android:layout_width="match_parent"
    android:layout_height="match_parent"

    android:orientation="vertical"
    android:paddingBottom="10dp"
    android:paddingLeft="5dp"
    android:paddingRight="5dp"
    android:paddingTop="5dp"


    >

    <TextView
        android:layout_width="match_parent"
        android:layout_height="wrap_content"
        android:text="@string/title"
        android:textColor="@color/colorDarkBlue"
        android:textSize="18dp" />

    <LinearLayout
        android:id="@+id/video1"
        android:layout_width="match_parent"
        android:layout_height="wrap_content"
        android:layout_marginTop="5dp"

        android:clickable="true"
        android:onClick="showVideo"
        android:orientation="vertical"
        android:tag="1"
        android:background="@drawable/shape_attr">

        <TextView
            android:layout_width="match_parent"
            android:layout_height="wrap_content"
```

```xml
            android:text="@string/what1"
            android:textColor="#4C4C4C"
            android:textSize="18dp" />


        <LinearLayout
            android:layout_width="wrap_content"
            android:layout_height="wrap_content"
            android:orientation="horizontal">

            <ImageView
                android:layout_width="100dp"
                android:layout_height="60dp"
                android:paddingRight="5dp"
                android:src="@drawable/danbee" />

            <TextView
                android:layout_width="wrap_content"
                android:layout_height="wrap_content"
                android:text="@string/who1"
                android:textColor="#FFBB00"
                android:textSize="18dp" />
        </LinearLayout>


    </LinearLayout>

    <LinearLayout
        android:id="@+id/video2"
        android:layout_width="match_parent"
        android:layout_height="wrap_content"
        android:layout_marginTop="5dp"

        android:clickable="true"
        android:onClick="showVideo"
        android:orientation="vertical"
        android:tag="2"
        android:background="@drawable/shape_attr">

        <TextView
            android:layout_width="match_parent"
            android:layout_height="wrap_content"
            android:text="@string/what2"
            android:textSize="18dp" />
```

```xml
            android:textColor="#4C4C4C"/>


        <LinearLayout
            android:layout_width="match_parent"
            android:layout_height="wrap_content"
            android:layout_weight="1"
            android:orientation="horizontal"
            >

            <ImageView
                android:layout_width="100dp"
                android:layout_height="60dp"
                android:adjustViewBounds="true"
                android:paddingRight="5dp"

                android:src="@drawable/eunbee1" />

            <TextView
                android:layout_width="match_parent"
                android:layout_height="wrap_content"
                android:text="@string/who2"
                android:textColor="#FFBB00"
                android:textSize="18dp" />
        </LinearLayout>
    </LinearLayout>

    <LinearLayout
        android:id="@+id/video3"
        android:layout_width="match_parent"
        android:layout_height="wrap_content"
        android:layout_marginTop="5dp"

        android:clickable="true"
        android:onClick="showVideo"
        android:orientation="vertical"
        android:tag="3"
        android:background="@drawable/shape_attr">

        <TextView
            android:layout_width="match_parent"
            android:layout_height="wrap_content"
            android:text="@string/what3"
            android:textSize="18dp" />
```

```xml
            android:textColor="#4C4C4C"/>


        <LinearLayout
            android:layout_width="match_parent"
            android:layout_height="wrap_content"
            android:layout_weight="1"
            android:orientation="horizontal">

            <ImageView
                android:layout_width="100dp"
                android:layout_height="60dp"
                android:adjustViewBounds="true"
                android:paddingRight="5dp"

                android:src="@drawable/eunbee2" />

            <TextView
                android:layout_width="match_parent"
                android:layout_height="wrap_content"
                android:text="@string/who3"
                android:textColor="#FFBB00"
                android:textSize="18dp" />
        </LinearLayout>
    </LinearLayout>


<LinearLayout
    android:id="@+id/video4"
    android:layout_width="match_parent"
    android:layout_height="wrap_content"
    android:layout_marginTop="5dp"

    android:clickable="true"
    android:onClick="showVideo"
    android:orientation="vertical"
    android:tag="4"
    android:background="@drawable/shape_attr">

    <TextView
        android:layout_width="match_parent"
        android:layout_height="wrap_content"
        android:text="@string/what4"
        android:textColor="#4C4C4C"
```

```xml
            android:textSize="18dp" />


        <LinearLayout
            android:layout_width="match_parent"
            android:layout_height="wrap_content"
            android:layout_weight="1"
            android:orientation="horizontal">

            <ImageView
                android:layout_width="100dp"
                android:layout_height="60dp"
                android:adjustViewBounds="true"
                android:paddingRight="5dp"
                android:src="@drawable/eunbee3" />

            <TextView
                android:layout_width="match_parent"
                android:layout_height="wrap_content"
                android:text="@string/who4"
                android:textColor="#FFBB00"
                android:textSize="18dp" />
        </LinearLayout>
    </LinearLayout>

    <LinearLayout
        android:id="@+id/video5"
        android:layout_width="match_parent"
        android:layout_height="wrap_content"
        android:layout_marginTop="5dp"

        android:clickable="true"
        android:onClick="showVideo"
        android:orientation="vertical"
        android:tag="5"
        android:background="@drawable/shape_attr">

        <TextView
            android:layout_width="match_parent"
            android:layout_height="wrap_content"
            android:text="@string/what5"
            android:textColor="#4C4C4C"
            android:textSize="18dp" />
```

```xml
<LinearLayout
    android:layout_width="match_parent"
    android:layout_height="wrap_content"
    android:layout_weight="1"
    android:orientation="horizontal">

    <ImageView
        android:layout_width="100dp"
        android:layout_height="60dp"
        android:adjustViewBounds="true"
        android:paddingRight="5dp"
        android:src="@drawable/danbee2" />

    <TextView
        android:layout_width="match_parent"
        android:layout_height="wrap_content"
        android:text="@string/who5"
        android:textColor="#FFBB00"
        android:textSize="18dp" />
    </LinearLayout>
  </LinearLayout>

</LinearLayout>
```

Tip

안드로이드 스튜디오 유용한 단축키

단축키	기능
Ctrl + Alt + L	소스를 보기 좋게 자동으로 정렬한다.
Ctrl + Shift + I	클래스와 메소드의 정의 부분을 볼 수 있다.
Shift + F6	클래스, 메소드, 변수의 이름을 변경한다.
Ctrl + P	매개변수 목록을 볼 수 있다.
Ctrl + Q	클래스, 메소드에 대한 정보를 볼 수 있다.
Ctrl + H	상속계층(Hierarchy)를 볼 수 있다.
Ctrl + F	낱말 검색
Ctrl + Space Bar	자동완성 기능
Ctrl + E	최근에 사용한 파일 열기
Ctrl + B	메소드 선언부로 이동한다.

1 비디오 재생하기

| 프로젝트 PlayVideo.java |

(1) VideoView 클래스

video_play.xml 파일 안에 VideoView를 위젯(뷰)으로 넣어서 화면을 간단하게 구성할 수 있다. 그리고 findViewById 메소드를 사용해서 VideoView 객체에 연결해 주면 된다. VideoView 클래스는 다음 표와 같이 비디오 재생과 관련한 유용한 메소드를 가지고 있다.

메소드	기능
setVideoUrl	동영상이 저장되어 있는 경로를 지정한다.
start	동영상을 재생한다.
stop	동영상 재생을 중지한다.
setMediaController	동영상 컨트롤러를 부착한다.

(2) getIntent로 전달된 값 받기

MainActivity에서 보내온 값을 전달 받기 위해서 getIntent를 사용하여 Intent 객체를 생성한다. 그리고 getStringExtra 메소드를 사용하여 전달 받은 값을 tag에 넣도록 한다. 전달 받은 값이 정수형일 경우 getIntExtra 메소드를 사용한다.

```
Intent it = getIntent();
//data 는 전달받은 key 값이며 getStringExtra 메소드를 통해 값을 받게 된다.
//만약에 메인화면에서 첫 번째 비디오를 선택하게 될 경우 값으로 1을 전달 받고
//tag에 "1" 이 저장된다.
String tag = it.getStringExtra("data");
```

(3) getResources( ) 메소드를 사용한 동영상 제목 나타내기

첫 화면에서 사용자가 첫 비디오를 선택하게 되면 tag 값에 1이 저장된다. tag 값을 이용해서 "what" + "1" 이 만들어 진다. string.xml 파일에 있는 what1의 내용을 가져오기 위해서는 what1 의 리소스ID가 필요하다. R파일을 사용하지 않고 getIdentifier를 사용하면 리소스 ID를 쉽게 얻을 수 있다. 먼저 getResources( ) 메소드를 사용해서 Resources 객체를 만들고 getIdentifier 메소드를 사용해서 리소스 ID를 얻으면 된다. getString은 리소스ID에 대한 문자열값을 가져온다.

```java
TextView title = (TextView) findViewById(R.id.title);
int stringId;
String myInfo;
Resources res = getResources();
stringId = res.getIdentifier("what" + tag, "string", getPackageName());
myInfo = res.getString(stringId);
title.setText(myInfo);
```

② PlayVideo. java 전체 코드 분석하기


```java
package com.example.sec.videowork;

import android.content.Intent;
import android.net.Uri;
import android.os.Bundle;
import android.support.v7.app.AppCompatActivity;
import android.view.View;
import android.widget.MediaController;
import android.widget.TextView;
import android.widget.VideoView;


public class PlayVideo extends AppCompatActivity {
    Uri uri;

    @Override
    protected void onCreate(Bundle savedInstanceState) {
        super.onCreate(savedInstanceState);
        setContentView(R.layout.video_play);

        setTitle("Video Play");

        Intent it = getIntent();
        String tag = it.getStringExtra("data");

        TextView title = (TextView) findViewById(R.id.title);
        VideoView videoView = (VideoView) findViewById(R.id.videoview);

        int stringId;
```

```java
        String myInfo;

        stringId = getResources().getIdentifier("what" + tag, "string"
                                , getPackageName());

        myInfo = getString(stringId);
        title.setText(myInfo);

        switch (tag) {

          case "1":
              uri = Uri.parse("android.resource://" + getPackageName() + "/raw/
danbee");
            break;

          case "2":
              uri = Uri.parse("android.resource://" + getPackageName() + "/raw/
eunbee1");
            break;

          case "3":
              uri = Uri.parse("android.resource://" + getPackageName() + "/raw/
eunbee2");
            break;

          case "4":
              uri = Uri.parse("android.resource://" + getPackageName() + "/raw/
eunbee3");
            break;

          case "5":
              uri = Uri.parse("android.resource://" + getPackageName() + "/raw/
danbee2");
            break;

          default:
            break;
        }

        videoView.setVideoURI(uri);
        videoView.start();

        MediaController mController = new MediaController(this);
        videoView.setMediaController(mController);
```

```java
    }

    public void eturnMain(View v) {
        finish();
    }
}
```

동영상 재생과 관련된 VideoView도 버튼 뷰처럼 하나의 화면 영역을 차지한다. Button처럼 뷰 그룹에 넣어 사용하면 된다.


```xml
<?xml version="1.0" encoding="utf-8"?>
<LinearLayout xmlns:android="http://schemas.android.com/apk/res/android"
    android:layout_width="match_parent"
    android:layout_height="match_parent"
    android:orientation="vertical"
    android:paddingBottom="10dp"
    android:paddingLeft="10dp"
    android:paddingRight="10dp"
    android:paddingTop="10dp"
    android:clickable="true"
    android:background="@drawable/shape_back"
    >

    <TextView
        android:id="@+id/title"
        android:layout_width="match_parent"
        android:layout_height="wrap_content"
        android:textSize="20dp"
        android:textColor="#000000"
        android:background="@drawable/shape_attr"/>

    <VideoView
        android:id="@+id/videoview"
        android:layout_width="match_parent"
        android:layout_height="307dp"
        android:layout_marginBottom="100dp"
        android:layout_marginTop="10dp" />

    <Button
        android:layout_marginTop="0dp"
```

```xml
        android:layout_width="wrap_content"
        android:layout_height="wrap_content"
        android:textSize="15dp"
        android:text="닫기"
        android:onClick="returnMain"
        />

</LinearLayout>
```

 string.xml

```xml
<resources>
    <string name="app_name">가족 앨범</string>

    <string name="title">select the video</string>

    <string name="what1">피아노 연주</string>
    <string name="who1">조단비</string>
    <string name="video1">danbee</string>

    <string name="what2">멍멍이와 함께</string>
    <string name="who2">조은비</string>
    <string name="video2">eunbee1</string>

    <string name="what3">과자가 맛있어요</string>
    <string name="who3">조은비</string>
    <string name="video3">eunbee2</string>

    <string name="what4">과자가 맛있어요2</string>
    <string name="who4">조은비</string>
    <string name="video4">eunbee3</string>

    <string name="what5">방송 아나운서</string>
    <string name="who5">조단비</string>
    <string name="video5">danbee2</string>
</resources>
```

10

네이버 지도 API 활용한 간단한 지도 앱 만들기

- 네이버 지도 API 사용법 살펴보기
- 제공되는 예시를 통해 나만의 오버레이 아이콘을 지도에 표시하기

네이버 지도 API를 활용해서 간단한 지도 앱을 제작해 본다.

01 ≫ 네이버 지도 API 활용 앱 만들기 전에 알아두기　　　LOADING...

1 위치 기반 서비스 활용

| 프로젝트 mymap |

사용자의 위치를 기반으로 해서 편의점, 은행 등 여러 시설물의 위치를 알려주거나 사람들의 위치, 자동차의 위치 등을 알려주는 서비스이다.

2 위치 제공자

사용자의 위치를 얻기 위해서는 위치 제공자를 사용해야 한다.

GPS(Global Position System)	실외에서만 작동을 하기 때문에 건물 안에서는 사용할 수 없다. 배터리를 많이 소비하고 속도가 느리다.
네트워크	전화국 기지에서 나오는 신호 또는 와이파이 신호를 활용하여 실내에서도 사용할 수 있는 장점이 있다.

3 중요 클래스

자세한 내용은 다음 주소를 참고하기 바란다.

NMapLocationManager	위치 관리자로 GPS 및 네트워크를 모두 사용하여 현재 위치를 탐색한다. 단말기의 현재 위치 탐색 기능을 사용하기 위한 클래스이다.
NMapPOIdata	지도 위에 표시되는 POI(Point Of Interest, 관심지점) 아이템을 관리하는 클래스이다.
NMapActivity	Activity 클래스를 상속받은 클래스이며 본 예제에서는 NMapViewer 클래스가 NMapActivity 클래스를 상속받고 onCreate( )에서 NMapView 객체를 생성해서 사용했다.
NMapView	안드로이드 ViewGroup 클래스를 상속받은 클래스로서 지도 데이터를 화면에 표시하는 중요한 역할을 한다. 본 클래스에서 관리하는 지도 데이터는 지도 이미지 이외에도 지도 위에 표시되는 오버레이 객체를 포함한 내부적으로 터치 및 키보드 이벤트를 처리하며 오버레이 객체에도 이벤트를 전담한다.
NMapController	지도의 상태를 변경하고 컨트롤하기 위한 클래스이다. NMapView 클래스 생성 시 내부적으로 생성되며 NMapView 클래스의 getMapController( ) 메소드를 통해서 접근한다. 지도 확대, 축소 등의 기능을 수행한다
NMapOverlay	지도 위에 오버레이 객체를 표시하기 위한 추상 클래스이다. 오버레이는 지도 위에 이미지나 아이콘을 더 표시하는 기능이다.
NMapOverlayItem	지도 위에 표시되는 오버레이 아이템 클래스이며 NMapPOIdataOverlay 클래스에서 표시하는 기본 객체로 사용된다. 지도에 표시되는 마커 이미지는 NMapPOIdata OverlayDelegate 프로토콜을 통해서 전달합니다.
NMapResourceProvider	지도 위의 오버레이 객체 드로잉에 필요한 리소스 데이터를 제공하기 위한 클래스이다. 본 예제에서는 NMapViewerResourceProvider 클래스에서 상속하여 사용하였다.

출처: https://developers.naver.com/docs/map/android/

1 Client ID 얻기

❶ https://developers.naver.com/main/ 에 접속한다.

❷ 네이버 로그인을 한 후에 [오픈 API 이용 신청]을 클릭한다.

❸ API 이용을 위해 애플리케이션을 등록하고 API 설정한다. [휴대폰 인증]을 통해 인증을 받은
후에 회사이름을 입력한다.

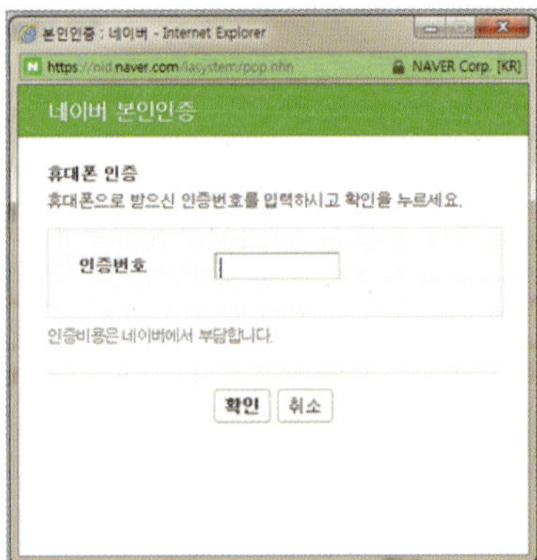

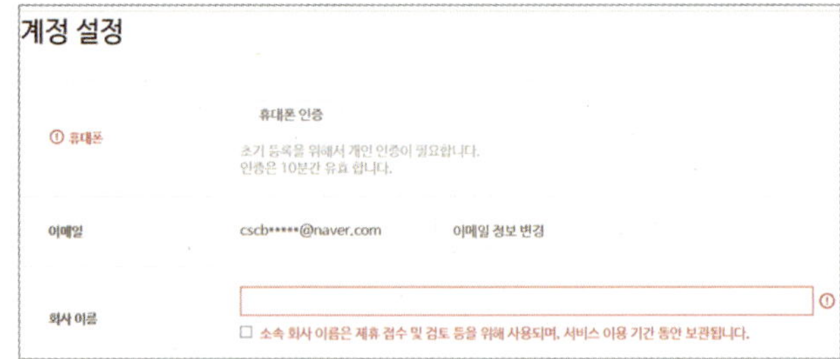

❹ 애플리케이션 이름을 입력하고, 사용 API는 지도(모바일)을 선택한다. 환경 추가는 Android 를 선택한 후에 안드로이드 앱패키지 이름을 입력한다.

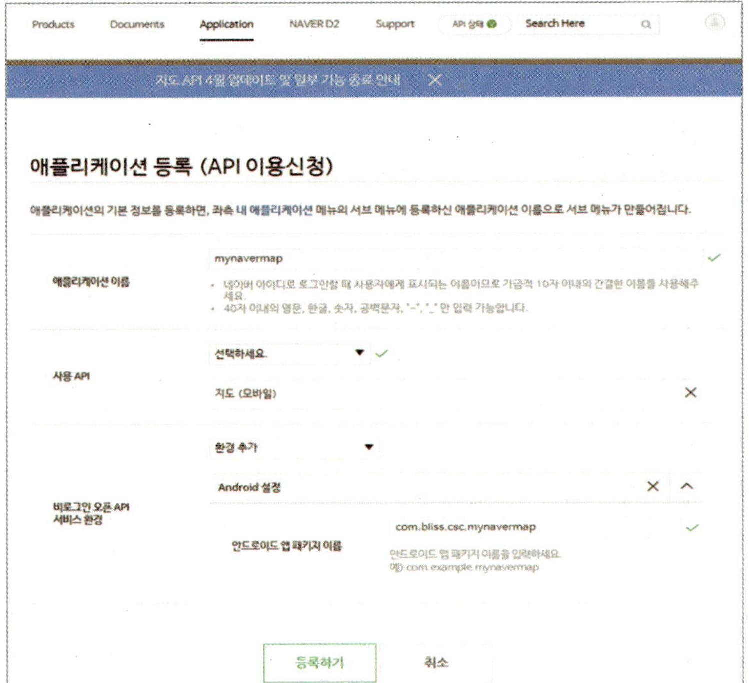

❺ 다음과 같이 Client ID를 얻을 수 있다.

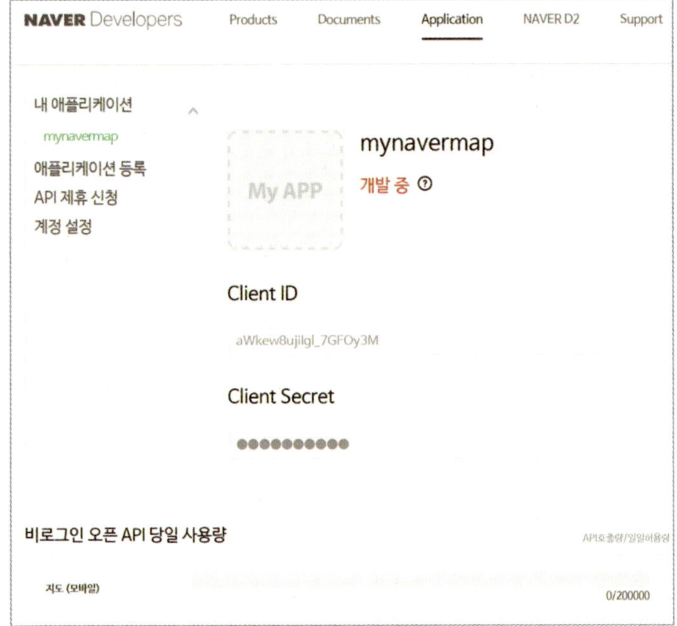

2 네이버 지도 샘플자료를 이용한 NaverMap 앱 만들기

❶ https://github.com/navermaps/maps.android 에 접속한다.

❷ [Clone or Download]을 클릭해서 다운로드한다.

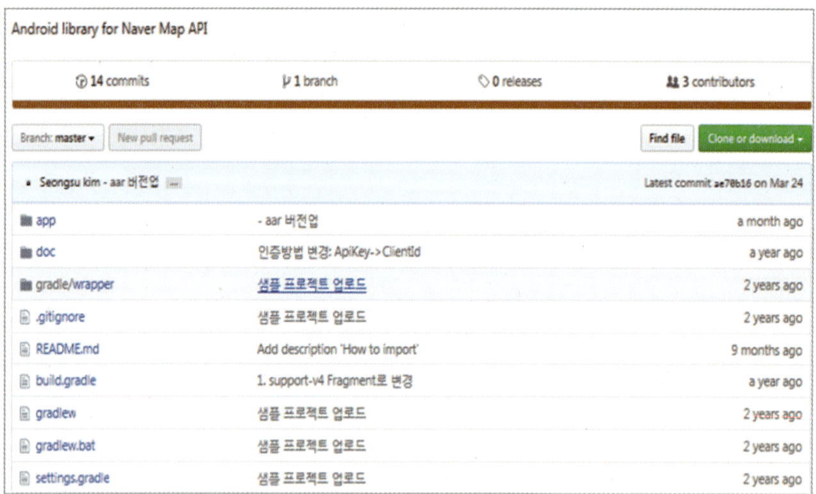

❸ https://developers.naver.com/docs/map/tutorial/에 접속한 후 [Android용 지도 사용하기] 탭을 선택한다.

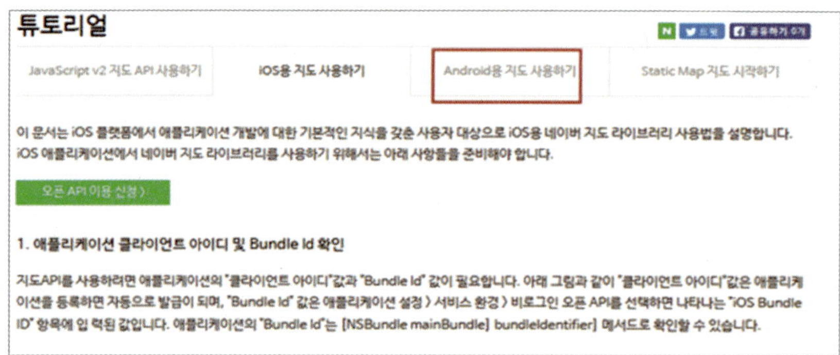

❹ 사용 설명서를 잘 읽고 따라 해야 한다.

출처 : 네이버 개발자 센터 발췌

❺ 다운로드한 예제자료를 Android Studio에서 [File]-[Open]으로 불러온다. 아래 사진처럼 maps.android-master를 선택하고 [OK] 버튼을 클릭한다.

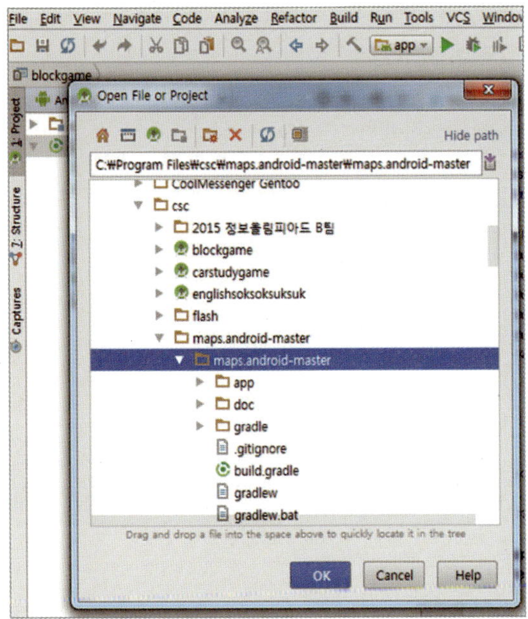

❻ AndroidManifest.xml에서 패키지 이름을 애플리케이션 등록에 사용한 패키지 이름으로 변경한다.

❼ Activity name을 패키지 풀이름으로 고쳐 적는다.

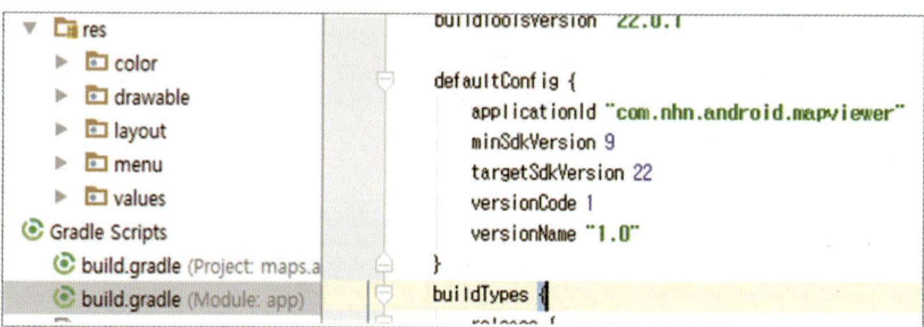

❽ app 디렉토리의 build.gradle의 applicationId에서도 패키지명을 수정한다.

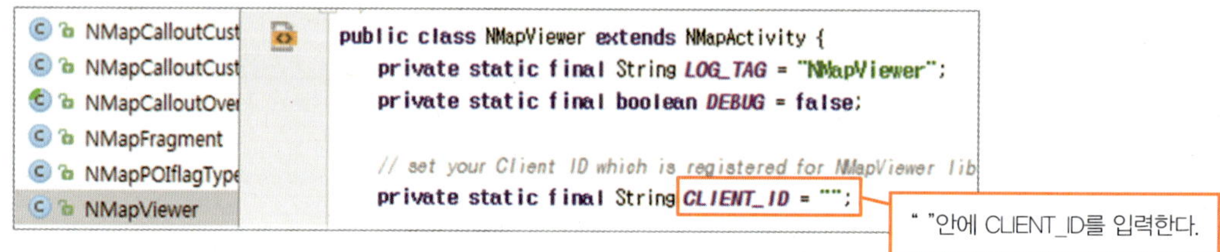

❾ NMapViewer.java 파일안에 Cilent ID를 입력한다.

```java
public class NMapViewer extends NMapActivity {
    private static final String LOG_TAG = "NMapViewer";
    private static final boolean DEBUG = false;

    // set your Client ID which is registered for NMapViewer lib
    private static final String CLIENT_ID = "";
```

❿ 빨간색 R 오류가 생길 경우 ⟨ Alt ⟩ + ⟨ Enter ⟩ 키를 눌러서 없애준다.

```
  NMapCalloutCustomOldOverlay              super.onCreate(savedInstanceState);
  NMapCalloutCustomOverlayView
  NMapCalloutOverlayView                   if (USE_XML_LAYOUT) {
  NMapFragment                                 setContentView(R.layout.main);
  NMapPOIflagType
  NMapViewer                                   nMapView = (NMapView)findViewById(R.id.ma
  NMapViewerApplication                    } else {
  NMapViewerResourceProvider                   // create map view
n.nhn.android.mapviewer (androidTest)         nMapView = new NMapView(this);

pts                                           // create parent view to rotate map view
                                              nMapContainerView = new MapContainerVie
```

```
public class Fragment1 extends NMapFragment {

    @Override
    public V                                      , ViewGroup container,
             ? com.bliss.csc.mynavermap.R? Alt+Enter

        return inflater.inflate(R.layout.fragment1, container, false);
    }

}
```

② 지도에 우리 동네 오버레이 아이템 표시하기

(1) 경도와 위도 구하기

❶ www.google.co.kr/maps 구글 맵스에 접속한다.

❷ 검색어에 찾고자 하는 건물명을 입력하여 검색한다.

❸ 마우스 오른쪽을 클릭하고 [이곳이 궁금한가요?]를 선택한다.

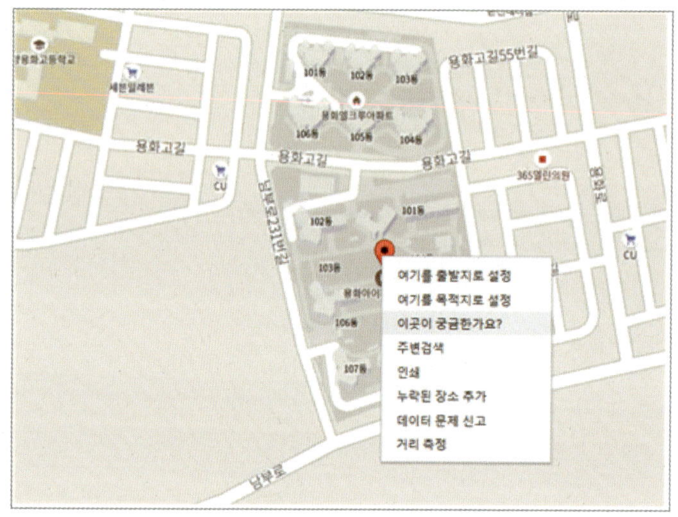

❹ 경도와 위도를 얻을 수 있다.

위도: 36.771990, 경도: 127.007164

(2) 예제 소스 변경하기

❶ NMapViewer.java 파일안에 onCreate( ) 메소드 마지막 부분에 testPOIdataOverlay( ) 메
소드를 삽입한다.

```java
public void onCreate(Bundle savedInstanceState) {
    super.onCreate(savedInstanceState);

    if (USE_XML_LAYOUT) {
        setContentView(R.layout.main);

        nMapView = (NMapView)findViewById(R.id.mapView);
    } else {
        // create map view
        nMapView = new NMapView(this);

        // create parent view to rotate map view
        nMapContainerView = new MapContainerView(this);
        nMapContainerView.addView(nMapView);

        // set the activity content to the parent view
        setContentView(nMapContainerView);
    }
```

중간 생략

```java
    // create my location overlay
    mMyLocationOverlay = mOverlayManager.createMyLocationOverlay(nMapLocationManager, nMapCompassManager);

}
```

❷ NMapViewer.java 파일 안에 있는 testPOIdataOverlay( ) 메소드 안에 있는 내용을 바꾼다.

원본 소스

```java
private void testPOIdataOverlay() {

    // Markers for POI item
    int markerId = NMapPOIflagType.PIN;

    // set POI data
    NMapPOIdata poiData = new NMapPOIdata(2, nMapViewerResourceProvider);
    poiData.beginPOIdata(2);
    NMapPOIitem item = poiData.addPOIitem(127.0630205, 37.5091300, "Pizza 777-111", markerId, 0);
    item.setRightAccessory(true, NMapPOIflagType.CLICKABLE_ARROW);
    poiData.addPOIitem(127.061, 37.51, "Pizza 123-456", markerId, 0);
    poiData.endPOIdata();
```

변경된 소스

여기서는 용화아이파크와 이순신체육관을 레이아웃에 표시되도록 하였다. POI(Point Of In-
terest)는 관심지점을 의미한다. 경도와 위도는 구급맵스를 통해서 얻은 값이고 원본예제보다
하나를 더 추가하였다.

```java
private void testPOIdataOverlay() {

    // Markers for POI item
    int markerId = NMapPOIflagType.PIN;

    // set POI data
    NMapPOIdata poiData = new NMapPOIdata(2, mMapViewerResourceProvider);
    poiData.beginPOIdata(3);
    NMapPOIitem item = poiData.addPOIitem(127.007121, 36.771942, "용화아이파크", markerId, 0);
    item.setRightAccessory(true, NMapPOIflagType.CLICKABLE_ARROW);
    poiData.addPOIitem(127.022970,  36.771237, "아산경찰서", markerId, 0);
    poiData.addPOIitem(127.021661, 36.768454, "이순신체육관", markerId, 0);
    poiData.endPOIdata();
```

❸ 실행 모습

(3) 오버레이 아이템 변경하기

네이버에서 제공되는 오버레이 아이템을 내가 원하는 이미지로 변경해서 사용하는 방법을 살펴
보겠다.

❶ 다음과 같이 2개의 풍선이미지를 준비한다. icon2.png 파일은 사용자가 아이템을 선택했을
때 나오는 이미지이다.

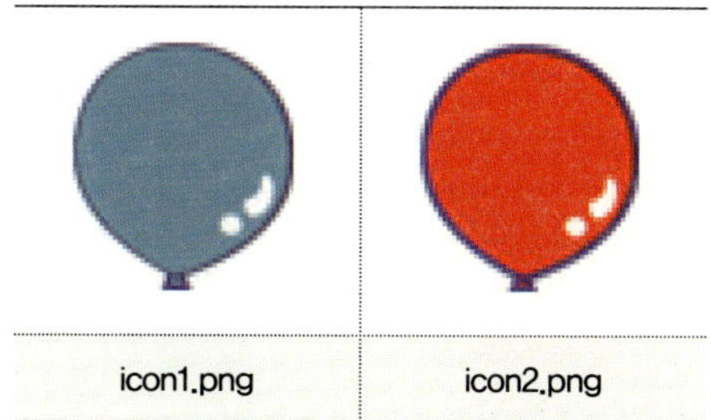

❷ 2개의 이미지를 [res]-[drawable] 안에 넣도록 한다.

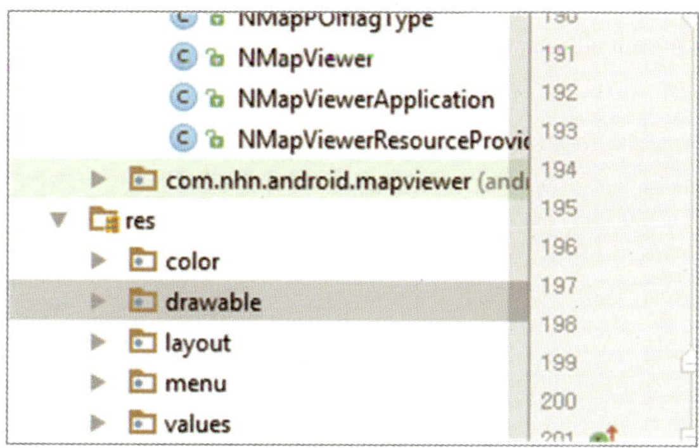

❸ NMapViewerResourceProvider 더블클릭해서 연다.

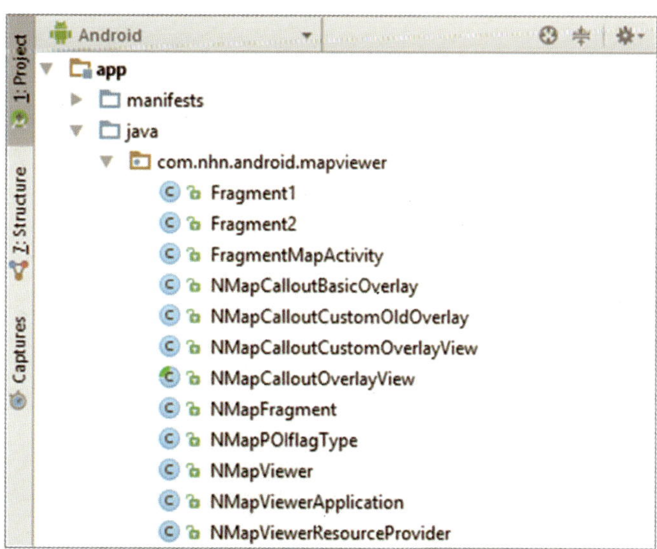

❹ 오버레이에 사용된 이미지를 바꾸어 주기 위해서 다음처럼 소스의 일부분을 수정하도록 한다.

수정 전

```
new ResourceIdsOnMap(NMapPOIflagType.PIN, R.drawable.ic_pin_01, R.drawable.ic_
pin_02),
new ResourceIdsOnMap(NMapPOIflagType.SPOT, R.drawable.ic_pin_01, R.drawable.ic_
pin_02),
```

수정 후

```
new ResourceIdsOnMap(NMapPOIflagType.PIN, R.drawable.icon1, R.drawable.icon2),
new ResourceIdsOnMap(NMapPOIflagType.SPOT, R.drawable.icon1, R.drawable.icon2),
```

❺ 실행을 시키면 아래 사진처럼 오버레이 이미지가 풍선으로 변경되어서 표시된다. 사용자가 풍선을 터치하게 되면 빨간색 풍선으로 바뀐 모습을 확인할 수 있다.

나만의 일기장
앱 만들기

- TabWidget 이해하기
- SQLite를 활용하여 데이터를 추가하거나 삭제하기

CHAPTER

11

나만의 일기장 앱 만들기

TabWidget을 활용해서 일기장 앱을 제작해본다.
응용하면 영어 단어장이나 메모장과 같이 다양한 앱들을 제작할 수 있다.

0% 100%

01 ≫ 나만의 일기장 앱 만들기 LOADING...

1 TabWidget을 활용한 일기장 앱

| 프로젝트 MyDiary |

본 예제에서는 TabWidget과 DB를 활용해서 나만의 일기장을 제작해 보겠다.

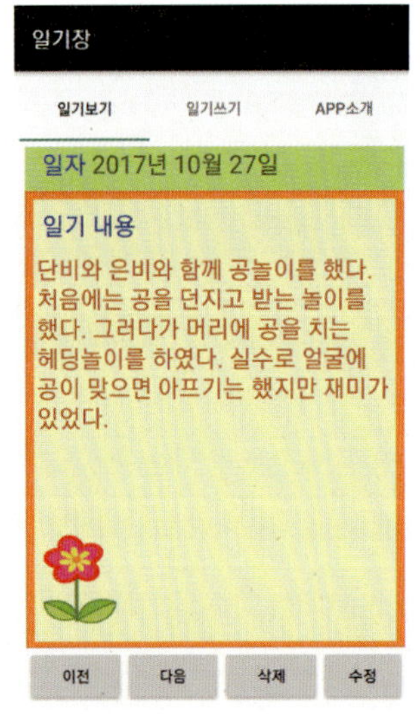

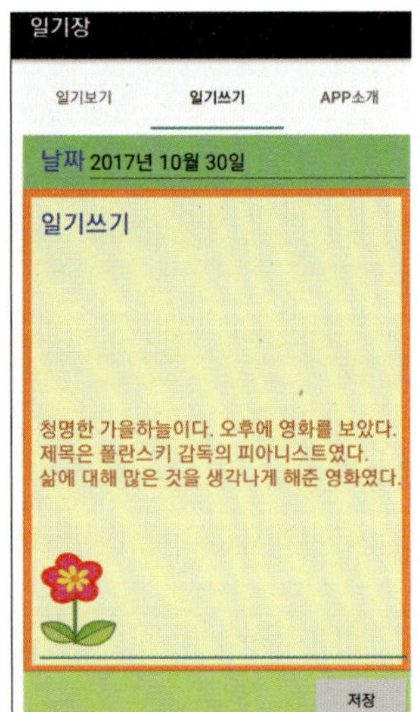

[일기보기], [일기쓰기], [App소개]의 3개의 탭으로 구성되어 있다.

[일기쓰기] 탭을 클릭해서 일기를 작성할 수 있다.

java 파일	역할	레이아웃 xml 파일
MainActivity.java	TabWidget을 만들고 탭을 선택했을 때 화면을 어떤 내용으로 채울지를 정한다.	activity_main.xml
ShowMyData.java	[일기보기] 탭을 선택했을 경우 처리되는 코드이다.	show.xml
WriteDiaryActivity.java	[일기쓰기] 탭을 선택했을 경우 처리되는 코드이다.	writediary.xml
ModifyMyData.java	[일기보기] 탭에서 [수정] 버튼을 클릭하면 처리되는 코드이다.	modify.xml
DBManager.java	SQLiteOpenHelper를 상속받아 DB생성 및 Table 생성을 하는 클래스이다.	
AppHelpActivity.java	도움말 화면을 구성하는 파일이다. xml 파일 없이 자바코드로 화면을 구성했다.	

3 파일 구조

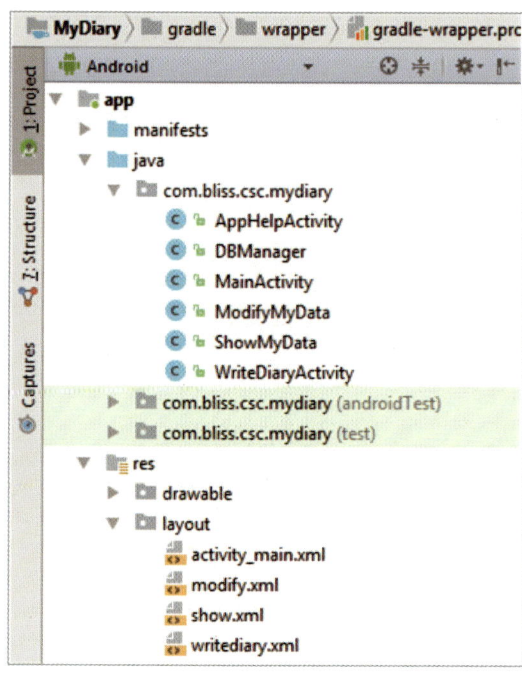

파일명: paper.png
일기장 배경그림으로 사용됨

5 TabWidget 이해하기

TabWidget은 기본적으로 제공되는 사용자 인터페이스 구성요소이다. 탭(버튼)을 사용해서 화면의 동일한 영역에 번갈아 다른 내용을 표시할 때 사용한다. TabWidget 클래스는 탭 위젯 안에 표시되는 탭을 추가하거나, 수정, 삭제하기 위한 기능들을 가지고 있다. TabWidget 클래스를 사용해서 탭을 만들었다면 탭들이 눌려질 때 표시되는 내용을 관리하기 위한 TabHost 클래스가 필요하다.

TabHost가 관리하는 페이지 화면은 반드시 FrameLayout을 사용해야 한다. 각각의 탭들은 동일한 영역을 사용하기 때문에 이전 탭의 내용들 위에 겹쳐서 새로운 탭의 내용이 제시되어야한다. TabHost는 TabWidget과 FrameLayout을 포함하고 있으며 배치되는 기본 구조는 다음과 같다.

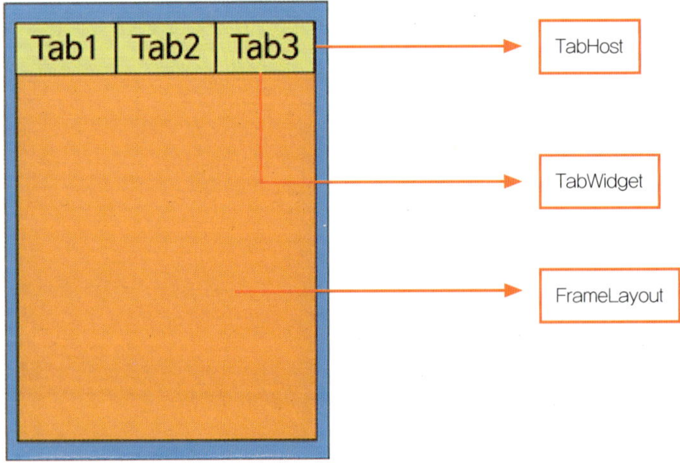

(1) activity_main.xml 코드 분석하기

TabHost를 구성하는 레이아웃을 살펴보겠다. 이 파일을 보면 TabHost는 뷰그룹 역할을 하며 TabWidget과 FrameLayout을 포함하고 있음을 확인할 수 있다. TabWidget과 FrameLayout 태그를 구성할 때 다음 사항을 유의해야 한다. LinearLayout의 orientation 속성을 사용해서 TabWidget과 FrameLayout을 수직으로 배치하였다.

❶ TabWidget의 id 속성에는 반드시 "@android:id/tabs" 값을 지정해야 합니다.

❷ TabHost내에서 FrameLayout을 사용해서 내용을 표시해야 한다. 이때 내용 표시를 위한 FrameLayout의 id 속성 값을 반드시 "@android:id/tabcontent" 라고 적어야 한다.

```xml
<?xml version="1.0" encoding="utf-8"?>
<TabHost xmlns:android="http://schemas.android.com/apk/res/android"
    android:id="@android:id/tabhost"
    android:layout_width="fill_parent"
    android:layout_height="fill_parent">
    <LinearLayout
        android:orientation="vertical"
        android:layout_width="fill_parent"
        android:layout_height="fill_parent"
        android:padding="5dp">
        <TabWidget
            android:id="@android:id/tabs"
            android:layout_width="fill_parent"
            android:layout_height="wrap_content" />


        <FrameLayout
            android:id="@android:id/tabcontent"
            android:layout_width="fill_parent"
            android:layout_height="fill_parent"
            android:padding="5dp" />
    </LinearLayout>
</TabHost>
```

(2) MainActivity.java 코드 분석하기

다음 과정을 통해서 하나의 Tap을 만들 수 있다.

newTabSpec	Tag를 가진 TabSpec 객체 생성한다. new 키워드를 사용하지 않고 newTabSpec을 사용해서 객체를 생성한다.
setIndicator	탭에 나타날 문자열 지정한다.
setContent	탭이 눌려졌을 때 FrameLayout에 표시될 Content 뷰에 대한 리소스 id 지정한다. 본 예제에서는 탭 내용으로 채울 액티비티를 가동하기 위해 인텐트(화면전환)로 설정한다.
addTab	TabHost에 탭을 추가한다.

전체 소스는 다음과 같으며 3개의 Tap을 생성했다. 마지막 코드 setCurrentTab(0)은 처음 앱이 실행될 때 활성화되는 탭을 설정한다(0: 첫 번째 탭, 1: 두 번째 탭, 2: 세 번째 탭).

```java
package com.bliss.csc.mydiary;

import android.app.TabActivity;
import android.content.Intent;
import android.os.Bundle;
import android.widget.TabHost;

public class MainActivity extends TabActivity {

    @Override
    public void onCreate(Bundle savedInstanceState) {
        super.onCreate(savedInstanceState);
        setContentView(R.layout.activity_main);

    //첫 번째 탭 만들기
        TabHost tabHost = getTabHost();  // The activity TabHost
        TabHost.TabSpec spec;    // 재사용 할 수 있다.

        Intent intent = new Intent().setClass(this, ShowMyData.class);

        spec = tabHost.newTabSpec("show").setIndicator("일기보기").
setContent(intent);
        tabHost.addTab(spec);


    //두 번째 탭 만들기
        intent = new Intent().setClass(this, WriteDiaryActivity.class);
        spec = tabHost.newTabSpec("write").setIndicator("일기쓰기").
setContent(intent);
```

```java
        tabHost.addTab(spec);

    //두 번째 탭 만들기
        intent = new Intent().setClass(this, AppHelpActivity.class);
        spec = tabHost.newTabSpec("help").setIndicator("App소개").
setContent(intent);
        tabHost.addTab(spec);

        //처음 앱 실행시 탭 활성화 지정하기
        tabHost.setCurrentTab(0);
    }
}
```


02 ≫ 데이터베이스를 활용한 일기장 앱 만들기　　　　LOADING...

1 데이터베이스 및 테이블 생성하기

| 프로젝트 DBManager.java |

(1) 예제에서 사용한 DB 및 테이블 구조

본 예제에서는 csc 이름의 DB를 만들고 diaryTB 이름의 테이블을 설계했다. 우리가 실제 다루는 것은 테이블로 2개의 텍스트 유형으로 만들었다. 첫 번째 텍스트에는 날짜, 두 번째 텍스트에는 일기 내용이 저장된다.

Table 구조

Table 명 : diaryTB		
속성	데이터 유형	사용
data1	text	날짜
data2	text	일기 내용

(2) 예제에서 사용된 클래스와 인터페이스

　DBManager 클래스는 SQLiteOpenHelper 클래스를 상속받아 데이터베이스와 테이블을 관리하는 메소드들을 사용할 수 있다. 다른 파일(ShowMyData.java, WriteDiaryActivity.java, ModifyMyData.java)에서 DBManager 클래스의 객체를 만들어서 사용하도록 하였다. 다음 표에 있는 내용들은 본 예제에서 사용되는 중요한 클래스와 인터페이스이다.

클래스, 인터페이스	메소드	활용	
SQLiteOpenHelper (이번 예제에서는 SQLiteOpenHelper를 상속받는 DBManager 클래스를 만들어 사용한다.)	onCreate( )	Create Table 명령을 사용해서 테이블 생성한다.	
	getWritableDatabase( )	쓰고 읽을 수 있는 데이터베이스를 연다. SQLiteDatabase 객체를 반환하고 SQLiteDatabase가 가지고 있는 메소드(execSQL, close 등)를 사용할 수 있다.	
SQLIteDatabase Class	execSQL( )	Insert into	레코드를 테이블에 추가하기
		Update SET	존재하는 레코드값 변경하기
		Delete	테이블에서 레코드 삭제하기
	close( )	DB 닫기	데이터베이스 객체 닫기
	query( )	query( )를 실행 후 커서를 반환한다.	
Cursor Interface	moveToFirst( )	커서를 레코드 제일 첫 번째 행으로 이동한다.	
	getString( )	커서가 가리키는 곳의 데이터를 가져온다. 예제에서는 테이블에 저장된 값(날짜, 일기 내용)을 다음과 같은 코드로 가져온다. diary_content = cursor.getString(0); diary_date = cursor.getString(1);	
	moveToPosition(i)	커서를 원하는 위치에 놓을 수 있다.	
	close( )	커서 사용 후 커서를 반드시 닫아 주어야 한다.	

DBManager.java

```java
package com.bliss.csc.mydiary;

import android.content.Context;
import android.database.sqlite.SQLiteDatabase;
import android.database.sqlite.SQLiteOpenHelper;

public class DBManager extends SQLiteOpenHelper {

    public DBManager(Context context) {

        super(context, "csc", null, 1);

    }

    @Override
    public void onCreate(SQLiteDatabase db) {
        db.execSQL("create table diaryTB (data1 text, data2 text);");
    }
```

```java
@Override
public void onUpgrade(SQLiteDatabase db, int oldVersion,
            int newVersion) {
    }
}
```

2 첫 번째 탭 만들기

[일기보기] 탭을 선택했을 경우 제시되는 content를 제작하겠다. [이전], [다음] 버튼을 클릭하여 다른 날짜의 일기를 볼 수 있으며 [수정], [삭제] 버튼을 클릭하여 해당 일기를 삭제하거나 수정할 수 있도록 하였다.

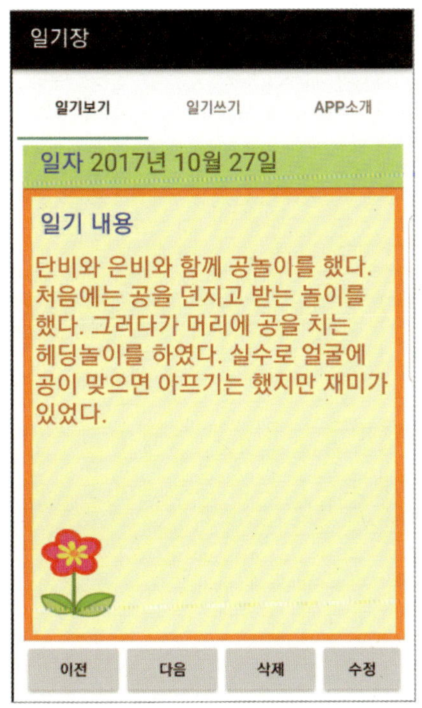

(1) show.xml 분석하기

LinearLayout을 중첩으로 사용하여 구성하였다. LinearLayout 뷰그룹 안에 3개의 내부 LinearLayout을 수직으로 배치하였다. 첫 번째와 세 번째 LinearLayout은 수평으로 뷰들을 배치하였고 두 번째 LinearLayout은 수직으로 뷰들을 배치하였다. [이전], [다음], [삭제], [수정] 버튼은 onClick 속성을 사용하여 자바코드에서 쉽게 이벤트를 처리할 수 있도록 하였다.

```xml
<?xml version="1.0" encoding="utf-8"?>
<LinearLayout xmlns:android="http://schemas.android.com/apk/res/android"
    android:layout_width="match_parent"
    android:layout_height="match_parent"
    android:orientation="vertical"

    >

    <!-- 날짜  -->
    <LinearLayout
        android:layout_width="match_parent"
        android:layout_height="wrap_content"
        android:background="#CEF279"
        android:orientation="horizontal">

        <TextView
            android:layout_width="wrap_content"
            android:layout_height="38dp"
            android:layout_marginLeft="15dp"
            android:orientation="vertical"
            android:text="일자"
            android:textColor="#0054FF"
            android:textSize="22dp" />

        <TextView
            android:id="@+id/date"
            android:layout_width="wrap_content"
            android:layout_height="38dp"
            android:orientation="vertical"
            android:textSize="22dp" />

    </LinearLayout>

    <!-- 일기내용  -->
    <LinearLayout
        android:layout_width="match_parent"
        android:layout_height="396dp"
        android:background="@drawable/paper"
        android:orientation="vertical">

        <TextView
            android:layout_width="wrap_content"
            android:layout_height="38dp"
            android:layout_marginLeft="15dp"
```

```xml
        android:layout_marginTop="15dp"
        android:orientation="vertical"
        android:text="일기 내용 "
        android:textColor="#0054FF"

        android:textSize="22dp" />

    <TextView
        android:id="@+id/t1"
        android:layout_width="fill_parent"
        android:layout_height="400dp"
        android:layout_marginLeft="10dp"
        android:orientation="vertical"
        android:textColor="#CC723D"
        android:textSize="22dp" />

</LinearLayout>

<LinearLayout
    android:layout_width="wrap_content"
    android:layout_height="match_parent"
    android:orientation="horizontal">
    <!-- 저장버튼 -->
    <Button
        android:id="@+id/bprevious"
        android:layout_width="wrap_content"
        android:layout_height="wrap_content"
        android:onClick="previousData"
        android:text="이전" />
    <!-- 저장버튼 -->
    <Button
        android:id="@+id/bnext"
        android:layout_width="wrap_content"
        android:layout_height="wrap_content"
        android:onClick="nextData"
        android:text="다음" />
    <!-- 삭제버튼 -->
    <Button
        android:id="@+id/bdelete"
        android:layout_width="wrap_content"
        android:layout_height="wrap_content"
        android:onClick="deleteData"
        android:text="삭제" />
```

```xml
            <!-- 수정버튼 -->
            <Button
                android:id="@+id/bmodify"
                android:layout_width="wrap_content"
                android:layout_height="wrap_content"
                android:onClick="modifyData"
                android:text="수정" />

    </LinearLayout>

</LinearLayout>
```

(2) ShowMyData.java 코드 분석하기

첫 번째 탭을 선택했을 경우 실시되는 Activity이다. [다음] 버튼을 클릭시 nextData 메소드가 실행되며 다음 일기장 내용이 제시된다. [이전] 버튼을 클릭시 previousData 메소드가 실행되며 이전 일기장 내용이 제시된다. [삭제] 버튼을 클릭하게 되면 deleteData 메소드가 실행되어 현재 보여지는 일기가 삭제된다. [수정] 버튼을 클릭하면 modifyData 메소드가 실행되며 일기를 수정할 수 있도록 다른 Activity로 화면 전환하도록 하였다.

```java
package com.bliss.csc.mydiary;

import android.app.Activity;
import android.content.Intent;
import android.database.Cursor;
import android.database.sqlite.SQLiteDatabase;
import android.database.sqlite.SQLiteException;
import android.os.Bundle;
import android.view.View;
import android.widget.Button;
import android.widget.TextView;

public class ShowMyData extends Activity {
    int nowData = 0;
    Cursor cursor;
    TextView date;
    TextView t1;
    String diary_content;
    String diary_date;
    int numburOfData;

    @Override
```

```java
public void onCreate(Bundle savedInstanceState) {
    super.onCreate(savedInstanceState);
    setContentView(R.layout.show);


    date = (TextView) findViewById(R.id.date);
    t1 = (TextView) findViewById(R.id.t1);


    try {
        DBManager dbmgr = new DBManager(this);


        SQLiteDatabase sdb = dbmgr.getReadableDatabase();


        cursor = sdb.query("diaryTB", null, null, null, null, null, null);


        numburOfData = cursor.getCount();
        cursor.moveToFirst();


        if (numburOfData == 0) nowData = 0;
        else nowData = 1;


        if (cursor.getCount() > 0) {
            diary_content = cursor.getString(0);
            diary_date = cursor.getString(1);
        }


        cursor.close();
        dbmgr.close();


    } catch (SQLiteException e) {
    }
    date.setText(diary_content);
    t1.setText(diary_date);
}
public void nextData(View v) {

    try {
        DBManager dbmgr = new DBManager(this);


        SQLiteDatabase sdb = dbmgr.getReadableDatabase();


        cursor = sdb.query("diaryTB", null, null, null, null, null, null);
```

```java
            if (numburOfData == 0) nowData = 0;

            if (cursor.getCount() > 0 && nowData <= numburOfData) {

                nowData += 1;

                if (nowData >= numburOfData) nowData = numburOfData;

                cursor.moveToPosition(nowData - 1);

                diary_content = cursor.getString(0);
                diary_date = cursor.getString(1);
            }

            cursor.close();
            dbmgr.close();

        } catch (SQLiteException e) {

        }
        date.setText(diary_content);
        t1.setText(diary_date);
    }

public void previousData(View v) {

    try {
        DBManager dbmgr = new DBManager(this);

        SQLiteDatabase sdb = dbmgr.getReadableDatabase();

        cursor = sdb.query("diaryTB", null, null, null, null, null, null);

        if (numburOfData == 0) nowData = 0;

        if (cursor.getCount() > 0 && nowData > 1) {

            nowData -= 1;

            if (nowData <= 1) nowData = 1;
            cursor.moveToPosition(nowData - 1);
            diary_content = cursor.getString(0);
            diary_date = cursor.getString(1);
        }
        cursor.close();
```

```java
            dbmgr.close();

        } catch (SQLiteException e) {

        }
        date.setText(diary_content);
        t1.setText(diary_date);
    }

    public void deleteData(View v) {
        if (numburOfData >= 1)
            try {

                DBManager dbmgr = new DBManager(this);

                SQLiteDatabase sdb;

                sdb = dbmgr.getWritableDatabase();
                cursor = sdb.query("diaryTB", null, null, null, null, null, null);
                cursor.moveToPosition(nowData - 1);
                diary_content = cursor.getString(0);
                nowData -= 1;
                String sql = String.format("DELETE FROM diaryTB
                        WHERE data1 = '%s'", diary_content);

                sdb.execSQL(sql);

                cursor.close();
                dbmgr.close();
            } catch (SQLiteException e) {

            }
    }

    public void modifyData(View v) {
        Intent it = new Intent();
        it = new Intent(this, ModifyMyData.class);
        String msg = nowData + "";
        it.putExtra("it_name", msg);

        startActivity(it);
        finish();
    }
}
```

3 두 번째 탭 만들기

[일기쓰기] 탭을 선택했을 경우 제시되는 content를 제작하겠다. 일기쓰기 영역에서 일기를 모두 쓴 다음에 화면 하단 우측에 있는 [저장] 버튼을 클릭하면 일기가 저장된다.

(1) writediary.xml 분석하기

show.xml 파일과 같이 LinearLayout 을 중첩으로 사용하여 구성하였다. LinearLayout 뷰그룹 안에 3개의 LinearLayout을 수직으로 배치하였다. 첫 번째 LinearLayout은 2개의 텍스트 뷰를 수평으로 배치하였고 두 번째 LinearLayout은 텍스트 뷰와 에디트 텍스트 뷰를 수직으로 배치 하였다. 세 번째 LinearLayout은 저장버튼을 위한 버튼 뷰로 구성되어 있다.

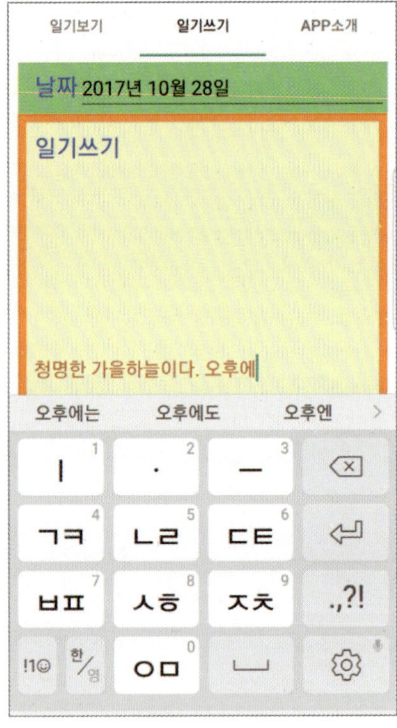

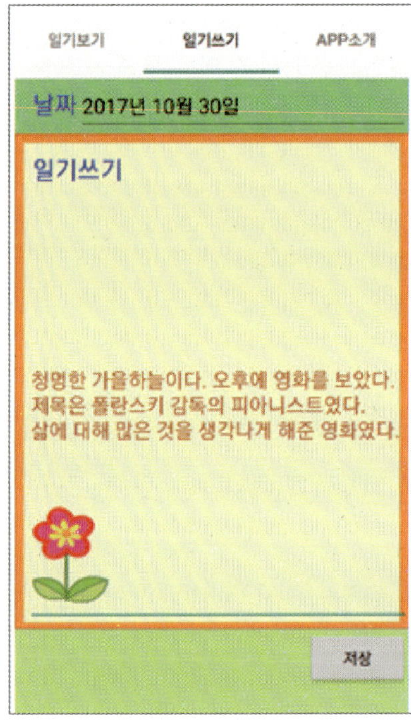

```xml
<?xml version="1.0" encoding="utf-8"?>
<LinearLayout xmlns:android="http://schemas.android.com/apk/res/android"
    android:layout_width="fill_parent"
    android:layout_height="fill_parent"
    android:background="#CEF279"
    android:orientation="vertical">

    <LinearLayout
        android:layout_width="fill_parent"
        android:layout_height="wrap_content"
        android:background="#86E57F"
        android:orientation="horizontal">

        <TextView
            android:layout_width="wrap_content"
            android:layout_height="wrap_content"
            android:layout_marginLeft="15dp"
            android:text="@string/mdate"
            android:textColor="#0054FF"
            android:textSize="22dp" />
        <!-- 날짜 입력하기 -->
        <EditText
            android:id="@+id/edit_name"
            android:layout_width="fill_parent"
            android:layout_height="wrap_content" />
    </LinearLayout>

    <!-- 일기 쓰기 -->
    <LinearLayout
        android:layout_width="fill_parent"
        android:layout_height="416dp"
        android:background="@drawable/paper"
        android:orientation="vertical">

        <TextView
            android:layout_width="wrap_content"
            android:layout_height="wrap_content"
            android:layout_marginLeft="15dp"
            android:layout_marginTop="15dp"
            android:text="@string/mcontent"
            android:textColor="#0054FF"
            android:textSize="22dp" />

        <EditText
```

```xml
                android:id="@+id/edit_dairy"
                android:layout_width="fill_parent"
                android:layout_height="367dp"
                android:layout_marginLeft="10dp"
                android:textColor="#CC723D" />


    </LinearLayout>


    <!-- 저장 -->
    <LinearLayout
        android:layout_width="fill_parent"
        android:layout_height="wrap_content"
        android:gravity="right"
        android:orientation="horizontal">
        <!-- 저장버튼 -->
        <Button
            android:id="@+id/button_store"
            android:layout_width="wrap_content"
            android:layout_height="wrap_content"
            android:onClick="saveData"
            android:text="저장" />
    </LinearLayout>
    <!-- 저장버튼 끝 -->

</LinearLayout>
```

(2) WriteDiaryActivity.java 코드 분석하기

두 번째 탭을 선택했을 경우 실시되는 Activity이다. SQLite insert into 문법을 사용해서 날짜
와 일기 내용을 diaryTB 테이블에 저장하도록 하였다.

```java
package com.bliss.csc.mydiary;

import android.app.Activity;
import android.content.Intent;
import android.database.sqlite.SQLiteDatabase;
import android.database.sqlite.SQLiteException;
import android.os.Bundle;
import android.view.View;
import android.view.View.OnClickListener;
import android.widget.Button;
import android.widget.EditText;
```

```java
import android.widget.Spinner;

public class WriteDiaryActivity extends Activity  {

    private DBManager dbmgr;

    @Override
    public void onCreate(Bundle savedInstanceState) {
        super.onCreate(savedInstanceState);
        setContentView(R.layout.writediary);

        // Button btn = (Button)findViewById(R.id.button_store);
        // btn.setOnClickListener(this);
    }

    public void saveData(View v) {

        EditText et_name = (EditText)findViewById(R.id.edit_name);
            String diary_date = et_name.getText().toString();

        EditText et_name2 = (EditText)findViewById(R.id.edit_dairy);
        String diary_content = et_name2.getText().toString();

        try {
            dbmgr = new DBManager(this);

            SQLiteDatabase sdb;

            sdb = dbmgr.getWritableDatabase();
            sdb.execSQL("insert into diaryTB values('" + diary_date + "',
                '" + diary_content +  "');");
            dbmgr.close();
        } catch (SQLiteException e) {
        }

            Intent it = new Intent(this, MainActivity.class);
            startActivity(it);
            finish();
    }
}
```

4 세 번째 탭 만들기

xml 파일 없이 자바코드만으로 간단히 화면을 설계했다.

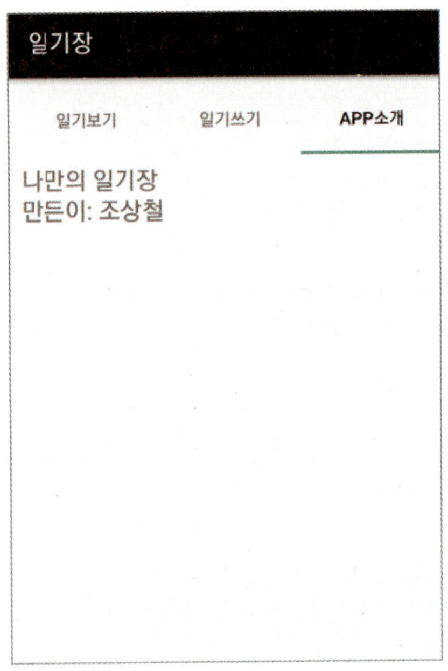

앱 이름과 제작자 이름을 표시하기 위해서 TextView 객체 textview를 만든 후에 setText 메소드를 사용하여 textview에 문자를 입력한다. 그리고 setContentView 메소드를 사용해서 text-view를 화면에 나오도록 설정한다.

```java
package com.bliss.csc.mydiary;

import android.app.Activity;
import android.os.Bundle;
import android.widget.TextView;

public class AppHelpActivity extends Activity {
    public void onCreate(Bundle savedInstanceState) {
        super.onCreate(savedInstanceState);
        TextView textview = new TextView(this);
        textview.setTextSize(20);
        textview.setText("나만의 일기장" + "\n"+ "만든이: 조상철");
        setContentView(textview);
    }
}
```

[일기보기] 탭에서 [수정] 버튼을 선택하면 수정을 할 수 있는 화면으로 전환된다. 전환된 화면에서 내용을 수정하고 화면 왼쪽 하단에 있는 [수정] 버튼을 클릭하면 글이 수정되어 저장된다. [취소] 버튼을 클릭하면 글이 수정되지 않고 [일기보기] 탭으로 화면이 전환된다.

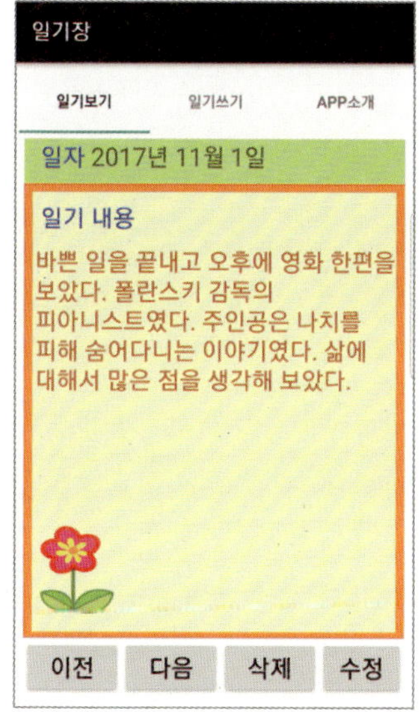
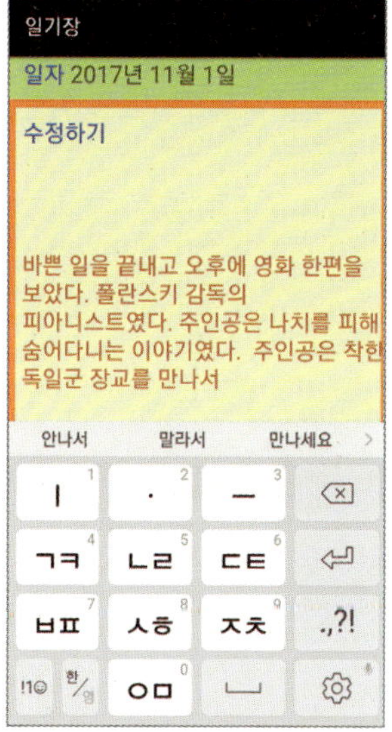
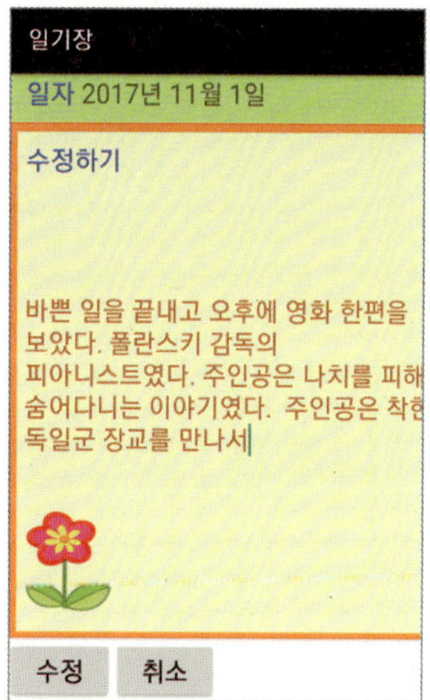

(1) modify.xml 분석하기

LinearLayout을 중첩으로 사용하여 구성하였다. LinearLayout 뷰그룹 안에 3개의 Linear-Layout을 수직으로 배치하였다. 첫 번째 LinearLayout은 2개의 텍스트 뷰를 수평으로 배치하였고 두 번째 LinearLayout은 텍스트 뷰와 에디트 텍스트 뷰를 수직으로 배치하였다. 세 번째 LinearLayout은 [저장] 버튼과 [취소] 버튼을 수평으로 배치하였다.

```xml
<?xml version="1.0" encoding="utf-8"?>
<LinearLayout xmlns:android="http://schemas.android.com/apk/res/android"
    android:layout_width="match_parent"
    android:layout_height="match_parent"
    android:orientation="vertical"

    >

    <!-- 날짜  -->
    <LinearLayout
        android:layout_width="match_parent"
        android:layout_height="wrap_content"
```

```
            android:background="#CEF279"
            android:orientation="horizontal">

            <TextView
                android:layout_width="wrap_content"
                android:layout_height="38dp"
                android:layout_marginLeft="15dp"
                android:orientation="vertical"
                android:text="일자 "
                android:textColor="#0054FF"
                android:textSize="22dp" />

            <TextView
                android:id="@+id/date"
                android:layout_width="wrap_content"
                android:layout_height="38dp"
                android:orientation="vertical"
                android:textSize="22dp" />

    </LinearLayout>

    <!-- 일기내용  -->
    <LinearLayout
        android:layout_width="match_parent"
        android:layout_height="413dp"
        android:background="@drawable/paper"
        android:orientation="vertical">

        <TextView
            android:layout_width="wrap_content"
            android:layout_height="38dp"
            android:layout_marginLeft="15dp"
            android:layout_marginTop="15dp"
            android:orientation="vertical"
            android:text="수정하기 "
            android:textColor="#0054FF"

            android:textSize="22dp" />

        <EditText
            android:id="@+id/t1"
            android:layout_width="fill_parent"
            android:layout_height="400dp"
            android:layout_marginLeft="10dp"
```

```xml
                android:orientation="vertical"
                android:textColor="#CC723D"
                android:textSize="22dp" />

    </LinearLayout>

    <LinearLayout
        android:layout_width="wrap_content"
        android:layout_height="match_parent"
        android:orientation="horizontal">
        <!-- 저장버튼 -->
        <Button
            android:id="@+id/modify"
            android:layout_width="wrap_content"
            android:layout_height="wrap_content"
            android:onClick="modifyData"
            android:text="수정"
            android:textSize="22dp" />

        <!-- 취소버튼 -->
        <Button
            android:id="@+id/cancel"
            android:layout_width="wrap_content"
            android:layout_height="wrap_content"
            android:onClick="canceltData"
            android:text="취소"
            android:textSize="22dp" />

    </LinearLayout>

</LinearLayout>
```

(2) ModifyMyData.java 코드 분석하기

일기 내용을 수정하는 Activity이다. [수정] 버튼을 클릭하면 UPDATE SET 명령이 실행되어 글 내용이 수정되어 저장된다.

```java
package com.bliss.csc.mydiary;

import android.app.Activity;
import android.content.Intent;
import android.database.Cursor;
import android.database.sqlite.SQLiteDatabase;
```

```java
import android.database.sqlite.SQLiteException;
import android.os.Bundle;
import android.view.View;
import android.widget.EditText;
import android.widget.TextView;

public class ModifyMyData extends Activity {

    int nowData = 0;
    Cursor cursor;

    TextView date;
    EditText t1;
    String diary_date;
    String diary_content;


    @Override
    public void onCreate(Bundle savedInstanceState) {
        super.onCreate(savedInstanceState);

        setContentView(R.layout.modify);
        date = (TextView) findViewById(R.id.date);
        t1 = (EditText) findViewById(R.id.t1);

        Intent it = getIntent();

        String str_name = it.getStringExtra("it_name");
        nowData = Integer.parseInt(str_name);

        try {
            DBManager dbmgr = new DBManager(this);
            SQLiteDatabase sdb = dbmgr.getWritableDatabase();

            cursor = sdb.query("diaryTB", null, null, null, null, null, null);
            cursor.moveToPosition(nowData - 1);

            diary_date = cursor.getString(0);
            diary_content = cursor.getString(1);

            cursor.close();
            dbmgr.close();

        } catch (SQLiteException e) {
```

```java
            //  TextView tv_err = new TextView(this);
            //  tv_err.append(e.getMessage());
            //  layout.addView(tv_err);
        }
        date.setText(diary_date);
        t1.setText(diary_content);
    }


    public void modifyData(View v) {

        try {

            DBManager dbmgr = new DBManager(this);

            SQLiteDatabase sdb = dbmgr.getWritableDatabase();
            cursor = sdb.query("diaryTB", null, null, null, null, null, null);

            cursor.moveToPosition(nowData - 1);
            diary_date = cursor.getString(0);

            String str_sex = t1.getText().toString();

            String sql = String.format("UPDATE diaryTB SET
                    data2 = '%s' WHERE data1 = '%s'", str_sex, diary_date);

            sdb.execSQL(sql);

            cursor.close();
            dbmgr.close();

        } catch (SQLiteException c) {
        } // try

        Intent it = new Intent();
        it = new Intent(this, MainActivity.class);

        startActivity(it);
        finish();

    }


    public void canceltData(View v) {

        Intent it = new Intent();
```

```
        it = new Intent(this, MainActivity.class);

        startActivity(it);
        finish();
    }
}
```

6 string.xml 코드 분석하기

다음은 리소스 valuse 디렉토리에 있는 string.xml 파일 내용이다. app_name은 AndroidMa-
nifest.xml 파일에서 앱이름으로 사용하였다. mdate와 mcontent는 일기쓰기 탭으로 writedi-
ary.xml 파일에서 사용하였다.

```xml
<resources>
    <string name="app_name">일기장</string>
    <string name="mdate">날짜</string>
    <string name="mcontent">일기쓰기</string>
</resources>
```

7 AndroidManifest.xml 코드 분석하기

xml에서 주석을 표기하기 위해서는 <!-- 일기쓰기 -->처럼 사용하면 된다. 본 예제에서는 5개
의 Activity 파일을 사용했는데 모두 AndroidManifest.xml 파일에 등록해 주어야 한다. 등록하
는 위치는 <application>과 </application> 사이에 넣어야 한다.

```xml
<?xml version="1.0" encoding="utf-8"?>
<manifest xmlns:android="http://schemas.android.com/apk/res/android"
    package="com.bliss.csc.mydiary">

    <application
        android:icon="@drawable/paper"
        android:label="@string/app_name" >
        <activity
            android:name=".MainActivity"
            android:label="@string/app_name" >
            <intent-filter>
                <action android:name="android.intent.action.MAIN" />
```

```xml
                <category android:name="android.intent.category.LAUNCHER" />
            </intent-filter>
        </activity>

        <!-- 일기쓰기 -->
        <activity android:name=".WriteDiaryActivity">
        </activity>

        <!-- 일기보기 -->
        <activity android:name=".ShowMyData">
        </activity>

        <!-- 일기 수정하기 -->
        <activity android:name=".ModifyMyData">
        </activity>

        <!-- 앱 도움말 Activity -->
        <activity android:name=".AppHelpActivity">
        </activity>

    </application>

</manifest>
```

12

공공 DB를 활용한 버스 노선 앱 만들기

- 오픈 API인증키를 받는 방법 살펴보기
- AsyncTask 개념 및 AsyncTask 실행단계 이해하기
- XmlPullParser 등을 이용해서 다운받은 웹 데이터를 처리하기

공공 DB를 활용한 버스 노선 앱 만들기

공공기관에서 제공하는 공공데이터를 가지고 유익하고 재미있는 프로그램을 만들 수 있다. 본 챕터에서는 공유자원포탈에서 제공하는 노선정보 서비스를 활용해서 버스 위치 및 진행방향들을 표시하는 앱을 제작해 보겠다.

0%   100%

01 ≫ 공공DB를 활용한 버스 노선 앱   LOADING...

1 서울 버스 노선을 활용한 앱 제작하기

| 프로젝트 mywork |

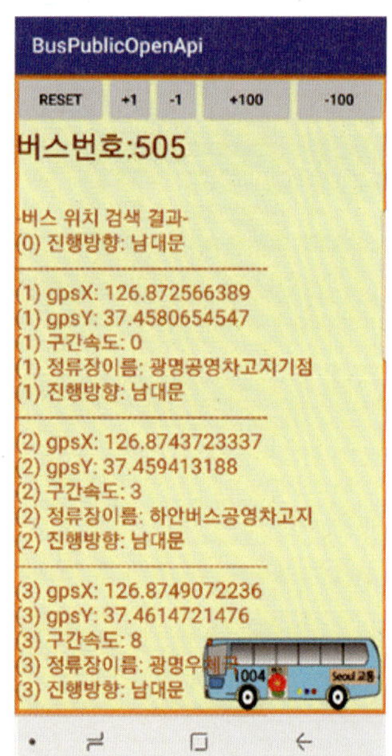

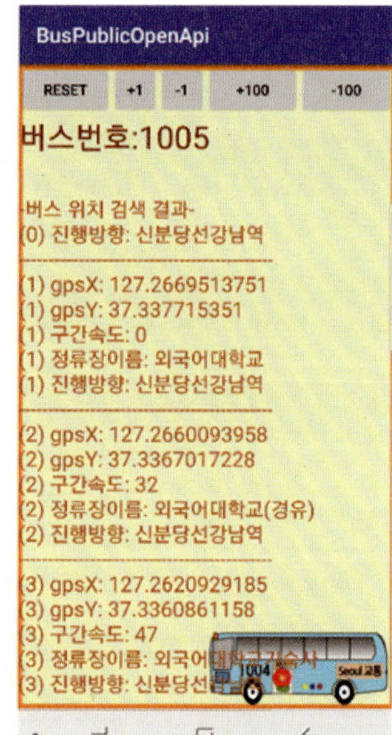

5개의 버튼이 있으며 버튼을 누르면 화면이 갱신된다.
[RESET] 현재 화면을 갱신한다.
[+1] 버스번호가 1 증가한다.
[−1] 버스번호가 1 감소한다.
[+100] 버스번호가 100 증가한다.
[−100] 버스번호가 100 감소한다.

(1) [BusPublicOpenAPI 앱] 제작에 사용된 파일들

java 파일	역할
MainActivity.java	AsyncTask 작업 및 XmlPullParser 등 중요한 코딩이 들어 있다.
activity_main.xml	ScrollView 뷰그룹에 5개의 버튼과 2개의 텍스트뷰로 구성되어 있다.

(2) 파일 구조

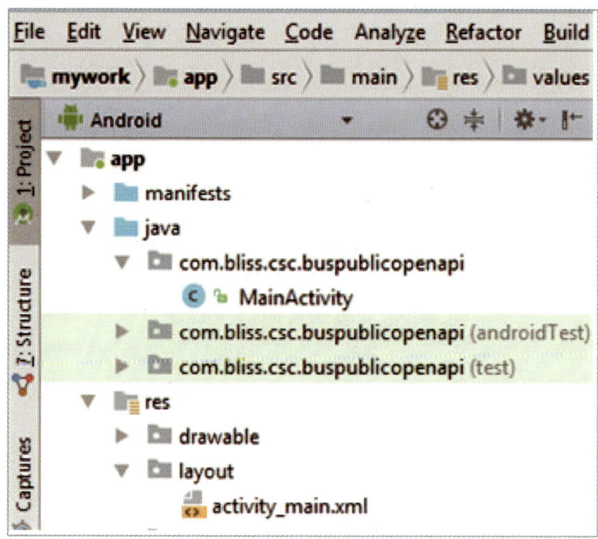

(3) 사용된 그림파일

파일명: background.png
버스노선 배경그림으로 사용됨

② Xml 문서 파싱 하기

(1) Xml 문서 파싱 방법

html 언어는 〈HEAD〉, 〈BODY〉처럼 형식적인 규격이 있지만 xml은 자유롭게 사용자 정의 태그를 만들어서 사용할 수 있다. 이러한 장점 때문에 온라인에서 자료를 주고 받을 때 유용하게 사용될 수 있다. 안드로이드에서 원하는 데이터만 뽑아서 사용하는 방법으로는 DOM(Document Object Model), SAX(Simple API for XML), Pull Parser, JDOM, JSON 등이 있다. 우리는 이 중에 Pull Parser(XmlPullParser)를 사용한다.

(2) XmlPullParser 이해하기

XmlPullParser는 next( ), nextInt( ) 등의 메소드를 가지고 있는 인터페이스이다. 본 예제에서는 next( ) 메소드를 활용해서 문서를 순차적으로 읽으며 다음 이벤트를 발생시킬 수 있다. getEventType( )를 활용해서 다음과 같은 이벤트 처리 상태를 얻을 수 있다.

> START_DOCUMENT : 문서의 시작을 의미한다.
> END_DOCUMENT : 문서의 끝을 의미한다.
> START_TAG : 태그의 시작 (예 : 〈data〉)
> END_TAG는 : 태그의 끝 (예 : 〈/data〉)
> TEXT : 태그의 시작과 끝 사이 (예 : 〈data〉 content 〈/data〉)

START_TAG와 END_TAG는 getName( )을 사용해야 하고 TEXT는 getText( )를 사용해야 한다. 〈data〉이순신〈/data〉가 있다면 START_TAG, TEXT, END_TAG가 순차적으로 발생한다. 〈data〉〈/data〉인 경우에도 텍스트가 없지만 START_TAG, TEXT, END_TAG 가 순차적으로 발생한다. 만약 〈data〉〈data1〉 content 〈/data1〉〈/data〉인 경우 START_TAG, TEXT, START_TAG, TEXT,END_TAG, END_TAG 순으로 이벤트가 발생된다.

XmlPullParser가 가지고 있는 중요 메소드는 다음과 같다. 다음 메소드를 사용하기 위해서는 XmlPullParser 객체를 먼저 생성해야 한다.

메소드	기능
getEventType	START_DOCUMENT, START_TAG, END_TAG, TEXT 등 이벤트 유형을 반환한다.
getName	태그명을 가져온다.
getText	태그의 시작과 끝 사이의 데이터를 가져온다.
next	다음 이벤트를 가져온다.

(3) XmlPullParser 객체 생성하기

XmlPullParserFactory 클래스의 메소드인 newPullParser를 사용해서 XmlPullParser 객체를 생성해야 한다. 그러기 위해서는 XmlPullParserFactory 클래스의 객체를 먼저 생성해야 한다. XmlPullParserFactory 클래스의 객체를 생성할 때 new 연산자가 아닌 newInstance를 사용한다는 점에 유의하자.

```java
XmlPullParserFactory factory = XmlPullParserFactory.newInstance();
factory.setNamespaceAware(true);
XmlPullParser xmlpp = factory.newPullParser();
```

3 AsyncTask

(1) AsyncTask 이해하기

AsyncTask 클래스를 상속하는 DownloadWebData 클래스를 제작해서 사용하겠다. Async-Task 클래스를 사용하면 네트워크 작업시 반응이 없어 생기는 에러를 예방힐 수 있다. 또한 백그라운드 쓰레드를 가지고 있어서 별도의 Handler나 Thread 없이 쉽게 코드를 작성할 수 있다. 화면을 갱신하는 쓰레드는 UI 쓰레드이며 만약 UI 쓰레드가 통신과 같은 다른 작업을 하고 있는데 화면을 터치하는 이벤트가 발생하게 되면 ANR(Application Not Responding-어플리케이션이 응답하지 않은 상태) 에러가 발생하게 된다. 즉, 통신 작업을 따로 수행해 줄 다른 쓰레드가 필요하다. AsyncTask 클래스를 상속받아 사용하면 이러한 에러 걱정 없이 편리하게 사용할 수 있다.

(2) AsyncTask 실행단계

AsyncTask 클래스를 활용한 자업 단게는 다음과 같다. 4단게 중에서 2단세인 doInBack-Ground만 다른 쓰레드(백그라운드 쓰레드)에서 실행이 되고 나머지 단계는 메인 쓰레드에서 실행된다. 본 예제에서는 2단계와 4단계만 사용하였다.

1단계	onPreExecute	doInBackground 단계를 수행하기 전에 UI Thread에 의해서 실행되며 BackGround 작업 진행 정보에 대한 프로그래스바를 표시할 경우 사용한다.
2단계	doInBackGround	onPreExecute가 끝난 후 호출되며 실제로 Background 쓰레드에서 작업을 수행한다. 이때 작업에 필요한 값을 execute에서 파라미터로 전달 받는다. 본 예제에서는 downData 메소드를 호출하여 웹문서를 다운로드하는 기능을 수행한다.
3단계	onProgressUpdate	doInBackground 작업 수행 중에 호출되는 publishProgress 실행 후 UI Thread에 의해서 호출된다. 주로 doInBackGround 작업의 진행 정도를 표시하기 위한 프로그래스바의 업데이트 등에 사용된다.
4단계	onPostExecute	doInBackground 작업이 끝나면 메인(UI) 쓰레드에 의해 실행된다. doInBackground 수행 후 result값을 받아 XmlPullParser를 사용해서 데이터를 처리한다.

(3) AsyncTask 사용법

AsyncTask 클래스를 상속하는 DownloadWebContent 클래스 객체를 생성하고 객체명.execute
를 사용하여 AsyncTask를 작동시킨다.

```
DownloadWebContent dwc1 = new DownloadWebContent();
dwc1.execute(strUrl);
```

(4) doInBackGround 단계–웹서버에서 웹문서 가져와서 화면에 표시하기

doInBackGround 단계에서 실행되는 downloadByUrl 메소드에서는 웹과 연결하여 데이터를
바이트 단위로 받고 받은 데이터를 문자로 변환시키는 역할을 하도록 하였다. 다음은 이를 처리
하기 위해 사용된 클래스들이다.

클래스	기능
HttpURLConnection	웹에서 데이터를 주고 받기 위한 통신 규약(프로토콜)기능을 가지고 있다. HttpURLConnection 클래스는 URLConnection을 상속받은 하위 클래스이며 URL을 사용하여 참조하는 자원에 대해 읽고 쓰는 일을 할 수 있다. openConnection 메소드를 사용하여 웹과 연결하고 BufferedInputStream 클래스를 연결된 URL의 소스를 바이트 단위로 다운받는다.
InputStreamReader	바이트 단위의 데이터를 문자로 변환 시킨다.
BufferedReader	문자 단위로 데이터를 버퍼에 저장하는 역할을 한다. 버퍼를 사용하게 되면 웹소스와 직접 작업을 하지 않고 중간에 버퍼(=메모리)를 사용하므로 속도가 매우 향상된다.

```java
public String downloadByUrl(String myurl) throws IOException {
    //Http 통신: HttpURLConnection 클래스를 활용해 데이터를 얻는다.

    HttpURLConnection conn = null;
     try {
        //전달받은 url string 으로 URL 객체를 만든다.
        URL url = new URL(myurl);
        conn = (HttpURLConnection) url.openConnection();

        BufferedInputStream buffer = new  BufferedInputStream(conn.
                        getInputStream());

        BufferedReader buffer_reader = new BufferedReader(new
                        InputStreamReader(buffer, "utf-8"));

        String line = null;
        getData = "";
        while ((line = buffer_reader.readLine()) != null) {
            getData += line;
```

```
        }
        return getData;
    } finally {
        //접속 해제
        conn.disconnect();
    }
}
```

파일 입력과 관련된 클래스와 메소드를 좀 더 자세히 살펴보겠다. 스트림(stream)은 한쪽 방향에서 다른 방향으로 통신을 연결하고 데이터를 전송해주는 것이다. 스트림은 바이트 단위로 데이터를 전송한다.

클래스 및 메소드	기능
BufferedInputStream	바이트 단위로 데이터를 전송한다. InputStream의 자손 클래스이며 버퍼를 사용하여 이용하기 때문에 입출력 속도가 우수하다. 본 예제에서는 웹에서 바이트 단위의 데이터를 다운로드 하여 버퍼에 저장한다.
BufferedReader	문자 단위로 데이터를 전송한다. InputStream 대신에 Reader를 쓰면 문자 단위로 데이터를 전송한다는 의미이다. Java는 C언어와는 다르게 문자형 char가 2byte이므로 바이트 기반의 Stream으로 2byte 문자를 처리하기 어렵다. 문자형태의 웹 데이터를 사용하기 위해서 InputStreamReader를 사용해서 문자형 데이터로 변환시키고 BufferedReader 클래스를 사용해 버퍼에 자료를 담는다.
InputStreamReader	바이트 기반의 스트림테이터를 지정된 인코딩 문자데이터를 변환해주는 작업을 한다.
readLine( )	BufferedReader 클래스의 메소드이며 파일을 라인(줄) 단위로 읽어준다.

02 ≫ 공공 DB를 활용한 OPEN API　　　　　　‖ LOADING...

1 공공 DB Open API

(1) Open API (Open Application Programming Interface)

공공기관, 구글, 네이버 등에서 데이터 플랫폼을 외부에 공개하여 일반 개발자나 사용자들이 다양한 프로그램을 개발할 수 있도록 제공하는 프로그램을 말한다.

(2) 공공데이터 포털(data.go.kr)

공공데이터 포털(data.go.kr)과 열린 데이터 광장(data.seoul.go.kr)이 오픈 API를 제공하는 대
표적인 공공기관이다.

> 공공데이터 포털은 공공기관이 생성 또는 취득하여 관리하고 있는 공공데이터를 한 곳에서 제공하는 통합 창구입니다. 포털
> 에서는 국민이 쉽고 편리하게 공공데이터를 이용할 수 있도록 파일 데이터, 오픈API, 시각화 등 다양한 방식으로 제공하고 있
> 으며, 누구라도 쉽고 편리한 검색을 통해 원하는 공공데이터를 빠르고 정확하게 찾을 수 있습니다.
>
> 출처: https://www.data.go.kr/guide/guide/introduce.do

2 공공 DB Open API 인증키 받기

필요한 공공 DB Open API를 사용하기 위해서는 제공기관으로부터 인증키를 받아야 한다. 본 예
제에서는 서울 노선정보조회 서비스를 위한 인증키를 받도록 한다.

(1) 공공데이터 포털(data.go.kr) 사이트에 접속하고 회원가입을 한다.

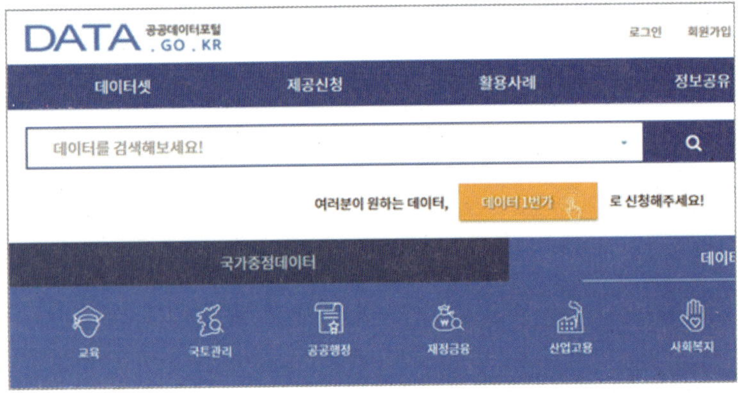

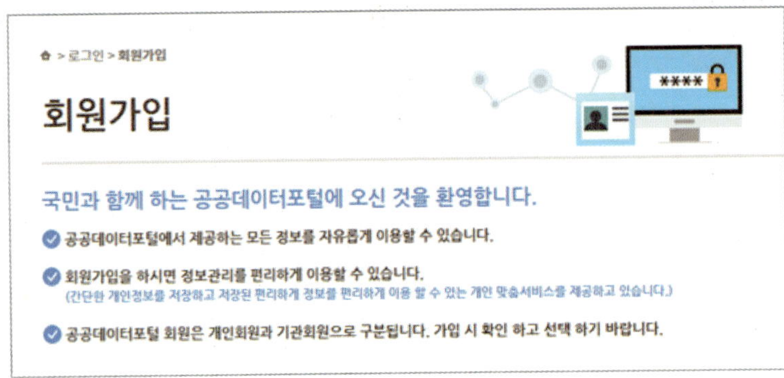

(2) 원하는 Open API 검색하기 메인 화면에서 [데이터셋]–[오픈 API]를 선택한다.

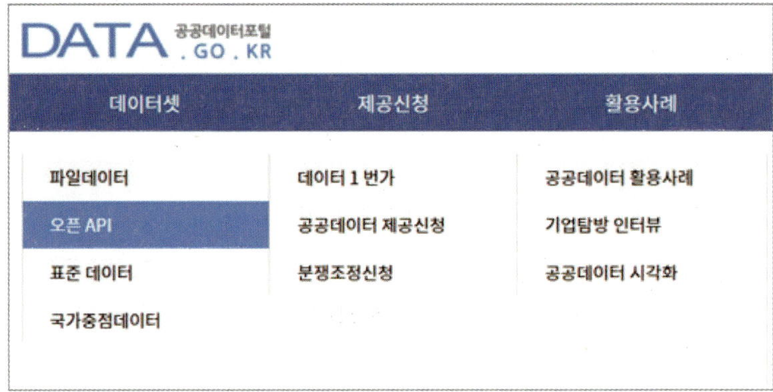

(3) 검색란에 노선정보조회 서비스를 입력하고 검색한다.

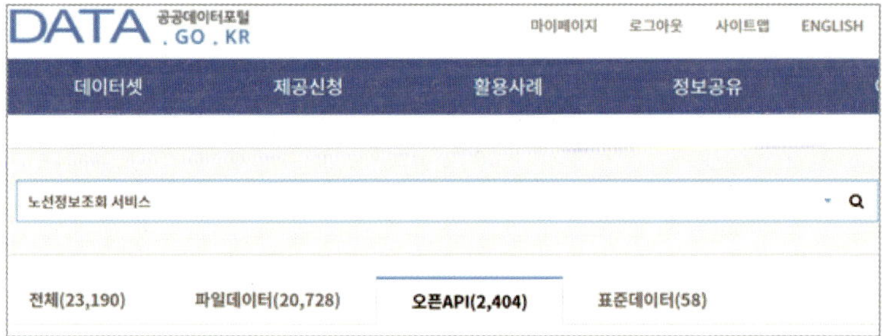

(4) [노선정보조회 서비스]를 클릭한다.

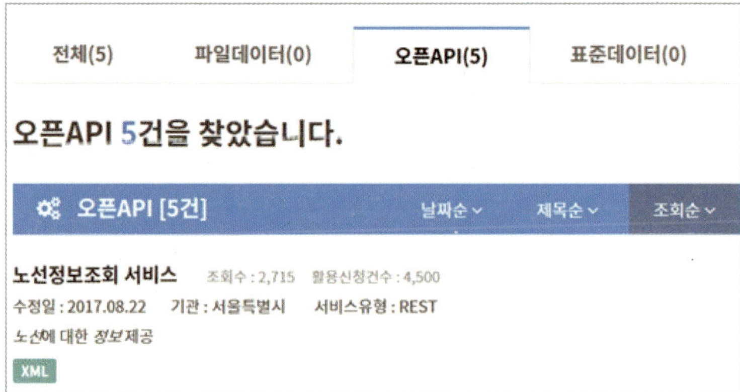

(5) 노선정보조회 서비스를 클릭한 후, [활용신청] 버튼을 클릭한다.

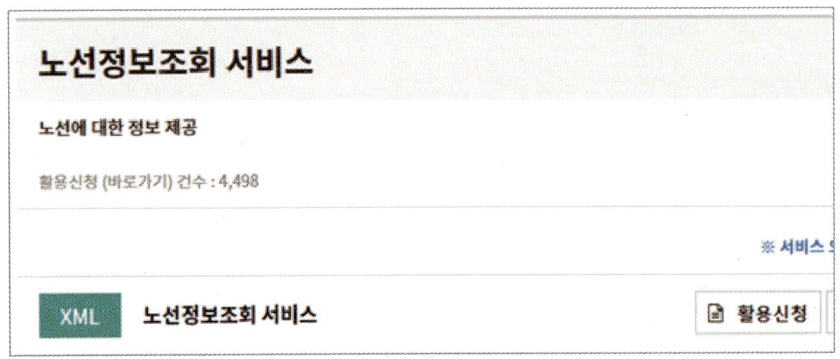

(6) [시스템유형 선택]은 일반을 선택한다.

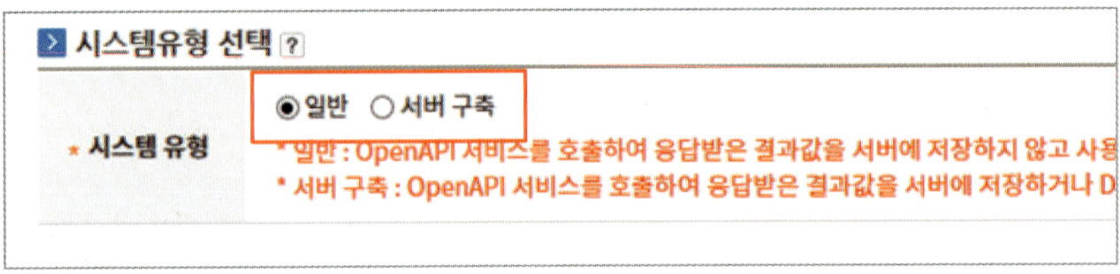

(7) [활용정보]–[활용목적]을 앱개발로 선택한 후, 상세기능정보를 모두 체크한다(보통 신청한 후에 1~2일 후에 신청 허가를 받을 수 있다).

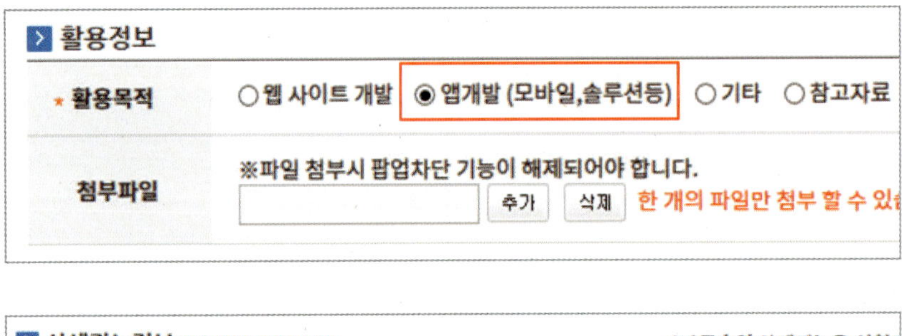

(8) 신청 완료 후 사용하기 위해 [마이페이지]–[오픈API]–[개발계정]을 선택한다.

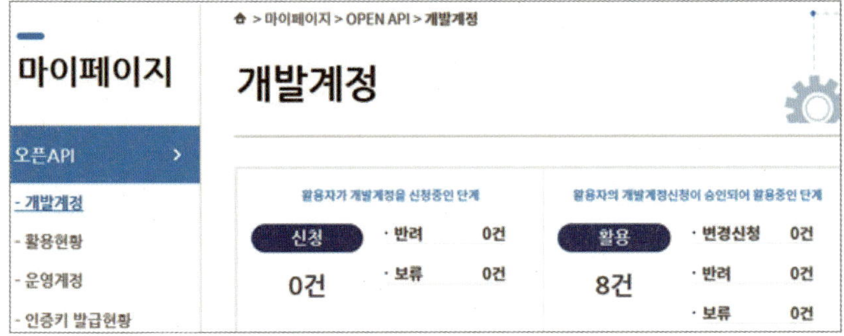

(9) 노선정보조회 서비스를 클릭한다.

(10) 일반 인증키를 복사해서 활용하면 된다. 코드에서 변수 serviceKey 넣어서 사용한다.

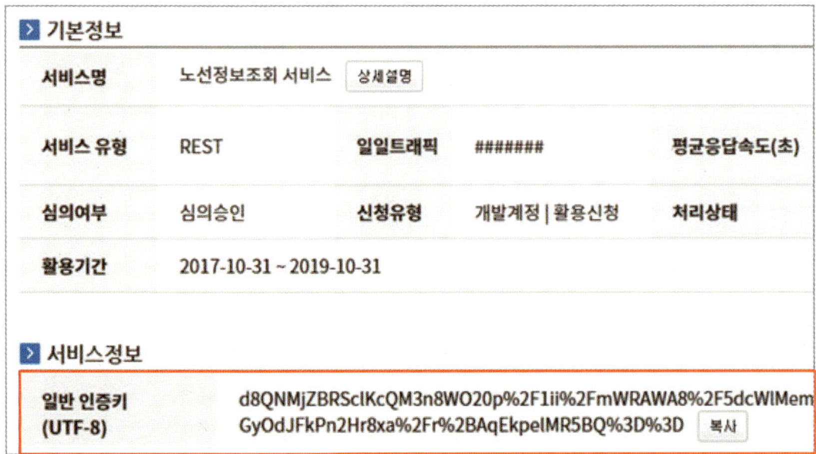

(1) 검색할 노선번호 얻기 – getBusRouteList

요청하는 웹 사이트의 주소에 서비스 인증키 및 데이터(strSrch)를 붙여서 보낸다. 이렇게 주소에 데이터를 더해서 전송하는 방법을 Get 방식이라고 한다. Get 방식은 사용하기 편리하나 많은 데이터를 보낼 수 없다는 단점이 있다.

항목명(영문)	항목명(국문)	항목설명
serviceKey	인증키	공공데이터포털에서 발급받은 인증키
strSrch	검색할 노선번호	검색할 노선번호

요청을 통해 데이터(headerCd, busRouteId)를 얻어 온다. 이 중에 busRouteId는 getStation-ByRoute에서 정보를 가져오기 위해 사용된다.

항목명	기능	자료형태
headerCd	이 값을 이용해서 정상적으로 DB와 연결이 되었는지를 확인할 수 있다. 값이 00이면 정상이다.	string
busRouteId	노선 ID	string

다음은 GET 방식을 사용해서 데이터를 요청하는 코드이다.

```
String serviceUrl = "http://ws.bus.go.kr/api/rest/busRouteInfo/getBusRouteList";
String serviceKey = "d8QNMjZBRSc.......생략 .........2BAqEkpelMR5BQ%3D%3D";

String strUrl = serviceUrl + "?ServiceKey=" + serviceKey + "&strSrch=" + strSrch;
```

(2) 버스위치, 정류소 이름, 구간속도, 진행방향 데이터 얻어오기 – getStationByRoute

요청하는 웹 사이트의 주소에 서비스 인증키 및 데이터(검색할 노선번호)를 붙여서 보낸다. 다음 표는 얻어오는 데이터이다.

항목명	기능	자료형태
gpsX	x 좌표	string
gpsY	y 좌표	string
stationNm	정류소 이름	string
sectSpd	구간 속도	string
direction	진행방향	string

요청하는 코드는 다음과 같다.

```
String serviceUrl = "http://ws.bus.go.kr/api/rest/busRouteInfo/getStaionByRoute";
String serviceKey = "d8QNMjZBRSc.......생략 .........2BAqEkpelMR5BQ%3D%3D";

String strUrl = serviceUrl + "?ServiceKey=" + serviceKey + "&busRouteId="
            + busRouteId;
```

(3) DownloadWebContent 클래스

AsyncTask 클래스를 상속한 클래스이다. onCreate( ) 메소드에서 DownloadWebContent 클래스의 객체를 생성한 후에 execute 명령을 통해 작동시킨다.

```
String serviceUrl = "http://ws.bus.go.kr/api/rest/busRouteInfo/getBusRouteList";

String serviceKey = "d8QNMjZBRSclKcQM3n8...................AqEkpelMR5BQ%3D%3D";

        //가져올 정보를 strUrl에 저장함
String strUrl = serviceUrl + "?ServiceKey=" + serviceKey + "&strSrch=" + strSrch;

DownloadWebContent dwc1 = new DownloadWebContent();
dwc1.execute(strUrl);
```

(4) DownloadWebContent2 클래스

AsyncTask 클래스를 상속한 클래스이다. DownLoadWebContent 클래스 안에 이 클래스를 실행시키는 코드를 넣는다.

```
String serviceUrl = "http://ws.bus.go.kr/api/rest/busRouteInfo/getStaionByRoute";

String serviceKey = "d8QNMjZBRSclKcQM3n8...................AqEkpelMR5BQ%3D%3D";
String strUrl = serviceUrl + "?ServiceKey=" + serviceKey + "&busRouteId="
            + busRouteId;

DownloadWebContent2 dwc2 = new DownloadWebContent2();
dwc2.execute(strUrl);
```

```java
package com.bliss.csc.buspublicopenapi;

import android.os.AsyncTask;
import android.support.v7.app.AppCompatActivity;
import android.os.Bundle;
import android.view.View;
import android.widget.TextView;

import org.xmlpull.v1.XmlPullParser;
import org.xmlpull.v1.XmlPullParserFactory;

import java.io.BufferedInputStream;
import java.io.BufferedReader;
import java.io.IOException;
import java.io.InputStreamReader;
import java.io.StringReader;
import java.net.HttpURLConnection;
import java.net.URL;

public class MainActivity extends AppCompatActivity {
    TextView textView;
    TextView busNumer;
    String getData;
    int busNumber = 0;
    int busNum = 503;
    String strSrch = busNumber + "";
    int count;

    @Override
    protected void onCreate(Bundle savedInstanceState) {
        super.onCreate(savedInstanceState);
        setContentView(R.layout.activity_main);

        textView = (TextView) findViewById(R.id.data);
        busNumer = (TextView) findViewById(R.id.bus);

        String serviceUrl = "http://ws.bus.go.kr/api/rest/busRouteInfo/getBusRouteList";

        String serviceKey = "d8QNBRSc.......생략 .........2BAqEkpelMR5BQ%3D%3D";

        //가져올 정보를 strUrl에 저장함
        String strUrl = serviceUrl + "?ServiceKey=" + serviceKey + "&strSrch="
```

```java
                        + strSrch;

        DownloadWebContent dwc1 = new DownloadWebContent();
        dwc1.execute(strUrl);
}


public class DownloadWebContent extends AsyncTask<String, Void, String> {

    @Override
    protected String doInBackground(String... urls) {
        try {
            return (String) downloadByUrl((String) urls[0]);
        } catch (IOException e) {
            return "다운로드 실패";
        }
    }


    protected void onPostExecute(String result) {
        //xml 문서를 파싱하는 방법으로 본 예제에서는 Pull Parer 를 사용한다.
        String headerCd = "";
        String busRouteId = "";

        boolean bus_headerCd = false;
        boolean bus_busRouteId = false;

        // textView.append("===== 노선ID =====\n");
        try {

            //XmlPullParser 를 사용하기 위해서 XmlPullParserFactory 객체를 생성함
            XmlPullParserFactory factory = XmlPullParserFactory.newInstance();
            factory.setNamespaceAware(true);
            XmlPullParser xmlpp = factory.newPullParser();

            //parser 에 url를 입력함
            xmlpp.setInput(new StringReader(result));

            //parser 이벤트를 저장할 변수 지정
            int eventType = xmlpp.getEventType();

            while (eventType != XmlPullParser.END_DOCUMENT) {
                if (eventType == XmlPullParser.START_DOCUMENT) {
                    ;
                } else if (eventType == XmlPullParser.START_TAG) {
```

```java
            String tag_name = xmlpp.getName();
            if (tag_name.equals("headerCd"))
                bus_headerCd = true;
            if (tag_name.equals("busRouteId"))
                bus_busRouteId = true;

        } else if (eventType == XmlPullParser.TEXT) {
            if (bus_headerCd) {
                headerCd = xmlpp.getText();
                bus_headerCd = false;
            }

            if (headerCd.equals("0")) {
                if (bus_busRouteId) {
                    busRouteId = xmlpp.getText();
                    bus_busRouteId = false;
                }


            }
        } else if (eventType == XmlPullParser.END_TAG) {
            ;
        }
        eventType = xmlpp.next();
    }
} catch (Exception e) {
    textView.setText(e.getMessage());
}

String serviceUrl = "http://ws.bus.go.kr/api/rest/busRouteInfo/getStaionByRoute";

String serviceKey = "d8QNBRSc.......생략 .........2BAqEkpBQ%3D%3D";
String strUrl = serviceUrl + "?ServiceKey=" + serviceKey
            + "&busRouteId=" + busRouteId;

DownloadWebContent2 dwc2 = new DownloadWebContent2();
dwc2.execute(strUrl);
}


public String downloadByUrl(String myurl) throws IOException {
    //Http 통신: HttpURLConnection 클래스를 활용해 데이터를 얻는다.

    HttpURLConnection conn = null;
    try {
```

```java
            //요청 URL, 전달받은 url string 으로 URL 객체를 만듦
            URL url = new URL(myurl);
            conn = (HttpURLConnection) url.openConnection();

            BufferedInputStream buffer =
                new BufferedInputStream(conn.getInputStream());

            BufferedReader buffer_reader =
                new BufferedReader(new InputStreamReader(buffer, "utf-8"));

            String line = null;
            getData = "";
            while ((line = buffer_reader.readLine()) != null) {
                getData += line;


            }
            return getData;
        } finally {
            //접속 해제
            conn.disconnect();
        }
    }


}


public class DownloadWebContent2 extends AsyncTask<String, Void, String> {

    @Override
    protected String doInBackground(String... urls) {
        try {
            return (String) downloadByUrl((String) urls[0]);
        } catch (IOException e) {
            return "다운로드 실패";
        }
    }

    protected void onPostExecute(String result) {
        String headerCd = "";
        String gpsX = "";
        String gpsY = "";
        String stationNm = "";
        String direction = "";
        String sectSpd = "";
```

```java
            boolean bus_headerCd = false;
            boolean bus_gpsX = false;
            boolean bus_gpsY = false;
            boolean bus_stationNm = false;
            boolean bus_sectSpd = false;
            boolean bus_direction = false;
            ///// (2) Bus Positions
            textView.append("─버스 위치 검색 결과─\\n");
            try {
                XmlPullParserFactory factory = XmlPullParserFactory.newInstance();
                factory.setNamespaceAware(true);
                XmlPullParser xmlpp = factory.newPullParser();

                xmlpp.setInput(new StringReader(result));
                int eventType = xmlpp.getEventType();

                count = 0;
                while (eventType != XmlPullParser.END_DOCUMENT) {
                    if (eventType == XmlPullParser.START_DOCUMENT) {
                        ;
                    } else if (eventType == XmlPullParser.START_TAG) {
                        String tag_name = xmlpp.getName();

                        switch (tag_name) {

                            case "headerCd":
                                bus_headerCd = true;
                                break;
                            case "gpsX":
                                bus_gpsX = true;
                                break;
                            case "gpsY":
                                bus_gpsY = true;
                                break;
                            case "sectSpd":
                                bus_sectSpd = true;
                                break;
                            case "stationNm":
                                bus_stationNm = true;
                                break;
                            case "direction":
                                bus_direction = true;
                                break;
                        }
```

```java
            } else if (eventType == XmlPullParser.TEXT) {
                if (bus_headerCd) {
                    headerCd = xmlpp.getText();
                    // textView.append("headerCd: " + headerCd + "\n");
                    bus_headerCd = false;
                }


                if (headerCd.equals("0")) {
                    if (bus_gpsX) {
                        count++;

textView.append("---------------------------------\n");

                        gpsX = xmlpp.getText();
                        textView.append("(" + count + ") gpsX: " + gpsX
                            + "\n");
                        bus_gpsX = false;
                    }
                    if (bus_gpsY) {
                        gpsY = xmlpp.getText();
                        textView.append("(" + count + ") gpsY: " + gpsY
                            + "\n");
                        bus_gpsY = false;
                    }

                    if (bus_stationNm) {
                        stationNm = xmlpp.getText();
                        textView.append("(" + count + ") 정류장이름: "
                            + stationNm + "\n");
                        bus_stationNm = false;
                    }

                    if (bus_direction) {
                        direction = xmlpp.getText();
                        textView.append("(" + count + ") 진행방향: "
                            + direction + "\n");
                        bus_direction = false;
                    }

                    if (bus_sectSpd) {
                        sectSpd = xmlpp.getText();
                        textView.append("(" + count + ") 구간속도: "
                            + sectSpd + "\n");
```

```java
                                bus_sectSpd = false;
                        }

                }
            } else if (eventType == XmlPullParser.END_TAG) {
                ;
            }
            eventType = xmlpp.next();
        }
    } catch (Exception e) {
        textView.setText(e.getMessage());
    }

}


public String downloadByUrl(String myurl) throws IOException {
    //Java와 Http 통신: HttpURLConnection 클래스를 활용해 데이터를 얻는다.

    HttpURLConnection conn = null;
    BufferedReader buffer_reader;
    try {
        //요청 URL, 전달받은 url string 으로 URL 객체를 만든다.
        URL url = new URL(myurl);
        conn = (HttpURLConnection) url.openConnection();
        conn.setRequestMethod("GET");

        BufferedInputStream buffer =
            new BufferedInputStream(conn.getInputStream());
        buffer_reader = new BufferedReader(
            new InputStreamReader(buffer, "utf-8"));

        String line = null;
        getData = "";
        while ((line = buffer_reader.readLine()) != null) {
            getData += line;


        }

        return getData;
    } finally {
        //접속 해제
        conn.disconnect();
    }
```

```java
        }
    }

    public void plusBusNumber(View v) {

        busNum += 1;

        String serviceUrl = "http://ws.bus.go.kr/api/rest/busRouteInfo/getBusRouteList";
        String serviceKey = "d8QNBRSc.......생략 .........2BAqEkpelMR5BQ%3D%3D";
        strSrch = busNum + "";

        //가져올 정보를 strUrl에 저장함
        String strUrl = serviceUrl + "?ServiceKey=" + serviceKey + "&strSrch="
                + strSrch;
        DownloadWebContent dwc1 = new DownloadWebContent();
        dwc1.execute(strUrl);
        textView.setText("");
        busNumer.setText("");
        busNumer.append("버스번호:");
        busNumer.append(strSrch + "\n");
    }

    public void minusBusNumber(View v) {

        busNum -= 1;

        String serviceUrl = "http://ws.bus.go.kr/api/rest/busRouteInfo/getBusRouteList";
        String serviceKey = "d8QNBRSc.......생략 .........2BAqEkpelMR5BQ%3D%3D";
        strSrch = busNum + "";

        //가져올 정보를 strUrl에 저장함
        String strUrl = serviceUrl + "?ServiceKey=" + serviceKey + "&strSrch="
                + strSrch;
        DownloadWebContent dwc1 = new DownloadWebContent();
        dwc1.execute(strUrl);
        textView.setText("");
        busNumer.setText("");
        busNumer.append("버스번호:");
        busNumer.append(strSrch + "\n");
    }

    public void resetCurrentBus(View v) {

        //   busNum+=1;
```

```java
        String serviceUrl = "http://ws.bus.go.kr/api/rest/busRouteInfo/
getBusRouteList";
        String serviceKey = "d8QNBRSc.......생략 .........2BAqEkpelMR5BQ%3D%3D";
        strSrch = busNum + "";


        //가져올 정보를 strUrl에 저장함
        String strUrl = serviceUrl + "?ServiceKey=" + serviceKey + "&strSrch="
                    + strSrch;


        DownloadWebContent dwc1 = new DownloadWebContent();
        dwc1.execute(strUrl);
        textView.setText("");
        busNumer.setText("");
        busNumer.append("버스번호:");
        busNumer.append(strSrch + "\n");
    }


    public void plusBaek(View v) {
        busNum += 100;
        String serviceUrl = "http://ws.bus.go.kr/api/rest/busRouteInfo/
getBusRouteList";
        String serviceKey = "d8QNBRSc.......생략 .........2BAqEkpelMR5BQ%3D%3D";
        strSrch = busNum + "";


        //가져올 정보를 strUrl에 저장함
        String strUrl = serviceUrl + "?ServiceKey=" + serviceKey + "&strSrch="
                    + strSrch;


        DownloadWebContent dwc1 = new DownloadWebContent();
        dwc1.execute(strUrl);
        textView.setText("");
        busNumer.setText("");
        busNumer.append("버스번호:");
        busNumer.append(strSrch + "\n");
    }


    public void minusBaek(View v) {
        busNum -= 100;
        String serviceUrl = "http://ws.bus.go.kr/api/rest/busRouteInfo/
getBusRouteList";
        String serviceKey = "d8QNBRSc.......생략 .........2BAqEkpelMR5BQ%3D%3D";
        strSrch = busNum + "";


        String strUrl = serviceUrl + "?ServiceKey=" + serviceKey + "&strSrch="
```

```java
                            + strSrch;

            DownloadWebContent dwc1 = new DownloadWebContent();
            dwc1.execute(strUrl);
            textView.setText("");
            busNumer.setText("");
            busNumer.append("버스번호:");
            busNumer.append(strSrch + "\n");


    }
}
```



```xml
<?xml version="1.0" encoding="utf-8"?>
<ScrollView xmlns:android="http://schemas.android.com/apk/res/android"
    android:layout_width="match_parent"
    android:layout_height="match_parent"
    android:background="@drawable/background">


    <LinearLayout xmlns:tools="http://schemas.android.com/tools"
        android:layout_width="match_parent"
        android:layout_height="match_parent"

        android:orientation="vertical"
        tools:context="com.bliss.csc.buspublicopenapi.MainActivity">


        <LinearLayout xmlns:tools="http://schemas.android.com/tools"
            android:layout_width="match_parent"
            android:layout_height="match_parent"
            android:orientation="horizontal">


            <Button
                android:layout_width="wrap_content"
                android:layout_height="wrap_content"
                android:onClick="resetCurrentBus"
                android:text="Reset" />


            <Button
                android:layout_width="45dp"
                android:layout_height="wrap_content"
                android:onClick="plusBusNumber"
```

```xml
                android:text="+1" />

            <Button
                android:layout_width="45dp"
                android:layout_height="wrap_content"
                android:onClick="minusBusNumber"
                android:text="-1" />


            <Button
                android:layout_width="90dp"
                android:layout_height="wrap_content"
                android:onClick="plusBaek"
                android:text="+100" />

            <Button
                android:layout_width="90dp"
                android:layout_height="wrap_content"
                android:onClick="minusBaek"
                android:text="-100" />


        </LinearLayout>

        <TextView
            android:id="@+id/bus"
            android:layout_width="wrap_content"
            android:layout_height="wrap_content"
            android:textColor="#993800"
            android:textSize="30dp" />

        <TextView
            android:id="@+id/data"
            android:layout_width="wrap_content"
            android:layout_height="wrap_content"
            android:textColor="#CC723D"
            android:textSize="20dp" />
    </LinearLayout>

</ScrollView>
```

13

Play 스토어에 앱 출시하기

- Play 스토에 탑재할 수 있는 apk 파일 작성법을 살펴본다.
- 구글 개발자 콘솔에 접속하여 판매자 등록 및 apk 탑재 방법을 알아본다.

Play 스토어에
앱 출시하기

Play 스토어에 직접 앱을 출시하는 방법을 살펴보겠다.

01 ≫ APK 파일 만들기　　　　　　　　　LOADING...

1 release용 APK 파일 만들기

구글 Play 스토어에 제작한 앱을 배포(publish)하기 위해서는 출판용 확장자가 .apk인 파일을 만들어야 한다. APK 확장자는 컴파일된 자바파일들과 리소스들을 하나로 압축한 파일이다. APK는 안드로이드 응용 프로그램 패키지의 확장자이며 Android application package의 줄임말이다. [Build]-[Generate Signed APK...]을 클릭한다. [Build APK]를 선택해서 APK 파일을 만들어 스마트폰에 설치하여 실행할 수는 있지만 Play 스토어에 탑재할 수는 없다.

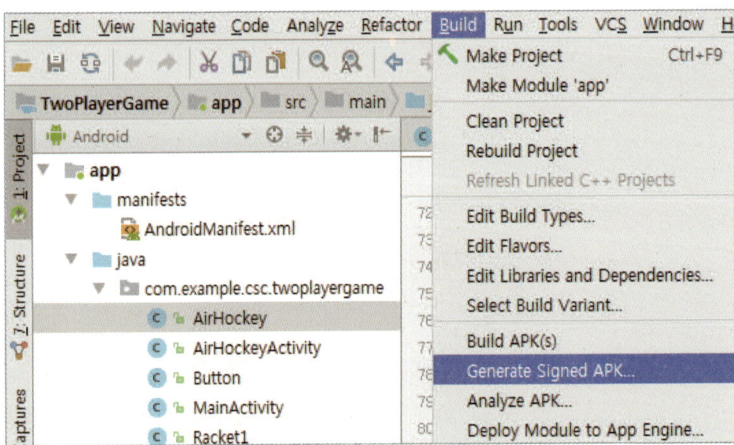

처음 Key Store를 만드는 경우 [Create new]를 클릭한다. Key Store가 기존에 존재한다면 [Choosing existing] 버튼을 클릭한다. Key Store는 내가 올린 앱을 다른 사람이 업그레이드해서 올리는 것을 방지하는 역할을 한다. 제작자의 경우 버전을 업그레이드 해서 올릴 경우 처음에 만들었던 Key Store가 필요하므로 잘 관리해야 한다.

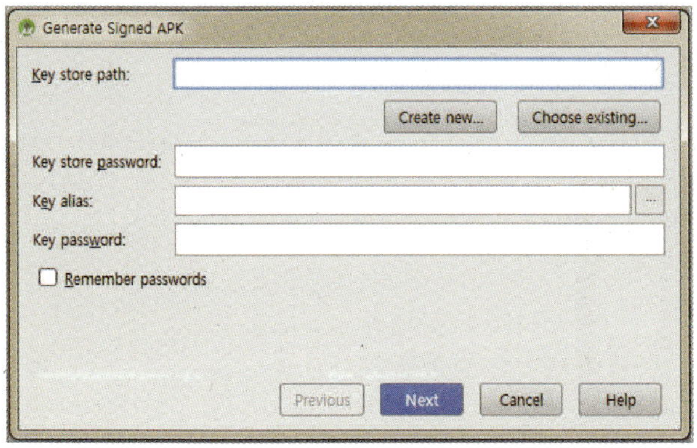

Key Store가 저장될 곳을 만들기 위해서 아래 버튼을 클릭한다.

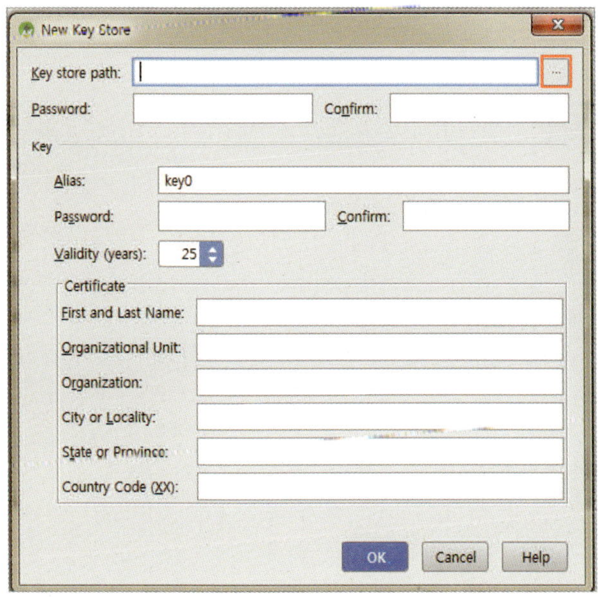

C드라이브를 선택하고 새 폴더 만들기를 클릭한 후, 폴더 이름에 mykey라고 입력하였다. 앞으로 만들 키를 이곳에 저장하도록 하겠다.

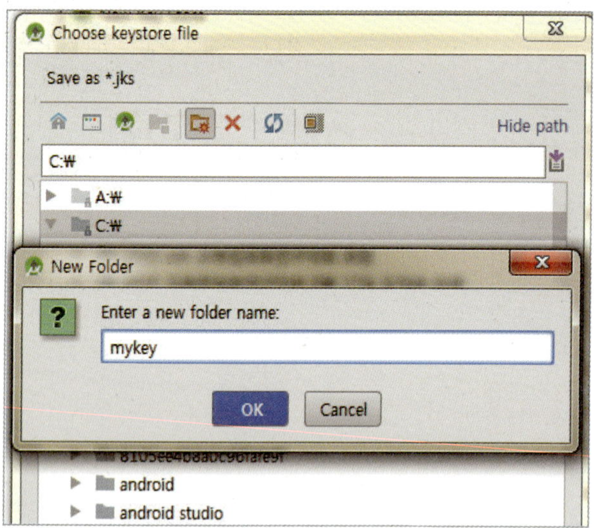

[mykey] 폴더를 선택한 후에 File name에 keymathgenius라고 입력한다. 사용자 임의로 입력을 해도 된다.

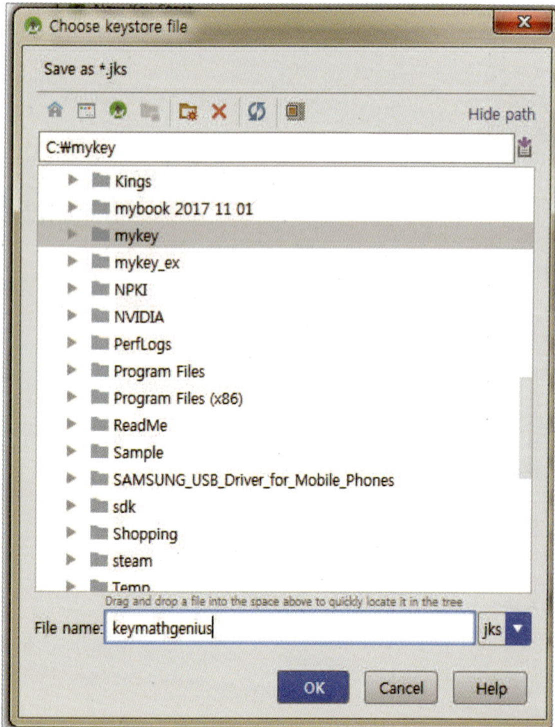

Alias(키 별명)을 입력하고 Country code에는 KO 라고 입력한 후 [OK] 버튼을 클릭한다. 나머지도 아래를 참고하여 적으면 된다. 추후 기억을 용이하게 하기 위해서 Key store password와 Alias password를 같은 값으로 입력한다. password는 6자 이상 입력하도록 한다.

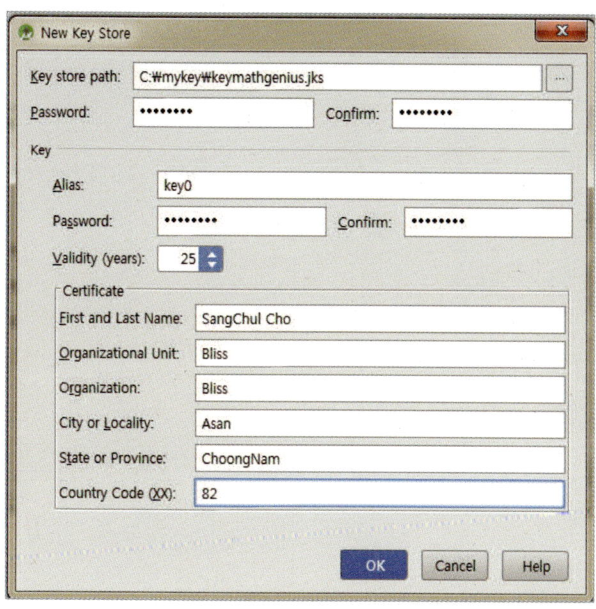

Key Store를 가지고 APK 파일에 서명을 하면 된다. 다음과 같은 화면이 나오면 [Next] 버튼을 클릭한다.

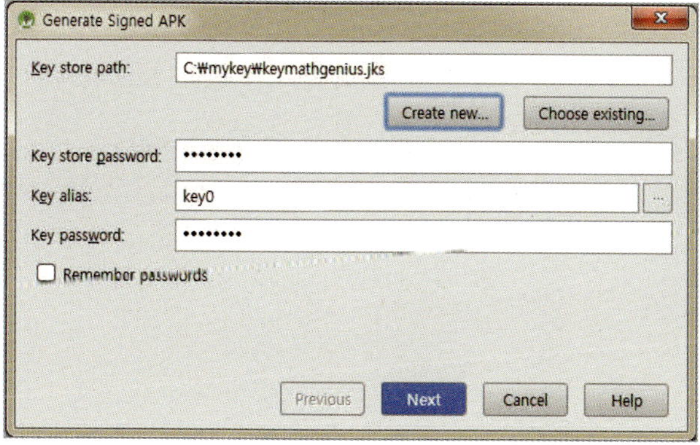

서명 버전(Signature Versions) 관련 2개를 체크 하고 [Finish] 버튼을 클릭한다. APK Desti-
nation Folder를 통해 생성되는 APK 파일명과 위치를 확인하도록 한다.

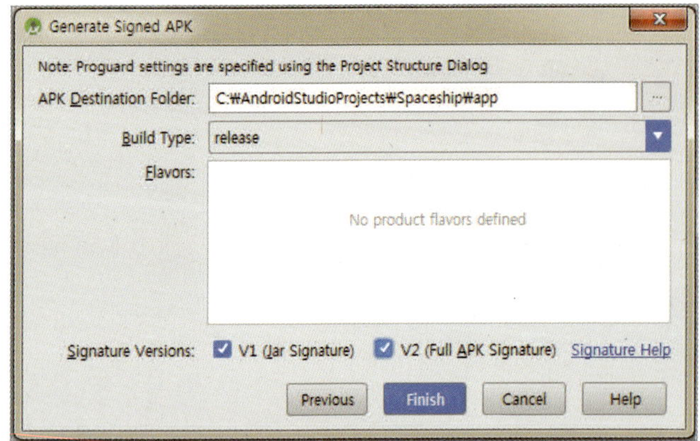

성공했다는 메시지를 확인할 수 있다. 또한 locate를 클릭하면 play 스토어에 탑재할 수 있는
APK 파일을 직접 찾아갈 수 있다.

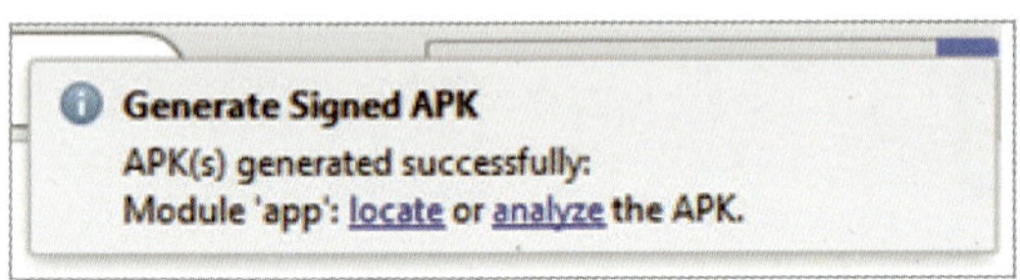

release 폴더를 클릭하면 Play 스토어에 탑재할 수 있는 파일이 생성된 것을 확인할 수 있다.

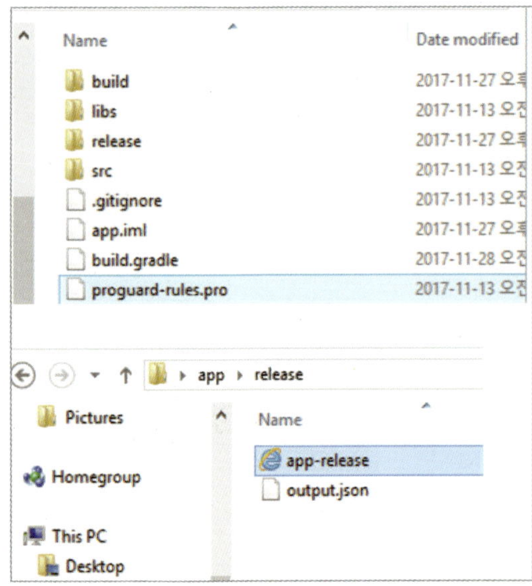

02 ≫ Play 스토어에 앱 탑재하기   LOADING...

2 구글 Play 스토어에 앱 탑재하기

(1) 구글 개발자 등록하기

안드로이드 스튜디오로 출판한 apk 파일을 구글 Play 스토어에 탑재하기 위해서는 먼저 구글 개발자로 등록해야 한다. 그리고 나서 탑재하는 방법을 살펴보도록 하겠다.

안드로이드용 스마트폰을 사용하는 사람이라면 [play 스토어]를 사용해 본 경험이 있을 것이다. 이제 우리가 만든 앱을 Play 스토어에 탑재하는 방법을 살펴보겠다.

play.google.com/apps/publish 주소로 접속한다. 인터넷 익스플로어보다는 크롬을 추천한다. 25달러를 카드로 결제하면 구글 개발자로 등록되며 한 번 등록으로 평생 앱을 탑재할 수 있게 된다. 구글 계징이 없으면 계정 만들기를 선택하고 계정이 있으면 로그인한다.

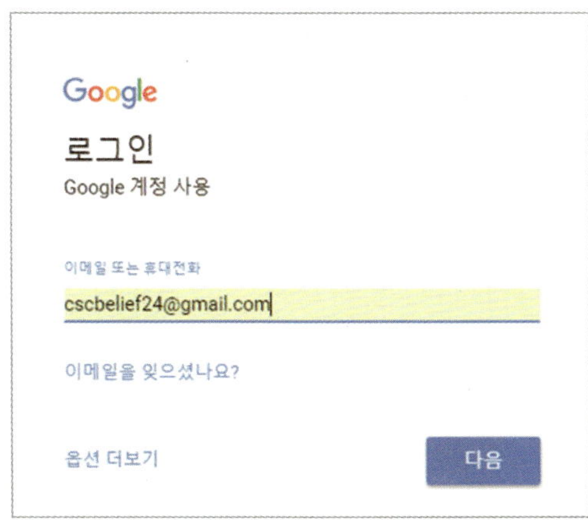

Google Play 개발자 배포 계약 검토 및 동의 체크를 하고 [결제 페이지로 이동] 버튼을 클릭하여 이동한다.

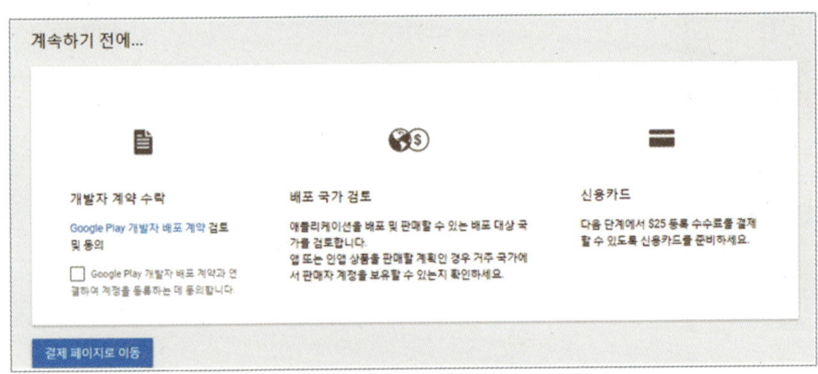

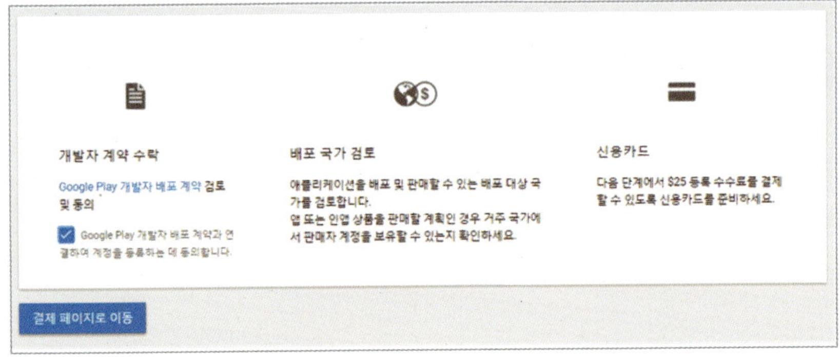

카드번호 및 카드유효 년월 및 CVC를 입력하고 [계속] 버튼을 클릭한다.

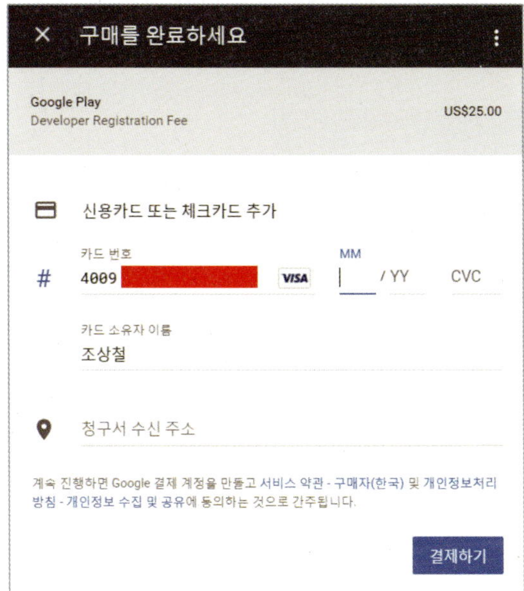

우편번호를 입력하고 [계속] 버튼을 클릭한다.

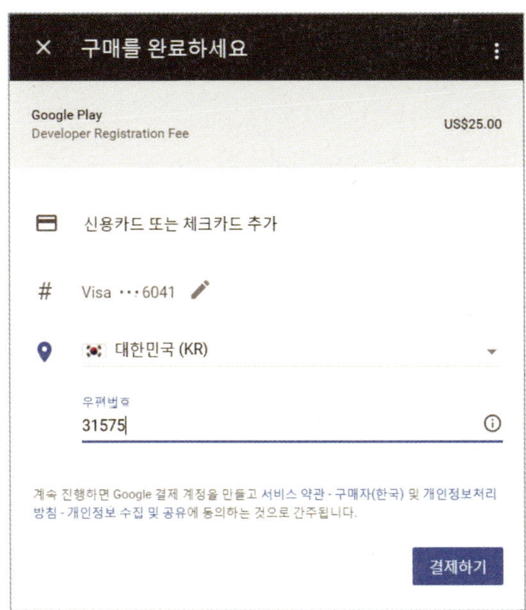

(2) 앱 탑재하기

play.google.com/apps/publish 주소로 접속한다. 새로 만든 앱을 탑재하기 위해서 [어플리케이션 만들기] 버튼을 클릭한다.

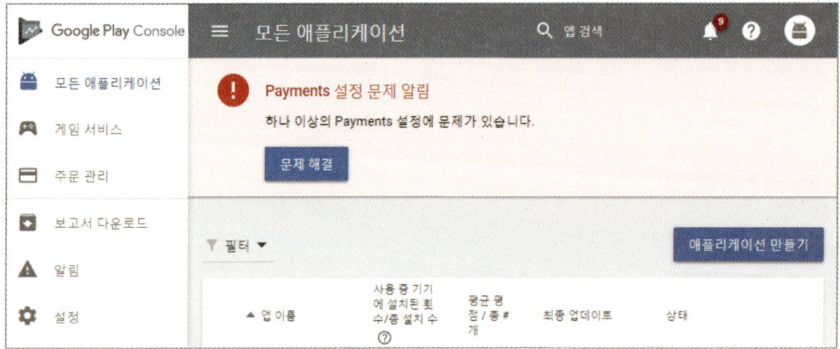

앱 제목을 입력하고 [만들기] 버튼을 클릭한다.

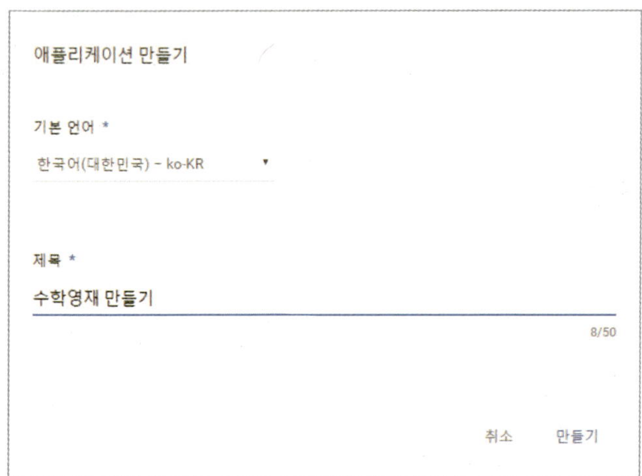

앱을 탑재한 후 왼쪽 메뉴에서 앱 버전을 선택하고 [프로덕션 버전관리] 버튼을 클릭한다.

[새 버전 출시하기] 를 클릭한다.

[계속] 버튼을 클릭한다.

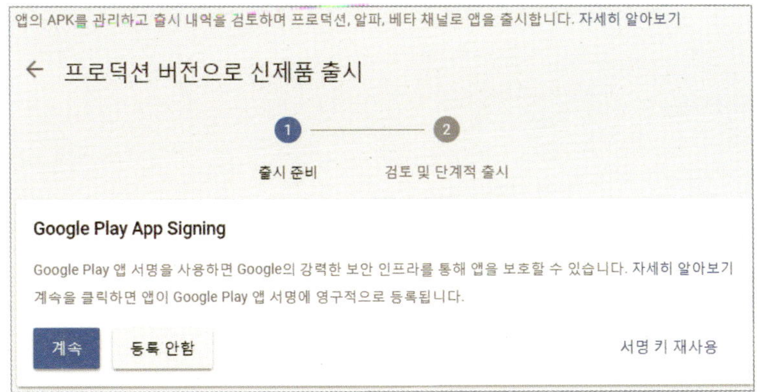

[APK 업로드]를 클릭히고 [파일 찾아보기] 버튼을 클릭한다.

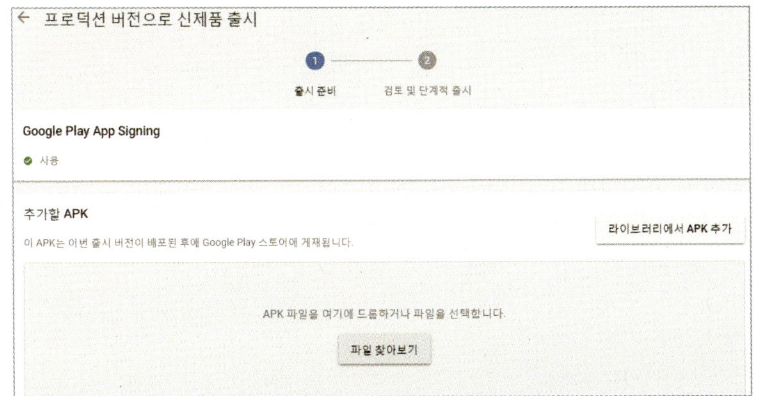

탑재하려는 APK 파일을 찾고 [열기] 버튼을 클릭한다.

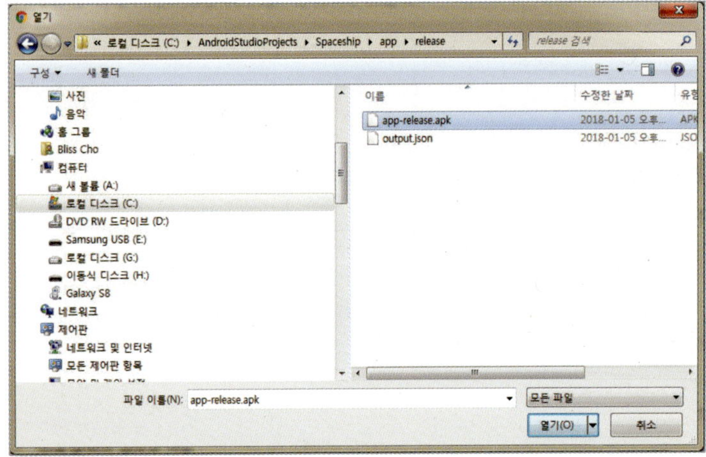

1개의 APK 파일이 올라와 있음을 확인할 수 있다. 오른쪽 하단에 [검토] 버튼을 클릭한다.

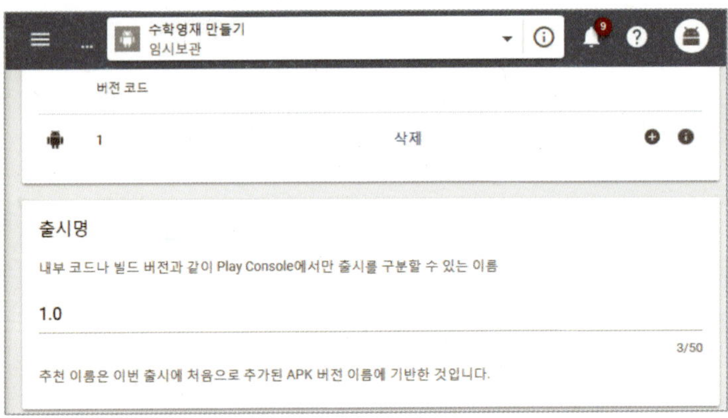

스토어 등록정보에서 제목, 간단한 설명, 자세한 설명을 적도록 한다. 제목은 플레이 스토어 검
색어 이므로 신중하게 적도록 하며 ⚠ 표시는 필수항목이며 반드시 입력해야 한다.

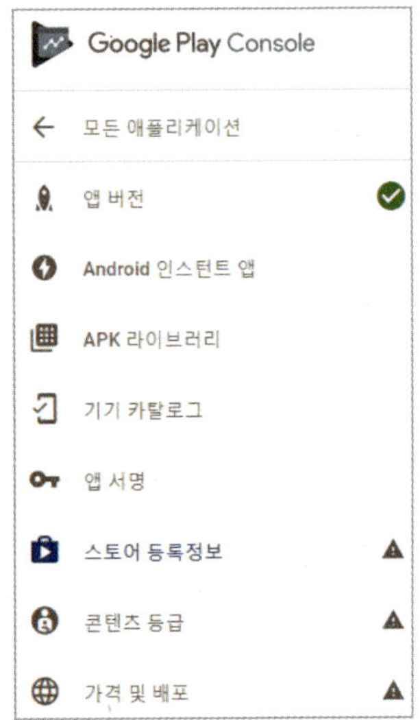

상품 세부정보   한국어(대한민국) - KO-KR   번역 관리 ▾

별표 표시 * 는 필수 입력란임

제목 *
한국어(대한민국) - ko-KR   수학영재 만들기

간단한 설명 *
한국어(대한민국) - ko-KR   시계공부, 덧셈. 큰수 공부, 만에서 억까지.

자세한 설명 *
한국어(대한민국) - ko-KR   가. 친구와 같은 팀이 되어 2인용 수학게임 활동 및 SNS(덧셈, 뺄셈, 곱셈)활동을 통해 친구
                                들에게 문제보내기 활동을 통해 협업활동이 가능하도록 제작하였다. 서로간의 의사소통을
                                통한 상호 협력학습을 지향하여 학생들이 서로를 이해하고 함께 노력할 수 있도록 하였다.

                                나. 우주선게임을 통해서 학생들이 재미있고 적극적인 자세로 수학학습에 참여하도록 유도
                                하였다. 게임활동을 통해 학생들은 자기주도적 자세로 재미있고 효율적으로 덧셈, 뺄셈, 곱
                                셈을 학습할 수 있도록 하였다. 우주선게임의 경우 혼자하기, 협력하기, 경쟁하기로 나누어
                                다양한 활동이 가능하도록 하였다.

스크린샷을 넣도록 한다. 최소 2개의 스크린샷이 필요하며 최대 8 장의 스크린샷을 넣을 수 있
다. 이미지를 드래그 해서 아래 창에 넣으면 된다.

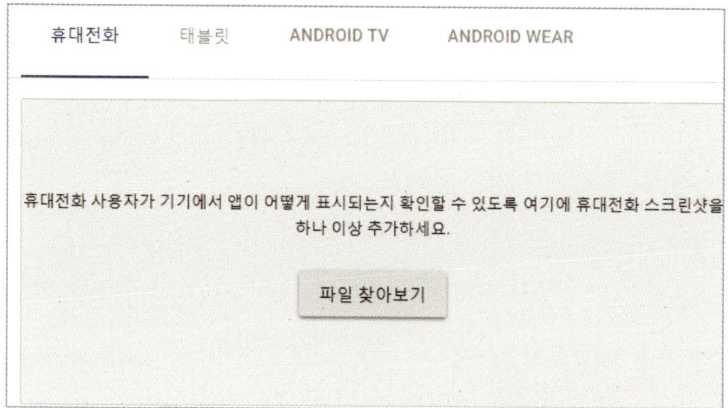

아래 그림은 8장의 사진을 넣은 모습이며 Play 스토어에서 고객들이 설치하기 전에 볼 수 있는
이미지들이다.

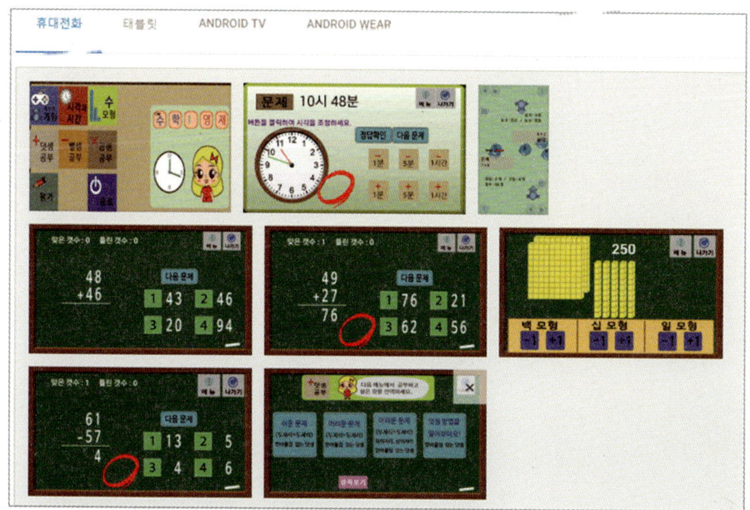

정확한 가로, 세로 크기로 고해상도 아이콘과 그래픽 이미지를 넣어야 한다.

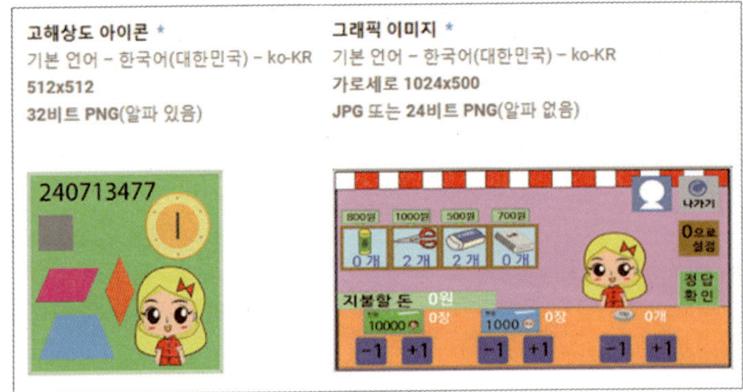

애플리케이션 유형 및 카테고리를 선택하고 [콘텐츠 등급]을 클릭한다.

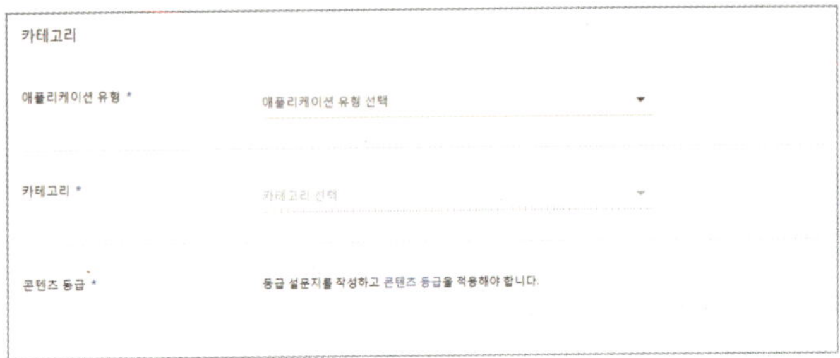

이메일을 적고 앱 카테고리에서 탑재하고자 하는 앱의 유형을 선택한다.

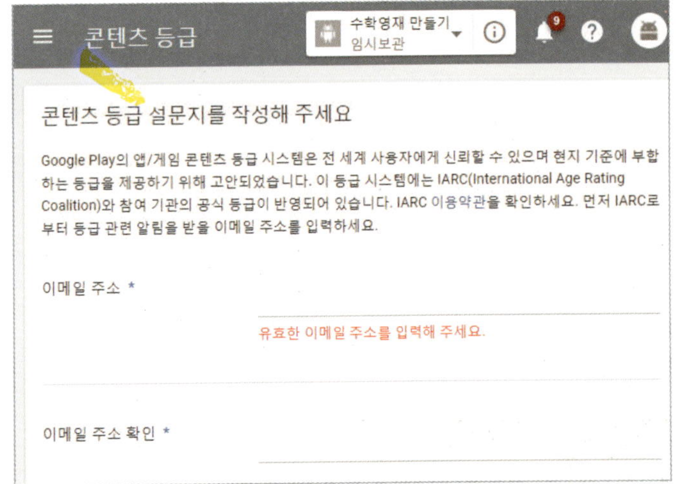

앱 카테고리 선택

참고자료, 뉴스 또는 교육
이 앱의 주된 목적은 사실적 정보를 중립적인 방식으로 제시하고 사용자에게 현재 일어나는 사건에 대해 알리거나 사용자를 교육하기 위한 것입니다. 예: Wikipedia, BBC News, Dictionary.com, Medscape. 성적 조언 또는 지시에 주로 중점을 두는 앱(예: "iKamasutra - Sex Positions" 또는 "Best Sex Tips")은 "엔터테인먼트" 앱으로 분류되어야 하며 여기에 표시되지 않습니다. 자세히 알아보기

소셜 네트워킹, 포럼, 블로그 및 UGC 공유
앱의 주요 목적은 사용자가 많은 사람과 콘텐츠를 공유하고 소통하도록 돕는 것입니다. 예로는 reddit, Facebook, Chat Roulette, 9Gag, Yelp, Google Plus, YouTube, Twitter 등이 있습니다. 제한된 수의 사람들과의 소통만을 지원하는 앱(예: SMS, WhatsApp, Skype)은 "통신" 앱으로 분류되며 여기에 표시되지 않습니다. 자세히 알아보기

콘텐츠 집계, 소비자 스토어 또는 상업적 스트리밍 서비스
이 앱의 주요 목적이 실제 상품을 판매하거나 실제 상품, 서비스 또는 디지털 콘텐츠(예: 일반 사용자가 제작한 것이 아니라 전문적으로 제작한 영화나 음악)의 컬렉션을 구성하기 위한 것인가요? 이러한 앱의 예로는 Netflix, Pandora, iTunes, Amazon, Hulu+, eBay, Kindle이 있습니다. 자세히 알아보기

게임
이 앱은 게임입니다. 예: Candy Crush Saga, Temple Run, World of Warcraft, Grand Theft Auto, Mario Kart, The Sims, Angry Birds, 빙고, 포커, 일일 가상 스포츠 또는 내기 앱

엔터테인먼트
이 앱은 사용자에게 즐거움을 주기 위한 것이며 위의 범주 중 어느 것에도 해당되지 않습니다. 예로는 Talking Angela, Face Changer, People Magazine, iKamasutra - Sex Positions, Best Sexual Tips 등이 포함됩니다. 이 범주에는 스트리밍 서비스가 포함되지 않습니다. 이러한 앱은 "소비자 스토어 또는 상업적 스트리밍 서비스"로 분류해야 합니다.

유틸리티, 생산성, 통신 및 기타
유틸리티, 도구, 통신 또는 생산성 앱이거나 어떤 범주의 기준에도 맞지 않는 기타 유형의 앱입니다. 예: Calculator Plus, Flashlight, Evernote, Gmail, Outlook.com, Google 문서, Firefox, Bing, Chrome, MX Player, WhatsApp. 자세히 알아보기

설문지를 작성하고 맨 아래 쪽에 있는 [설문지 저장]을 클릭한다.

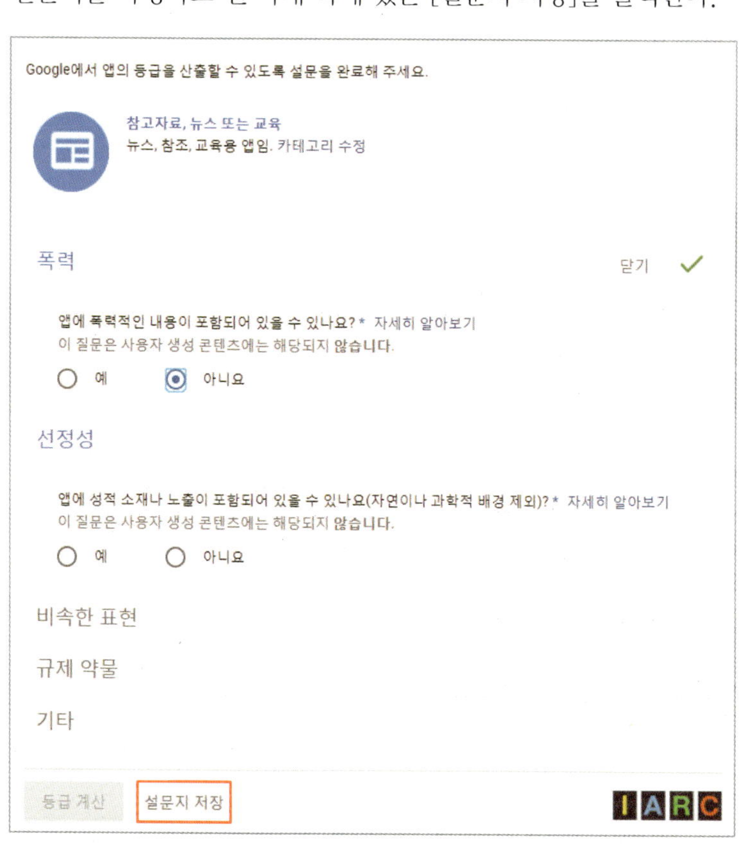

[등급 계산]을 클릭하면 산출된 등급을 확인 할 수 있다.

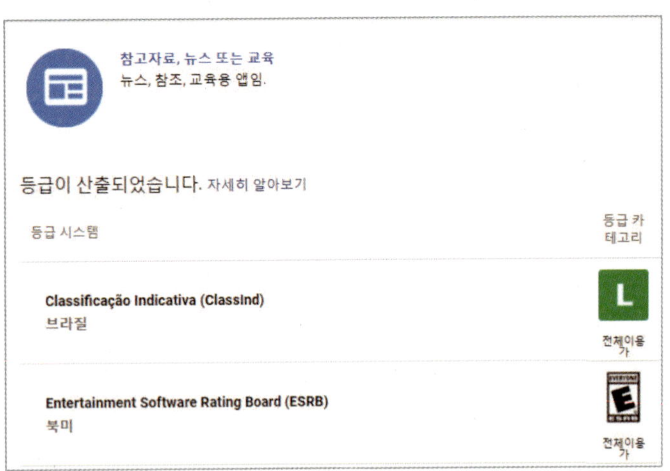

스토어 등록정보 마지막에 있는 개인정보 처리방침을 위해 www.privacy.go.kr에서 개인정보처리방침을 만들어야 한다. 만들고 난 후에 다운 받은 파일을 블로그에 게재하고 그 주소를 아래에 링크시키면 된다.

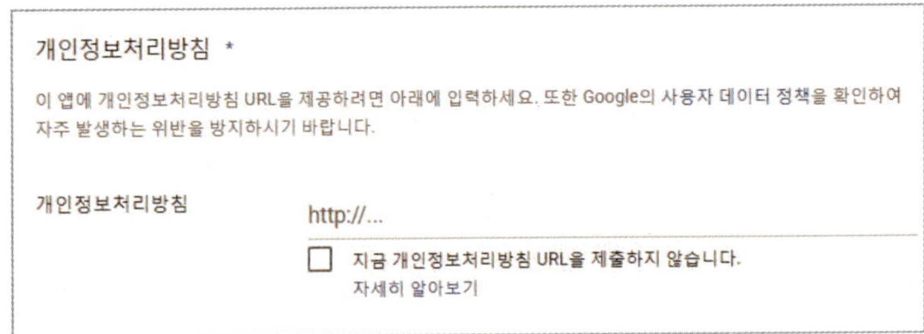

www.privacy.go.kr에 접속하고 [개인정보처리방침만들기]를 클릭한다.

처리방침명에 "안드로이드 앱 배포" 라고 쓰고, [새로만들기] 버튼을 클릭한다.

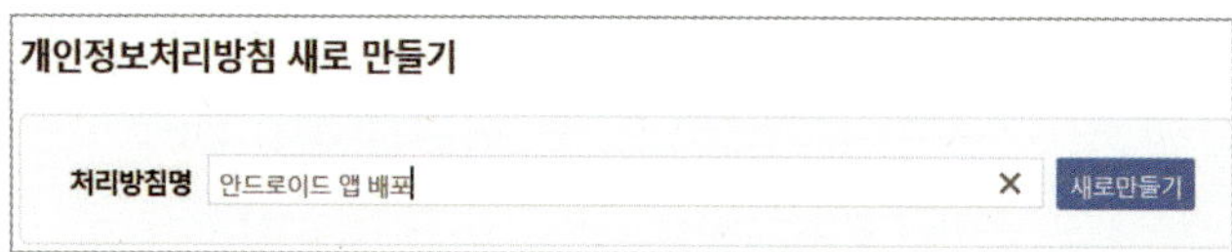

여러 가지 질문이 나오는데 잘 읽고 해당하는 영역에 표시하면 된다.

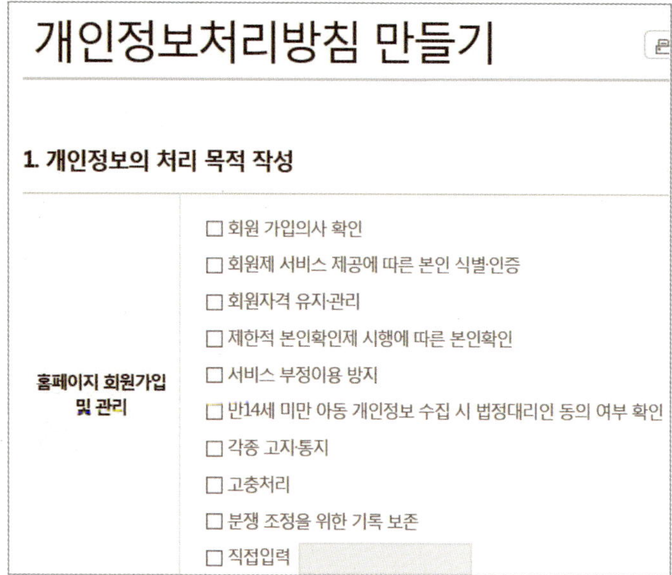

모든 설문을 마치면 아래와 같이 파일을 다운로드 받을 수 있다.

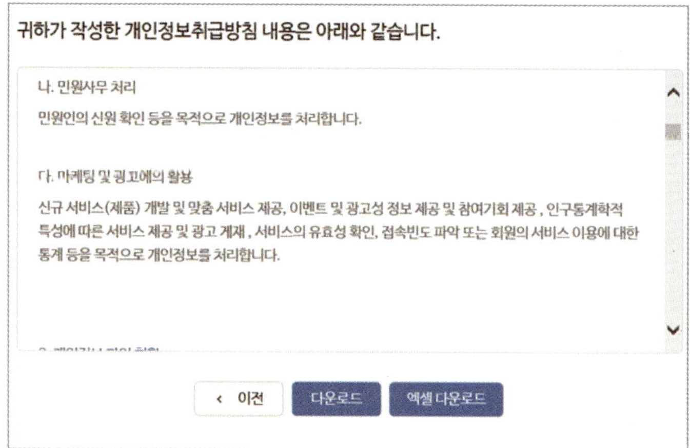

받은 파일을 블로그에 게재 하거나 첨부파일로 넣도록 한다. 블로그에 게재한 주소를 스토어 등록정보 마지막에 있는 개인정보 처리방침에 넣어주면 된다.

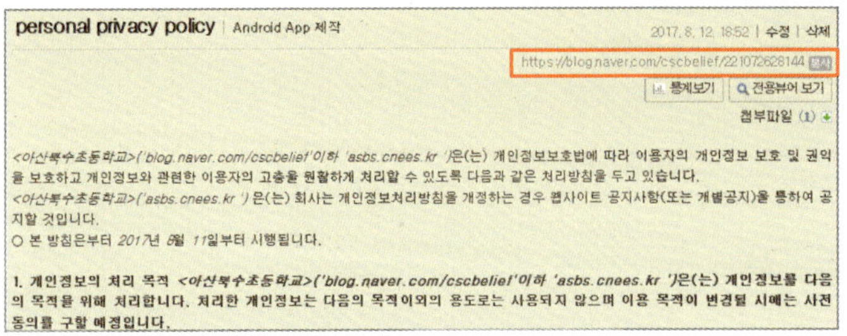

통계 메뉴를 통해서 사용자가 Play 스토어에서 다운 받아서 설치한 횟수를 확인 할 수 있다.

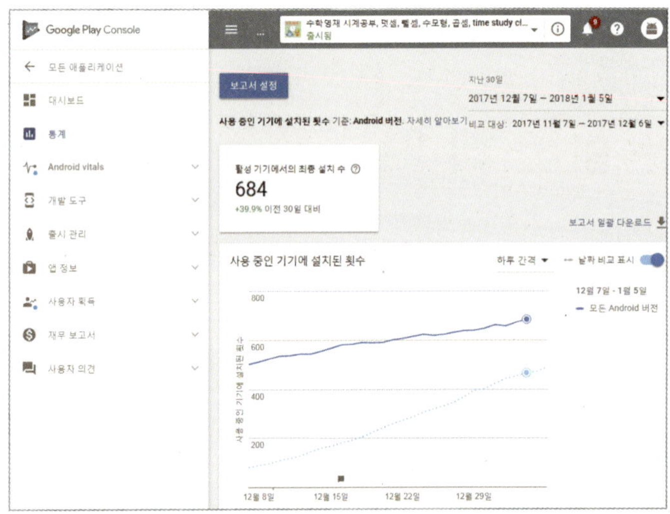

대시보드를 통해서 국가별 구입 현황을 한눈에 확인할 수 있다.

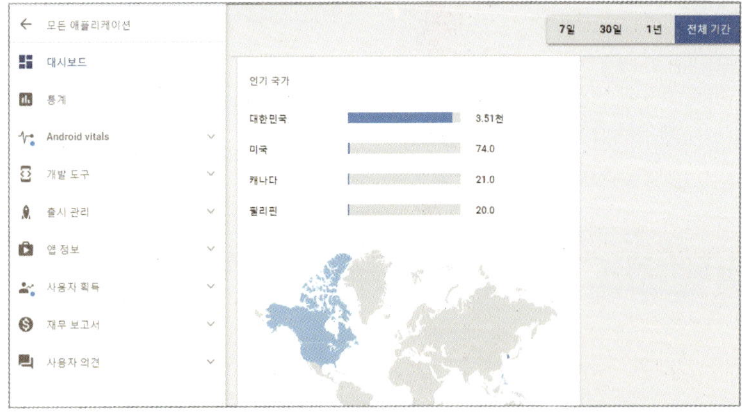

자바 기초부터 앱 출시까지

안드로이드 스튜디오를
활용한 실전 앱 만들기

1판 1쇄 발행　2018년 2월 12일

저 자 | 조상철
발 행 인 | 김길수
발 행 처 | 영진닷컴
주 소 | 서울시 금천구 가산디지털2로 123
월드메르디앙벤처센터2차 10층 1016호 (우)08505
등 록 | 2007. 4. 27. 제16–4189호

ⓒ2018. ㈜영진닷컴

ISBN | 978–89–314–5690–5

이 책에 실린 내용의 무단 전재 및 무단 복제를 금합니다.

YoungJin.com Y.
영진닷컴